Blue Book of
Shanghai Key
Industries
International
Competitiveness

上海重点产业国际竞争力发展蓝皮书
2019—2020

汤蕴懿 等 编著

上海社会科学院新经济与产业国际竞争力研究中心
上海市商务委员会公平贸易公共服务项目资助

上海社会科学院出版社
SHANGHAI ACADEMY OF SOCIAL SCIENCES PRESS

编委会

学术委员：石良平　张幼文　干春晖　申卫华

主　　编：汤蕴懿　孙嘉荣

副 主 编：韩　清　黄烨菁　林　兰　颜海燕

编　　委：（以姓氏笔画为序）
　　　　　张伯超　张鹏飞　张福明　陈　柯
　　　　　陈嘉欢　林　兰　罗　军　周师迅
　　　　　赵文斌　耿梅娟　徐　赟　蒋程虹

版 权 声 明

《上海重点产业国际竞争力发展蓝皮书(2019—2020)》由上海社会科学院新经济与产业国际竞争力研究中心研制出品,本书的知识产权属于上海市商务委员会。除法律另有规定外,任何自然人、法人或其他组织如需以任何形式使用报告内容,必须经过上海市商务委员会的书面许可和授权,并注明出处。书中的所有内容和结果都是由公开数据分析、计算得出,供有关产业从业主体参考。对由于使用或依赖本书所载的任何内容而直接或间接引致的任何损失,上海市商务委员会和上海社会科学院新经济与产业国际竞争力研究中心不承担任何法律责任。

牵起长三角、链接太平洋：疫后上海提升城市能级和产业国际竞争力的再思考（代序）

新冠疫情的爆发和肆虐是第二次世界大战结束以来最严重的全球公共危机事件。"构建国内国际双循环相互促进的新发展格局"，是在新形势下统筹国内、国际两个大局，推动两种资源、两个生产、两个链条、两个市场的新战略布局。其中，扩大内需是基础，稳定优化产业链是重点，提升价值链是方向。上海作为全国最大的经济中心城市，一手牵起长三角和长江经济带，一头连着太平洋，在构建国内国际双循环相互促进的新发展格局中，占有特殊的节点和链接作用。面对疫后全球经贸环境的深刻变化，坚定不移吃"改革饭"，毫不动摇走"开放路"，持之以恒打"创新牌"，需要更重视内需市场，同时深化体制机制改革，推进更深层次、更宽领域、更大力度的全方位高水平开放，促进更多全球高能级要素、高质量项目、高水平人才集聚上海，使上海真正成为汇聚商流、信息流、人才流、科技流和品牌流的热土。

一、"五五购物节"，上海重启疫后消费"大市场"

2020年5月4日晚，上海"五五购物节"如期正式启动，这一活动将贯穿整个二季度的劳动节、儿童节、端午节等多个重点节日，包括130多项重点活动和700多项特色活动，被解读为疫后中国"回补消费缺口、提振消费信心"的标志性事件。

消费回补带来信心回暖。上海是中国消费之都，2019年全年消费总额达到13 497亿元，位列全国第一。上海疫后经济全面恢复从"购物"起步，正是抓住了"把满足国内需求作为发展的出发点和落脚点"这一新前提。在经济增长的"三驾马车"——投资、消费、出口中，稳投资、稳出口变动因素较多，也不具主动性，唯有消费在扩大内需中的作用更加明显。

上海购物节不仅触发了国内经济大循环，而且形成了对国际市场的"虹吸效应"。新冠疫情对出境购物消费的扼制促进了上海成为国内出境购物消费的替代选择,为上海建设国际消费中心城市提供了重要契机,特别是疫情改变了全球供应链系统,不少外贸企业开始转做高品质内销产品,新"国货"渗透率正快速提升。中国疫情的有效控制也为世界消费率先提供了"窗口期",如何充分借助自贸区的制度优势,通过加快与国外高端品牌和国际资本对接,打造立足上海、辐射长三角的全球高端品牌聚集地值得期待。

二、围绕新经济,上海集聚全球要素"新势能"

突如其来的疫情似乎并没有打乱这座有着 2 400 万人口的超大城市的生活节奏,菜场大妈学会了拿手机网购生鲜,上海市副市长带头、各区领导直播带货,全市学生有条不紊地在线学习,诸多文化设施开设了"云旅游""云导览"。据统计,上海 2020 年第一季度商品类网络购物交易额仍逆势增长了 19.1%,彰显了城市的经济韧性。疫情催生出的"在线新经济"等新业态,让投资、消费找到了最佳结合点,意味着扩大内需拥有了面向长远未来的重要砝码。

作为改革开放排头兵、创新发展先行者,上海在 2020 年 4 月 8 日发布了《上海市促进在线新经济发展行动方案(2020—2022 年)》,明确提出聚焦一年,着眼三年,集聚"100＋"创新型企业、推出"100＋"应用场景、打造"100＋"品牌产品、突破"100＋"关键技术的 4 个"100＋"行动目标,通过在政策红利、开放场景、创新生态、先进技术、产业集聚、消费空间、基础设施、专业人才方面的政策组合拳,上海力争成为具有国际影响力、国内领先的在线经济发展新高地。

数字引擎形成的流量经济,是上海做好国内大循环支点和国际双循环链接的"杀手锏"。根据康德拉季耶夫周期理论,当前世界经济正处于第五轮长周期的下行期和第六轮长周期上行期交汇的关键阶段,以信息技术驱动的新一轮科技革命和产业变革将在 2030 年前后步入第六轮长周期的繁荣阶段,正缘于此,数字会优先成为国家和城市新一轮能级和竞争力的主要来源。作为崛起中的全球城市和国家经济中心城市,上海在我国经济高速增长过程中已具备较高水平的对外连通性和开放性,并基本形成了大容量、高频率的全球要素流量高地。随着新一轮 5G 基础设施的建设,上海的数字基础会更扎实,人流、物流、商流、资金流、信息流、科技流、文化流等数字资源要素集聚能力更强,在全球资源配置能级、高端资源要素聚集度及流通力、全球产业价值链集成度、要素流量协同效应、流量经济统计体系完备性等方面会形成巨大的蓝海发展空间。

三、优化营商环境，上海全力打造全球标准"新高地"

优化营商环境是上海长远发展的内在需要。上海要建设卓越的全球城市，增强吸引力、创造力和竞争力，必须对标国际最高标准、最好水平，加快形成法治化、国际化、便利化的营商环境，成为贸易投资最便利、行政效率最高、服务管理最规范、法治体系最完善的城市之一。

2017年12月22日，上海市委、市政府召开上海市优化营商环境推进大会，正式提出举全市之力，打造上海营商环境新高地。2018年至2020年，上海营商环境从1.0版到3.0版，优化营商环境改革一路升级。1.0版突出问题导向，以政府的放管服改革为核心，突出政府服务市场的效率；2.0版更加注重系统施策，多维度、立体化、全方位地推动营商环境持续优化；3.0版重在打通数据壁垒，推动全流程革命性再造。在持续推进下，中国营商环境在全球的排名从2017年的78位提升至2019年的31位，首次进入全球前40名，且连续两年跻身全球营商环境改善幅度最大的十大经济体，上海在其中占了55%的权重。

上海市委书记指出："营商环境好不好，不能唯世行排名……环境如水，企业是鱼，水好不好鱼最清楚。"培植全球新一轮科技革命的新高地，跨国公司用脚投票最有发言权。特斯拉上海超级工厂项目是中国首个外商独资整车制造项目，也是特斯拉在美国之外首个超级工厂，实现了当年开工、当年投产、当年交付，让全世界见证了"上海速度"，也成为上海高效服务"新常态"。

强化高端产业引领和科技创新策源功能，围绕重点领域，规模化推出应用场景，释放新兴消费潜力更需要营商环境的持续优化。上海市经济和信息化委员会生动描摹了疫情期间上海在线新经济图景，一是远程办公、"无接触"配送等"无中生有"新模式；二是包括在线展览展示、在线教育、在线医疗等的线上线下相互融合的"有中启转"模式；三是无人工厂、工业互联网、生鲜电商零售等"转中做大"模式。加快培育创新型头部企业和领军企业，在推进的同时创新监管方式，逐渐形成上海经验、上海标准，同样将是上海在未来双循环经济中的独特贡献。

四、引领新开放，上海需进一步夯实"四大功能"新平台

2020年是上海基本建成五个中心的决胜之年，也是上海转变发展方式、优化经济结构、转换增长动力的关键期，强化上海四大功能建设，提升城市能级和核心竞争力，充分发挥好上海在统筹内外两个市场，集聚信息、技术、人才、模式等要素上的独特优势，不断提升内外"枢纽"功能，更需要抢占先机。

在强化全球资源配置上，上海在集聚高能级、强辐射的贸易型总部和功能

性平台上还存在明显短板；在科技创新策源上，上海还存在科研投入配置不强、科研转化链条不畅的问题；在高端产业引领上，上海还有很多"卡脖子"关键技术核心环节亟待解决；在开放枢纽门户上，上海以临港新片区建设和长三角一体化发展为重要契机，对标国际最具竞争力的制度体系还需要更大突破。上海要成为国内大循环的中心节点和国内国际双循环的战略链接关键之处，必须做到以下三点：一是引入，更充分发挥上海超大规模市场的优势，引入更多先进技术、高端人才和全球企业；二是融入，充分利用上海和长三角产业协同优势，围绕关键技术和核心环节打造安全的产业链供应链与较强的国际竞争力；三是嵌入，以进博会为平台，搭建面向国际市场和全球产业链、供应链，搭建开放式、协同化、网络化平台，把进博会办成产业链的协同中心、新技术的标准中心和全球品牌的集聚中心。

（本文主体部分刊发于《光明日报》第 539 期"学习贯彻习近平新时代中国特色社会主义思想"专刊）

编著者

目　录

牵起长三角、链接太平洋：疫后上海提升城市能级和产业国际竞争力的再思考（代序） / 1

"双循环"战略下提升上海重点产业国际竞争力新路径 / 1
2019—2020年全球重点城市圈产业发展研析 / 28

▎战略新兴领域▎

2019—2020年上海高端装备制造产业国际竞争力报告 / 47
2019—2020年上海新材料产业国际竞争力报告 / 79
2019—2020年上海电子信息制造业国际竞争力报告 / 101
2019—2020年上海新能源汽车产业国际竞争力报告 / 128
2019—2020年上海生物医药产业国际竞争力报告 / 158

▎关键产业领域▎

2019—2020年上海民用航空装备产业国际竞争力报告 / 183
2019—2020年上海化工产业国际竞争力报告 / 227

服务支撑领域

2019—2020 年上海会展业国际竞争力报告 / 251

2019—2020 年上海航运服务业国际竞争力报告 / 267

特　别　篇

2019—2020 年上海智能制造产业国际竞争力报告 / 289

致谢 / 340

"双循环"战略下提升上海重点产业国际竞争力新路径

一、危中有机,"双循环"战略下中国提升产业国际竞争力的环境分析

(一)"双重"叠加下复杂多变的全球经济新环境

2020年年初至今,新冠疫情的全球蔓延对经济全球化带来了百年未遇的重大冲击,也对正在谋求高质量发展的中国经济外部条件带来了更大的不确定性。尽管中国大部分地区已经重回正常的生产与生活轨道,成为全球经济增长预期最好的经济体[①],但"全球经济正从危机深渊中恢复,所有国家现在都将踏上'漫长的攀行之路',这将是一个艰难的过程,漫长、坎坷而充满不确定性,且极易出现倒退"(IMF总裁格奥尔基耶娃)。中央提出"以国内大循环为主、国内与国际大循环相互促进",指引了中国发展的新战略方向。

1. 发达国家强化"闭环"竞争政策干预,企业全球化组织生产面临较大不确定性

截至2020年11月,全球新冠肺炎确诊病例已超过5 000万例。"新冠病毒很可能会像艾滋病毒那样,演变为一种地方性流行病。"(WTO)各国目前都处于重启经济和封锁抗疫的"胶着"状态。这次新冠病毒疫情促进了抗病毒疫苗和药品研发的国际合作,但也出现了国际竞争的局面。疫后,高新

---

① 国际货币基金组织(IMF)2020年10月13日公布"世界经济展望",预测2020年世界经济将萎缩4.4%,比今年6月的预测数据上调了0.8个百分点,并预计2021年增长率将反弹至5.2%,比6月份预测低0.2个百分点。IMF预测发达经济体今年将衰退5.8%,其中美国经济将衰退4.3%,欧元区经济衰退8.3%,英国经济衰退9.8%。新兴市场和发展中国家经济将衰退3.3%。中国将是世界主要经济体中唯一保持正增长的国家,预计今年增长为1.9%,明年将达到8.2%。IMF指出,"中国的复苏速度快于预期",称在4月初大部分地区重新开放后,经济活动正常化的速度快于预期,在强劲的政策支持和出口弹性的支撑下,第二季度GDP出人意料地出现了正增长。(资料来源:人民日报客户端《IMF预测:2020年中国是主要经济体中唯一正增长国家》)

技术将呈现竞争和保护态势。在决定国家生存的基础研究、应用研究和技术开发的关键领域,发达国家将构筑保护性的研发体制,强化其自身在科学研究和技术开发的全球主导力,这不仅会体现在公共科学技术领域,而且包括企业研发领域。当前各国建立独立的科技生态系统和操作系统,进入"关键科技"竞争分化的时代。美国以对抗者姿态对待技术交流和经贸关系已经处于不可逆转的格局,不仅仅是美国,欧洲对美国在贸易摩擦中的态度也表示一定程度认同。2019年2月,德国经济和能源部发布《国家工业战略2030》,强化德国在关键技术和突破性创新方面的主导能力,体现出鲜明的提升工业增值链闭环性的趋势。欧盟和日本分别在2019年3月和5月出台外商投资安全审查的法案(如《欧盟外资审查框架法案》、日本《外汇及外国贸易法》),旨在加强防范关键领域的技术外流。以美国为例,中高端制造业回流的主要因素不仅在于成本的改善,更在于其希望构建创新体系、科技优势以及对整体价值链的控制力,高新技术领域经贸关系则会陷入全面政治化的态势,疫后逆全球化思潮的阴影似乎有所强化。这些不仅冲击着跨国供应网络,而且将对科技创新的国际合作带来难以逆转的破坏。面对工业生产基地的"回迁"和新增生产能力的"回流",重塑本国产业价值链的生产项目将获得更多重视。

全球新冠疫情持续蔓延的态势进一步增大了经济下行的压力,放大了近两年来中国面临的贸易、投资和国际合作壁垒的负面影响。世界市场的收缩,尤其是美国对华高新技术产业的抵制和打压,给中国开放型制造业的国际竞争带来了巨大挑战。但改革开放四十年以来,中国依托体制改革和对外开放已成功地实现了现代产业体系的全面建设,从接轨国际市场起步,逐步融入国际经济大循环直至形成产业出口优势,并形成在全球经济增长格局中具备领先地位的产业增长点。这个转型历程不仅给中国带来了发展具有国际影响力的现代产业体系竞争优势的机遇,也为全球价值链产品多样化发展与价值链多元要素配置的优化带来新机遇。

中美贸易纠纷以来,经济全球化进程的"逆转"态势已经不容置疑,经贸关系"政治化"的复杂态势与美国对抗型对华政策的公开化仍在继续发酵,中国与发达国家之间高技术产业跨国供应链的隐形壁垒、技术合作的脱钩将成为中国外部市场环境的"新常态"。2018年中美贸易在"301条款"问题上的纷争,是美国在全球化推进过程中"逆全球化"思潮的集中反映。中国产业对外开放的外部环境从未像今天这样严峻,美国自从开启"301调查"开始,对华采取了一揽子限制高新技术产品出口的关税壁垒,并构建了多个违背多边贸易自由化原则的贸易协定规则,两年来颁布了一系列针对中国的贸易禁令和针对企业的实体清单,双边经贸已经从合作转向封锁,遏制中国高新技术产业发展的意图充分暴露(如图1)。

图 1 中美贸易战时间轴

2."安全"成为产业链布局首要要素，未来将形成近岸和离岸双产业链共存格局

新冠疫情之前，产业链全球化布局主要基于成本和效率考虑，但在当前"断链"风险下，迫使跨国公司注重近岸区域布局，同时为了兼顾效率，将会出现近岸与离岸双链共存格局。以美企为代表的大型跨国公司更加重视在母国邻近的地区进行供应网络布局，尽量避免在地理距离遥远的国外进行过于集中的布局。这预示着未来跨国公司更多的将采取N+1的布局模式，分散中间品生产过于集中化的风险。

疫情直接冲击中国外向经济型产业。中国加入WTO后十多年的加工贸易迅猛发展和高技术产业外资主导下的增长，形成了中国开放型经济进程的第一个阶段，也构成了中国承接国际产业转移的现实基础。在多年外向型产业发展的推动下，我国发展形成了全球工业门类最齐全的产业体系，基本覆盖了整个产业链条，并且伴随着制造业技术水平和创新能力的提升，中国在全球产业链和供应链的位置也在不断向高技术、高附加值突破。跨国离岸生产和外包为载体的跨国生产分割诠释了产业链内工序分工为模式的产业国际化进程，极大地提高了产业链内要素配置效率和相关国家的专业化生产效率，是中国实现开放型经济的内在逻辑。

但是，我国产业发展面对的环境依然严峻。多年以来，我国凭借着廉价劳动力大量承接了加工贸易、贴牌生产、外包代工等嵌入全球产业链体系的产业，这使得我国相关企业基本处于附加值的价值链部分，并且有价值链"低端锁定"的趋势出现。疫情的持续影响下，海外供应链和全球市场需求的中断和全面收缩已成为全球跨国生产网络的常态。尤其对于中国进口依赖度较高的集成电路为代表的部分高技术产业，进口中间品的保障受到冲击导致的产业链断裂已经不可逆转。与此同时，大部分发达国家疫情的控制不力形成的悲观情绪通过国际金融市场等渠道，已经转化为跨国公司全球投资的负效应，反过来加剧现有的全球市场的保护主义趋势，经贸关系受政治因素的脆弱性影响将进一步凸显，这一恶性循环必然再度削弱全球跨国生产体系纽带的内在稳定性和中国全球供应链的稳定运行。

3. "三元"区域经济新格局态势初显,"三链协同"下迎来新一轮产业布局竞争

全球产业链"三元格局"已形成,欧美国家推进"制造业回归"和发展中国家不断进行产业升级,合力挤压着中国低成本制造优势,外加中美贸易摩擦带来的不确定风险,全球产业链"去中国化"趋势显露。可以预期,我国将在较长时间内处在一个来自发达国家的经贸与投资壁垒的国际市场中,以 WTO 为代表的贸易规则框架已然失去约束力,而逐步被诸多排他性的区域一体化协定所取代。

区域产业贸易联动成为主流。外加中美贸易摩擦冲击,"去中国化"趋势显露。全球产业链"三元格局"表现为:美国、欧盟和英国以服务业为主要输出标的,德国、日本和中国以制造业为主要的输出标的,其他国家则以上游原材料输出为主要标的。目前欧美国家推进"制造业回归"和发展中国家不断进行产业升级,合力挤压中国低成本制造优势,外加中美贸易摩擦带来的不确定风险,全球产业链"去中国化"趋势显露,尤其外向型经济产业、部分中小企业和落后产能企业受影响最为明显。

近年来全球产业链不断迁移,全球分工逐渐细化,目前全球产业链供应链呈现明显的"两链""三网格局",即由北美—欧洲跨洲全球价值链(投资+贸易)和由北美—东亚跨洲全球价值链(投资+服务外包+采购)形成的"两链";及由欧洲生产网络—西欧跨国公司(原始创新+制造)、北美生产网络—美国跨国公司(原始创新+采购)和由东亚生产网络—日本跨国公司(集成创新+制造)组成的全球新供应链系统。

4. "数字"生产力成为经济复苏驱动力,带来经济规则重构与治理方式新挑战

相比货物贸易,当代贸易市场增长最为活跃的板块是数字贸易,呈现高度的"无形"属性,边界尚未有权威标准,但是该领域在国际发展中很大程度上依托合作双方在交易规则上的一致。由于美国数字经济市场成形较早,在规则体系上有较大话语权,中国作为后发国家和受制于本土服务市场培育的初期节点,面临自由化规则不兼容的巨大挑战。目前,中国、欧盟、美国在数字贸易这一新兴贸易领域还尚未形成全球数字贸易规则,在数据自由流动、数字本地化存储、数字生产和服务的知识产权保护上都需要形成治理新体制。

同时,在智能化生产方面也需要更多合作,形成治理方案。疫后全球智能制造将率先复苏,并成为全球经济增长引擎,以人工智能和智能制造的核心产品机器人产业为例,2019 年,全球机器人市场规模达 1 492 亿美元,其中服务机器人规模 135 亿美元,亚太地区占全球份额超过 60%,中国占比超过 20%。疫情的发生加速了数字工业时代的到来,制造业数字化、智能化转型更加迫切,人工智能、工业互联网、区块链等新技术加快应用于制造业,无人工厂、工业机器人等新模式受到更多重视和推崇,全球智能制造市场将带动经济复苏。经预测,2025 年全球智能制造市场增长率将增至 3 848 亿美元,年复合增长率为 12.4% 左右,中国将成为全球最大的机器人应用市场,2030 年产业规模至少占全球 1/3。

(二)"新三驾马车"协力经济圈构筑中国产业国际竞争新优势

中国制造在 2004 年超过德国、2006 年超过日本、2009 年超过美国,成为世界第一大制造业大国,2018 年中国货物进出口规模超过 4.6 万亿美元,以人民币计价首次突破 30 万亿元大关,连续 10 多年成为世界最大的货物贸易国家。但在国际贸易中,有形贸易量高、无形贸易量低,中低端产品比重不高、高端产品比重过低,货物贸易顺差、服务贸易逆差,中国要实现从贸易大国向贸易强国转变,迫切需要国际制造服务化的支撑,从国际制造服务端、科技端和贸易端同时发力,在破除服务业发展制度瓶颈的同时,发挥疫后中国新消费市场的潜力、新制造发展的能力和新开放经济的活力,通过城市经济圈形成新集聚,构筑中国产业国际新优势。

1. "新消费"贡献疫后全球增量新市场

作为全球最大的制造业国家和迅速增长的消费市场,中国在全球供应链中具有极其关键的地位。2019 年,我国社会消费品零售总额突破 40 万亿元大关,达 41.2 万亿元,最终消费支出对经济增长的贡献率保持在 60% 左右,消费连续 6 年成为拉动经济增长的第一动力来源。2016 年至 2019 年,我国全年社会消费品零售总额从 33.2 万亿元增长到 41.2 万亿元,成为全球第二且增速最快的消费市场。

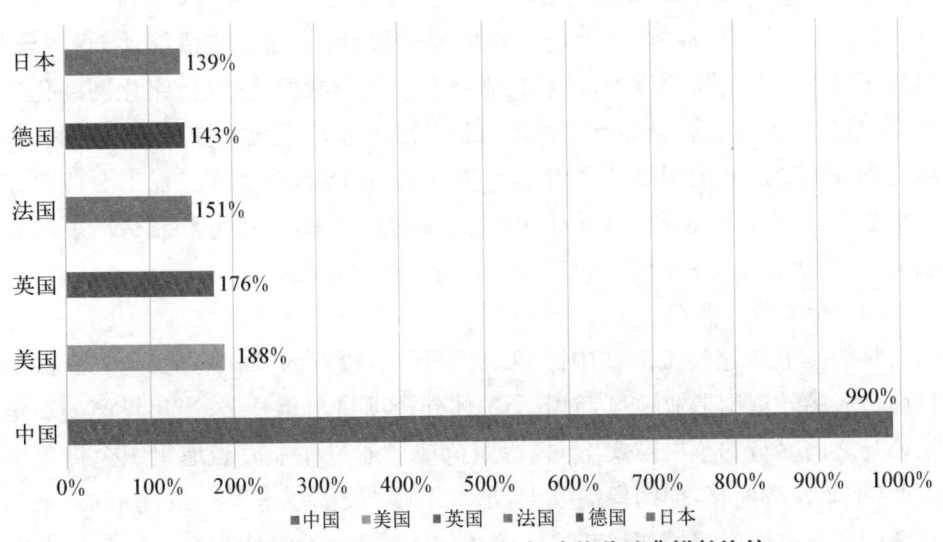

图 2　1990—2016 年中国与发达经济体总消费增长比较

日本	139%
德国	143%
法国	151%
英国	176%
美国	188%
中国	990%

更为重要的是,中国为全球贡献的新技术和新产业应用市场。产业链创新端虽然依托研发投入,但是更离不开制造和用户管理等研发之外的多个价值链环节,未来跨界创新和多样化需求引导的创新更加需要有一个完整的产业链,价值链的尾端与研发都是核心端,企业需要更加重视从消费者的角度去创造需求而不是复制需求,真正让消费者拉动整个价值链和产业链的发展。

2."新制造"形成全球数字生产新集聚

人工智能时代,中国在应用场景上的规模优势将提高中国在人工智能方面的国家竞争力,并成为全球人工智能产业发展集聚地。

中国已将人工智能确定为"提高国家竞争力和保护国家安全"的关键,并提出了国家人工智能计划。该计划以一系列具有里程碑意义的目标为指导,旨在到 2030 年将中国定位为世界主要的人工智能创新中心。2020 年 7 月 8 日,美国兰德公司发布报告《维持在人工智能和机器学习领域的竞争优势》,指出美国应加大对中国人工智能技术的关注。

美国的优势在很大程度上是因为美国在先进半导体设计和制造领域比中国更有能力、更先进,但中国正在试图通过政府对本国半导体行业的大规模投资来削弱这种优势。此外,中国半导体行业的市场规模巨大,美国也缺乏实质性的产业政策。尽管如此,中国半导体企业目前仍然依赖美国的设计,制造能力也落后于韩国和中国台湾地区。中国正在投资新类型的芯片和计算技术,但美国和欧洲的公司也在积极探索新的计算技术。中国在大数据集方面比美国有优势,而大数据集对机器学习应用的开发至关重要。两国在风险投资融资或政府资助方面的优势则很难比较。

3."新贸易"打开链接全球产业新方式

随着制造和服务的深度融合,中国将以新的方式融入全球产业链布局。从长远看,疫情对供应链、产业链的影响是阶段性的,随着疫情催动 5G、"云"经济等数字产业的快速增长,信息技术将会呈现指数级增长、数字化网络化进步、集成式智能化创新趋势迅速推进,机器之间、生产系统和操作系统之间、供应商和分销商之间的网络互联将进一步打通,智能制造生产过程中全球合作将加强,其中尤以数据和工具的可用性为新的竞争力,在服务和制造深度融合趋势下,中国在全球供应链中的双向作用将进一步加强。

(1) 特斯拉产业链

特斯拉上海超级工厂在中国 2019 年开工,投资约 500 亿元,是上海截至目前最大的外资制造业项目,创下了单体外资项目当年开工、当年投产的新纪录。与之前盛行的苹果模式不同,特斯拉项目通过在上海当地组织全供应链生产,把研发端前移,把销售端放大,形成了在"最优技术"与"最优市场"下构建全球产业链供应链的新优势。一方面,中国巨大的消费市场可以为特斯拉带来更大规模的技术研发和建立更高的产业链优势,凭借中国市场大量的产品车辆行驶数据信息,不断提升系统处理能力和功能迭代;另一方面,特斯拉依托长三角这一全球最大的汽配市场制造优势,以最有效率和最安全的方式集成特斯拉产业链上的核心产品配套商、具备 ASP 提升空间的新能源零部件供应商,以及产品技术壁垒较高的核心零部件供应商等,形成安全、高效和经济的产业链供应链闭环。

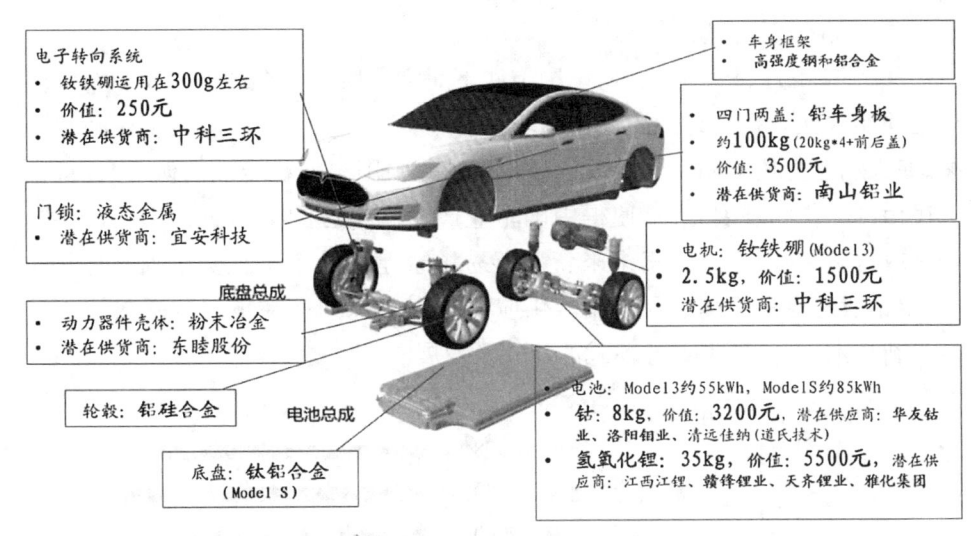

电子转向系统
- 钕铁硼运用在300g左右
- 价值：250元
- 潜在供货商：中科三环

门锁：液态金属
潜在供货商：宜安科技

底盘总成
- 动力器件壳体：粉末冶金
- 潜在供货商：东睦股份

轮毂：铝硅合金

底盘：钛铝合金（Model S）

- 车身框架
- 高强度钢和铝合金

- 四门两盖：铝车身板
- 约100kg（20kg*4+前后盖）
- 价值：3500元
- 潜在供货商：南山铝业

- 电机：钕铁硼（Model 3）
- 2.5kg，价值：1500元
- 潜在供货商：中科三环

电池总成
- 电池：Model 3约55kWh，Model S约85kWh
- 钴：8kg，价值：3200元，潜在供应商：华友钴业、洛阳钼业、清远佳纳（道氏技术）
- 氢氧化锂：35kg，价值：5500元，潜在供应商：江西江锂、赣锋锂业、天齐锂业、雅化集团

图3 特斯拉中国供应链主要企业

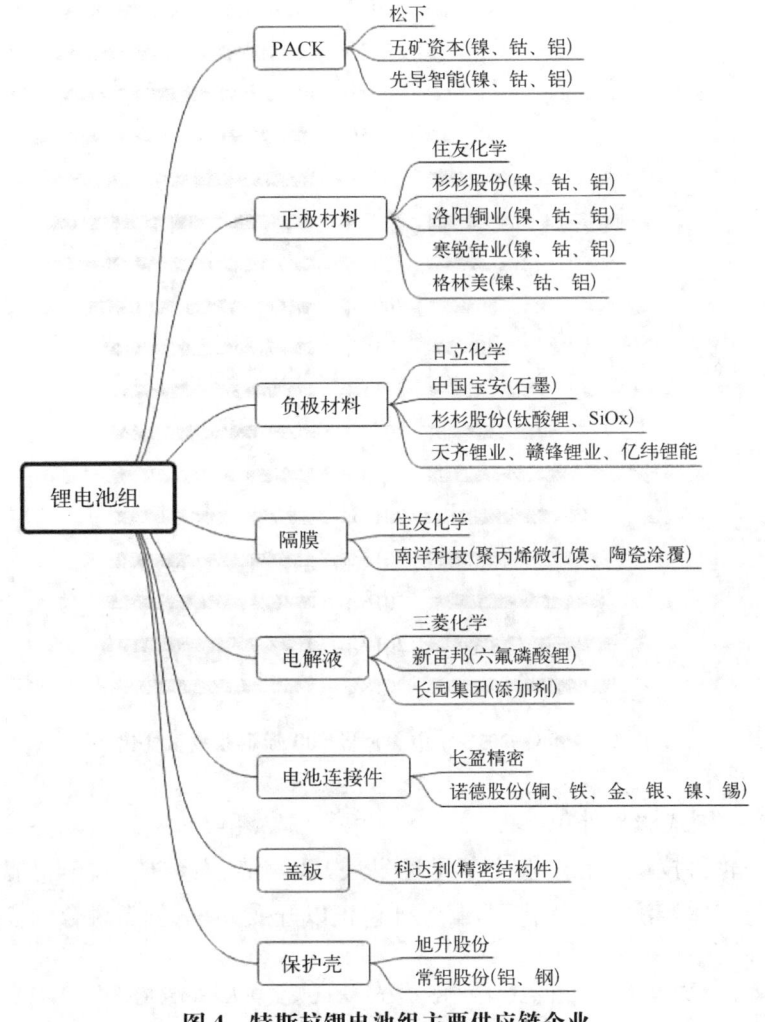

锂电池组

- **PACK**
  - 松下
  - 五矿资本（镍、钴、铝）
  - 先导智能（镍、钴、铝）

- **正极材料**
  - 住友化学
  - 杉杉股份（镍、钴、铝）
  - 洛阳铜业（镍、钴、铝）
  - 寒锐钴业（镍、钴、铝）
  - 格林美（镍、钴、铝）

- **负极材料**
  - 日立化学
  - 中国宝安（石墨）
  - 杉杉股份（钛酸锂、SiOx）
  - 天齐锂业、赣锋锂业、亿纬锂能

- **隔膜**
  - 住友化学
  - 南洋科技（聚丙烯微孔膜、陶瓷涂覆）

- **电解液**
  - 三菱化学
  - 新宙邦（六氟磷酸锂）
  - 长园集团（添加剂）

- **电池连接件**
  - 长盈精密
  - 诺德股份（铜、铁、金、银、镍、锡）

- **盖板**
  - 科达利（精密结构件）

- **保护壳**
  - 旭升股份
  - 常铝股份（铝、钢）

图4 特斯拉锂电池组主要供应链企业

(2) 宝武式价值链

2020年1月、4月和5月,中国宝武下属宝钢股份与全球三大铁矿石供应商之间实现铁矿石交易的人民币跨境结算①(巴西淡水河谷、澳大利亚必和必拓、澳大利亚力拓集团),这体现了国际市场对中国经济稳定性的认可,也符合人民币国际化的发展趋势,使得中国企业产业链生态圈上下游合作伙伴共同探索取得新突破,也为探索未来新型贸易场景建设奠定了扎实基础。与此同时,宝钢股份也积极同必和必拓等供应商一起研究如何在更大范围内使用云端等新技术,助推新型业务模式的建立及发展。

图 5　1998—2018 年中美世界 500 强企业数量变化

(3) 中国式服务外包

新一轮科技革命和产业变革迅猛发展,区块链、大数据、人工智能等数字化技术与实体经济融合深化下,服务外包正以开放共享、创新融合的模式加固

---

① 资料来源:《新"跨"越!中国宝武与全球铁矿石三大巨头实现人民币跨境结算》,《人民日报》2020年5月12日。

经济全球化和服务贸易自由化桥梁,也为我国培育贸易新业态新模式、深度参与国际产业分工、抢抓变局中的机遇开拓了新空间。

中国已经是全球第二大接包国,同时随着中国企业产业链位置的提升,中国同时跃居为全球第一大发包国。当前中国上市公司中,已集聚了一批具有世界影响力的"新头部"企业。如在ITO领域的浙大网新、致力于移动智能终端产业链的软件外包服务提供商诚迈科技、宝武钢铁集团旗下,主营软件开发及工程服务,服务外包及系统集成的宝信软件等。在发展的国际环境和国内矛盾上,我国既面临着美国、日本、爱尔兰、印度等掌控价值链高端环节国家的正面竞争,也面临着越南、菲律宾、马来西亚、墨西哥等价值链低端市场国家的追赶。同时,我国在集成电路和电子电路设计等关键领域存在"卡脖子"环节。推动服务外包的数字化和智能化升级不仅有助于提升产业整体的技术水平和增加值率,提升外贸能级,推动我国外贸转型升级,更是能撬动中国价值链整体升级的新支点。

4."首位城市"引领城市圈经济新发展

城市经济圈作为经济发展的集中"场域",也是产业国际竞争力的"主战场"。在当前产业技术跨多个领域、价值构成环节更加复杂的态势下,经济圈对产业集聚、产业转移和产业辐射等影响更大,对国家产业竞争力整体提升作用也更强。特别在开放经济前提下,区域产业国际竞争力需把技术、管理、资本、市场、劳动力、自然资源、产品等要素放入全球经济系统中,以寻求最优配置。

2018年的上海产业国际竞争力论坛报告指出,全球主要城市经济圈的发展目标正朝着"集中、高效、密集和多样性"方向努力,经济圈功能进一步迈向全球化、网群化和智慧化方向发展。同时,城市经济圈产业国际竞争力中,首位城市的地位和作用越来越凸显,并在价值链、产业链和创新链中发挥核心关键作用。虽然世界经济新一轮新技术革命的发展走向和引领性技术仍有巨大争议,全球范围内带来产业颠覆性革命的技术创新尚不清晰,但不可否认,未来十年是经济增长动能的关键转型期,城市经济圈的系统升级使产业国际竞争力全面进入"高阶版"阶段。第一,空间升级。以东京、新纽约为代表的城市经济圈在产业创新下,依据创新要素在不同阶段的配置空间和效率要求,通过从点状布局到轴向布局、圈层布局和网络布局层层推进,重塑创新空间,与周边城市和区域联动发展形成创新城市集群。第二,结构升级。在全球技术革新和经济格局重塑过程中,城市经济圈"制造业回归"的实质发生了深刻变化,西方国家"再工业化"过程,政策内涵已超出以往重振、"回归"制造业的范畴,其实质是要与城市的现代服务业机制相容,实现制造和服务的整体升级,以此奠定未来经济长期繁荣和可持续发展的基础。第三,组织升级。首位城市从"集聚制造业的城市"向"孵化制造业的城市"转型,小型、专业、高附加值企业将成为城市制造业新主体;生产性服务业和生活性服务业成为城市经济的两大重要主体;大量的科研院所、专业中介服务组织集聚。第四,政策升级。随着经济圈的结构转型和产业升级,产业生态系统中的政策调整愈发重要。

二、稳中求进,上海重点产业国际竞争力对区域发展整体支撑趋强

(一) 2019—2020年上海重点产业国际竞争力指数分析

1. 上海重点产业国际竞争力总指数

在国际经济负面因素频出背景下,上海重点产业国际竞争力有力承压抗跌,始终保持稳中有升态势。"十三五"以来上海大力发展战略性新兴产业,如高端装备、新能源汽车、新材料等快速发展,各产业研发投入、盈利能力、投资效率等大幅提高,产业竞争力持续增强。2017—2019年,上海重点产业综合国际竞争力保持平稳发展。其中,制造业行业三年的重点产业国际竞争力指数分别为123.9、126.4、127.8,表现出稳定上升势头,但2018—2019年增长有所放缓。

图6 2017—2019年上海重点产业国际竞争力总指数

上海重点产业内生增长驱动力强劲,国际贸易竞争力保持坚挺。从产业国际表现、行业增长驱动与价值链提升三大二级指标来看,2017—2019年上海制造业重点产业在行业增长与价值链提升方面进步较大,但在贸易竞争力方面呈现微弱的下降趋势。2017—2019年,上海制造业重点产业竞争力的行业增长驱动指标与价值链提升指标分别增长8.71和9.45。2018—2019年整体贸易环境的变化对上海各重点产业的贸易竞争力产生一定负面影响,产业国际表现指标有所降低,2019年相对于2017年下降了1.26。

2. 上海重点产业国际竞争力分行业贡献度

上海重点产业国际竞争力行业贡献度呈显著分化趋势,行业贡献结构性变化凸显,生物医药、新材料亟须强基固本。2017—2019年,智能制造、新能源

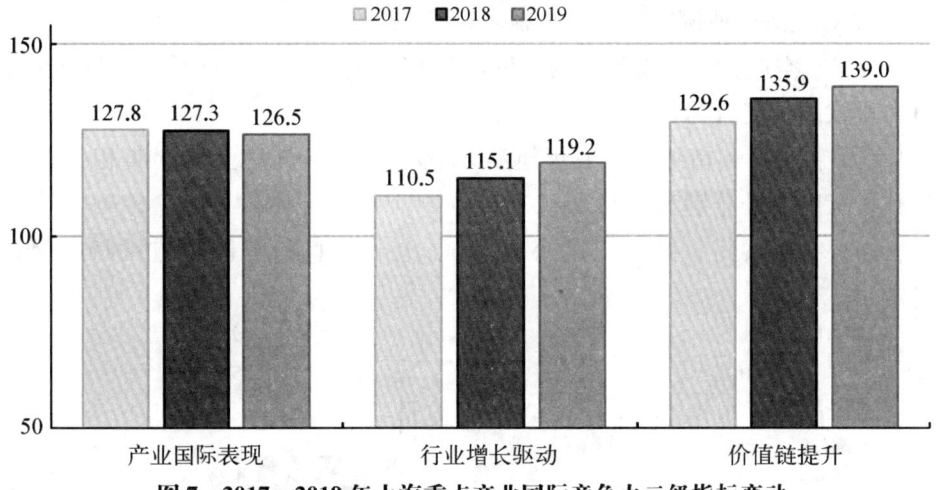

图 7 2017—2019 年上海重点产业国际竞争力二级指标变动

汽车对上海重点产业国际竞争力贡献度最大。"十四五"期间,智能制造和新能源汽车作为践行"制造强国"战略的重点产业,具备广阔的发展前景。上海在智能制造与新能源汽车领域拥有上汽集团、上海电气在内的龙头企业,产业链条完备,区域辐射能力强,未来应进一步夯实这些产业的支柱作用。生物医药、新材料对上海产业国际竞争力贡献度较小,作为上海着力发展的战略性新兴产业,受市场影响波动性大,未来应进一步强化产业基础,拓宽产业发展空间。

表 1 2019 年上海各重点产业国际竞争力指数贡献度

行 业 名 称	2017 年	2018 年	2019 年
电子信息制造	15.72	15.49	15.60
新能源汽车	32.65	34.37	35.43
生物医药	8.24	8.33	7.85
精细化工	9.21	9.96	9.79
新材料	4.19	4.51	4.54
智能制造	42.28	41.75	42.23
航空航天	11.63	12.00	12.38
重点产业合计	**123.92**	**126.41**	**127.82**

从各重点产业贡献度变化情况来看:
(1)新能源汽车、精细化工、新材料与航空航天等重点行业对上海产业国际竞争力贡献度显著提升。上海是国内最重要的汽车产业基地和全国推广新能源汽车的桥头堡,新能源汽车业国际竞争力表现十分突出,2019 年相比

2017年对上海产业国际竞争力贡献度提升2.78。

（2）航空航天总体发展较为稳健，2019年相比2017年对上海产业国际竞争力贡献度的提升为0.75。

（3）新材料和精细化工发展迅猛，但受限于产业规模，2019年相比2017年其贡献度提升分别为0.35和0.58。

（4）生物医药贡献度出现小幅下降，电子信息与智能制造贡献度保持稳定。

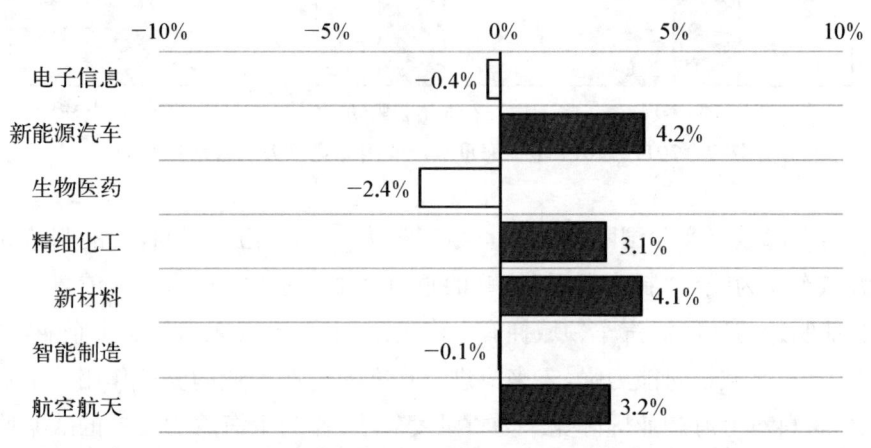

行业	变化率
电子信息	-0.4%
新能源汽车	4.2%
生物医药	-2.4%
精细化工	3.1%
新材料	4.1%
智能制造	-0.1%
航空航天	3.2%

图8　2017—2019年上海重点产业国际竞争力贡献度指标年均变化

3. 上海重点产业国际竞争力"三链"分析

（1）产业国际表现：行业国际贸易竞争力分化发展趋势显著

新能源汽车产业国际表现一枝独秀。电子信息制造、新能源汽车与智能制造仍是上海对外贸易竞争力的核心支柱产业。其中除受政府大力扶持的新能源汽车产业有所增长外，电子信息制造与智能制造均为下降态势。

表2　2017—2019年上海产业国际表现指标贡献度

行业名称	2017年	2018年	2019年
电子信息制造	16.41	15.84	15.73
新能源汽车	32.22	32.54	32.69
生物医药	8.51	8.84	7.57
精细化工	8.95	9.81	9.77
新材料	3.82	4.11	4.03
智能制造	48.06	46.32	46.98
航空航天	9.82	9.88	9.76
重点产业合计	**127.79**	**127.34**	**126.53**

生物医药产业国际表现受国际市场负面因素掣肘显著走低。在国际贸易中,由于生物医药相比于其他产业更易受国外技术性贸易壁垒的影响。2019年世界各国均加强了生物医药的贸易保护措施,这使得上海地区生物医药出口放缓,进出口额占产值比重减少,产业国际表现大幅下降。从生物医药的三级指标来看,2019年生物医药的供应链强度出现大幅下跌,为避免生物医药行业遭国外"卡脖子",应加大在生物医药领域的研发投入力度,并进一步改善相关领域营商环境,积极吸引高端生物医药企业落户。

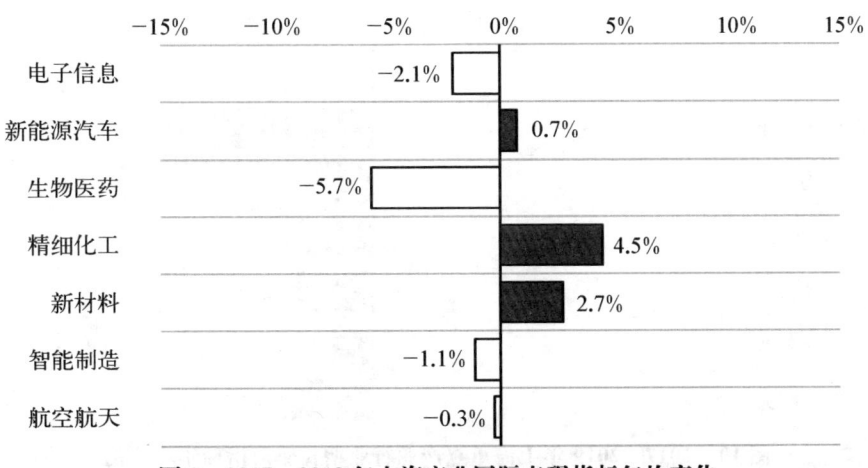

图 9　2017—2019 年上海产业国际表现指标年均变化

（2）行业增长驱动：新行业增长点不断涌现,政策激励效果逐渐显现

① 新能源汽车行业增长驱动力强劲上扬。在行业增长驱动领域,作为目前上海制造业大力发展的重要支柱产业之一,新能源汽车表现最好,2017—2019 年平均每年增长 7.0%。

表 3　2017—2019 年上海重点产业行业增长驱动指标贡献度

行业名称	2017 年	2018 年	2019 年
电子信息制造	13.06	12.94	13.02
新能源汽车	34.83	37.25	39.88
生物医药	6.49	6.38	6.89
精细化工	8.65	10.10	9.51
新材料	4.56	4.90	4.89
智能制造	31.29	31.85	32.41
航空航天	11.61	11.72	12.59
重点产业合计	110.49	115.14	119.19

② 高新技术产业政策激励效应开始显现,智能制造业、航空航天业与生

物医药业等技术密集型、资本密集型行业在行业规模上也获得长足发展。

③ 电子信息制造业贡献度趋于停滞，亟须寻求产业升级新方向。在各重点行业中，仅有电子信息制造的贡献度几乎保持不变，从电子信息制造的三级指标来看，行业区域市场效率出现了较大的滑坡，行业投资增长乏力；同时产业投资效率与产业盈利能力出现不同程度下滑，行业的劳动生产率与利润率有所下降。对电子信息制造这类传统优势行业进行深化产业升级是未来提升上海重点产业国际竞争力的重要课题。

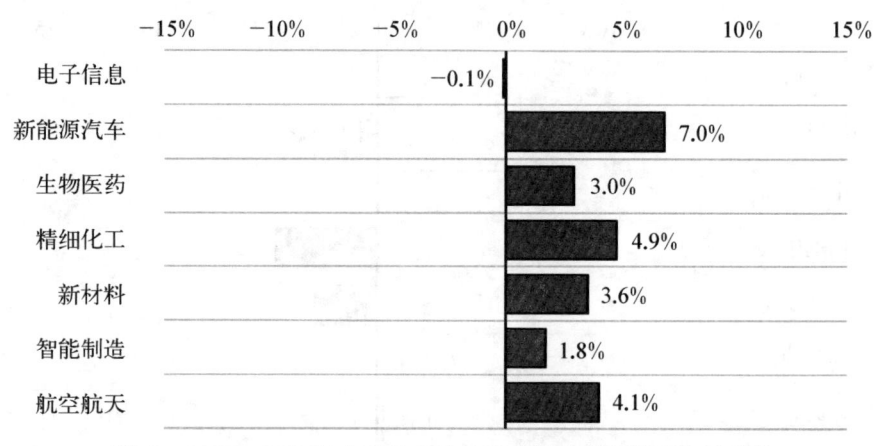

行业	年均变化
电子信息	−0.1%
新能源汽车	7.0%
生物医药	3.0%
精细化工	4.9%
新材料	3.6%
智能制造	1.8%
航空航天	4.1%

图10　2017—2019年上海重点产业行业增长驱动指标年均变化

（3）**价值链提升：行业自主创新能力强化助力价值链地位提升**

新能源汽车、新材料和航空航天价值链提升幅度显著。从产业升级的角度，上海各重点产业中在价值链提升指标方面表现出较强增长势头的为新能源汽车、新材料和航空航天，三者均为上海重点关注的高新技术产业。

表4　2017—2019年上海重点产业价值链提升指标贡献度

行　业　名　称	2017年	2018年	2019年
电子信息制造	16.99	17.33	17.93
新能源汽车	31.31	35.16	36.43
生物医药	9.45	9.27	9.39
精细化工	10.31	10.11	10.11
新材料	4.56	4.92	5.20
智能制造	41.69	42.54	42.55
航空航天	15.27	16.53	17.41
重点产业合计	**129.58**	**135.86**	**139.02**

精细化工与生物医药产业创新驱动力不足引致价值链地位小幅下降。从

精细化工业国际竞争力三级指标看出,创新生产能力下降是精细化工业价值链提升指标下降的主要原因,精细化工业的专利数量正逐年减少。为确保未来上海的重点产业国际竞争力,上海要继续加大对新材料、精细化工等产业链上游的研发投入。

电子信息制造、智能制造核心技术突破助力价值链稳步提升。电子信息制造、智能制造等上海具有传统规模优势行业,利用自身产业群溢出效应与规模效应,通过自主创新与协作创新加大重点技术攻关,通过重点推进数字化和核心技术突破集成,实现其产业价值链升级和全球产业链的加固。

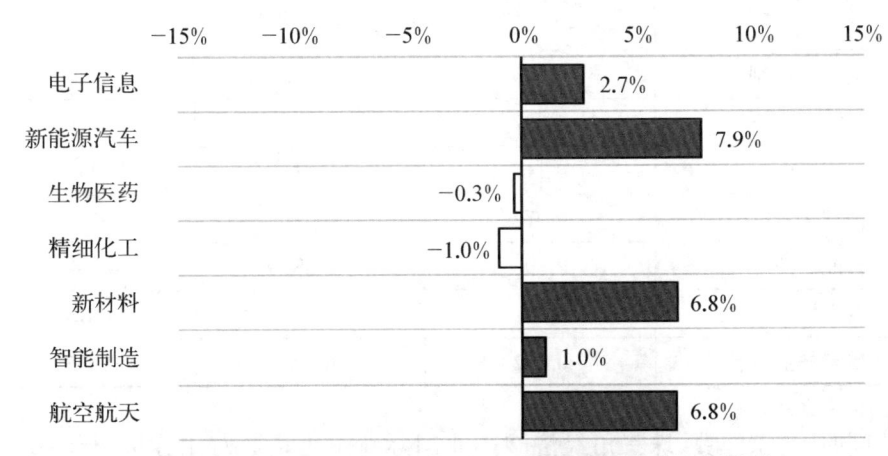

产业	年均变化
电子信息	2.7%
新能源汽车	7.9%
生物医药	−0.3%
精细化工	−1.0%
新材料	6.8%
智能制造	1.0%
航空航天	6.8%

图11 2017—2019年上海重点产业价值链提升指标年均变化

(二)上海经济圈重点产业国际竞争力首位度分析

上海作为长三角城市群中心首位城市,在长三角城市群整体产业国际竞争力上总体首位程度处于0.29左右,相较区域内其他城市对长三角城市群产业国际竞争力起到支柱作用。

新能源汽车与智能制造产业城市首位度名列前茅,这样的首位度重点体现在上海新能源汽车与智能制造行业组织区域产业链的能力。上海在新能源汽车领域已经建立起牢固的比较优势与先发优势,行业引领功能持续提升。上海对新能源汽车长期以来的全产业链布局,使得上海在汽车制造领域拥有技术研发、核心部件与配件生产、整车制造等大量企业,成为新能源汽车研发与制造高地。随着特斯拉上海工厂投产的带动作用,上海新能源汽车产业对配套企业的需求进一步增加,能够有效地带动周边长三角制造业城市参与新能源汽车产业链循环。

以智能制造为代表的高端装备制造是上海的传统优势行业,在长三角智能制造产业领域,上海处于稳固的引领地位。在长三角区域中,上海具有最充分的智能制造行业所需高端装备生产、信息产业技术与从业人员供给,同时长三角一体化区域内其他地区均为制造业强省,对产业智能化改造需求强烈,为上海智能制造产业提供了便利而规模巨大的市场,上海智能制造行业对长三角地区产生了强大的区域辐射能力。长三角各地区电子信息制造、生物医药业均比较发达,上海受制于土地供给规模,在产业规模和贸易规模上难以与长三角其他地区直接形成辐射带动作用,应着眼于发挥总部经济和研发优势,全力占据价值链上游位置。

表5 2017—2019年长三角城市群国际竞争力上海首位度

行业名称	2017年	2018年	2019年
电子信息制造	0.175	0.172	0.173
新能源汽车	0.467	0.487	0.489
生物医药	0.116	0.118	0.113
精细化工	0.072	0.077	0.074
智能制造	0.393	0.386	0.387
航空航天	0.207	0.211	0.215
重点产业合计	**0.292**	**0.295**	**0.295**

同时,与京津冀、珠三角经济圈产业国际竞争力指数对比分析,新能源汽车产业国际竞争力快速增长,成为长三角重点产业国际竞争力全新增长引擎与驱动力量。京津冀城市群在精细化工和航空航天产业国际竞争力上的得分有上升趋势。珠三角城市群的综合竞争力指数表现相对比较稳定,且逐年上升,智能制造和生物医药是珠三角综合竞争力提升的重要来源。

表6 2017—2019年各城市群重点产业国际竞争力

地区	2017年	2018年	2019年
京津冀	118.07	116.00	114.96
长三角	128.04	129.35	130.73
珠三角	125.51	126.48	129.90

(三)城市功能与上海经济圈产业国际竞争力分析

上海重点产业的国际竞争力水平的提升,与上海对全球范围内资源的集聚能力、配置能力和辐射能力直接相关。对于上海这一全球城市而言,其核心能力并不在于具体某个产业的发展能力,而是在于对高端市场主体、人才、机构和资金的汇聚能力,凭借这一汇聚能力调动全球资源,在自身发展的同时带动区域发展,提升和强化自身产业在全球范围内的总体竞争力水平。因此,有必要对支撑和驱动上海产业国际竞争力水平不断提升的各类驱动要素进行研究与分析。

1. 典型生产性服务业对区域产业国际竞争力支撑水平分析

第一,长三角服务业国际竞争力总体水平显著高于珠三角和京津冀地区。从服务业角度,长三角城市群同样相对京津冀和珠三角城市群表现出较高的国际竞争力。但值得注意的是,长三角城市群服务业国际竞争力处于逐年下降的状态,与之相对,京津冀城市群服务业国际竞争力则表现为稳步上升。珠三角地区服务业产业国际竞争力水平三年来基本保持平稳状态。

表7　2017—2019年各城市群服务业国际竞争力

地　　区	2017年	2018年	2019年
京津冀	103.15	110.75	113.57
长三角	136.47	133.71	132.77
珠三角	102.67	100.00	101.62

第二,长三角服务业价值链地位持续提升,行业增长驱动力企稳回升。2017—2019年上海服务业国际竞争力指数在二级指标方面变化波动较大。其中,代表直接贸易竞争能力的产业国际表现指标表现为先上升后下降的态势,2019年相比2017年,服务业的产业国际表现指标下降13.42。行业增长驱动指标在2018年大幅下降,但在2019年有所恢复,相比2017年下降1.85。服务业重点行业的价值链提升指标表现为平稳上升,2019年相比2017年上升5.85。

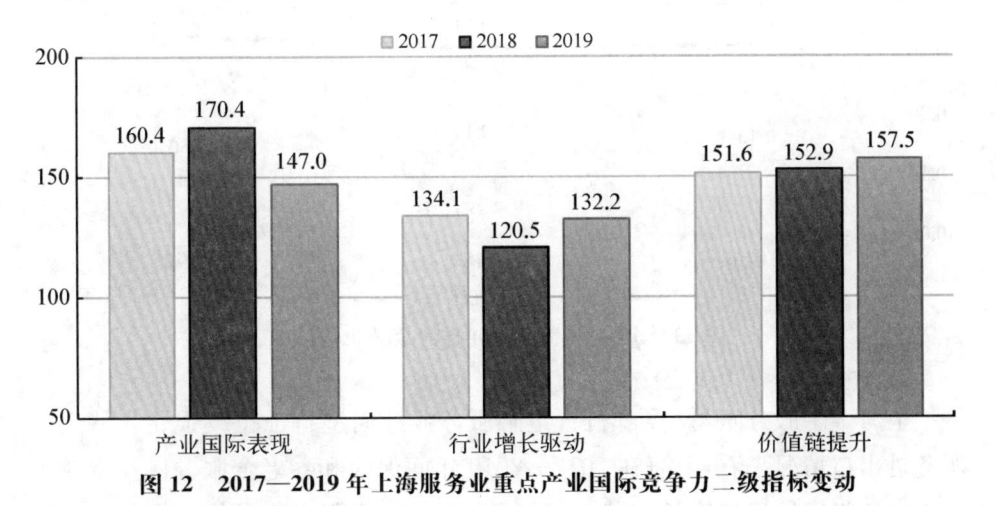

图12　2017—2019年上海服务业重点产业国际竞争力二级指标变动

2. 上海金融要素优势显著,有效支撑重点产业竞争力持续提升

自2018年开始,上海在银行、证券、保险等金融业领域中持续出台了大量

对外开放政策。大量政策的出台使得上海在全球金融业的地位水涨船高,从全球两大国际金融中心评价指数,全球金融中心指数(GFCI)和新华-道琼斯国际金融中心发展指数(IFCD)2019年的研究成果表明,上海位于全球金融中心竞争力的第四位,仅次于伦敦、纽约、香港。

上海金融业城市首位度位居长三角地区之首,金融要素积聚水平独居一档。从上海金融业在长三角地区的首位度来看(见图13),2017—2019年间,上海金融业发展首位度显著高于江苏省和浙江省,截至2019年,其首位度指标达到0.52,高于江苏省的0.33和浙江省的0.15。金融行业的高度集聚发展,可以为上海重点产业企业的研发创新活动提供多元化外源性融资渠道,为其成果转化提供丰富而强力的资本支撑。同时,金融行业集聚发展带来大规模资本流量的同时,得益于资本对市场信息的敏锐性和敏感性,金融要素集聚还将进一步提升信息流集聚度,使上海成为全球各类市场信息集聚地,信息流汇聚降低上海重点产业各类市场主体的信息不对称程度,有利于强化其对本产业市场结构变动、技术进步趋势、贸易风险来源等重要问题的前瞻性研判,最终提升自身决策的科学性、准确性与合理性,从而实现企业平稳快速发展与竞争力持续提升的战略目标。从数据分析结果来看,金融业首位度与上海重点产业国际竞争力水平呈显著正相关关系,其相关系数高达0.838 6。

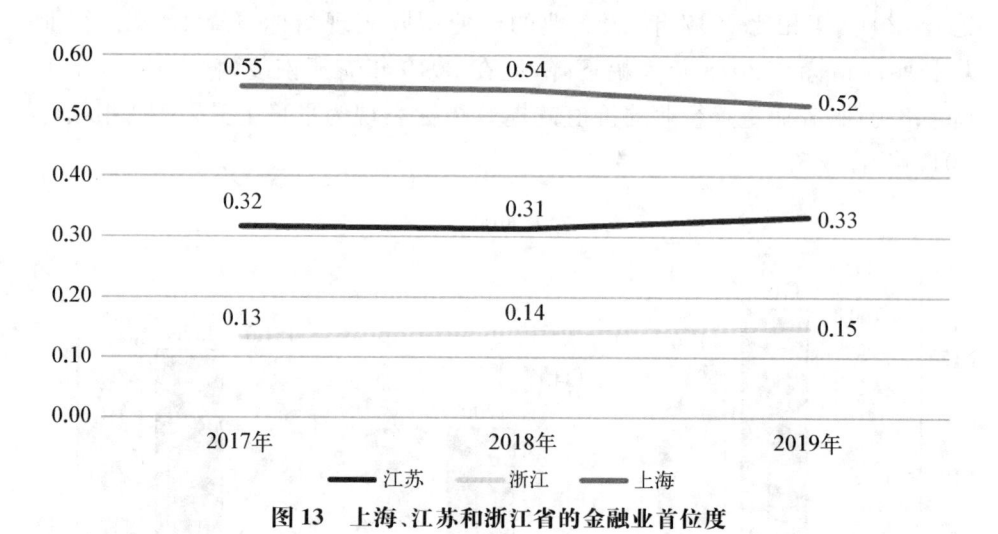

图13 上海、江苏和浙江省的金融业首位度

上海金融服务贸易稳步增长,金融服务业外向型特征持续强化。从金融服务进出口情况来看,上海在2017—2019年间保险和养老金服务以及金融服务进出口规模呈稳步增长态势,金融行业外向型特征不断强化。如表8和图14所示,保险和养老金服务无论在进出口总额,还是在进口与出口方面均呈显著上升态势,且在金融类服务贸易当中占比较高。

表8 上海金融类服务进出口情况表　　（单位：亿美元）

年份	类别	进出口 金额	进出口 同比（%）	进出口 占比（%）	出口 金额	出口 同比（%）	进口 金额	进口 同比（%）	贸易差额
2017	保险和养老金服务	13.6	−33.9	0.7	6.5	−22.6	7.1	−41.8	−0.6
2017	金融服务	1.5	−10.2	0.1	0.4	22.9	1.1	−19.3	−0.6
2018	保险和养老金服务	15.5	13.6	0.8	7.3	12.1	8.2	15	−0.8
2018	金融服务	2.2	43.8	0.1	0.9	90.3	1.3	24.4	−0.5
2019	保险和养老金服务	21.7	40.3	1.2	11	50.1	10.8	31	0.2
2019	金融服务	2.3	5.8	0.1	0.9	1.5	1.5	9.8	−0.6

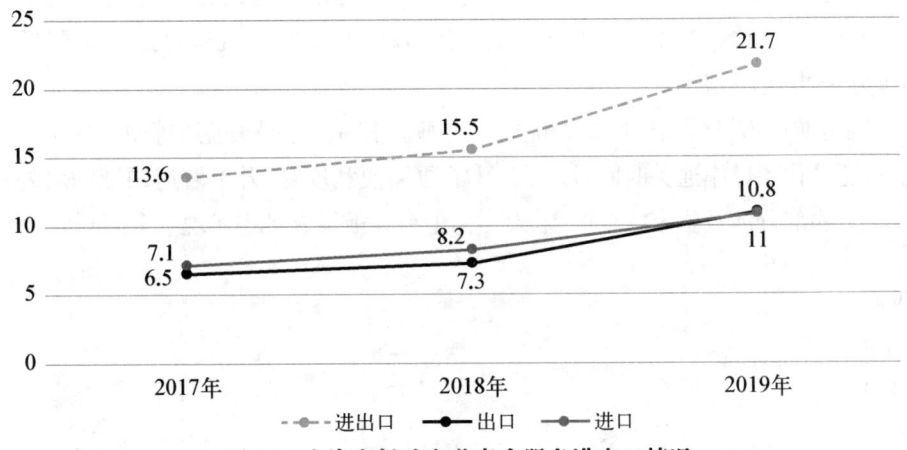

图 14　上海市保险和养老金服务进出口情况

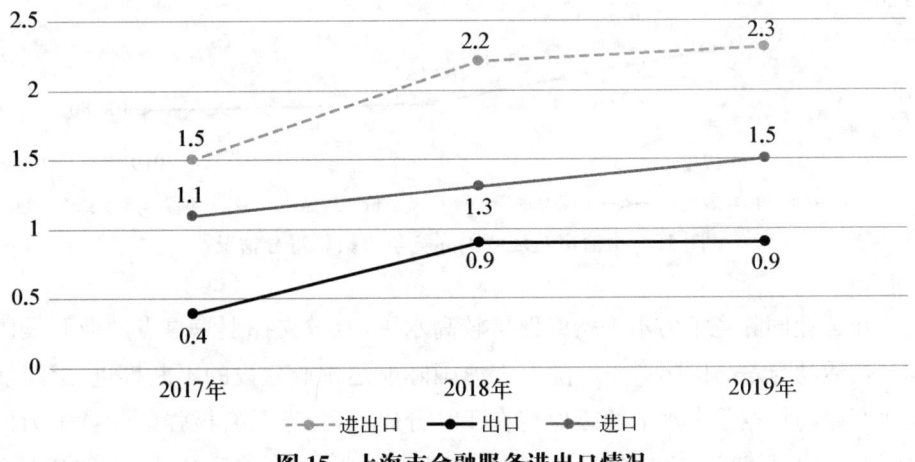

图 15　上海市金融服务进出口情况

3. 上海航运中心建设成效显著,航运枢纽功能持续强化

自《上海国际航运中心建设三年行动计划(2018—2020)》发布以来,上海国际航运中心建设成效显著,主要表现在以下四个方面:

一是航运"大佬"集聚上海。在上海航运中心的建设中,不断吸引着航运业内的大型企业入驻。截至 2019 年底,入驻上海的航运类企业中有 39 家全球百强班轮公司、全球 5 大船舶管理机构中的 4 家以及全球主要邮轮企业的总部级机构。

二是现代物流区位优势明显。在港口上,上海优势更为显著。凭借上海港和吴淞口国际邮轮港,上海同时拥有了国际集装箱第一大港和亚洲第一邮轮母港;浦东和虹桥两大机场的建设也使得上海成为全球第四航空旅客吞吐量的城市。

三是现代航运服务能级提升。除了企业和流量的集聚,上海在航运服务领域中的业务能力也是全国突出。在保险领域中,上海船舶险和货运险业务占我国总量的 25% 左右,航运保险集聚功能凸显;在信息服务领域,集装箱运价指数影响不断扩大,"港航大数据实验室""中国航运数据库"等项目也不断落地;在司法领域中,上海凭借海事法院和海事仲裁服务机构打造了全国领先的国际海事司法基地。

四是航运市场营商环境显著优化。上海在不断压缩码头航道等使用成本的前提下,还简化了口岸通关时间,极大提升了通关便利度,提升了航运领域的对外开放水平,除部分涉及国家安全的领域之外,上海在航运领域中实现了全面开放。

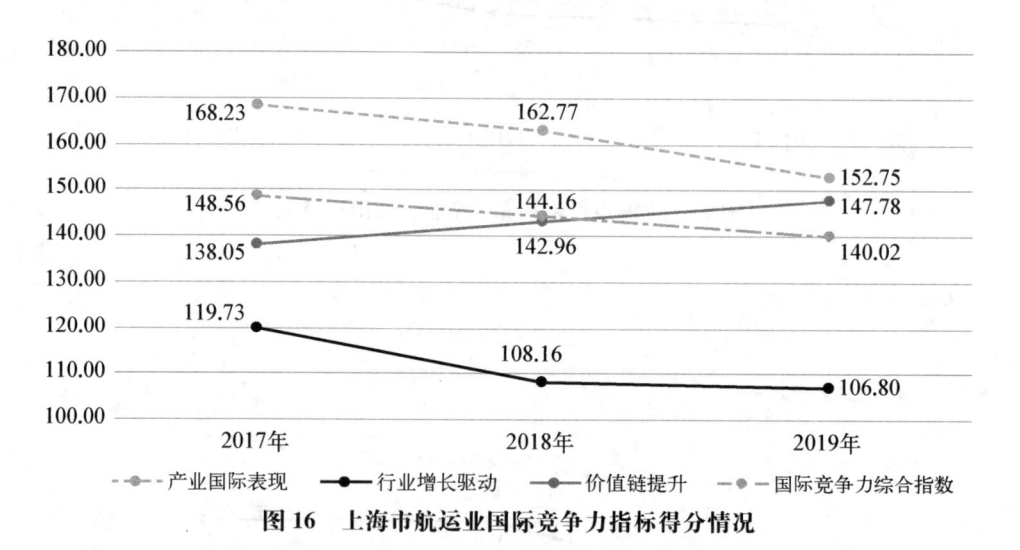

图 16 上海市航运业国际竞争力指标得分情况

航运业国际竞争力水平始终保持较高水平,有效支撑上海重点产业开展国际经贸活动与参与国际竞争。随着上海国际航运中心建设的不断推进,上海航运业产业国际竞争力水平始终保持在 140 分以上,处于具有极强国际竞争力的区间范围内,尽管近年来受"逆全球化"和贸易保护主义等负面因素的影响,上海

航运业国际竞争力指标得分略有下降,但是上海航运业在价值链提升分项指标方面却始终保持上升态势,在全球贸易环境负面因素增多的大背景下,上海航运业持续修炼内功,通过积极研发创新等不断提升自身在价值链中的地位。

4. 会展平台要素高效协助重点产业创品牌、增附加值、打造竞争新优势

第一,上海会展业规范化发展水平领先全国。会展业作为推动经贸活动发展的重要平台和服务行业,其发展水平对所在地区的产业发展、贸易增长与经济活力具有重要意义。目前,会展业领域国家层面没有专门的法律法规,各省、直辖市层面也没有专门的地方性法规。为了促进展览行业的发展,2020年3月19日,上海市十五届人大常委会第十八次会议表决通过《上海市会展业条例》(简称《条例》)。《条例》是一次创制性立法,是全国首个会展业地方性法规,对本市会展业发展具有特别重要的意义。

第二,上海年度会展项目数量与规模居全国首位。2018年上海市共举办各类展览会项目1 032个,总展出面积1 879.55万平方米,同比增长6.2%。2019年上海市共举办各类展会及活动1 043个,总面积1 941.67万平方米,同比增长3.3%。从上海市会展行业的国际竞争力水平来看,上海会展业国际竞争力水平始终保持在150分以上,具有极强的国际竞争力,同时,根据国家统计局公布的数据显示,2019年上海举办的会展数量位居全国所有省市之首,在会展业方面,上海在国内具有显著比较优势。

表9 2017—2019年按重点产业分各城市群年均会展总面积 (单位:平方米)

行 业 名 称	京津冀	长三角	珠三角
电子信息制造	418 569	878 632	903 955
新能源汽车	337 182	592 762	289 259
生物医药	124 250	128 333	132 500
精细化工	159 500	325 444	154 667
新材料	139 333	682 530	188 250
智能制造	407 821	1 256 426	626 796
航空航天	145 889	165 333	65 000
重点产业合计	**1 732 544**	**4 029 460**	**2 360 427**

表10 2017—2019年上海重点产业会展面积变化情况 (单位:平方米)

行 业 名 称	2017年	2018年	2019年
电子信息制造	303 600	531 143	657 280
新能源汽车	208 500	240 000	146 667
生物医药	75 000	45 000	60 000

续表

行 业 名 称	2017 年	2018 年	2019 年
精细化工	308 000	346 080	329 375
新材料	273 000	693 600	833 700
智能制造	455 000	434 250	408 000
航空航天	210 000	150 000	100 000
重点产业合计	1 833 100	2 440 073	2 535 022

第三，上海会展业国际竞争力优势极其显著，内外双向支撑重点产业发展。从会展业产业国际竞争力与上海重点产业国际竞争力之间的相关关系来看，两个指标之间的相关系数高达 0.736 1，表明会展行业作为一种高能级平台要素资源，对上海重点产业国际竞争力的提升具有强大的支撑带动作用。

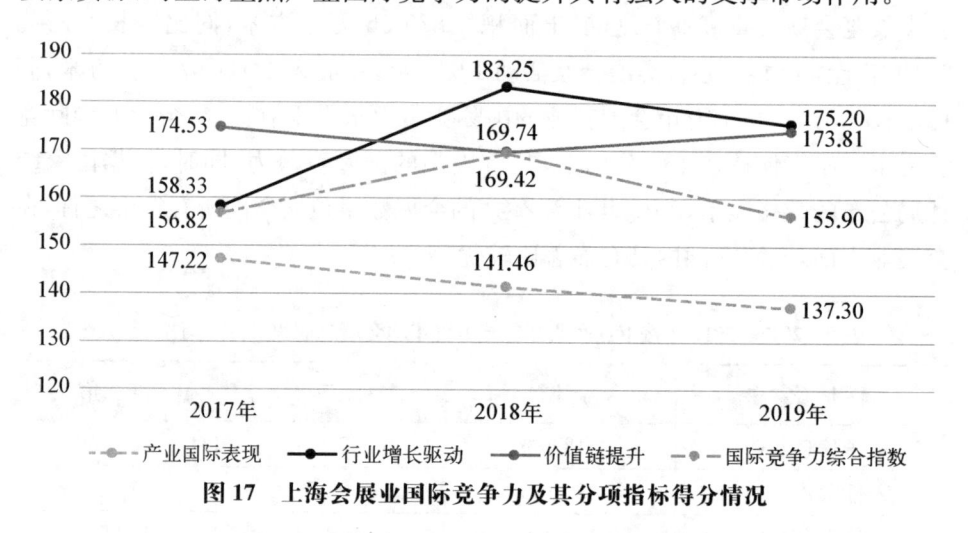

图 17　上海会展业国际竞争力及其分项指标得分情况

综上所述，上海会展业快速发展的同时，凭借其独特的展览展示功能、形象宣传功能、经济辐射功能、商务洽谈功能、旅游拉动功能和城市建设功能等，从多个维度塑造提升上海重点产业国际竞争力的行业环境、城市基础设施建设水平以及对外经贸往来密切度，最终助力上海重点产业国际竞争力水平提升。

三、强化功能，双循环战略下提升上海重点产业国际竞争力新路径

全球疫情蔓延引发的更为复杂的国际局势，对长三角现代制造业集群孕育本土市场供给侧的产业可持续发展动力提出了更高的要求，以地区协同进一步激发内在创新动力和多层次生产要素市场建设，将是未来长三角经济高质量增长的关键路径。

上海作为全国领先的 10 个 2 000 万人以上的特大型综合城市之一,综合产业竞争力独占鳌头。苏浙沪皖四地构成的长三角区域是我国最具经济活力、产业体系最完备、开放程度最高、科技创新能力最强的都市圈,也是世界六大创新城市群之一。同时长三角也是"一带一路"和长江经济带的重要交汇地带,是世界级的市场影响力与创新综合竞争力最强的都市圈。一体化发展的国家战略定位与未来推进路径将进一步提升这一世界级都市圈的创新能级,并促使其成为高质量发展动能建设的示范。这些,对于中国建设创新型国家都具有战略意义。

1. 长三角重点产业"补链、强链"的任务依然严峻

(1) 长三角开放型经济亟待应对全球化"脱钩"风险

在全球新冠疫情蔓延与贸易保护主义的双重因素叠加的情况下,欧美市场对于长三角开放型制造业集群以及国外产业链的冲击仍在放大,以产业链的稳定性为核心的产业安全从未像今天这么重要。疫情后全球经济下行和美国愈演愈烈的"去中国化",对于中国高端产业中的科技链、供应链、消费链、服务链、人才链带来的风险,在短期内较难消除。对此,我们需要强化贸易保护主义的预警,对产业链断裂的风险进行充分研判,提前谋划,寻求产业布局替代方案,推进高端产业链闭环建设。

一是重视"卡脖子"技术和产品的"断链"风险。长三角高技术企业所需的一批"卡脖子"中间品进口面临更复杂的无形壁垒,关乎现阶段高端产业的核心竞争力。中国市场受到全球新冠疫情蔓延与海外对华贸易保护主义的双重冲击,给上海与长三角高新技术产业增长与贸易带来前所未有的风险。在现阶段新冠疫情引发的全球市场萎缩背景下,寻求进口替代成为高端产业闭环建设的重要方向,需要从点到面地对供应链风险作充分预警。

二是重视高端产业的完整体系建设。2008 年以来,受经济危机及其后期扩散效应影响,全球生产体系与高端技术产业供应链的重组一直处于变革阶段。在当前全球疫情蔓延的冲击下,疫情带来的停工与物流受限因素与两年来贸易摩擦背景叠加,对高端行业供应链构成双重冲击。对此,我们需要充分认识高端产业所处的外部供应链风险。

三是重视基础原料和上游供应链配套风险。除了一批"卡脖子"的设备类中间品之外,需要重视基础性原料和上游配套供应的风险,针对目前产业链不均衡的格局,打造一个具有较高安全性的高端产业链。

(2) 疫情常态化下预防部分重点产业"断链"风险

在长三角区域产业链内的外向型企业,上游原料和中间品供应对海外市场的依赖度仍处于较高水平,作为高度外向型的制造业集群,区域内通信和电子信息技术制造业的中间品进口依存度达到 36.8%,在进口商品构成中,作为原料类和初级加工中间品的产品几乎占了一半。这类产品不属于严格意义上

的高新技术产品,但是进口品的替代性不高。在今年全球性新冠疫情的冲击下,这类上游产品供应同样也成为本土企业的高风险供应环节,进口环节的脆弱性凸显,与集成电路行业的部分高端芯片类似,均进入高风险敞口区间。

以长三角地区重点制造业、集成电路行业为代表的电子信息制造产业为例,该产业面临产业链断裂的风险。其中风险最为集中的就是华为的5G产业链。5G作为一个庞大的高新产业概念,包括以射频器件、关键材料、芯片为核心的上游产业链,从支撑到传输再到应用的服务产业链,以及终端装备及其场景的应用产业链。任何一个环节产生问题,必然引发整个链条风险。据统计,华为核心的92家芯片供应商中,美国企业34家,中国大陆及港澳地区27家,中国台湾10家,日韩13家,国产厂商只有代工企业中芯国际进入名单。以美企为代表的国外企业一旦断供,纵然有短期的"备胎"计划,仍会对产业链条造成不可估量的巨大冲击。

2. 以一体化发展为契机,培育长三角产业全球竞争新优势

面对新的外部环境的不利态势,中国高质量经济增长新动能建设将对长三角新型制造体系提出新的要求。长三角一批新兴制造业集群在制造业技术与配套网络发展上已经达到世界级水平。在全球产业链重构大趋势中,我国开放型经济发展的本土大市场优势将进一步得到利用,这在长三角区域得到了充分体现。从区域产业结构、要素市场和产业链配套网络等多个方面看,苏浙沪皖地区享有中国开放型制造业产业集群的首位经济体优势,也是中国高技术领域一揽子硬核产业(战略新兴产业)增长动能的主力军,不仅如此,长三角也是居民消费水平和潜力最大的区域,具备支撑我国国内国际经济双循环发展的关键条件。因此,中国面对外部风险骤增的新环境下要保持经济高质量发展,长三角将发挥关键作用。

一方面,以中国为主要市场的跨国产业呈现高度的"根植性",中国潜力无限的市场所构成的市场向心力是最大的竞争力,特斯拉在上海的建厂很好地证明了这一点,汽车产业的发展离不开中国市场。另一方面,在新的外部环境下,提升长三角重点产业国际竞争力,不仅呼应国家整体应对全球产业发展的大趋势,也有利于发挥长三角产业升级优势,在制度上进行创新突破,打造新时代改革开放高地。伴随着长三角新业态的迅猛发展,制造业产业链自身的构成正在经历转型,而近两年来海外的贸易与技术壁垒的持续加剧,给长三角企业获得外部资源供给与推进国际合作带来越来越大的不确定性,制造业价值链在区域内空间分布正加速转型,这个外部条件将重塑该地区经济增长的动能结构。

而经过多年发展,长三角内众多传统行业已经积累了相当的实力,尤其是近几年,技术提升速度极快,各个子行业都不断有世界级装置投产,无论是规模还是先进性都居于全球前列,深度融入全球供应链中。虽然近年来经贸摩

擦增加了长三角重点行业的成本,但是长三角地区长期以来形成的产业供应链,相对于多数国家和地区来说仍然具有显著优势。在提升产业竞争力的中长期规划上,未来的发展重点包括两个方面:

一方面是推动重点产业向国家价值链转型。从产业分工路径看,长三角重点领域发展过去更多从属于全球产业分工模式下的全球价值链,对国内市场需求重视不足。在国际贸易冲突加剧,低成本、低价格的比较优势逐步丧失的情况下,需要重新审视全球化产业格局,由单纯依靠全球价值链模式向国家价值链转型,形成全球价值链和国家价值链相互协作的价值链模式。

另一方面是主动谋求在关键"卡脖子"阶段的零部件上的进口替代,以谋求减轻对于这些产品和技术的进口依赖。如在长三角具有传统优势的化工产业,可根据汽车、电子、轻工、新能源、环保、航空航天等下游产业对高性能化工产品的需求,不断增强长三角化工行业进口替代战略实施的针对性与成效性。注重加强市场监管与自主知识产权保护,对实行进口替代战略的企业形成强大的正向激励效应。

3. 发挥好上海作为首位城市在全球产业链中的枢纽作用

作为首位城市,上海无疑在下一阶段建设稳定和安全的产业链中发挥政策布局的主导作用。目前,以上海为首的长三角在国内产业配套、基础设施和消费需求上无疑是个标杆地区,双循环的目标将率先在长三角经济圈落地。

在下一阶段,上海产业政策布局具有引领作用。需要消除原有的狭隘"高端"误区,要突出"链"的完整性,在重视特定"高端"技术投入的同时,重视基础性行业对高端产业供应链发展的作用。在高端行业的支撑性产业布局中,扭转对化工、材料等基础性行业的"粗放型产业"的认识误区。提前布局各类基础原料、中间投入品供应。在掌握海外市场的供应波动格局基础上,对制造上游的基础性行业,推进从"点"到"面"的"替代链"建设,实现产业链上下游关联紧密的体系性布局,打造一个稳定而可控的高端产业链闭环,在目前高风险的国际市场下谋求足够安全的高端产业体系。

在产业政策上,长三角一体化的产业布局,在以化工原料及其加工为代表的基础性行业投资项目上,就项目的环保要求和用地限制政策落地需避免"一刀切"倾向。对于一些关联性较强的项目投资,在准入门槛上给予灵活处理,对企业在异地布局"飞地式"的原料供应基地给予支持,考虑在税收安排上灵活处理,降低企业成本,激励企业作长期性的研发投入。

不仅如此,在长三角区域产业集群的整体产业战略上,需重视服务于这类企业的研发型企业与第三方专业机构的发展。在长三角高端产业园区规划中的高端产业引导体系中,重视一揽子生产性服务业态的发育,引导多类产业资本投入高端产业链的"服务环节",把中小科技型企业的投资项目纳入高新技术政策框架下,对融资服务、项目管理服务和专业信息研发服务环节的专业机构设立与相关人才就业给予政策倾斜,放宽对该领域的技术和资质限制,并鼓励专业性的技术联盟、信息平台等专业机构与非营利性组织的设立。通过产业链上下游各个环节要素的集聚,实现从制造、生产性服务到各类平台性组织的全面发育,引入大企业、中小企业、专业第三方机构等多渠道投入,促进产业链各种资源高效率配置,实现各环节之间的供需对接、信息共享和专业服务保障。

4. 持续优化营商环境,形成具有独特品牌的城市竞争力

后疫情时代背景下各国都亟待引导和培育增长动能,短期内政府的"有形之手"集中体现为各类纾困、激励和扶持政策的密集出台与推进。上海和长三角地区在2020年第一季度针对中小微企业纾困做了积极高效率的探索。从中长期看,宏观市场管理和法治建设的核心职能则集中于国际一流的营商环境建设,其中的重点任务是外资的准入与法制基础上的经营自由化。

一是重视长三角营商环境的国际接轨。现阶段,除了少数事关国家安全和自然垄断的行业外,长三角地区大部分经济领域已经对各类市场主体开放,但外资企业在上海的经营活动仍然面临着一系列问题与挑战,在负面清单之外的许多行业领域内仍然存在着众多隐形壁垒。课题组建议通过率先深化外资开放、精细化负面清单管理,创新外资监管方式、优化外资企业市场监管,进一步优化服务来着力解决外资企业的痛难点问题,进一步优化外资企业的发展环境。《中国欧盟商会商业信心调查2019》报告显示,虽然有40%的企业认为2018年中国市场放宽了对外资企业的限制,但仍有不少企业认为中国的监管体制需要进一步改革、开放水平需进一步提高,希望能得到更公平的待遇;美中贸易全国委员会的《2019年中国商业环境调查》显示,在2019年,外国企业相对于中国企业受到的不平等对待仍是企业的首要关切。

二是创造更有利于本土企业走出去的营商环境。引导本土企业主动布局产业链,在双循环中实现双向打通。在传统技术含量不高的优势产业中,加大走出去步伐,寻求海外的优势资源予以发展,发挥我国产业的溢出优势。在中高端产业的发展中,则需要上海进行持续投入,以科技发展提升产业能力,推动产业升级转型。与此同时,针对关键技术领域和关键产品等实行产业和产品国际对标,加强产业链体系的构建,补足产业链中的不足,降低产业发展风险。对于缺失的核心产业,更需结构产业链重构机遇,建设新一代工业互联网,实现上海企业内部数据的互联互通,搭建关键装备数据库,强化风险预警,培育企业合规意识和体系。

三是持续围绕上海四大功能建设构建独特营商环境优势。上海在长三角一体化国家战略的核心定位是"软实力"的打造,依托全球资源配置,科技创新策源,高端产业引领和开放枢纽门户这四个功能,体现上海在长三角产业链的"创新源头、服务案头与市场码头"三维融合的"大枢纽"作用,实际上这四个功能都是要以对外开放的方式完成,包括高质量引进来,也包括高质量走出去,前者包括国外购买技术,也包括有领先性的外商投资项目,后者包括国际并购获得技术。这些也都依托上海的人才资源、完善的法制环境和高水平的宜居环境。

四是在数字经济领域提升规范性,并通过做大产业提升国际"话语权"。一方面对内要加强数字领域的知识产权保护,建议我国专利行政管理部门尽快出台智能制造技术方面的授权和权利要求解释标准。同时为便于把控专利申请的质量和效率,应对相关审查标准予以明确化。另一方面要积极构建上海数字贸易产业比较优势,形成新的数字贸易平台,并在此基础上重视标准建设,提升我国在数字贸易领域的全球话语权。

上海比较显著的优势是具有良好的营商环境,以及丰富的、可持续的市场化应用场景。一方面,要与杭州、北京、深圳、广州等数字贸易发展较好的城市差异化竞争与合作。可以引进 BAT 生态中高附加值的部分,比如引入数字贸易生态中金融服务、技术研发、对外销售和运营等方面,在上海形成数字贸易平台和局部高地。另一方面,可以以上海的优势产业和新的龙头企业为基础,形成新的数字贸易平台和总部。比如,上海是中国的工业重镇和科创中心,中国工业门类最完整的是上海,未来服务上海支柱产业的工业互联网企业和能源互联网企业拥有较大的成长空间。上海是中国的贸易中心,也是世界的重要贸易枢纽,进出口总额占全世界的 3.4%,未来在跨境电商(包括 B2B、B2C、C2C 领域)也是容易诞生巨头的领域。上海是中国的消费中心、金融中心,生活服务互联网企业和科技金融在上海具有丰富的应用场景,沉浸式定制化消费形式正在蓬勃兴起,消费互联网有了供应链两端的互动,这些领域未来同样有巨大的成长空间。上海数字内容产业是优势产业。要集聚一批全球领先的数字内容平台和在线应用商店,重点聚焦数字游戏、互动娱乐、数字出版、网络游戏等领域。

执笔:

汤蕴懿　上海社会科学院研究员
黄烨菁　上海社会科学院世界经济研究所研究员
韩　清　上海社会科学院经济研究所研究员
陈　柯　上海社会科学院经济研究所助理研究员

2019—2020年全球重点城市圈产业发展研析

一、国际重点城市群产业动态

（一）美国、欧洲地区城市群案例

1. 美国东北部城市群

美国东北部城市群位于大西洋沿岸，跨越了缅因州、新罕布什尔州、马萨诸塞州、康涅狄格州等十一个州（外加哥伦比亚特区），包含了40多个城市，其中以波士顿、纽约、费城、巴尔的摩以及华盛顿为区域发展核心，总面积约为13.8万平方公里。美国东北部城市群不仅仅是美国发展的神经中枢，同时更是世界上功能最为全面、技术层次较高、发展较为成熟的都市群之一。本节主要以该城市群所包含的十一个州的制造业结构来重点分析城市群内制造业分布情况。

表1所示的为美国东北部城市群所包含的十一个州（外加哥伦比亚特区）制造业总体状况。美国东北部城市群制造业产值占全美制造业产值的17%。从2017年整体制造业产出水平来看，在城市群内部，计算机和电子产品制造、食品和饮料及烟草制品制造业、化学产品制造三项产业占据了区域制造业产值的近半壁江山，总体占比达到了47.82%；并且化学产品制造业在区域内的占比显著高于其他产业在区域内制造业份额中的占比，表明这项产业是区域内制造业的支柱产业，对区域制造业发展水平起着带动作用。

表1　2017年美国东北部城市群制造业细分行业产出情况（百万美元）

行业	产值	占区域制造业产值比例	行业	产值	占区域制造业产值比例
制造业总产值	376 493	100%	家具及相关产品	4 714	1.25%
木材制造业	5 589	1.48%	其他制造业	23 155	6.15%

续表

行　业	产值	占区域制造业产值比例	行　业	产值	占区域制造业产值比例
非金属矿物制品	11 092	2.95%	食品饮料和烟草制品	52 778	14.02%
原生金属	8 535	2.27%	纺织和纺织产品	3 267	0.87%
金属制品	29 553	7.85%	服装和皮革及相关产品	2 860	0.76%
机械制造	21 449	5.70%	造纸业	10 553	2.80%
计算机和电子产品	49 004	13.02%	印刷和相关的支持活动	9 430	2.50%
电气设备、电器和组件	11 582	3.08%	石油和煤炭产品	11 342	3.01%
机动车辆、车身和拖车以及零件	6 195	1.65%	化学产品制造业	78 250	20.78%
其他运输设备	21 146	5.62%	塑料和橡胶制品	16 001	4.25%

数据来源：美国经济分析局。

2. 欧洲西北部城市群

欧洲西北部城市群由巴黎—鲁昂—勒阿弗尔城市群、德国的莱茵—鲁尔城市群、荷兰—比利时城市群三大城市群所构成。这三大城市群有非常发达的交通网络，依托便利的交通，城市群内部形成了分工各异的产业布局。

巴黎—鲁昂—勒阿弗尔城市群的工业主要分散在郊区，工业中心向西移动，形成了沿巴黎西郊到西部工业轴心两侧发展的工业带。在工业带内部也有不同行业的专业化发展：航空业、电子工业、制药、汽车工业等生产性人员服务于工业生产，非生产人员主要集中在巴黎市区的中部、西部和市区近郊。巴黎将高附加值的制造业与服务业放在市区，将工业与生产性服务业放在郊区，这与不同地区的区位优势紧密相关。两者价值链互补发展，形成了自成一体的集聚发展模式；而莱茵—鲁尔城市群要得益于德国鲁尔地区深厚的重工业基础，这与当地的煤炭资源有很大关系，但依赖能源开采的城市群一旦出现资源枯竭，城市就会"缩减"，即在工业化时期人口膨胀而现在正经历人口流出的城市，德国鲁尔地区城市群就是一个典型例子，因此产业结构的转型升级对鲁尔城市群来说十分重要；而荷兰兰斯台德地区和比利时安德卫普城市群以复杂的区域创新网络见长。

由于这一城市群主要涉及了德国、法国、比利时和荷兰四个国家，我们用这四个国家的制造业细分产出情况分析欧洲西北部城市群内的制造业结构。

从2018年整体制造业产出水平来看，欧洲西北部城市群的制造业总产值占欧洲制造业总产值50%以上。表2展示了2018年欧洲西北城市群所涉各国的制造业产出情况。机械制造、交通运输制造、金属制品、电机电气设备及电子产品和化工产品是这一城市群内的支柱性产业,这五项在四个国家的总制造业产值占比均超过了65%。在德国这一比例甚至达到了75%,体现了重型制造业在这一城市群内其他产业无可比拟的优势。在比利时和法国,化工产品制造产值占总制造业产值的比例为30.35%和18.25%,而化工品是重型制造业的重要原料,体现了与机械制造和交通运输制造的良好产业互补性。橡胶制品的产值占比略微低于以上五类而高于轻工业品产值,这也与橡胶制品是后续工业产成品原料有一定关系。对比鲜明的是,食品、造纸、印刷等其他轻工业的产值占总产值的比例大多低于5%,并不具有竞争力。

表2 2018年欧洲西北部城市群涉及的各国制造业产出情况及占比

产业/地区（百万美元）	比利时	占比	法国	占比	德国	占比	荷兰	占比
食品饮料制造	25 443	6.73%	39 340	7.81%	46 805	3.27%	38 649	9.11%
化工产品制造	114 755	30.35%	92 005	18.25%	203 736	14.22%	73 802	17.40%
塑料及橡胶制品	37 843	10.01%	29 288	5.81%	83 621	5.84%	29 691	7.00%
毛皮制品、箱包、旅行用品	1 736	0.46%	9 547	1.89%	4 003	0.28%	2 785	0.66%
木制品	3 068	0.81%	3 152	0.63%	9 961	0.70%	1 735	0.41%
造纸制品	5 368	1.42%	7 707	1.53%	23 724	1.66%	6 967	1.64%
印刷制品	1 106	0.29%	1 472	0.29%	5 204	0.36%	1 809	0.43%
纺织服装制品	16 297	4.31%	17 486	3.47%	39 677	2.77%	15 426	3.64%
鞋帽伞等日用品制造	7 382	1.95%	4 665	0.93%	9 543	0.67%	4 436	1.05%
陶瓷石料制品	4 513	1.19%	5 617	1.11%	17 695	1.24%	3 162	0.75%
金属制品	38 182	10.10%	39 599	7.86%	117 570	8.21%	34 438	8.12%
机械制造	33 020	8.73%	67 687	13.43%	273 369	19.08%	78 001	18.39%
电机电气设备及电子产品	15 178	4.01%	44 880	8.90%	165 339	11.54%	58 687	13.84%
交通运输制造	54 506	14.42%	113 347	22.49%	319 219	22.28%	32 016	7.55%
仪器仪表	13 499	3.57%	16 923	3.36%	80 252	5.60%	32 238	7.60%
钟表乐器制造	448	0.12%	3 406	0.68%	3 396	0.24%	709	0.17%
家具制品	2 663	0.70%	4 165	0.83%	18 686	1.30%	4 933	1.16%
玩具游戏品	1 679	0.44%	1 964	0.39%	6 146	0.43%	3 037	0.72%
杂项制品	1 432	0.38%	1 777	0.35%	4 688	0.33%	1 574	0.37%

数据来源：联合国统计司。

(二) 亚太地区城市群案例

1. 东京都市圈

东京都市圈是以东京为中心而形成的巨大都市圈,其位于太平洋沿岸,是日本太平洋沿岸城市群的核心组成部分之一。具体来看,其范围一般涵盖一都三县,即东京都、埼玉县、千叶县和神奈川县。此后,随着《首都圈整备法》的颁布,东京都市圈的范围逐渐扩大至整个关东地方,即栃木县、茨城县、埼玉县、群马县、千叶县、山梨县、神奈川县和东京都,形成目前的一都七县的都市圈格局。2000年,首都圈总人口约3 340万,面积13 514平方公里,人口密度约为每平方公里2 470人。以下将对该城市群所包含的一都七县的制造业分布情况进行分析。

表3所示为日本都市圈一都七县制造业的整体情况。从2018年制造业整体产出水平来看,日本都市圈制造业产值的全国产值占比约为20%。在城市群内部,运输机械器具、化学工业、食品制造业和生产机械器具占比较高,总体占比高达74%。其中,运输机械器具占比高达27.53%,显著高于化学工业、食品制造业和生产机械三类制造业产值占比,表明运输机械器具是该都市圈内制造业的主导产业,对区域制造业发展起到带头作用。食品制造业、化学工业和生产机械器具行业制造业产值全国占比分别为17.18%、18.00%和11.54%,是除运输机械器具制造行业外该区域的重要制造行业。此外,2018年该都市圈内石油制品、煤炭制品产值约5 666 6.15亿日元,产值全国占比约为10.65%。

表3 2018年日本东京都市圈制造业细分行业产出情况

(单位:100万日元)

制造业细分行业	产值	全国占比	制造业细分行业	产值	全国占比
食品制造业	9 142 481	17.18%	窑业、土石制品	1 679 659	3.16%
饮料、香烟、饲料制造业	3 143 555	5.91%	钢铁业	4 424 832	8.32%
纺织工业	405 576	0.76%	有色金属制造业	2 717 166	5.11%
木制品制造业(家具除外)	522 919	0.98%	金属制品	4 242 814	7.97%
家具、装备	576 930	1.08%	焊接机械器具	3 045 539	5.72%
纸浆、纸、纸制品	1 608 814	3.02%	生产机械器具	6 141 912	11.54%
印刷	2 015 102	3.79%	业务用机械器具	2 399 480	4.51%
化学工业	9 577 923	18.00%	电子元件、元器件、电子电路	2 477 384	4.66%

续表

制造业细分行业	产 值	全国占比	制造业细分行业	产 值	全国占比
石油制品、煤炭制品	5 666 615	10.65%	电气机械器具	4 615 374	8.68%
塑料制品（不包括附加）	3 717 058	6.99%	信息通信机械器具	2 464 463	4.63%
橡胶制品	614 959	1.16%	运输机械器具	14 646 017	27.53%
皮革制品、毛皮	105 548	0.20%	其他	1 143 978	2.15%

资料来源：日本内阁府。

表 4 为广义的东京都市圈定义的区域内一都七县制造业行业分布的详细情况。表 4 显示，神奈川、埼玉和千叶制造业在该区域内占主导地位，其中神奈川区域产值占比为 21.16%，三地产制合计占比超过 50%。从区域内制造业部门来看，运输机械器具制造业主要集中在神奈川、群马和埼玉三县，三者该制造业产业产值合计占该区域该产业产值总额的 70.87%。食品制造业同样也是都市圈内的重要产业，从年产值来看，埼玉、千叶、神奈川三者之和占据区域内该产业产值的 54%。此外，化学产品制造业主要集中在埼玉、千叶、神奈川三个县，三者之和约占到区域内该产业产值的 63.34%。

表 4　日本都市圈涉及的各县制造业产出情况

（单位：100 万日元）

制造业细分行业	茨城	栃木	群马	埼玉	千叶	东京	神奈川	山梨
食品制造业	1 457 311	665 008	832 438	2 006 193	1 619 520	726 473	1 628 604	206 934
饮料、香烟、饲料制造业	556 908	952 069	343 218	204 910	389 240	103 937	412 910	180 363
纺织工业	64 051	57 522	49 484	90 075	23 399	52 772	42 226	26 047
木制品制造业（家具除外）	175 603	91 427	82 610	67 269	65 529	10 642	22 607	7 232
家具、装备	58 765	50 104	41 534	136 981	100 160	105 565	76 782	7 039
纸浆、纸、纸制品	242 638	273 936	88 456	500 235	128 112	133 616	222 217	19 604
印刷	128 238	61 295	79 241	718 142	104 712	731 697	176 243	15 534
化学工业	1 680 012	690 716	710 578	1 727 484	2 350 906	383 862	1 988 186	46 179

续表

制造业细分行业	茨城	栃木	群马	埼玉	千叶	东京	神奈川	山梨
石油制品、煤炭制品	91 707	23 477	9 090	39 509	3 125 663	41 894	2 333 400	1 875
塑料制品（不包括附加）	807 113	616 709	563 119	692 947	313 905	124 013	502 349	96 903
橡胶制品	78 541	144 199	46 995	134 979	45 230	34 733	107 466	22 816
皮革制品、毛皮	2 548	2 635	1 106	15 294	12 888	59 170	8 497	3 410
窑业、土石制品	332 394	169 615	98 412	272 188	302 171	179 893	296 335	28 651
钢铁业	863 658	253 974	280 989	382 547	1 742 280	180 799	710 284	10 301
有色金属制造业	685 608	446 629	143 947	601 783	302 767	114 149	377 305	44 978
金属制品	863 945	493 128	449 669	765 054	676 593	265 946	619 451	109 028
焊接机械器具	688 146	197 415	335 711	443 319	235 070	180 339	849 333	116 206
生产机械器具	1 319 115	729 350	282 442	587 389	601 080	424 268	1 283 619	914 649
业务用机械器具	267 467	339 195	349 093	472 652	115 598	304 665	459 144	91 666
电子元件、元器件、电子电路	411 863	241 736	210 750	365 214	214 734	371 204	416 376	245 507
电气机械器具	833 867	1 008 026	386 988	541 256	190 577	783 870	750 483	120 307
信息通信机械器具	73 429	168 566	95 964	372 857	209 911	550 486	874 477	118 773
运输机械器具	1 126 114	1 436 769	3 529 284	2 690 746	123 963	1 481 962	4 159 565	97 614
其他	220 771	78 033	76 898	270 686	119 295	214 690	111 020	52 585

资料来源：日本经济产业省。

2. 上海都市圈

根据《上海市城市整体规划（2017—2035）》和《长江三角洲区域一体化发展规划纲要》，上海大都市圈包括上海、近沪区域和苏锡常都市圈，即以上海为核心和其他城市为外环的"1+8"城市群：上海、江苏省4个城市（苏州、无锡、常州、南通)、浙江省的4个城市(宁波、嘉兴、舟山、湖州)。①② "1+8"城市群总面积7.47万平方公里,其中陆域面积约5.4万平方公里。上海都市圈地处我国东海和长江下游的黄金交汇点、长三角核心城市圈,内河和海洋航运发达,天然良港资源优势突出。2019年常住人口超过7 100万人,占中国总人口的5%。2019年,城市圈GDP达到10.79万亿元,占中国2019年GDP的比例超过11%,区域人均GDP均超过15万元,是中国2019年人均GDP的2.14倍,较发达的苏州和无锡人均GDP接近18万元。

表5　2019年上海大都市圈"1+8"城市基本情况

城市	面积(平方千米)	常住人口(万人)	GDP(亿元)	人均GDP(元)
上海	6 340.5	2 428.14	38 155.32	157 300
苏州	8 657.32	1 074.99	19 235.8	179 200
无锡	4 627.47	659.15	11 852.32	179 812
常州	4 375	473.6	7 400.9	156 390
南通	8 544	731.8	9 383.4	128 295
宁波	9 816	854.2	11 985.1	143 157
嘉兴	4 275.05	480	5 370.32	112 751
舟山	22 200	117.3	1 371.6	112 490
湖州	5 820.13	306	3 122.4	116 807

数据来源:各地市2019年国民经济和社会发展统计公报,其中舟山为2018年数据。

上海是中国的特大城市,国际经济、金融、贸易、航运、科创中心,国家物流枢纽,国际一线城市。中国(上海)自由贸易试验区是我国首批设立的自贸区,2019年临港新片区成立,2020年工信部评定其为国家新型工业化产业示范基地。苏州、无锡和常州都是长江三角洲重要的中心城市,沪宁经济带核心城市。苏州是国家高新技术产业基地,国家历史文化名城之一,城镇化率超过76%,电子产品制造业发达,多项产品产量世界第一。无锡是江苏省、上海都市圈内人均GDP最高的城市,城市创新力较强,是沪宁经济带重要的节点城市。常州发展成为我国先进制造业基地,历史文化资源丰富,城镇化率为72.5%。南通为国务院批复确定的长三角北翼经济中心,现代化港口城市,地处上海都市圈北大门,电子信息、智能装备和新材料产业发展较快。宁波兼具江南水乡与海港,宁波舟山港年货物吞吐量位居全球第一,集装箱量位居世界前三,是集内河港、河口港和海港于一体的深水大港。嘉兴地理位置优越,与上海大都市圈内其他城市相距不到

① 国务院:《长江三角洲区域一体化发展规划纲要》,2019年。
② 上海市人民政府:《上海市城市总体规划(2017—2035年)》,2018年。

百公里,交通便利。嘉兴作为承接上海产业转移的优选区域,当地经济发展迅速。同时,嘉兴历史文化丰富,并且是世界互联网大会永久会址。舟山是群岛性城市,海域面积2.08万平方千米,优越的海域特点,使舟山成为我国南北航线与长江航道的枢纽,与亚太新型港口城市呈扇形辐射之势,境内有大宗商品交易管理与监督中心。湖州是环杭州湾大湾区核心城市,东邻嘉兴,南接杭州,与无锡、苏州隔湖相望,生态资源、旅游资源丰富。湖州未来定位于打造生态样板城市、绿色智造城市、滨湖旅游城市、现代智慧城市、枢纽门户城市和美丽宜居城市。

经过多年发展,上海制造业形成了规模较大的六大重点发展行业,在总产值、收入规模和缴税等各项指标表现突出,具体指标如表6所示。

表6 六大重点行业主要指标(2018)

行业	总产值（亿元）	销售产值（亿元）	年末资产总计（亿元）	主营业务收入（亿元）	利润总额（亿元）	税金总额（亿元）
总计	23 870.77	23 780.30	28 919.20	26 741.49	2 369.23	954.77
电子信息产品制造业	6 450.23	6 383.08	5 889.92	6 730.13	236.43	30.54
汽车制造业	6 832.07	6 834.89	7 849.76	8 334.23	1 077.68	410.80
石油化工及精细化工制造业	4 006.76	4 002.74	3 426.81	4 314.73	469.41	320.35
精品钢材制造业	1 233.42	1 230.94	2 722.24	1 731.79	163.61	30.48
成套设备制造业	4 171.70	4 182.67	7 037.46	4 432.34	264.74	102.44
生物医药制造业	1 176.60	1 145.98	1 993.01	1 198.27	157.35	60.16
六大重点行业占全市比重	68.5%	68.4%	65.9%	68.8%	70.7%	48.4%

数据来源:2019上海统计年鉴。

根据《2019上海CSSCI指数暨长三角城市群产业国际竞争力报告》,2018年上海市重点产业的综合国际竞争力指数为132.7,表现为重点领域和优势产业国际竞争力双双提升。其中电子信息产品制造业对国际竞争力贡献度最高,得分为42.28,高端装备制造业贡献度得分为21.96。[①]

表7 上海市六大重点行业固定资产投资额　　　　(单位:亿元)

行业/年份	2000	2015	2017	2018
六大重点行业	**730.68**	**556.33**	**552.60**	**555.99**
电子信息产品制造业	219.65	173.28	193.10	183.25

① 范彦萍:《上海哪个重点产业的国际竞争力最强?》,《青年报》2019年11月19日,http://app.why.com.cn/epaper/webpc/qnb/html/2019-11/19/content_97195.html。

续表

行业/年份	2000	2015	2017	2018
汽车制造业	109.68	118.10	130.44	154.50
石油化工及精细化工制造业	85.03	67.09	70.90	52.15
精品钢材制造业	113.79	40.35	38.40	44.92
成套设备制造业	176.31	98.30	69.43	82.27
生物医药制造业	26.21	59.21	50.33	38.91

数据来源：2019上海统计年鉴。

（注：自2012年起固定资产投资项目行业代码采用新的分类标准，即GB/T4754—2011,本表中的数据参照新行业标准进行相应调整。由于个别投资项目同时属于六大重点行业的两类,故各分类投资数直接相加大于合计数。）

根据上海市统计局公布数据,2019年全市制造业固定资产投资同比增长24.2%。六大重点行业投资增长24.2%,其中电子信息产品制造业增长12.9%,汽车制造业增长48.5%,石油化工及精细化工制造业增长36.6%,医药制造业增长79%。[①]

作为我国的科技前沿阵地,在集成电路制造方面上海发展成为我国重要基地。为提升集成电路领域科技创新能力,加快突破集成电路领域核心关键技术,上海市政府出台鼓励、奖励政策,2000年上海集成电路技术与产业促进中心挂牌成立,2001年成立了上海市集成电路行业协会,上海市集成电路产业基金也于2015年建立,促进了以集成电路为龙头的电子信息产品制造业加速发展。

2018年,上海市六个重点工业行业完成工业总产值23 870.77亿元,占全市规模以上工业总产值的68.5%。其中汽车制造业实现工业总产值6 832.07亿元,占全年规模以上制造业工业总产值的19.62%。[②] 2018年,汽车产业实现利润总额1 077.68亿元,税金总额410.8亿元,两项指标分别占工业总利润的32.17%和总税金的20.82%。在固定投资方面,2018年汽车制造业固定资产投资154.5亿元,位列六大重点行业第二,占六大重点行业固定资产投资总额的27.79%。2019年汽车产量为274.9万辆,其中新能源汽车8.3万辆,比上年增长29.6万辆,增长势头强劲。

2019年,上海市六个重点工业行业完成工业总产值23 279.15亿元,占全市规模以上工业总产值的比重为67.6%。其中,石油化工及精细化工制造业总产值3 923.83亿元,占规模以上工业总产值的11.4%,比上年增长8.6%,成

[①] 上海市统计局：《2019年上海市国民经济运行情况》,2020年1月21日,http：//tjj.sh.gov.cn/tjxw/20200121/0014-1004396.html。

[②] 上海市统计局：《2018年上海市国民经济和社会发展统计公报》,http：//tjj.sh.gov.cn/tjgb/20191115/0014-1003219.html,2019年11月15日。

为六大重点行业增长率最高的行业。燃料油产量为360 448吨，比上年增长84%，是2019年主要工业产品增长速度最高的行业。①

当前，上海正在努力实现新旧动能转换和供给侧结构性改革，对大型钢铁企业进行合并改革，合并后的宝武钢铁努力提升钢材制造质量和能级。但随着上海城市功能定位的转变和环保力度的加强，上海钢铁产业更多地布局到长三角乃至全国。2019年，精品钢材制造业总产值1 169.87亿元，比上年下降5.15%。纵观2013年以来上海精品钢材的发展，发现精品钢材制造业总产值出现波动式下降，仅在2017年上升，随之又开始下降，成为六大行业总产值最低的行业。未来在钢材制造业价值链中，上海更多的是扮演研发的角色。

2019年，成套设备制造业实现总产值4 315.06亿元，比上年增长3.44%，占工业总产值的12.53%。2013—2019年上海成套设备制造业保持较好的增长趋势。

在六大重点行业中，仅有生物医药制造业和成套装备制造业总产值多年保持正增长。根据上海市统计局数据，生物医药制造业超过9年总产值保持正增长，平均增长率为8%。2019年生物医药制造业作为环保性产业，首次超过精品钢材制造业，位列六大行业总产值排第五位。经过多年的发展，上海已成为我国生物医药产业的领跑者，形成了以张江为核心，以青浦、金山、奉贤、徐汇等园区为重点的"一核多点"集聚局面。2020年4月张江创新药产业基地、临港新片区生命蓝湾、东方美谷、湾区生物医药港和上海生物医药产业园等五大生物医药产业特色园区正式授牌，上海在加速打造生物医药全产业链、生物医药创新高地和生物医药产业集群。

二、国际重点城市群营商环境发展的启示

我国经济已由高速增长阶段转向高质量发展阶段，正处在转变发展方式、优化经济结构、转换增长动力的攻坚期，推动我国经济高质量发展已经成为我国经济发展的基本任务和根本目标。在以一个大城市为主、周围小型二线城市为辅的城市群中，良好的营商环境会加强城市群经济发展的辐射协同作用，继而带动整个城市群的经济社会发展水平稳步上升。

（一）贸易促进与产业培育的互动

产业发展是对外贸易的有力支撑，而贸易连接着产业和市场，是产业发展的重要推动力。2019年12月9日，国新办举行的《中共中央国务院关于推进

---

① 上海市统计局：《2019年上海市国民经济和社会发展统计公报》，http://tjj.sh.gov.cn/tjgb/20200329/05f0f4abb2d448a69e4517f6a6448819.html，2020年3月9日。

贸易高质量发展的指导意见》有关情况发布会指出,我国应打造一批产业与贸易协同发展的促进平台,培育竞争新优势,大力推进新一批国家外贸转型升级基地的建设。

1. 贸易促进

关于对外贸易促进本国经济增长的相关理论,最早可以追溯到美国经济学家罗伯特逊在 20 世纪 30 年代提出的"增长引擎",洛克斯在 50 年代又进一步加以补充和发展。世界各国按比较优势进行国际贸易,通过专业化分工使资源得到更有效的配置,此为对外贸易的直接利益;另一方面,伴随着对外贸易发展,对外贸易所产生的间接动态利益把经济增长传导到国内各个经济部门,带动了本国经济的全面增长。在全球经济高度一体化的今天,我国促进对外贸易的战略考虑早已脱离了直接经济利益诉求,转而对带动相关产业与市场联动、促进地方营商环境发展等附加作用提出了更高展望。

促进对外贸易向市场前沿需求创新。大力推进贸易促进不仅要关注产品制造技术和工艺的提升,更要关注产品市场的实际情况。1980 年著名的录像带格式之争中,索尼公司的 BRTE 格式在性能、技术等方面更先进,但由于与国际市场用户的消费习惯、收入情况、市场规模并不十分切合,在国际市场的录像带格式之争中索尼落败。

坚持政策导向,发挥要素流动的作用。政府作为贸易促进的行为主体,在国际贸易中发挥了不可或缺的调节作用。2019 年 10 月,国家外汇管理局推出了 12 项跨境贸易投资便利化政策措施,极大地促进了贸易投资便利化,其中包括扩大贸易外汇收支便利化试点、资本项目收入支付便利化、简化小微跨境电商企业货物贸易收支手续等。值得一提的是,随着近年来京津冀、长三角等城市群协同发展概念的兴起,政府的贸易促进政策也更加注重城市群之间的 1+1>2 的协同发展效应。国家发改委 2019 年 2 月发布的《关于培育发展现代化都市圈的指导意见》中明确提出,到 2022 年阻碍生产要素自由流动的行政壁垒和体制机制障碍基本消除,梯次形成若干空间结构清晰、城市功能互补、要素流动有序、产业分工协调、交通往来顺畅、公共服务均衡、环境和谐宜居的现代化都市圈。

坚持市场为导向,发挥中介机制作用。市场决定一个产业的需求、利润和生存空间,积极寻求国际市场是一个产业发展的动力所在。发达国家在培育和保护本国新兴产业发展的同时,通过向企业提供国际市场的信息、渠道、资金等以扩大本国企业的市场空间,并且通过指定贸易规则、控制国际组织和本国专业组织等中介来保护本国贸易,限制其他国家贸易。在半导体技术国际贸易中,美国通过和其他国家合作,制定各种出口限制,先后成立了巴黎统筹委员会、瓦森纳协定等。其主要目的是保护本国的半导体技术,限制技术出口,以限制中国半导体产业的崛起对美国构成的"威胁"。美国为了让本国的半导体、计算机、通信等产品在国际上获得更多的利润,强化其外部竞争力,实施了"国家出口战略"。该战略通过减少技术领先产品出口的管制,为出口企业提供贸易融资、贸易咨询服务,扩大该类产品的出口。美国半导体协会(SIA)成立于1977年,是美国半导体产业的最大贸易协会,其会员企业半导体产品产量占全美国85%,在美国半导体产业发展和贸易促进方面发挥了极大作用。作为政府和市场间的中介组织、半导体产业的智囊团和幕后推手,美国半导体协会致力于增强美国半导体研究、设计和制造、贸易竞争。SIA向美国政府提供半导体行业发展趋势报告,负责有关贸易保护、市场损害的调查,并参与协调贸易纠纷。

日本汽车产业不断转变贸易方式。获得本土市场优势的日本汽车,也不断探寻国际市场。日本汽车以小排量、高性价比在欧美市场获得鲜明优势,1980年日本出口到美国的汽车达到192万辆,占美国进口汽车的80%,市场份额高达20%。单纯的汽车出口遭遇到了美国汽车企业和美国政府的进口限制,美国政府为保护本国车企发展,1981年两国签署了《日美汽车贸易协定》,规定日本出口美国的汽车限制在168万辆。随之而来的是日本车企海外投资的增加,通过与海外车企合资合作、独资建厂和绿地投资等方式,来避免贸易壁垒的限制。贸易本地化给日本车企再次带来了巨额的利润和国际市场。

2. 产业培育

国家外贸层次的转型升级离不开新兴产业的培育作为基础。从供应链角度划分,新兴战略产业包括同一产业链环节的横向集群和产业链上、下游的纵向集群;从产业培育所对接的贸易需求看,这些产业具有较强的创新驱动性、知识密集性和行业前瞻性;从产业培育与市场的互动关系来看,新兴产业的培育及集群与其对应的需求市场形成了一个良好的交互网络。

幼稚产业的培育和发展及其对应的政府政策,是国际贸易中争议已久的热点问题。一个比较统一的观点是,一个幼稚产业是否需要政府政策的保护与其自身的外部性有关,是否干预及具体干预措施需要视产业性质而定。而服务于促进贸易的幼稚产业大多具有较强的创新型和行业前瞻性,具有一定的发展潜力,可以参与市场竞争。对于这样具有潜在比较优势的行业,不能拘泥于传统的幼稚产业保护理论,需要政府在保护和监管上更多地实践和创新,避免产业过度趋同,并对市场进行客观预测和预期,加强对产业培育风险和成熟度的评判。

更多地发挥市场在产业培育中内生动力和政府在产业培育催化剂的作用。市场需求、生命周期规律、产业组织关系等决定产业的形成、变化、转型和升级。政府在产业培育中作为市场的补充,用好宏观调控职能,为产业培育提供良好的外部环境。政府和市场关系、供需和政策、内生驱动力和外在推动力能否协调好,决定着产业的方向、生命和利润。

美国半导体产业的早期发展,推动力量和市场主要都源于美国军工发展的需要。20世纪70年代至80年代半导体技术扩散到日本、韩国、中国台湾等地区,1986年日本DRAM产业领先世界。美国为了在国际市场和半导体贸易中再次领先世界,大力研发生产工艺技术,提高本国半导体制造效率和产品优良率,放弃DRAM芯片领域,另辟蹊径开拓微组件及LOGIC等高附加值产品。同时,成立更多的专业性组织和联盟,如美国半导体协会、半导体制造技术产业联盟。在国际市场合作方面,大力开展与日本等国家先进半导体企业的合作、技术引进。进入21世纪,美国半导体产品由军用更多地转向民用市场,更多产品出口至海外,扩大市场份额。同美国产业发展不同,日本产业发展主要是市场内生动力推动。对来自美国的半导体技术、汽车等技术,日本企业经过引进、消化、吸收、再创新,使其在设计、制造和国际贸易方面形成了本土化特点。

注重自主技术培育和知识产权保护。新兴产业具有知识与技术密集性、前瞻性、创新驱动型,产业培育并非简单地接受发达国家和地区的产业转移,更多地要靠产业地创新培育和形成新的产品、技术、业态和模式。日本汽车产业坚持自主技术研发和质量提升。日本汽车产业早期发展阶段,政府通过税收优惠、奖励研发等措施对其进行扶持和保护。对外资汽车实行进口限制、增收高关税,并且限制本土外资车企的产量,使本国车企在国内市场上获得足够的利润和市场份额。车企自身通过引进技术、合资合作、边做边学等方式形成了具有日本特色的汽车生产技术。日本汽车产业注重多样化发展。特殊的地理因素决定了日本汽车排量较美国汽车小,这使得其在第一次石油危机的背景下获得畅销。另外,三轮车、小型车、微型车、普通乘用车多样化发展,满足日本岛国居民的多样化需求,使得日本车获得本土市场的认知和青睐。

3. 贸易促进与产业培育的联动

世界上的一些重点城市在转型成为国际重点城市群的过程中,大多都会经历城市间形成互补格局的过程。美国波士顿—华盛顿城市群发展的初期,波士顿既不具备区位优势,又在与纽约的竞争中失去了往日的商业优势。波士顿随即找准定位,转而发展工业经济,在城市周边建设了一系列工业城镇,与纽约错位发展,各司其职;2008年,纽约—纽瓦克—泽西都市圈的制造业占比为5.61%,而其周边的阿伦敦—伯利恒—伊斯顿城市圈、布里奇波特—斯坦福德城市圈、东斯特劳斯堡城市圈、纽黑文—米尔福德城市圈制造业占比则分别为15.28%、14.5%、21.92%和15.56%,呈现出中心服务、外围制造的分工格局。即便到了发展中期形成整个城市群均以服务业为主导的产业格局,城市群内部的各个城市之间也有着非常明确的分工;卡斯在对伦敦中心和东南部8座城市148家生产性服务业企业的调研中也得出了上述类似结论。

因此,以贸易促进为代表的服务业和以产业培育为代表的制造业的资源互补、各自分工的格局,是提升城市群整体营商环境的重要模式,也是城市群从小到大逐步发展的必经之路。两者应该具有较为紧密的互动网络和技术层面的共享,形成相辅相成的良性互补关系。

在一个城市群中,中心大城市的营商环境提升离不开市场需求为其注入活力。2020年9月2日,国家信息中心发布的《城市群中心城市营商环境研究2019》,其中对中心城市带动作用指标与其他四项指标的相关性分析调研表明,要素供给和市场活力两项指标与城市群的中心城市带动作用最为相关。要素供给来源于初级产品市场,市场活力则来自成品市场,贸易是连结两个制造业市场的重要纽带。

(二) 首位城市与其他城市的协同发展

1. 明确功能定位

首位城市和周边城市在功能定位上应明确,城市群首位城市在产业变革、创新引领、产业生态培育方面积极探索和发展。东京都市圈、美国东北部大西洋沿岸城市群和欧洲西北部城市群等世界较大城市群内部城市功能定位明晰。首位城市的主导产业由制造业基地转向商贸中心,享受国家给予的优先优惠政策,发展速度较快,产业升级动力较快,积极淘汰落后产能和进行新旧动能转换,向周边城市进行产业转移。因此,这些城市群中的首位城市主要扮演创新高地、国际商店和旅游地等角色,周边城市根据自身软硬件优势,招商引资,引进适宜本地高效发展的产业,避免城市间产业同质化发展。营商环境的好坏是体现一国或一地区的核心竞争力的重要指标。在城市群发展的过程中,该地区的营商环境也在发生变化,因此一个城市群中各个城市的功能定位也会影响该区域营商环境的发展。美国东北部城市群和东京都市圈等世界先进国家的城市群的产业布局采用了错位发展战略,进而提升了整个区域的竞争力。

美国东北部大西洋沿岸城市群,又称纽约湾区,是美国营商环境最好的区域之一,在这里集聚了四分之一的全球500强总部、三分之一的全美500强总部。最重要的是该城市群是全球最著名的金融中心所在地,全球近三分之二的大银行在该区域设立法人机构,为该区域的中小企业融资提供了极大的便利。而纽约作为该城市群的首位城市,除了是金融中心外,还是信息科技中心。2019年,《第一太平戴维斯调查》(*U.K.'s Savills Survey*)报告中显示,纽约在技术领域的排名已经超过旧金山地区,成为全球技术的领导者。此外,福瑞斯特(Forrester)的研究表明,纽约拥有美国最大的科技人才市场,以33万名科技工作者的数量超越了旧金山湾区的31万名科技人才库。[①] 纽约的"科技转型"除了政府的引导外,还得益于纽约湾区中其他城市的协同。来自波士顿的哈佛大学和麻省理工大学、费城的宾夕法尼亚大学等美国东北部知名高等学府为纽约的"科技转型"提供了大量的科技人才。纽约、华盛顿、波士顿和

---

① 严含:"全球顶级科技城市的头把交椅:纽约是怎么坐上的?", https://mp.weixin.qq.com/s/rhsts3KDpxHldWe00feuqg。

费城拥有着大量的博物馆和历史遗产以及其他丰富多彩的配套措施,吸引了大量人才在纽约湾区定居就业。得益于纽约的国际化、法制化的优质营商环境,波士顿、费城和巴林也都设有科技产业和金融产业,为该城市群提供了更多的竞争力。因此,在以纽约为核心的塔尖式城市群格局下,周边城市缓解了纽约的人口压力和承接了一部分纽约的功能,纽约作为金融中心、各种国际组织和各种专业管理和服务部门的所在地,也为周边城市带来了许多便利。

和美国东北部城市群结构相似,东京都市群是以东京为核心的圈层式结构。为了推升首位城市的功能升级和周边地区的共同发展,东京都市圈经历了从单一中心控制城市规模转向多中心的重视城市功能合理布局的模式。为了更好连接都市圈内首位城市和其他城市的功能,东京都市圈构建了一种以轨道交通为中心的交通发展模式,该交通模式包括城市电气列车、新干线、轻轨、高架电车等各种轨道交通路线,有效支撑了东京与次中心城市的协作。[1] 此外,东京都市圈注重生态和可持续发展,为企业和人才提供了非常适宜的社会环境。粤港澳大湾区研究院《2017年世界城市营商环境评价报告》显示,东京排名第三,在"市场环境""社会服务"及"基础设施"三大方面表现突出。[2]

2. 市场环境和生产要素流动

市场环境也是评价一个地区营商环境好坏的一个方面,本节主要分析发达国家城市群内各个城市之间生产要素的流动性来评价其市场环境。

在东京都市圈,东京作为首位城市具备强大的吸引力,其他城市虽然面临强大的竞争压力,但并没有被东京的竞争所击垮,相反通过与东京建立协商沟通机制,形成了与东京的错位发展,最后形成了核心城市与非核心城市之间既竞争又合作的关系模式。这种既竞争又合作的关系是在以市场机制为主、行政干预为辅的模式下形成的。这种关系的实现,一方面需要打破包括行政规划在内的各种壁垒,加快市场统一的进程,另一方面需要建设上述区域协调机制,使市场机制主导下的要素流动与资源配置效率得到提高。[3] 东京都市圈圈内跨区域协作机制体现了中央政府主导下提高资源利用效率、避免无序竞争的优势,也适时发挥了地方政府主动寻求协作的积极性。因此,区域内协调机制将有助于提高市场配置资源的效率和促进生产要素的自由流动,优化都市圈的营商环境。

美国东北部城市群比东京都市圈更强调市场机制的主导性。政府在城市群的发展中主要是承担交通或通信网络等基础设施建设和城市群未来发展规

---

[1] 陈宪:"从东京都市圈看区域融合发展",http://www.cssn.cn/zk/zk_rdgz/201802/t20180217_3852305.shtml。
[2] 王力:《世界一流湾区的发展经验:对推动我国大湾区建设的启示与借鉴》,《银行家》2019年6月,第90—94页。
[3] 张军扩、侯永志、贾珅等:《东京都市圈的发展模式、治理经验及启示》,《中国经济时报》2016年8月19日。

划等职能。在优化资源配置效率和促进生产要素有效流动的目标下,美国城市群在中心城市和周边小城市的产业布局上也采用了错位发展战略,避免城市群内部的重复竞争,提高整个城市群的竞争力。在首位城市纽约金融中心和华盛顿的政治中心的辐射下,费城、波士顿等次中心城市纷纷进行产业结构的升级,将中心城市更替下来的产业转移到周边小城市,帮助其完成对当地产业结构的调整与升级,形成产业梯队发展。这种产业结构的布局将会使都市圈中城市之间的资本、劳动和技术进行组合优化,从而提高资源配置效率。营商环境自由度很高的纽约,因其开放的资本市场,为来自波士顿、费城等周围城市的创业人才或产业升级提供了大量国内外资本要素。协同发展的多中心纽约都市圈为了充分发挥各个城市的优势以及进行城市间的合作,其修建了发达的公路网络和密集的轨道交通网络,增加了都市圈各城市之间的交通便利,也提高了生产要素和技术在都市圈内外扩散。此外,便利的公共交通网络可以提高区域居民生活质量,在吸引劳动人才的同时,吸引更多的企业。[1]

区域间的协调机制和便利的基础设施是城市群中各城市资源有效配置的重要保障,也是优化区域内营商环境的重要方面。作为包含国家最多的欧洲西北部城市群来说,区域间协调机制和交通网络是生产要素、人才等资源在该城市群内部和子城市群间流动的基础。和上述两个城市群一样,为了提高城市群的综合竞争力,欧洲西北部城市群中的三个子城市群的产业也是错位发展,三个子城市群中的中心城市分别发挥着金融、科技创新、文化和港口等职能。欧洲西北部城市群内中心城市和周边城市的基础设施很齐全,这为人才和生产要素在欧洲西北部城市之间的有效流动提供了保障,比如,法国的TGV高速铁路连接着欧洲西北部大城市带的主要综合运输通道,平均每年运送乘客1亿多人次。[2] 此外,在交通便利的基础上,欧盟制定的统一标准也减少了四个子城市群间的市场壁垒,使得市场机制可以在城市群发展过程中发挥有效作用。

3. 完善制度和法律

营商环境除了体现着社会、市场、文化等方面,还跟政府所提供的服务有关。从本质看,打造优质的营商环境就是政府为企业和社会提供高质量的政务服务,比如健全的法律保障机制等。城市群作为一个横跨若干行政区域的大都市区,在协同发展过程中必然存在许多矛盾和问题,而法律具有可预见性和稳定可靠性,因此成为区域协同发展的保障。

日本的规划法律体系非常完备,既有国土开发规划法、城市规划法等基本法,也有专门针对都市圈规划和地方规划指定的法律,如东京都的城市规划所依据的首都规划法等。因此,东京都市圈中各个主体都有明确的法律需要执行,故

---

[1] 王文、罗婧婧:《美国打造全流程便利营商环境》,《经济参考报》2020年2月14日。
[2] 任博:《纽约都市圈协同发展的经验及启示》,《北京金融评论》2018年第4期。

而不存在执行规划时部门之间不协调的问题。除了制定这些明文的规定外,政府还需专门成立为都市圈协同发展的服务部门,以推进城市群中城市之间的合作。比如,东京都市圈自形成之时起,就同时形成了一套跨区域的强而有力的协调机构和政府机构来处理这些问题。[1] 同样,巴黎都市圈建设过程中,政府也是运用法律形式规范巴黎都市圈内各中心城市之间的协同发展,其中1994年批准的《巴黎大区总体规划》是目前巴黎大区发展中所必须遵守的法律文件。[2]

在世界银行公布的《2020年世界营商环境》报告中,美国在营商环境便利度上排名第6名,其中在办理破产、获得信贷和执行合同方面,分别排名第2、第4和第17,这说明美国在保护投资者权益方面有着完备的法律体系。初创企业在美国的融资成本比其他国家低。小企业只要拥有良好的商业信用报告就可以向政府贷款。而这样针对小企业的融资渠道主要是由小企业管理局提供的,该管理局是美国政府机构,所以在政府信用背书下,小企业更容易获得融资。[3] 美国东北部城市群被称为"美国东北岸的硅谷",纽约、华盛顿、波士顿及费城除了拥有可以输送大量科技人才的知名大学和提供资金需要的各种大型银行、证券、基金及保险等金融机构外,还拥有来自哈佛大学、纽约大学的法律人才和位于华盛顿的美国联邦最高法院等资源为投资者和创业者提供法律保障。而欧洲西北部城市群中的各国在《2020年世界营商环境》报告中的排名不靠前,但它们透明且稳定的政策为科技创新提供了非常优质的营商环境。提出"工业4.0"战略的德国就是凭借优化制度环境和不断建立完善法律保障体系为其创新发展提供保障。因此,德国是欧洲最具创新力的国家之一。除了其法律和政策界限清楚,所制定的政策稳定性强、透明度高以及执行效率高之外,德国通过高技术产业集聚来对其他城市的经济发展和技术创新产生促进作用和示范作用。在一个城市群内部,德国政府引导许多企业同时进行竞争和协作,如联合开发新产品或建立生产供应链等。德国在1999年完成了建立欧洲第一的生物技术产业集聚的计划,慕尼黑地区和莱茵河一带聚集了欧洲最多的生物技术相关企业,极大地提高了德国在这一方面的竞争力。[4]

执笔:

何树全　上海大学经济学院教授

任金鑫　上海大学博士研究生

---

[1] 陈小卉:《协同与共赢:世界城市群之借鉴》,《江苏城市规划》2017年第9期。
[2] "东京大都市区一体化经验", https://wenku.baidu.com/view/09d0eecbda38376baf1faeb2.html。
[3] 杨凡:《国内外都市圈协同发展的法制差异比较——对京津冀协同发展法制化的几点回应》,《四川行政学院学报》2017年第2期,第46—49页。
[4] 单元媛、赵玉林:《德国高技术产业发展的集聚效应及其启示》,《特区经济》2007年第4期,第89—92页。

战略新兴领域

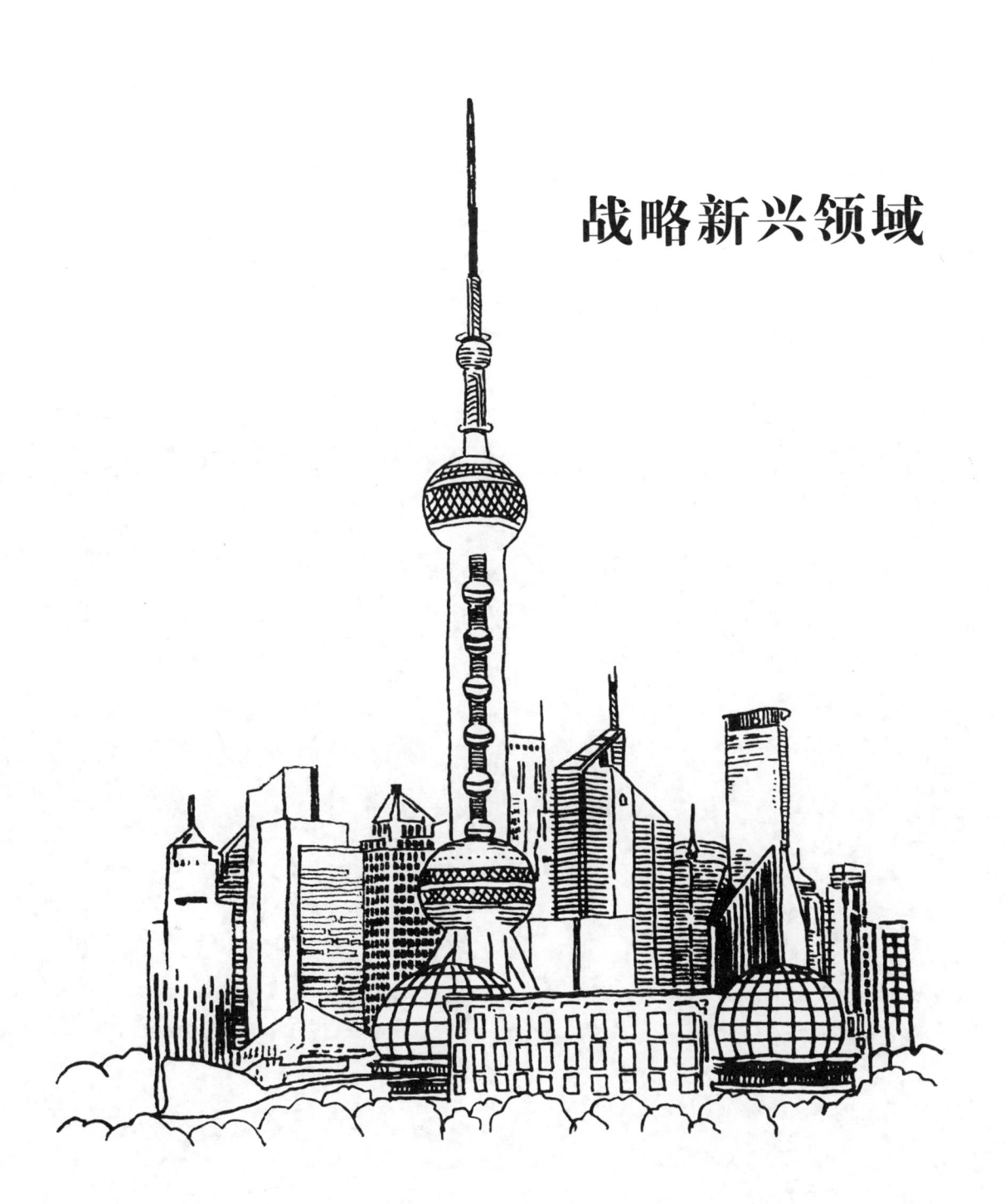

2019—2020年上海高端装备制造产业国际竞争力报告

一、背景分析

(一) 全球发展环境背景分析

1. 全球经济增长放缓,压缩高端装备制造业国际市场空间

2018年,除了美国经济一枝独秀之外,欧元区经济增速回落,日本经济疲软。2019年以来,全球经济增长依然动力不足,美国经济周期尾声特征显著,经济增速趋缓,欧元区经济依然疲软,欧央行坚持宽松政策,日本经济增长动力不足。在一些发达国家经济增长减速的同时,新兴经济体增长也显乏力,尤其是2018年下半年,阿根廷、土耳其等国货币急速贬值,遭遇主权债务危机和银行危机,经济动荡加剧。

由于高端装备制造业需要全球产业链协同,进而形成中心-边缘环状国际分工格局。高端装备制造业的国际分工呈现龙头企业主导产业发展,无形生产控制有形生产,知识技术创新能力强的国家主宰和控制知识技术创新能力弱的国家等特点,从而形成由欧美日发达国家、新兴经济体、欠发达及落后国家共同构成的中心-边缘环状国际分工格局。欧美等发达国家处于高端装备产业核心层,拥有强大的产业发展基础,先进的技术研发水平和资本运作能力,制定产业标准的话语权,企业品牌、设计与全球销售的控制权,在产业分工中能获得较高利润回报。如德国、美国、日本等核心层发达国家,掌控核心技术与关键零部件高附加值环节。新兴经济体处于高端装备产业中间层,以劳动密集型为主,依靠廉价的劳动力要素参与国际代工或以贸易方式切入全球价值链,从事全球价值链低端的加工、制造、生产和装配环节,缺乏高端装备制造的核心技术,产业利润微薄,长期被锁定在全球价值链的中低端环节。欠发达及落后国家以出口矿产、初级原材料为主,处于全球产业链的最底层。

因此,全球经济增长低迷,发达经济体经济疲软,新兴经济体增长乏力且经济动荡风险加剧,一方面压缩高端装备制造业的需求侧市场,另一方面则不利于高端装备制造业在全球范围内的产业链协同推进。全球经济低迷从供给侧和需求侧双重挤压,构筑起全球高端装备制造业的压力因素。

2. 中美贸易摩擦持续升温,全方位阻碍高端装备制造业发展进程

2018年以来,中美贸易摩擦持续升温,2018年6月15日,美国政府发布了加征关税的商品清单,将对从中国进口的约500亿美元商品加征25%的关税,其中对约340亿美元商品自2018年7月6日起实施加征关税措施。总体来看,此次公布的清单主要针对"中国制造2025",具体为航空航天设备、高铁装备、新一代信息技术、农机装备、数控机床和工业机器人、生物医药和医疗设备、新能源和新材料、船舶和海洋工程装备等。从上述清单来看,大多涉及高端装备制造行业的核心产品和最终产品等。总之,中美贸易摩擦将从市场阻滞、技术封锁、产业链斩断等多个维度,对我国战略性新兴产业产生持续性很强的负面影响。

(二)国内环境背景分析

1. 政策环境:引导自主创新,推动行业实现转型升级

近年来,我国高端装备制造产业的相关政策以"中国制造2025"为引领,在夯实基础的前提下,加强引导自主创新,推动行业实现转型升级。具体而言,主要围绕强化基础、突破高端、绿色制造等方面制定了一系列政策。主要从以下四个方面塑造高端装备制造行业的政策环境:

(1) 夯实工业基础,促进产业升级

核心零部件和相关技术的缺失,制约了我国高端装备制造业的发展,零部件所涉及的高科技属于"封闭式"研发,在国际市场上无法依靠购买获得。为提升关键基础零部件的自主化能力和质量,相关管理部门近年来引导行业有计划有步骤地实现重点突破,选取具有典型意义的基础零部件、关键基础材料,重点解决可靠性和质量稳定性问题,缩短其与世界先进水平的差距,夯实行业基础。

(2) 促进融合发展,提升智能制造水平

加快新一代信息技术与制造业深度融合是实施"中国制造2025"、建设制造强国的主线。推动两化融合,能够加快新旧动能和生产体系转换,推动制造业转型升级。为此,近年来我国出台了多项政策,顺应"互联网+"发展趋势,以信息化和工业化深度融合为主线,重点发展新一代信息技术,实现量化深度融合。目前,我国两化融合已经取得了显著成效。

(3) 发展绿色制造,深入推进结构调整

当前,环境问题已经成为全球各国关注的热点,政府近年来着力于大幅度降低能耗、物耗,实施资源高效循环利用,减少排放,同时进一步提升净化环境

的技术手段,维系、创造自然财富,实现工业文明与生态文明相统一。具体政策措施包括强化标准实施监督,完善节能监察等。

(4) 发展生产性服务业,向价值链高端提升

生产性服务业涉及高端装备制造的多个环节,具有专业性强、创新活跃、产业融合度高、带动作用显著等特点,是全球产业竞争的战略制高点。近年来,国家主要行业政策着力于推动高端装备制造业向下游延伸发展售后服务、全生命周期服务、发展现代物流和电子商务,往上游扩展提供科研、设计、咨询、信息服务、节能环保服务等。

表1　2017年以来高端装备制造业的相关政策

时间	部门	政策名称	政策要点
2017年5月	工信部	《工业节能与绿色标准化行动计划(2017—2019年)》	《计划》明确到2020年,在单位产品能耗水耗限额、产品能效水效、节能节水评价、再生资源利用、绿色制造等领域制修订300项重点标准,基本建立工业节能与绿色标准体系。
2017年10月	工信部	《关于加快推进环保装备制造行业发展的指导意见》	到2020年,行业创新能力明显提升,关键核心技术取得新突破,创新驱动的行业发展体系基本建成。先进环保技术装备的有效供给能力显著提高,市场占有率大幅提升。
2017年11月	工信部	《高端智能再制造行动计划(2018—2020年)》	突破制约我国高端智能再制造发展的关键共性技术,发布50项高端智能再制造管理、技术、装备及评价等标准,初步建立可复制推广的再制造产品应用市场化机制。
2017年11月	发改委	《增强制造业核心竞争力三年行动计划(2018—2020年)》	(1) 轨道交通装备等制造业重点领域实现产业化,形成一批具有国际影响力的领军企业,打造一批中国制造的知名品牌;(2) 创建一批国际公认的中国标准,制造业创新能力显著提升、产品质量大幅提高,综合素质显著增强。
2018年1月	工信部等	《海洋工程装备制造业持续健康发展行动计划(2017—2020年)》	提出到2020年,我国海洋工程装备制造业国际竞争力和持续发展能力明显提升,产业体系进一步完善,专用化、系列化、信息化、智能化程度不断加强,产品结构迈向中高端,力争步入海洋工程装备总装制造先进国家行列。
2018年3月	财政部、工信部、保监会	《关于开展首台(套)重大技术装备推广应用保险补偿机制试点工作的通知》	坚持"政府引导,市场化运作"原则,由工信部制定发布《首台重大技术装备推广应用指导目录》,保监会及保险业行业协会指导监管保险公司为目录内装备定制综合险。装备制造企业自主投保,中央财政适度补给投保企业保费,通过利用财政资金杠杆作用,推动装备制造业发展。

续表

时间	部门	政策名称	政策要点
2018年4月	发改委、科技部、工信部	《关于促进首台（套）重大技术装备示范应用的意见》	提出到2020年，重大技术装备研发创新体系、首台检测评定体系、示范应用体系、政策支撑体系全面形成，保障机制基本建立，到2025年，重大技术装备综合实力基本达到国际先进水平，有效满足经济发展和国家安全的需要。
2018年6月	国务院、商务部	《关于积极有效利用外资推动经济高质量发展若干措施的通知》	提出大幅放宽市场准入，深化制造业开放，取消或放宽包括船舶在内的制造业领域外资准入限制。业内专家表示，船舶行业外资准入限制的取消、放宽或将加速国内船舶企业引进外资，有助于推动中国船舶工业的国际化进程。

资料来源：政府相关部门工作网站。

2. 技术环境：产业基础支撑体系成熟，核心技术仍然薄弱

（1）产业发展基础支撑体系较为成熟

我国制造业门类齐全、体系完整，是全球唯一拥有联合国产业分类目录中所有工业门类的国家。目前，我国高端装备制造产业链发展较为完善，形成了中央和地方协同、产学研用联合创新、各方面共同推进的格局，支撑产业发展的基础体系已经基本成熟。如航天装备制造领域，经过50多年的发展，我国已具备了配套较为完善的航天装备研发、设计、制造、试验体系以及产品质量保障系统，是当今全球为数不多的能够提供卫星、运载火箭、载人飞船、深空探测器等多类航天产品、发射服务以及地面设施建设等一揽子服务的国家；在智能制造领域，我国智能制造核心装备攻关能力持续增强，集成服务能力不断提高，已成功突破和应用316台关键技术装备，包括高档数控机床和工业机器人、增材制造装备、智能传感与控制装备、智能检测与装配装备、智能物流与仓储装备等，形成了较为完整的产业支撑技术体系。

此外，我国拥有全球最大规模的工程师红利。2018年自然科学和工程学学士学位获得人数排名靠前的国家与地区分别是中国（145万）、欧盟八国（57万）、美国（38万）、日本（12万）、韩国（11万），博士学位获得人数的国家与地区排名前几名分别为欧盟八国（4.92万）、中国（3.18万）、美国（2.98万）、日本（0.59万）、韩国（0.55万）。

（2）核心技术、关键零部件仍较为薄弱，对外依赖严重

虽然目前我国已经成为制造业大国，但"大而不强"依然是困扰我国制造业发展的主要矛盾，在全球研发制造实力尚排在第三梯队。作为全球科技创新中心，美国在制造业基础及最前沿科技创新方面处于领先地位，德国、日本还有部分欧洲国家位于第二梯队。据中国机械工业联合会的数据显示，在高

端装备领域,我国80%的集成电路芯片制造装备、40%的大型石化装备、70%的汽车制造关键设备及先进集约化农业装备仍然依靠进口。中国装备自给率虽然达到了85%,但主要集中在中低端领域。中国高端装备制造产业与国外的技术差距至少在10年以上。

(三) 上海市高端装备制造业发展状况分析

1. 上海市高端装备制造业规模稳中有升

(1) 产业规模平稳增长

"十三五"以来,上海高端装备制造业工业总产值平稳增长,占全市工业总产值比重持续上升。2019年,上海市高端装备制造业实现工业总产值2 613.03亿元,比上年增长2.8%。从企业控股情况来看呈现内增外降的态势,国有控股实现工业总产值1 079.38亿元,比上年增长8.5%;私人控股490.01亿元,增长1.5%;外商及港澳台商控股998.21亿元,下降1.7%。从企业规模来看呈现大增小降的态势,大型企业实现工业总产值1 330.49亿元,比上年增长10.0%,中型企业649.79亿元,增长0.2%,小型企业632.76亿元,下降7.4%。

其中,上海市高端制造产业的代表性企业上海电气在行业发展面临困境和主要竞争对手发展普遍下滑的情况下,营业收入、资产规模、工业总产值等规模指标保持稳步、稳健的增长态势。2019年集团营业收入与资产总额分别达1 275.09亿元、2 805.24亿元,比"十三五"初期增长44.07%、50.33%。

(2) 装备制造业投资规模逆势上扬

2019年上海工业投资增长11.3%左右,连续21个月保持两位数增长。尤其在近期新冠肺炎和中美贸易摩擦的双重夹击下,上海制造业投资仍然保持逆市上扬趋势,特别是六大工业的投资效率显著提升,充分发挥了投资对产业发展的带动作用。

2. 产业结构持续优化,产业发展动能持续更新

上海高度重视高端装备制造业对工业体系转型升级的重要牵引作用,相继编制《上海市制造业转型升级"十三五"规划》《上海促进高端装备制造业发展"十三五"规划》等指导性文件,统筹谋划包括高端装备制造业在内的重点行业与空间布局,上海高端装备制造业产业结构持续优化。

(1) 关键领域显示度不断提升

上海是我国高端装备制造业的重要基地,对照2018年国家最新发布的战略性新兴产业分类标准,上海在高端装备制造业方面涵盖了航空装备、卫星及应用、轨道交通、海洋工程、智能制造等五大门类。2019年,包括高端装备、新一代信息技术、新能源汽车、新材料等工业战略性新兴产业完成工业总产值11 163.86亿元,占全市规模以上工业总产值比重达到32.4%。其中船舶与海洋工程装备产业竞争力持续提升,智能制造装备发展迅猛,能源装备产业转型提速,航空与轨道交通装备持续增长。2019年,上海市船舶和海工装备实现工业总产值798.74亿元,比上年增长11.8%,是高端装备制造业主要拉动力。智能制造产业规模超900亿元,规模和能级位居国内第一梯队,在《2019年世界智能制造中心城市潜力榜》上,上海位列第二。能源装备方面,对标《中国制造2025—能源装备实施方案》,充分发挥在先进核电装备、风电装备、燃气轮机等领域优势,积极布局储能装备、海洋能装备、燃料电池等领域。

上海电气作为一家大型综合性高端装备制造企业,2019年进一步整合集团内外部资源,将原有业务重新整合划分至能源装备、工业装备、集成服务三大领域,同时进一步突出发展服务导向。2019年三大产业群营收占比约为36%、36%、34%,同比增长12.06%、11.64%、83.51%。① 能源装备方面,上海电气一直是国内传统火电和核电装备的龙头企业,伴随中国能源转型,上海电气进军国内海上风电,积极布局储能和新能源装备等领域,其中海上风电市场占有率常年维持行业第一。工业装备方面,在传统的电梯设备、机械基础零部件等领域位于行业发展前沿,同时抓住智能制造转型机遇,打造智能制造产业集群。集成服务方面探索为企业提供涉及环保、发电设备服务、工业互联网等领域的集成化、综合性解决方案。

(2)产业内部增长动力逐步转换

上海市高端装备制造业发展缓中有进,主要领域生产呈现"三增一降"的格局,产业内部增长动力转换明显。其中,船舶和海工装备逆势增长,拉动力度比上年大幅提高,是高端装备制造业全年实现增长的主要动力,2019年上海市船舶和海工装备实现工业总产值798.74亿元,比上年增长11.8%,其中大型国有控股企业拉动作用尤为突出;轨道交通装备小幅增长,全年实现工业总产值54.54亿元,比上年增长4.0%,增幅提高15.0个百分点,拉动力度由负转正。航空装备持续增长,2019年实现工业总产值296.55亿元,比上年增长0.7%。其中,飞机制造业拉动航空装备总产值增长3个百分点。智能制造装备进入短期调整阶段,2019年上海市智能制造装备实现工业总产值1 463.21亿元,比上年下降1.2%。截至2018年,上海市已建成20家试点智能车间/工厂,重点分布在高端装备制造、航空航天、电子信息等领域。

上海电气在传统能源、工业装备等优势领域,进行数字化、智能化、国际化、服务化"四化"重塑,加快释放在手火电订单。2016年至2019年,集团七大主业(火电(包括煤电和燃气轮机)/核电/风电/输配电/上海三菱电梯/海立空调压缩机/集优基础件)营业收入、净利润占比。集团新产业企业快速增长,2017年,纳入集团统计的10家新产业企业(不含发那科)实现营业收入同比增

---

① 集成业务实现营收增长较多,主要是天沃科技纳入合并范围所致。

长 1 倍,净利润同比增长 50%。

3. 自主创新动能不断增强,创新要素不断集聚

上海抢抓全球科技创新中心建设机遇,强化基础研究,围绕关键核心技术和"卡脖子"领域持续发力,取得一系列高端装备整机和关键核心零部件突破,集聚一大批创新主体与功能型平台,不断推动装备制造业向智能化、服务化方向转变。

(1) 技术攻关打开成长空间

"十三五"以来,上海高技术产业(制造业)、战略性新兴产业工业总产值持续增长,2019 年战略性新兴产业工业增加值达 2 710.43 亿元,比"十三五"初期提高 49.93%。一批关键技术取得突破,一系列具有引领带动作用的首台(套)高端装备应运而生,2019 年上海市智能制造关键装备及核心部件首台(套)突破 40 余项,累计承担国家智能制造综合标准化与新模式应用 37 项。"十三五"以来首套国产化率 100% 的百万千瓦级核电站堆内构件、首台自主知识产权的 C919 大飞机发动机、智能仪器仪表及传感器、第一根自主研发的船用低速柴油机曲轴等长期"卡脖子"、高度依赖进口的高端核心技术取得突破。根据赛迪顾问发布的《2019 中国先进制造业城市发展指数》,上海位列全国第一,并且在创新驱动、经济带动、品牌质量方面也排在前端。

上海电气研发投入逐年加大,年均科技投入达 40 亿元左右,近 3 年来,集团科技投入率一直保持在销售额的 4% 左右,2016 年投入 39.4 亿元,占营业收入的 4.1%,2017 年投入 43.4 亿元,占营业收入的 4.9%。上海电气成功开发制造出当今世界上排汽面积最大、应用范围最广的 1 905 mm 低压缸末级长叶片,代表核电汽轮机设计制造的最高水平。

(2) 创新要素高度集聚

上海充分发挥其在要素配置、对外开放等方面的核心优势。一方面,整合全球资源,加速集聚一批高端装备制造业企业。临港新片区总体方案公布后,进一步加速一批拥有世界级先进技术的高端装备企业落户上海,比如,上海中船三井造船柴油机有限公司、中船海洋动力部件有限公司、上海昌强重工机械有限公司和上海船用曲轴有限公司。另一方面,凸显国际智库功能,相继启动一批研发与功能转化平台。"十三五"以来,上海集聚了一批国家级研发、测试等功能性平台,目前上海共有 37 家高端能源装备产业相关服务及研究中心,19 家船舶与海洋工程装备相关服务及研究中心,2019 年以功能型平台为载体的"上海交通大学弗劳恩霍夫协会智能制造项目中心"正式签约,成为中国第 1 个、全球第 10 个弗劳恩霍夫协会海外项目中心。

上海电气自 2011 年整合创新资源,形成战略定位明确、功能协同互补,从中央研究院、产业集团技术中心到企业技术研究所的三级科研创新体系。集聚集团内部创新资源,研发力量逐年向科技规划重点领域集中,科技投入集中

度逐步提高,2016年至2017年,科技投入集中度达到90%。坚持合资合作,整合社会创新资源,集团理性开展风险投资、适时兼并收购,近年来,通过收购意大利安萨尔多公司部分股权,引进吸收重型燃气轮机制造核心技术,收购港特恩驰电缆有限公司,补齐补强数据电缆产品组合,收购昂华(上海)自动化工程股份有限公司,加速落实集团智能制造领域的战略规划。

(3) 产业转型效应逐步显现

上海一方面充分把握装备制造业产品与服务融合发展的必然趋势,高度重视智能制造在产业转型中的重要引领作用,专门出台《上海市智能制造行动计划(2019—2021年)》。目前上海装备制造业已初步进入制造业服务化的发展阶段,装备制造业逐渐从生产性制造向服务型制造转变,通过重点发展研发设计、售后服务等服务业务,依靠企业品牌经营和专业技术解决方案向装备制造业价值链高端进阶。另一方面以智能制造为抓手,引领产业创新转型。2019年上海智能制造产业规模超900亿元,规模和能级位居国内第一梯队,在《2019年世界智能制造中心城市潜力榜》上,上海排名世界第二。目前,上海在汽车、高端装备等重点领域已建成国家级智能工厂14个、市级智能工厂80个,推动规模以上企业实施智能化转型500余家,企业平均生产效率提升50%以上,最高提高3.8倍以上,运营成本平均降低30%左右。

4. 产业布局更加优化,专业化与多样化并存

(1) 空间布局优化提高产业竞争力

"十三五"期间上海市以产业地图为引领,优化高端装备产业空间布局,集聚行业领域领军企业,打造特色产业园区,牢牢抓住"长三角一体化"战略、"一带一路"倡议等,引导企业高效进行产业链全球化配置,兼顾产业空间布局的集聚化与协同化。一方面,产业园区是上海高端装备企业集聚的重要载体,张江高科技园区、上海化学工业经济技术开发区、临港装备产业区等知名园区发挥"头雁"效应,引领高端医疗器械、智能制造与机器人、新能源装备等先进制造业集群建设。全市新型工业化示范基地达到29家(国家级20家、市级9家),在国家工信部示范基地发展质量评价中有6家基地获五星评价。面对复杂多变的国际环境和国内经济下行压力,上海市坚定不移地推动行业开放化发展,鼓励企业积极拓展海外市场,国际业务做强合力显现。合同数额攀升且版图扩大,一批标志性合作项目尘埃落定,海外制造基地作用凸显,2019年上海签订对外承包工程合同金额125.44亿美元,比"十三五"初期增长5.9%。

上海电气借力"一带一路"国家倡议,通过拓展电站、输配电、环保等领域的成套工程业务,带动设备出口,实现市场走出去,目前。按照"两头在沪、中间在外"开展全球化布局,把产能转移到成本更低或离目标市场更近的地方,海外建厂,实现产能走出去,目前公司已在德国、意大利、东南亚、非洲等国家和地区设有30家海外机构,为"一带一路"沿线40余个国家提供优质工程项

目。同时积极进行长三角一体化布局,利用主机厂龙头地位,通过和核心供应商相互参股份方式,实现非核心制造部分向周边地区外移,目前已形成40%—50%零配件供应来自长三角配套企业。

(2)行业布局专业化与多元化并存

随着上海进入"后工业化"时期,大型成套装备等优势领域已步入成熟阶段,传统装备制造业企业纷纷向"设备+综合解决方案"提供商转型,立足核心业务,积极拓展业务范围与上下游产业链,初步形成"横向多元、纵向专业"的行业布局,其中新能源、环保装备及高端医疗装备成为多数装备制造业新的盈利增长点,其中,上海电气提供了较好的借鉴经验。

上海电气立足能源装备,走向综合城市服务集团。积极布局数字化、人工智能、新材料、智能运维等范畴,聚焦综合能源及储能、高端医疗、新能源车三电、智能制造和节能环保五大领域。近年来通过自主研发、联合研发、合资合作、风险投资、技术入股、兼并收购等多种模式,快速获取新产业技术来源,初步开拓新能源应用场景,布局储能、新能源汽车、氢能源产业链,收购赢合科技,深入锂电池产业链;成立电气数科、自动化集团进军工业互联网;入股康达医疗,布局医学影像、口腔和放射治疗等细分领域;布局智慧城市,加速轨交信号系统国产化替代等。

(四)上海高端装备制造业存在的主要问题分析

"十三五"以来,上海高端装备产业围绕国家发展战略与城市功能定位,加快转型发展,在一些国家急需、具有国际影响力的领域填补国内空白,形成产业化能力,但也普遍存在装备制造业核心竞争力不强、创新能力不足等问题。

1. 产业核心竞争力仍有待加强

目前上海高端装备制造业仍处于转型期,一是核心技术缺位,关键零部件进口依赖性强,大部分装备产品处于全球价值中低端环节,产品附加值低,极易受到外部环境波动的冲击。2018年上海市高技术制造业工业产值约占全市工业总产值的20%,但其利润却仅占11%,多数制造企业虽然属于高科技制造业门类,但由于缺乏核心技术,关键基础零部件依靠进口,企业利润率偏低。二是底层技术和配套产业基本技术支撑不充分、不均衡,成套设备"空心化"问题突出。产业集中度高但分工深化不足,装备零部件细分领域缺少一批"专精特"的小巨人企业与国际领先的"隐形冠军"企业,全产业链布局滞后于行业发展需要,产业发展后劲不足。在2019年中国装备制造业100强榜上,上海仅有上汽集团、上海电气、上海仪电3家企业入围,其中北京8家、广东11家、浙江17家,对比其他高端装备制造强省,仍存在一定差距。

2. 行业自主创新能力仍需进一步提升

近年来,上海制造领域愈加重视自主创新在企业转型发展中的重要作用,但高端装备制造业内仍普遍存在创新能力不足的问题。**一是企业原创性研发动能较弱,外部依赖性强**。受产业发展环境影响,装备制造企业惯于先开发整机,满足使用需求,再开发基础材料,解决国产化的"逆向创新"模式,通过收购、兼并迅速获取外部创新资源,企业原创性研发动能较弱,整机装备"植入性"强。**二是创新资源错位,基础研究投入强度相对较低**。上海市基础研究投入在R&D中所占比重较低,2018年为7.78%,远低于北京的14.22%。企业普遍注重产品开发类科技投入,技术开发类投入比重较低。以上海电气为例,集团在科技投入总量、投入结构方面的现状与转型要求尚存明显差距,科技投入绝对值基本维持在40亿—50亿元的规模/年,且60%以上的科技投入是产品开发类,技术开发类不足30%。**三是创新资源缺乏高效整合**。产学研协同创新动力不强,创新网络联系度不高。央企、地方国企、高校等主体缺乏有效的对接机制与利益分配机制,大量高端装备制造企业面临的实际问题未能及时成为科研机构的研究对象,研究平台之间各自为战、力量分散。

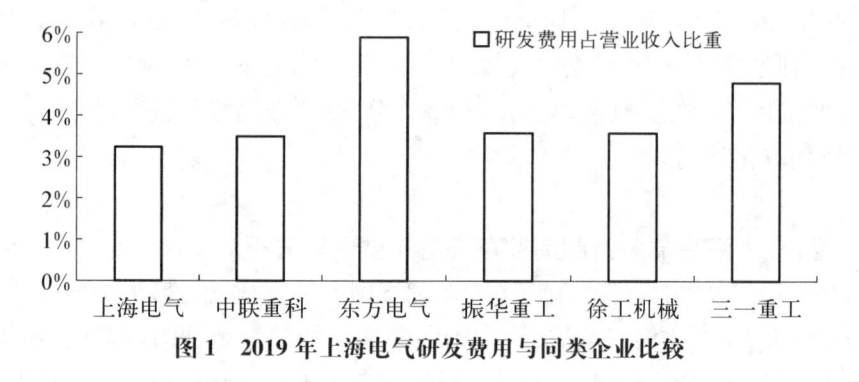

图 1　2019年上海电气研发费用与同类企业比较

3. 企业内部运行机制尚存堵点

国有控股企业在上海高端装备制造业中占据主导地位,2019年国有控股企业总产值在全市高端装备产业总产值中占41%左右。受制于高端装备行业"强政府、大国企"的基本发展格局,上海市高端装备制造企业普遍存在"大而不强"的问题。一是激励机制不足掣肘企业转型发展动能。企业内部仍然存在人员、要素流动不畅,效率激励不足的弊端。长期困扰国企的"干部能上不能下、员工能进不能出"的问题仍然存在。二是投资决策机制相对保守,风险投资策略欠缺,企业未能充分把握风险投资带来的颠覆式创新的战略回报。三是企业内协同机制尚不完善,规模优势未能充分发挥。近年来多元化、国际化的发展战略使多数装备制造企业行业布局、市场布局不断扩大,但不同模块之间通用技术壁垒尚未完全打破、资源共享不够充分、经营目标不够协同,企业整体竞争力的提升滞后于资产规模的扩张。

4."机强电弱"问题尚待突破

上海市战略性新兴产业整体增速较快,但由于智能化、数字化、工业互联网等领域尚处于起步阶段,高端装备制造业普遍存在"机强电弱"的问题,在信息技术服务、电子元器件等方面与北京、深圳相比还有一定的差距。部分企业在多元化转型过程中,新兴产业增速较慢,与世界其他制造业巨头在产品智能化、数字化等方面还有较大差距。以上海电气为例,虽然集团新产业的营业收入、净利润占比都有所增加,但比例并未超过两位数,一定程度上制约了集团扭转"机强电弱"局面。产品结构绝大多数还处在工业2.0时代,产业结构绝大多数以"重、硬、大"装备为主,工业软件、智能传感、控制装备等"轻、软、小"装备发展明显滞后。

二、指数测算与分析

高端装备制造业是现代产业体系的脊梁,是一个国家制造水平的集中体现。大力发展高端装备制造业,是抢占未来经济和科技发展制高点的战略选择,是加快供给侧结构性改革、培育新动能发展新经济、建设制造强国的主战场。根据战略性新兴产业规划,我国"十三五"期间高端装备制造业重点发展的方向包括打造智能制造高端品牌、实现航空产业新突破、做大做强卫星及应用产业、强化轨道交通装备领先地位、增强海洋工程装备国际竞争力等。"十三五"期间,上海服从服务国家装备制造业发展战略,发挥综合优势,整合全球资源,不断推进装备制造业高端化发展,在突破瓶颈、打破垄断、国际竞争等方面取得显著成效。通过构建科学合理的产业国际竞争力指标体系,对上海高端装备制造业的产业国际竞争力进行定量评估与特征分析,有利于精准锚定上海高端装备制造业在产业发展动力、国际贸易表现以及全球价值链提升方面的问题与短板,为下一步提升上海高端装备制造业的国际竞争力寻找精准的政策着力点提供理论依据,为市场主体寻找行业发展的风口与机遇提供有益借鉴。

按照《高端装备制造业"十二五"发展规划》要求,上一个五年我国高端装备制造主要以航空装备、卫星及应用、轨道交通装备、海洋工程装备、智能制造装备等五大方向为重点,而"十三五"规划则将制造强国的落脚点放在了八大高端装备制造行业上。这八大行业分别是:航空航天装备、海洋工程装备及高技术船舶、先进轨道交通装备、高档数控机床、机器人装备、现代农机装备、高性能医疗机械、先进化工成套装备。以此为依据,本报告框定了高端装备制造业的行业范围与研究边界,以此来确定产业国际竞争力指标体系当中的具体指标数据的来源与处理逻辑。

综合考虑数据来源的可靠性、延续性以及可获得性,本报告指数分析所用数据主要来自万德数据库上市公司微观数据以及GTT数据库,通过对标国家"十三五"规划当中对高端装备制造业的行业界定,找到对应行业的上市公司相关数据,对其进行筛选、数据加总以及标准化处理,测算了上海高端装备制造业的产业国际竞争力总体得分及其细分指标得分,与此同时,本报告还测算了全国除上海之外其他9个核心省、自治区以及直辖市的高端装备制造业产业国际竞争力指数得分。在产业国际竞争力指标体系定量评估结果的基础上,本报告进一步结合当下国际国内经济社会发展环境、最新科技与产业发展趋势、各国针对高端装备的产业动向等,对上海的高端装备制造业产业国际竞争力进行多维度分析,挖掘指数背后的深层次影响因素与规律。

(一) 总体水平分析

随着"中国制造2025"、国家智能制造"十三五"发展规划的发布,中国高端制造产业发展有了明确的方向。同时国务院也发布了质量提升行动计划,工业基础正逐步取得进步,这些都有助于上海大力发展高端装备制造产业。从上海自身经济发展状况来看,近年来,上海的经济结构发生了根本性变化,服务业占GDP比重已经超过70%,装备制造日益呈现"生产服务"形式,未来产品的核心价值已不是产品本身而是产品与服务的融合。历史上,上海曾是中国的工业重镇,诞生过新中国工业史上多个第一。而今,在新一轮全球高端装备制造话语权的争夺战中,上海仍在扮演着"急先锋"角色。近年来,上海凭借其高端装备产业园区的集群优势以及良好的市场环境,其高端装备制造业取得了显著成就。

从本报告的指数测算结果来看,上海高端装备制造业产业国际竞争力呈现以下特征:

一是产业国际竞争力总体保持平稳态势。2017—2019年间,上海市高端装备制造业的产业国际竞争力指数基本保持在122—126分之间的狭小范围内浮动,产业国际竞争力水平保持高度稳定状态,同时,2017—2018年间,上海高端装备产业国际竞争力指标得分分别为125.12和124.61,尽管略有下降,但是降幅几乎可以忽略不计,2019年受中美贸易摩擦、全球经济低迷等不利因素影响,其国际竞争力指数较前两年下滑较明显,为122.92,但是仍然保持在120分之上,表明上海的高端装备制造业始终保持较强竞争优势。

二是国际竞争力水平始终处于高位,保持较强竞争优势。为保持本报告研究的连贯性,本报告延续去年报告的竞争力优势评价标准,即高端装备制造业产业国际竞争力大于150分,表明具有极强竞争优势;介于100—150分之间,表示具有较强竞争优势;介于50—100分之间,表明具有中等竞争优势,低于50分则表示其具有微弱竞争优势。2017—2019年来,上海市高端装备制造业竞争力始终在120分以上,处于较强竞争区间范围内。

三是上海高端装备产业国际竞争力水平位居全国顶尖位置。从高端装备产业国际竞争力总体水平来看,上海在全国十个重点省市当中,近三年来始终保持位居前两位,表明上海的高端装备制造产业国际竞争力水平在国内各省市当中具有极强比较优势,其产业国际竞争力水平位居全国顶尖位置,由图3可知,上海市高端装备制造业国际竞争力得分远超全国平均水平,这也是上海能够在高端装备领域代表国家参与国际竞争的重要原因之一。

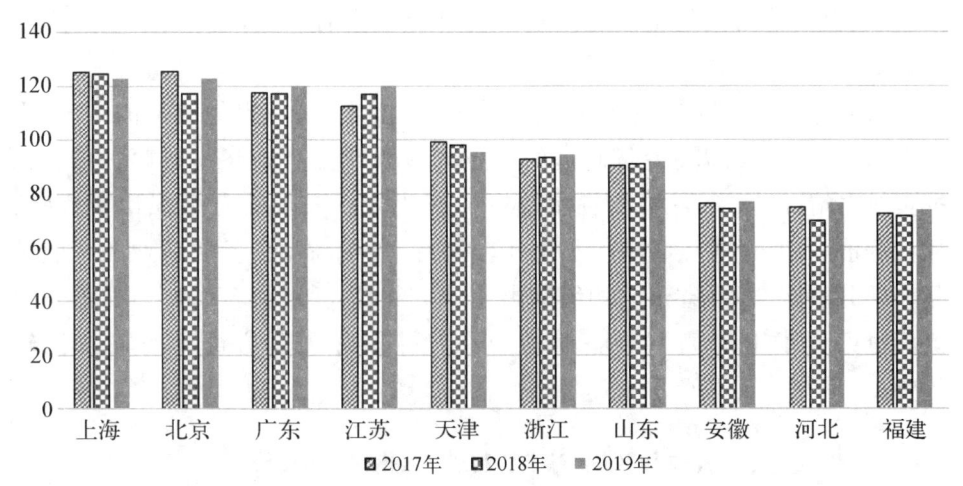

图 2　2017—2019 年全国重点省市高端装备制造产业国际竞争力水平

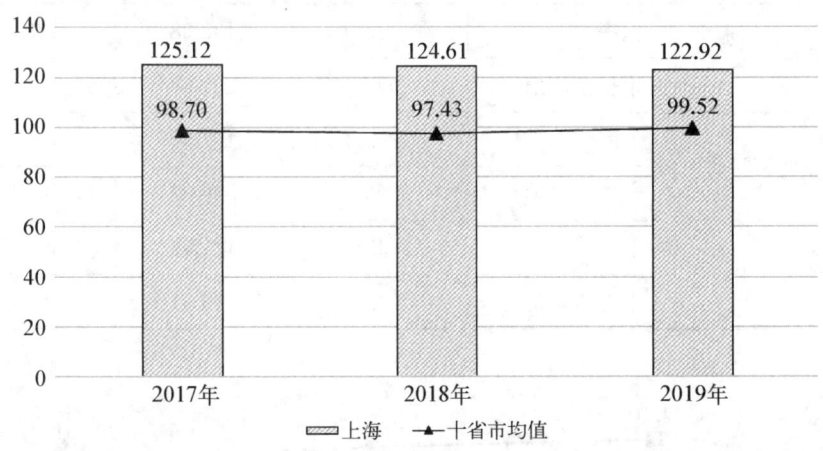

图 3　2017—2019 年上海市高端装备制造产业国际竞争力得分对比情况

(二) 二级指标分析

1. 产业国际表现

高端装备制造业的产业国际竞争力指数的二级指标"产业国际表现"下属4个三级指标,分别是产业部门贸易优势、行业贸易优势、供应链强度和核心环节贸易优势。根据本报告测算的指数结果,2017—2019年上海的高端装备制造业的产业国际表现指标得分分别为142.16、138.68和133.31,处于100—150的分值区间,表明上海高端装备制造业在产业国际表现方面具有较强国际竞争力,但是从其变动趋势上来看,该指标得分在三年间呈微弱的逐年递减趋势,表明目前上海的高端装备制造业受国内竞争加剧,国际市场风险加大的不利背景下,其产业国际表现面临较强的下行压力。但是从3个二级指标的得分数值比较来看,上海高端装备制造业的产业国际表现指标得分较行业增长驱动和价值链提升这两个二级指标的得分数值明显更高,表明上海的高端装备制造产业的国外市场占有以及出口竞争力方面具有显著优势。

从上海产业国际表现指标的排名变动情况来看,在报告测算的10个重点省市当中,上海高端装备制造的产业国际表现排名始终高居第一位。根据其排名情况,上海高端装备制造业的产业国际表现具有极强比较优势。从其分值与10个重点省市的均值比较来看,上海高端装备制造业的产业国际表现分值比29个省市的均值高出43.43%、42.39%和35.56%,从另一个侧面也论证了上海高端装备制造业在产业国际表现方面具有极强比较优势。

表2 上海高端装备制造二级指标分值比较

指标	省市	2017年	2018年	2019年
产业国际表现	上海	142.16	138.68	133.31
	十省市均值	99.86	97.39	98.34
行业增长驱动	上海	106.22	107.30	106.66
	十省市均值	100.62	99.32	103.79
价值链提升	上海	109.94	113.76	118.40
	十省市均值	94.47	95.61	97.62

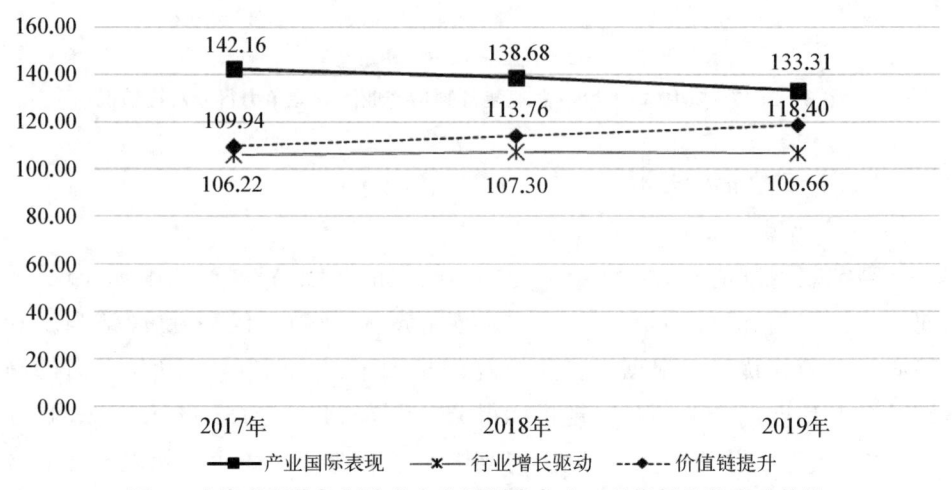

图4 上海高端装备制造业产业国际竞争力二级指标分值变动趋势

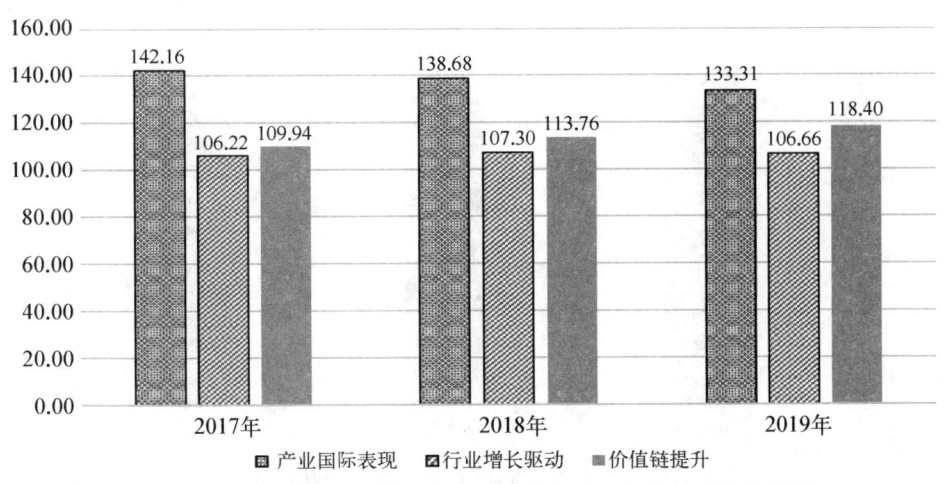

图 5　上海高端装备制造业产业国际竞争力二级指标分值柱状图

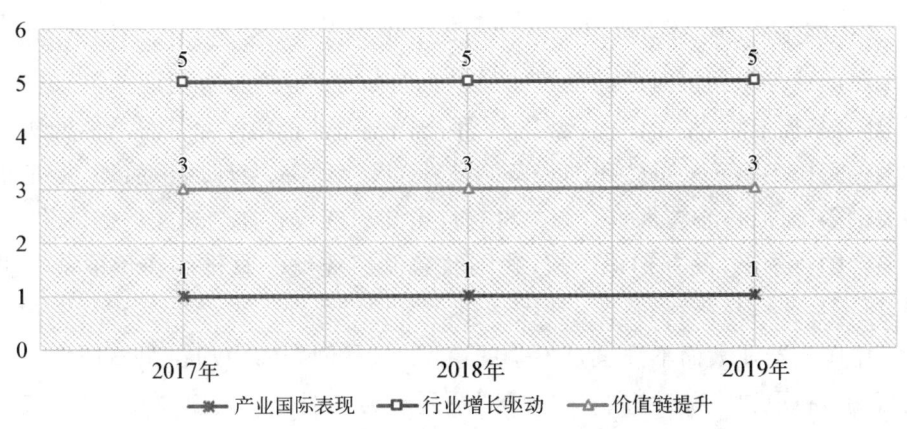

图 6　上海高端装备制造产业二级指数国内排名

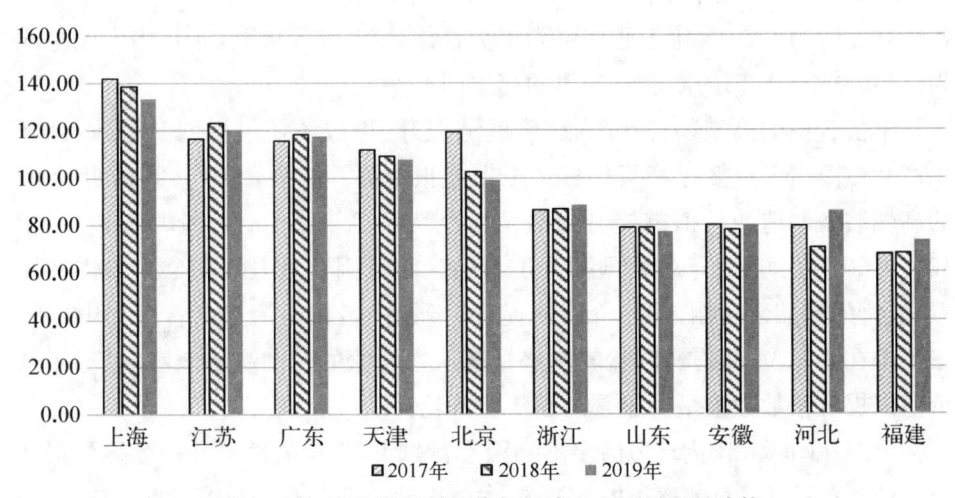

图 7　十大重点省市高端装备制造产业国际表现分值

图 8　上海市高端装备制造产业国际表现分值

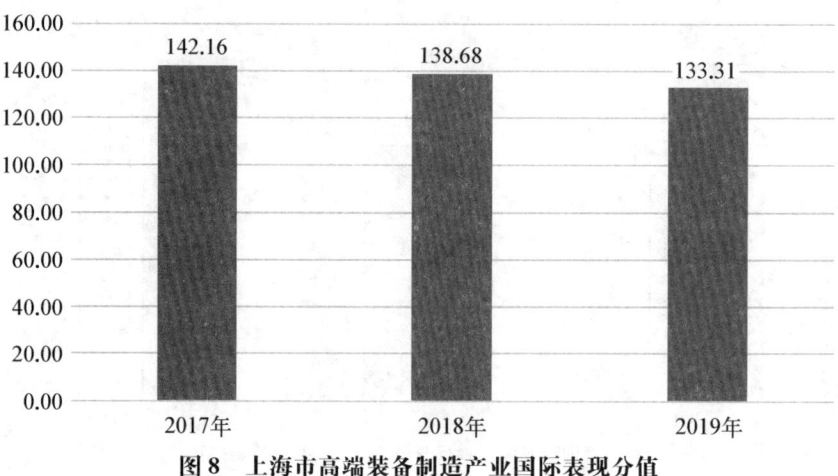

2. 价值链提升

《中国制造2025》明确提出,到2025年我国将迈入制造强国的行列,并且在全球产业分工和价值链的地位明显升高。根据《中国装备制造业发展报告(2016)》数据显示,从2010年至2016年中国制造业产值在全球总产值的所占比例一直排名第一。虽然我国装备制造业的总产值在全球居于前列,但是很多关键零部件、核心技术等资源并没有自主知识产权。在全球经济一体化、资源整合的背景下,没有知识产权,我国装备制造业就一直徘徊在价值链的低端,更不会获得高额利润。

中国制造业大而不强虽是不争的事实,但是创新能力却在明显增强。一批高端装备取得突破性进展。"神舟"系列航天飞船成功发射,"蛟龙号"载人潜水器研制成功,ARJ21新型支线客机交付商用,长江三峡升船机刷新世界纪录,多轴精密重型机床等产品已跻身世界先进行列,高铁、核电、通信设备等具备全球竞争力。2017年工业产值高于美日德总和,如果顺利,十年内中国将成为世界30%—40%的制造业产值的产出国。

本报告中的高端装备制造业"价值链提升"指数主要包括创新投入、创新生产和政策引导这3个三级指标。根据本报告测算结果,2017—2019年上海的高端装备制造业价值链提升指数值分别为109.94、113.76和118.40,介于100—150分之间,处于较强国际竞争力的区间范围。从上海在全国的排名来看,上海的高端装备制造业"价值链提升"指数排名在是个重点省市当中连续三年排在第三位,具有较强比较优势。且从其数值的变动趋势来看,近三年来价值链提升指数数值呈为显著的逐年上升趋势。

上海在国际和国内环境诸多不利因素背景下,其价值链提升指标得分仍然处于较高水平且呈显著逐年提升趋势,主要得益于上海充分利用自身优势,全力提升高端装备制造业全球价值链地位,成效显著,这也部分抵消了美国技术封锁的负面影响。首先,上海高端装备产业园区集群优势显著。临港作为国家和上海重要的高端装备制造业基地,已基本建成发电及输变电设备、大型船用设备、海洋工程、物流装备与工程机械装备、航空零部配套、装备再制造等产业集群。2019年11月,上海自贸区新片区正式落户临港。早在2019年2月,在自贸区推进工作领导小组扩大会议上,应勇市长强调:上海自贸区新片区肩负着新任务与新定位,新片区要对标国际上公认的竞争力最强的自由贸易区,实施具有较强国际市场竞争力的开放政策和制度,进行差别化的探索,建设更具国际市场影响力和竞争力的特殊经济功能区。自贸区新片区的设立为上海进一步对标国际标准、提升高端装备制造业产业发展质量提供了难得机遇。

除此之外,张江园区、漕河泾开发区、松江工业园区、紫竹开发区等园区是上海集成电路产业发展的主要载体。上海已成为首个国家级微电子产业基地和唯一的国家级集成电路研发中心所在地,集成电路技术水平、规模能级保持国内领先。在民航产业布局方面,上海目前已经形成张江南部(飞机设计研发)、祝桥东部(大飞机总装)、紫竹园区(国产飞机客服、航电等)、临港产业区(发动机研制、飞机租赁等)、宝山大场(ARJ21总装)等功能定位各有特色的航空产业集聚区,呈现出"航空运输业+航空制造业"两翼齐飞的"上海模式"。嘉定汽车城结合汽车、创新港、同济科技园、新能源汽车及关键零部件产业基地等产业平台,推进中国(上海)国际电动汽车示范区、国家智能网联汽车示范区建设。近年来,上海临港产业区加速培育世界级先进制造业产业集群,首套国产化率100%的百万千瓦级核电站堆内构件、首台自主知识产权的C919大飞机发动机、第一根自主研发的船用低速柴油机曲轴等,这些过去长期"卡脖子"和高度依赖进口的高端核心技术都在此填补了国产化空白,临港已集聚起人工智能、高端装备、航空航天等诸多创新前沿产业。

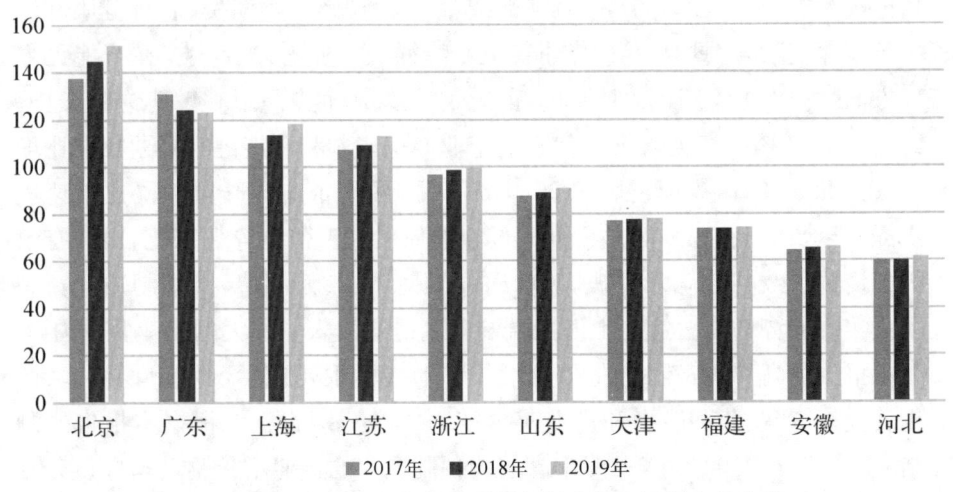

图9 全国十大重点省市高端装备制造产业国际表现分值

表 3　上海市价值链提升指标得分和排名

	2017 年	2018 年	2019 年
上海	109.94	113.76	118.40
排名	3	3	3

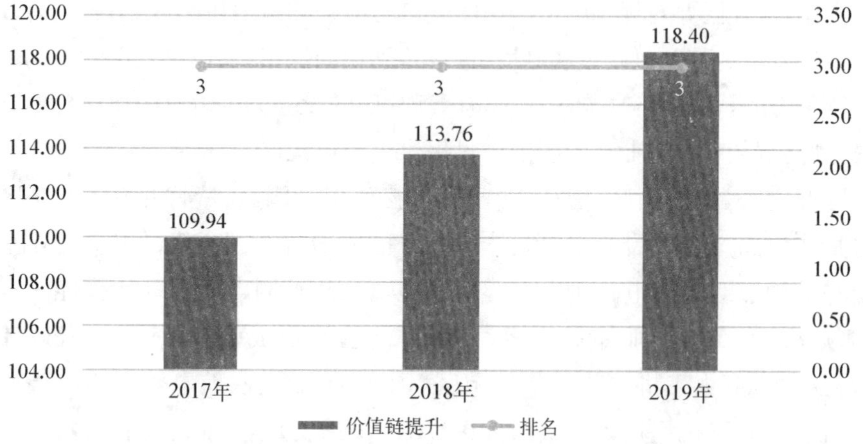

图 10　上海市高端装备制造产业价值链提升指标分值和排名

3. 行业增长驱动

智能制造装备是制造业转型升级的关键。因为智能制造装备系统的主要特征体现了制造业生产的智能化,意味着从本质上提高生产效率,我国也将大力发展。未来,智能制造装备行业也将向自动化发展,自动化无人工厂建设是趋势。

而上海在智能无人工厂方面具有较强的比较优势,2020 年 3 月,由于新冠疫情的爆发,上海市出台了《上海市促进在线新经济发展行动方案(2020—2022 年)》,方案明确指出,在线新经济是借助人工智能、5G、互联网、大数据、区块链等智能交互技术,与现代生产制造、商务金融、文娱消费、教育健康和流通出行等深度融合,具有在线、智能、交互特征的新业态新模式。在智能无人工厂方面,本次疫情期间,上海的无人工厂技术优势凸显,实现逆势飞扬。2020 年 1—4 月,上海无人工厂代表性企业博世华域和开能健康开票额同比增长 5.18% 和 3.19%,疫情过后的 2020 年 5 月,两家企业的开票额同比增速进一步提升至 8.8% 和 8.15%。无人工厂企业倚仗人工智能等数字化技术,有效抵御了疫情引致的劳动力短缺风险,通过柔性制造、云制造、共享制造等新制造模式实现逆势增长。这为上海高端装备制造业注入了强大的行业驱动力。

本报告的高端装备制造业行业增长驱动指标主要包括区域市场效率、产业投资效率、产业营利能力和产业集聚能力 4 个三级指标。根据本报告的测算结果,2017—2019 年间,上海市高端装备制造业的行业增长驱动指标得分分别为 106.22、107.30 和 106.66,处于具有较强国际竞争力的分值区间。与此同时，从该指标的排名情况来看，2017—2019 年间，上海的高端装备制造业的行业增长驱动指标在 10 个重点省市之中始终排名第 5 位，以此来看，上海市高端装备制造业的行业增长驱动力仍然有待进一步提高。

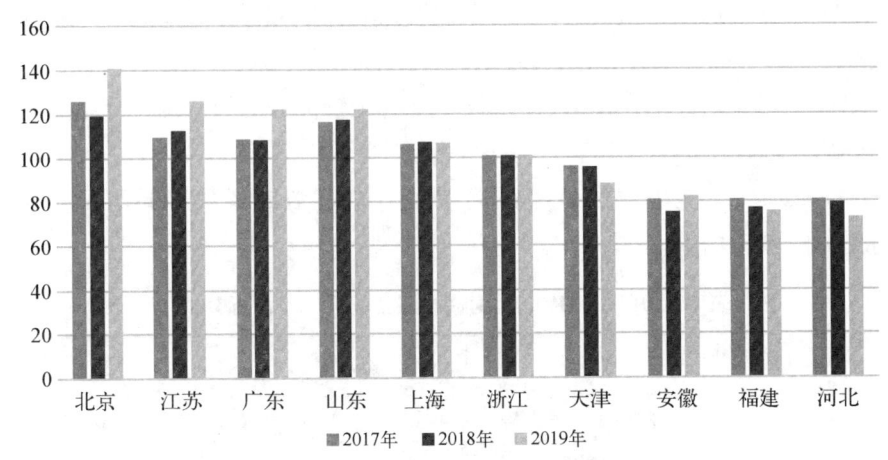

图 11 十大重点省市行业增长驱动指标分值

表 4 上海行业增长驱动指数与排名

	2017 年	2018 年	2019 年
行业增长驱动	106.22	107.30	106.66
排 名	5	5	5

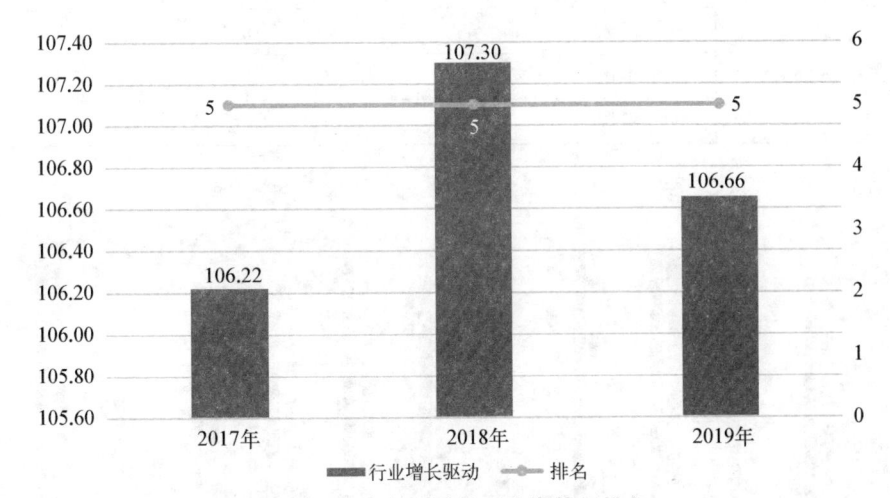

图 12 上海行业增长驱动指数与排名

（三）三级指标分析

1. 指数的构成与指标选择

根据上海高端装备制造业国际竞争力的 11 个三级指标测算结果，除行业贸易优势和区域市场效率之外，上海的其余 9 个三级指标排名均位居十个重点省市的前五位。从各个指标所反映的竞争力水平来看：

（1）既具有极强竞争力优势又具有较强比较优势的三级指标主要有：供应链强度、核心环节贸易优势、产业营利能力和政策引导。

（2）具有较强竞争力优势，且具有较强比较优势的指标主要有：产业部门贸易优势、产业投资效率和创新投入这三个指标。

（3）具有中等竞争力优势，但是仅具有弱比较优势的指标为：行业贸易优势、产业集聚能力以及创新生产这三个指标。

（4）具有中等竞争力优势，但是不具有比较优势或者具有弱比较劣势的指标有：区域市场效率。

表5　2017—2019年上海高端装备制造三级指标分值

二级指标	三级指标	2017年	2018年	2019年
产业国际表现	产业部门贸易优势	144.97	141.21	135.24
	行业贸易优势	94.55	101.30	96.12
	供应链强度	160.00	150.07	142.56
	核心环节贸易优势	160.00	155.13	152.44
行业增长驱动	区域市场效率	60.00	60.00	60.00
	产业投资效率	130.50	142.48	138.39
	产业营利能力	160.00	153.06	151.49
	产业集聚能力	102.28	99.58	101.69
价值链提升	创新投入	95.78	102.36	114.84
	创新生产	81.17	85.77	87.60
	政策引导	160.00	160.00	160.00

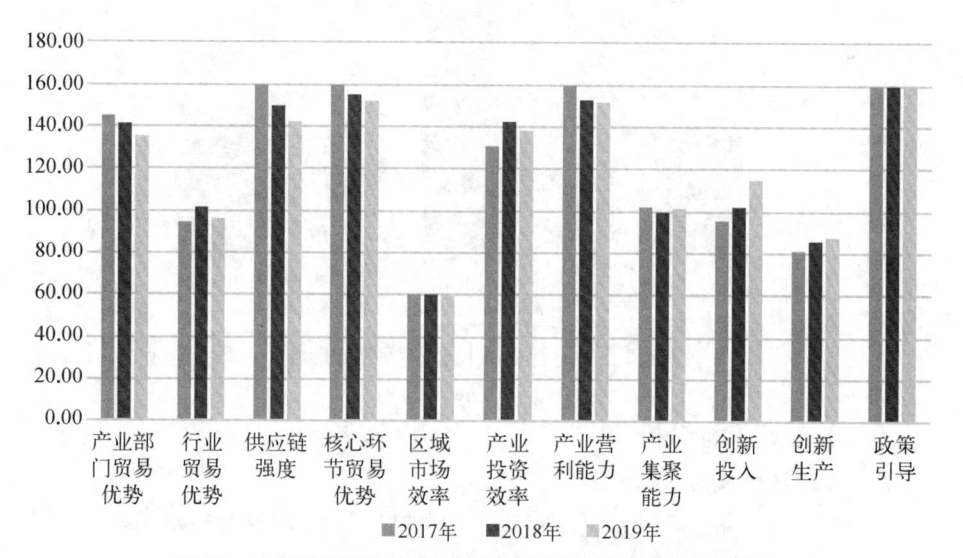

图13　上海高端装备制造业产业国际竞争力三级指标得分

2. 核心产品与供应链强度优势向贸易竞争优势的转化亟须推进

上海的产业部门贸易优势指标在 2017—2019 年间始终处于 135 分以上，表明上海高端装备制造业在国外市场占有方面具有较强的国际竞争力。同时，上海该指标在 10 个省市当中连续三年分别位居第 2、2、1 位，这也说明上海在国外市场占有方面具有极强的比较优势。上海在 2017—2019 年间的国外市场占有指标得分显著高于全国重点十大省市的指标均值水平，由此可见，上海的高端装备制造业的国外市场占有的比较优势仍然呈不断增强态势。

除此之外，上海在供应链强度和核心环节贸易优势方面具有极强比较优势，这两个指标连续三年位居十大重点省市之首。从分值水平来看，上述两个三级指标的分值三年来基本都处于 150 分以上水平，表明上海高端装备制造业在融入国际市场以及核心产品的市场占有率方面均保持极强国际竞争力水平。但是，形成鲜明对比的是，上海的行业贸易优势指标分值偏低，三年来基本处于低于 100 分水平，仅具有较弱国际竞争力优势，其在十大省市当中的排名也跌出前三甲，三年来分别位居第 6、4 和 8 位，表明上海关于核心产品的频繁进出口贸易活动当中大多以进口为主，其供应链方面的优势目前也尚未完全有效转化为高端装备制造行业的国际竞争力优势。因此，下一步需要进一步强化核心产品在国际市场上的竞争力水平，推动核心产品出口规模不断扩大。

表6　上海高端装备制造业产业国际竞争力三级指标排名

二级指标	三级指标	2017 年	2018 年	2019 年
产业国际表现	产业部门贸易优势	2	1	1
	行业贸易优势	6	4	8
	供应链强度	1	1	1
	核心环节贸易优势	1	1	1
行业增长驱动	区域市场效率	10	10	10
	产业投资效率	2	2	2
	产业营利能力	1	1	3
	产业集聚能力	3	5	4
价值链提升	创新投入	2	2	2
	创新生产	4	3	3
	政策引导	1	1	1

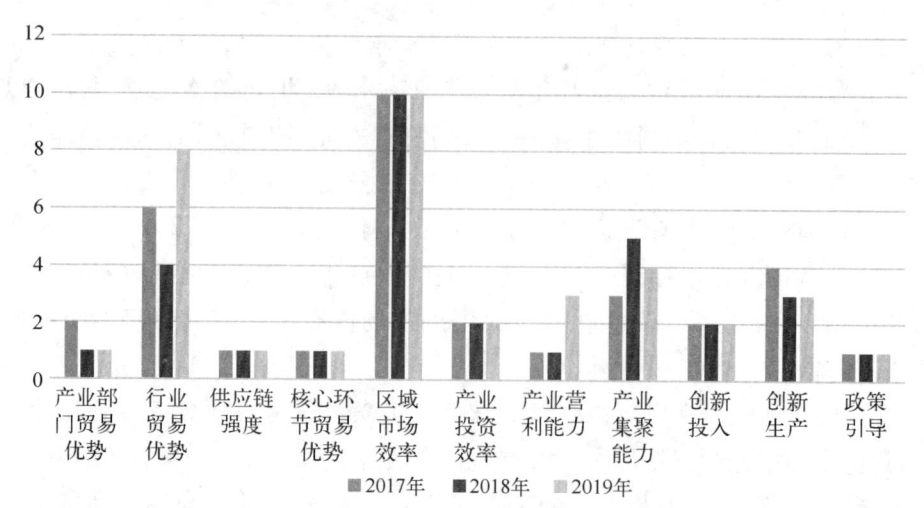

图 14　上海高端装备制造业产业国际竞争力三级指标排名

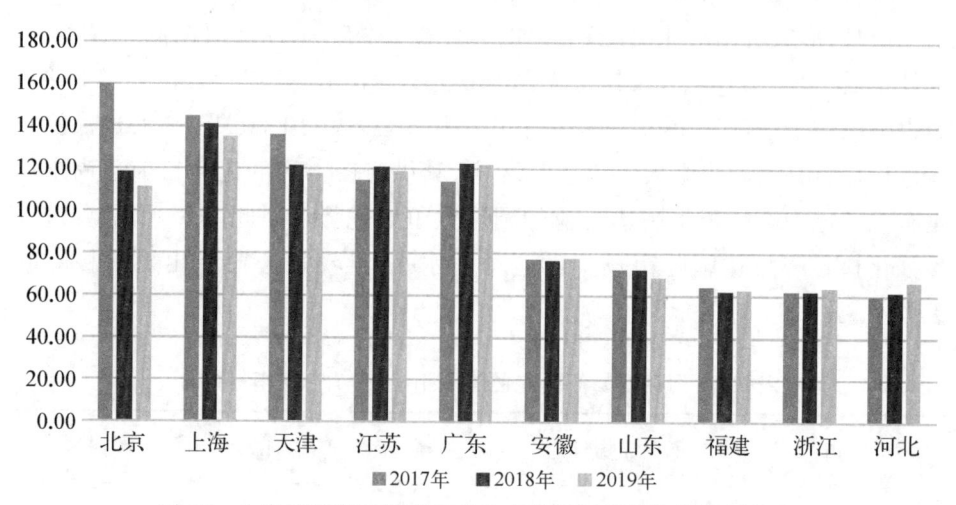

图 15　上海高端装备制造业产业产业部门贸易优势指标得分

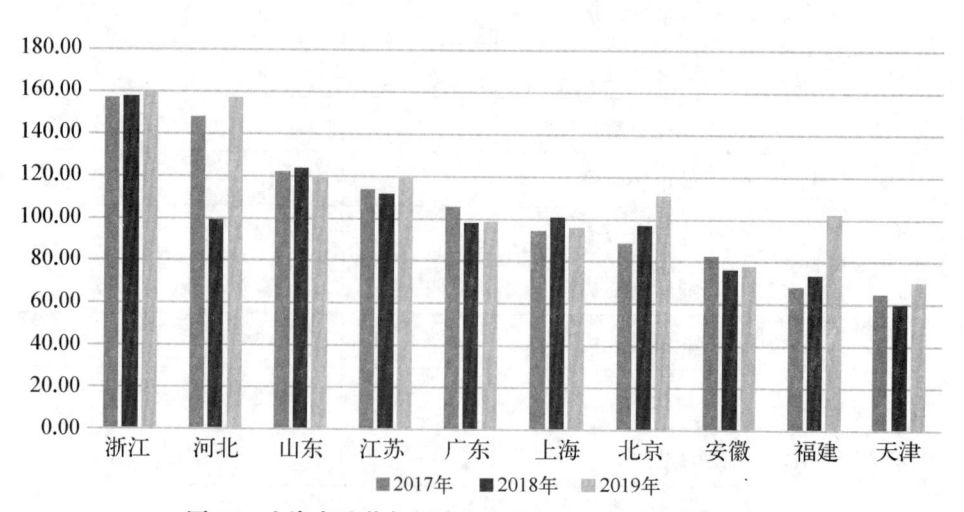

图 16　上海高端装备制造业产业行业贸易优势指标得分

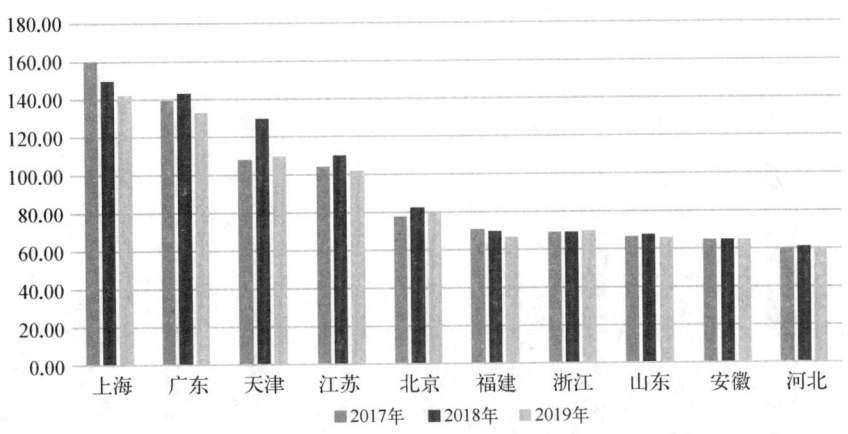

图 17　上海高端装备制造业产业供应链强度指标得分

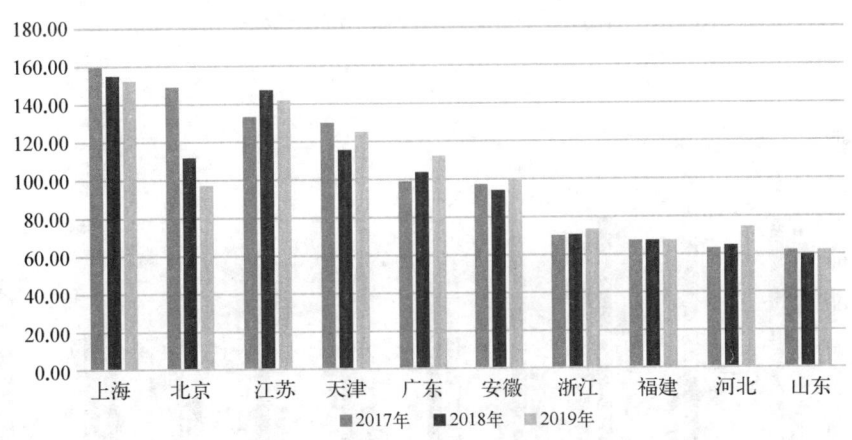

图 18　上海高端装备制造业产业核心环节贸易优势指标得分

3. 行业投资增速放缓，行业发展由增量向提质转变

2017—2019 年间，上海的高端装备制造业区域市场效率，即投资增长率位居十大重点省市之末尾位置，且分值水平仅在 60 分，表明上海高端装备制造业在区域市场效率方面不具有国际竞争力优势和比较优势。但是，其产业投资效率指标分值处于 100—150 区间内，在全国十大重点省市当中连续三年排名第二，具有极强比较优势。产业盈利能力指标得分高于 150 分，表明产业盈利能力具有极强国际竞争力优势，其在全国十大重点省市当中连续三年位居前三甲，其中 2017 年和 2018 年排名第一，表明上海高端装备制造业的盈利能力较强，具有极强比较优势。产业集聚能力指标得分在 100 分上下徘徊，具有较强国际竞争力优势，其在全国十大重点省市当中，三年来分别位居第 3、5、4 位，仅具有弱比较优势。综上所述，上海的高端装备制造业盈利能力极强，投资效率具有较强比较优势，虽然区域市场效率指标位居十大重点省市末尾，且分值仅为 60 分，但是由此表明上海高端装备制造业逐渐由增量发展向提质发展转变，盈利能力和投资效率指标的高分值充分说明了这一特点和趋势。

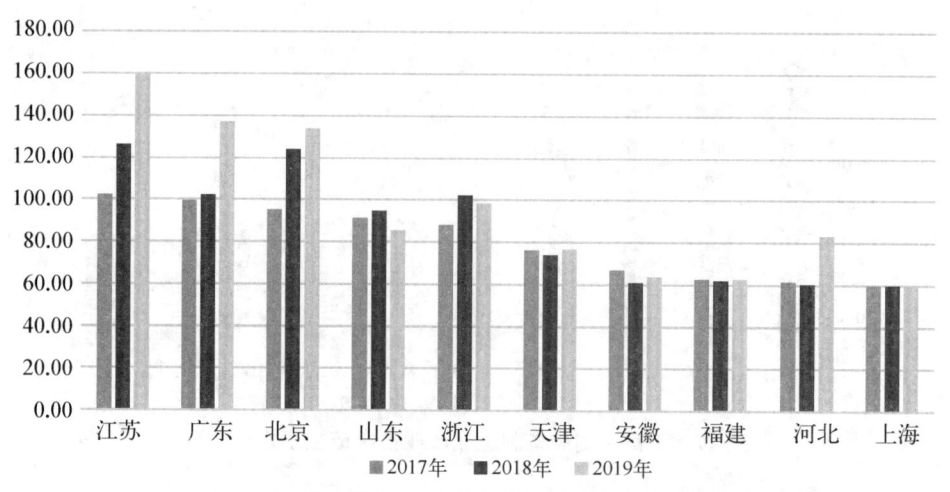

图 19　上海高端装备制造业产业区域市场效率指标得分

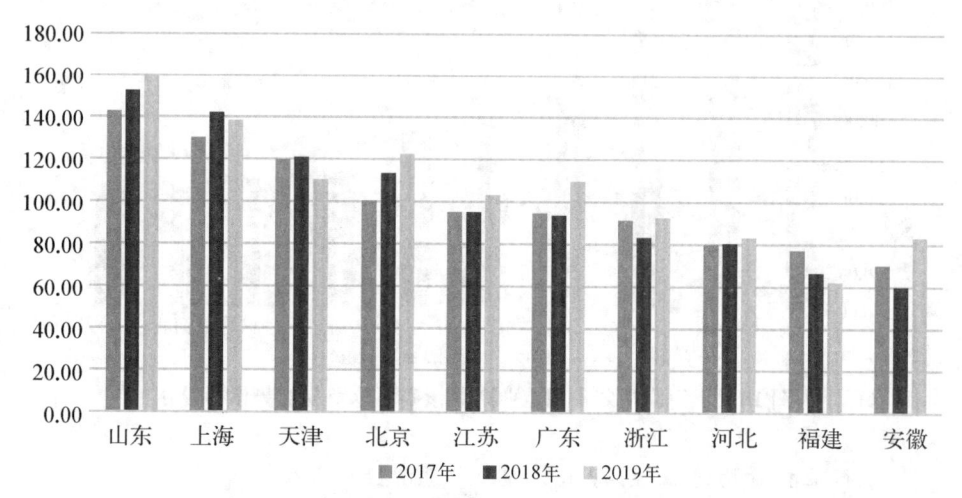

图 20　上海高端装备制造业产业投资效率指标得分

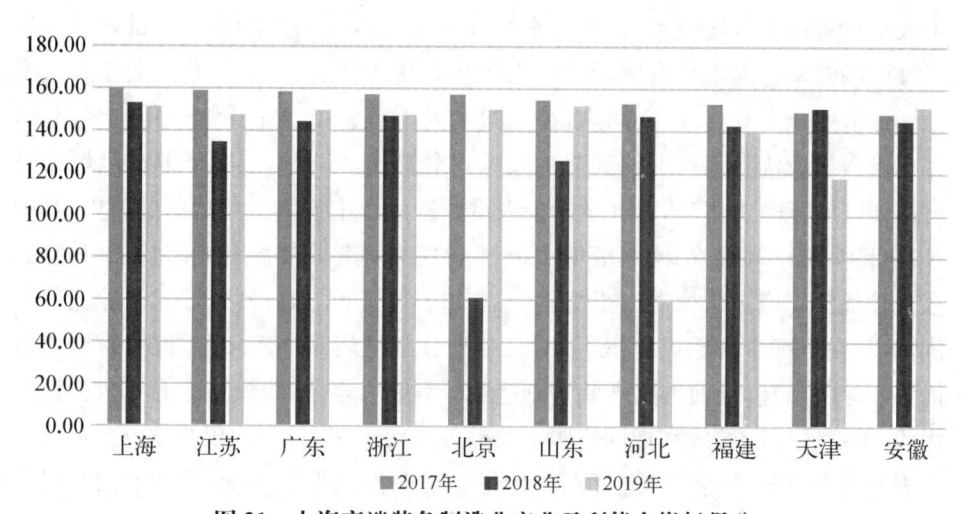

图 21　上海高端装备制造业产业盈利能力指标得分

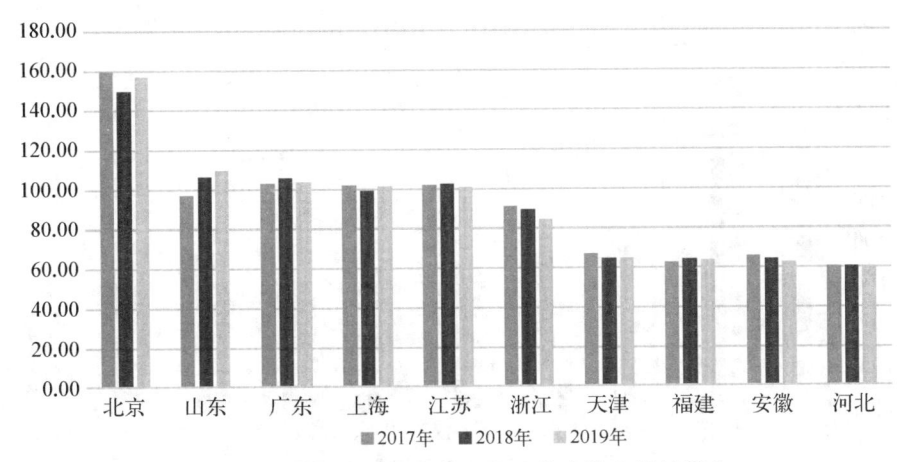

图 22 上海高端装备制造业产业集聚能力指标得分

4. 创新驱动能力进一步提升，产业发展环境进一步优化

2017—2019 年间，上海市高端装备制造业的创新投入指标得分分别为 95.78、102.36 和 114.84，呈逐年显著递增趋势，且由微弱国际竞争力优势逐渐增强为具有较强国际竞争力的水平。从其在全国重点十大省市的排名情况来看，上海市高端装备制造业的创新投入水平连续三年位居第二位，仅次于北京，表明上海高端装备制造业的创新投入具有极强的比较优势。从创新产出来看，2017—2019 年间，上海高端装备制造业的创新产出指标得分分别是 81.17、85.77 和 87.60，仅具有弱国际竞争力，但是从趋势上来看，其呈显著逐年上升趋势，此外，上海高端装备制造业的创新产出指标在全国十大重点省市当中的排名分别为 4、3、3，表明其在国内具有较强比较优势。上海高端装备制造业的政策引导指标得分连续三年为 160 分，且连续三年位居全国重点省市第一位，表明上海高端装备的产业营商环境具有极强国际竞争力和极强比较优势。这与上海市政府相关部门持续优化产业营商环境，重视和鼓励高端装备制造业发展不无关系。

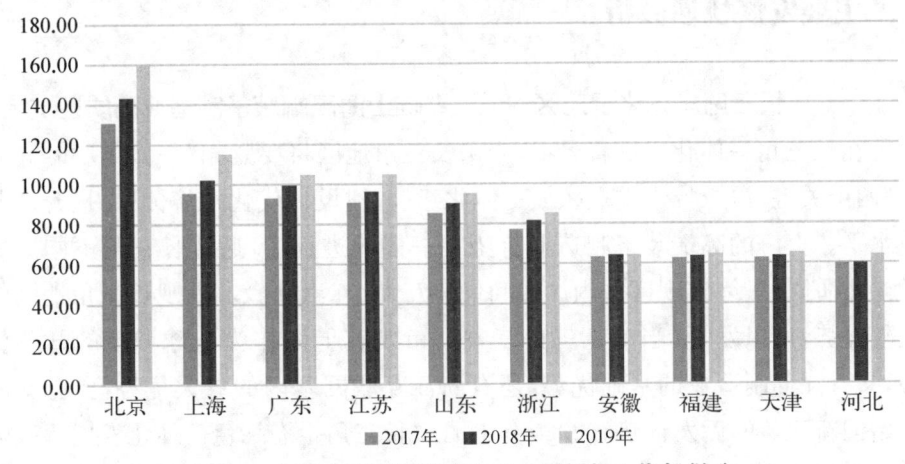

图 23 上海高端装备制造业产业创新投入指标得分

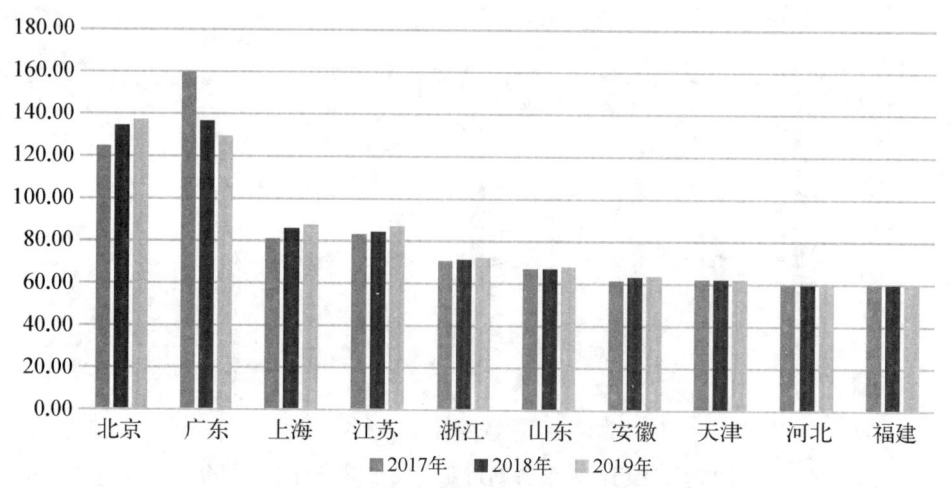

图 24　上海高端装备制造业产业创新产出指标得分

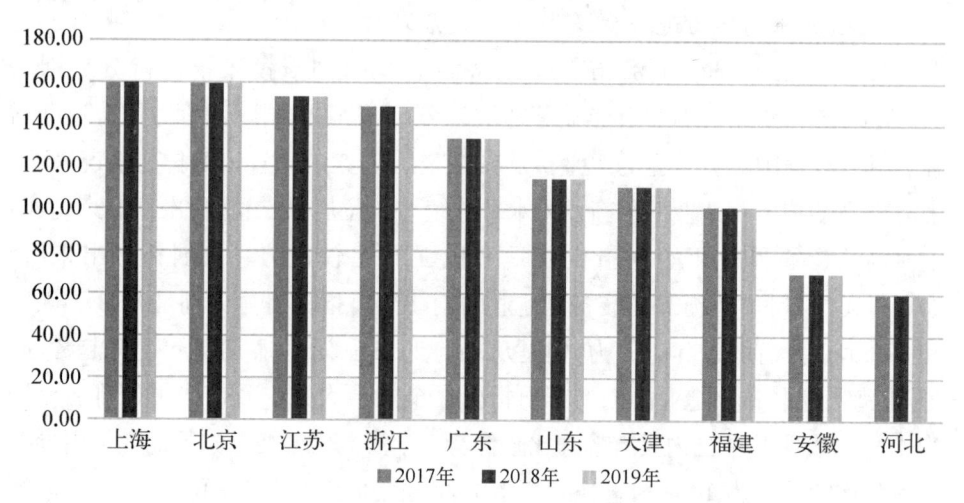

图 25　上海高端装备制造业产业政策引导指标得分

三、主要发展机遇分析

（一）长三角一体化示范区的成立助推上海高端装备制造业高质量发展

在长三角一体化发展背景下，未来长三角地区将要紧扣"一体化"和"高质量"两个关键，深入推进重点领域一体化建设，建设现代化经济体系，提升产业链水平。上海的高端装备制造业有望在一体化进程中，通过长三角不同区域的产业协同，最终实现区域内产业间优势互补、互惠共赢。纵观长三角地区的比较优势，可以发现，当前长三角三省一市既有上海作为全球城市的开放优势，又有江苏制造业的基础优势，还有浙江互联网基因的放大优势，更有安徽原始创新积蓄的后发优势。2020年6月，《长三角生态绿色一体化发展示范区国土空间总体规划》向社会公示，《规划》指出，要通过新的产业定位和发展，至

2035年,示范区的R&D经费支出占GDP比例达到5%,战略性新兴产业中制造业占工业总产值的比重不低于60%,数字经济增加值占GDP比重达到80%以上,行业能效水平达到国际国内先进水平。由此可见,长三角一体化示范区的产业布局当中,高端装备制造业作为战略性新型产业,必然占有很重分量,且结合绿色生态的基本要求以及对创新驱动的持续推进,将为上海的高端装备制造业以及整个长三角地区的高端装备制造业高质量发展提供难得机遇。

(二) 自贸区新片区的设立提升上海高端装备制造业国际化水平

自贸区新片区之所以设立在上海的临港地区,是因为临港区域内有海、空、铁、路、江5种运输功能,是国际上同类地区运输条件最完善的,可以充分发挥洋山深水港和浦东机场国际货运枢纽对贸易和产业发展的支撑作用。先行启动区域内有海关特殊监管区域,以及装备制造、研发创新等产业园区,有较好产业基础和配套条件,有利于政策制度更快更好地落地见效,此外,在新片区集聚了一批国内外行业龙头企业。《中国(上海)自由贸易试验区临港新片区总体方案》中指出,临港新片区要聚焦强化经济功能,建设具有国际市场竞争力的特殊经济功能区;集聚发展集成电路、生物医药、人工智能、航空航天等我国高质量发展急需产业的关键环节和技术,拓展金融、贸易、航运领域和总部经济的国际市场服务能力,整体提升前沿科技产业能级。由此可见,临港新片区所打造的特殊经济功能区需要高端装备制造业的支撑,同时临港新片区作为特殊经济功能区,其在建设过程中通过一系列制度创新、加快对外开放步伐等改革举措,助力上海高端装备制造业进一步提升其国际化发展水平。

(三) 新冠疫情的爆发提升高端装备制造业智能化生产水平

疫情充分验证了智能制造价值,疫情过后装备的智能化和制造的智能化成为最重要趋势,上海可重点关注发展智能机器人及高端智能制造装备各细分领域,积极探索推广智能制造新模式。**一是智能机器人发展加速**。抗疫过程中,各类智能机器人由于其"无接触"和"智能化"优势,在消毒、测温、配送、生产等场景应用表现优异,由此或引发新一轮智能机器人发展加速期。上海应加快推动新一代人工智能技术在机器人领域的融合应用,重点布局工业机器人、医疗机器人、特种服务机器人,着力发展机器人减速器、伺服电机、控制器、传感器等关键零部件,积极构建智能机器人应用场景。**二是高端智能制造装备需求大幅提升**。疫情带来的智能制造升级需求,将带来对高端智能制造装备及智能制造系统集成业务的极大需求。上海应重点发展工业机器人、高端数控机床、智能检测装备、智能仓储物流装备、增材制造装备等高端装备;同时应着力发展专用自动化(智能化)成套装备及系统集成,培育一批智能制造系统集成服务商。**三是智能制造新模式推广应用兴起**。伴随着5G、工业互联网等新一代信息技术在智能制造中的深度融合应用,疫后推广应用智能制造新模式将成为重要趋势。上海应积极深化新一代信息技术在智能制造中的应用,探索推广网络化协同制造、云制造、大规模个性化定制、虚拟仿真制造等新型智能制造模式。

(四) 新冠疫情背景下的宏观政策刺激加码为上海高端装备产业带来机遇

疫情发生以来,为切实缓解疫情给经济造成下行压力,中央及各级地方政府纷纷研究出台支持性经济政策。从企业和舆论反馈情况看,由于短期内疫情对经济冲击程度过大,仍有进一步加大经济刺激的必要。我们预计,随着今年全面建成小康社会时间节点的逼近,财政、货币等国家宏观政策基调将更加趋于积极,更大力度减税降费、超常规基础设施建设、进一步降息降准、增发国债地方债等一揽子经济刺激将成为大概率事件。另外,疫情过后国家行业政策也可能更加灵活,地产开发、自然垄断行业等行业也可能边际放松管制。对上海的高端装备制造业来说,在研究出台自身支持性产业政策的同时,要抢抓国家宏观经济政策可能调整的窗口机遇,积极向上争取新的高端装备相关的战略性投资项目、突破性改革试点以及地方债券等高能级产业发展要素,为上海高端装备制造业发展获得更大规模投资资金支持的进一步成长空间。

四、主要对策建议

上海发展高端装备制造业要主动对接国家战略,立足上海、辐射长三角,推动高端装备制造业向智能化、数字化、网络化、低碳化发展,提升产业链条,建立世界级高端装备制造新高地。同时,要做大做强做实高端装备制造业,突破硬核科技,占据产业链高端,打造中国品牌,推动经济高质量发展。

(一) 多措并举实现产业链补短板

快速找准薄弱环节,瞄准产业链高端、关键环节,加快改造升级,促进两化融合发展,应对后疫情时期供应链"断链"风险,实现补链、固链、强链。在聚焦智能制造领域,聚焦薄弱领域,在新型传感、先进控制、减速机、伺服电机、重大集成装备、数控机床、智能工厂等核心技术和产品方面进行突破,大力开展智能制造系统解决方案。在海工装备制造领域,向研发设计、深海装备和关键配套发力,提升自升式钻井平台、EPSO、钻井船等的设计水平,进行深海控制器、动力定位、测井等配套技术研发,打造海工装备制造业核心竞争力。在高端医疗装备领域,以预防、医疗、康复相结合为方向,补齐高端医疗装备产业短板,实现高端医疗装备自主可控,打造一批具有国际水平、自主研发的拳头产品。在航空航天装备领域,重点加大对民用干线飞机、航空发动机等核心部件的研发生产,加大新一代运载火箭、重型运载器的研发力度。在节能环保装备领域,以创新驱动提升产业竞争力,打造节能环保装备龙头企业和高端品牌。在高端能源装备领域,积极推进风电、分布式光伏、分布式供能、智能电网建设,打造上海品牌。在先进轨道交通装备领域,坚持自主创新,实现轨道交通核心零部件国产化,加大后续服务和运维能力。在微电子与光电子装备领域,对接国家战略,突破关键核心技术与关键零部件,部分技术达到国际先进水平。

(二)大力提升科技创新策源功能

加大研发投入,实施自主创新,加强基础科学研究,破解高端装备对外依存度高、基础共性技术供给不足问题,在高端制造、核心技术、核心零部件等方面打造新的竞争优势。

一是加大基础研究投入。加大对基础研究的稳定支持力度,切实提高科研经费的投入比例。发挥政府资金的保障作用,积极引导和支持企业加大基础研究投入,促进研发机构与企业开展产学研合作攻关,促进创新链和产业链精准对接。国有企业利用自身在资源、技术等方面的优势,加大产学研一体化投入,引领产业链转型升级。加强新兴领域基础研究,在新兴领域"弯道超车"。

二是开展共性技术攻关。加强重大共性技术和关键核心技术攻关,加快前沿技术布局,抢占产业技术制高点。根据国家要求并结合上海产业布局,制定上海市核心技术攻关项目目录。统筹资源,加强基础技术研究,实施重大装备技术和产品质量攻关项目。在应急科技等重大领域,由国有企业、龙头企业牵头进行科技研发工作。开展大技术攻关,推动共性关键技术攻关,实现核心关键部件实现自产。

三是坚持自主创新。对标国际最高标准,提升关键领域的自主创新能力,打造高端装备制造业核心竞争力。逐渐从消化引进"跟随性"的技术创新模式,向引进与自主创新相结合的"突破性"技术创新模式转变,形成以自主研发为主、技术引进为辅的新格局。鼓励大中型企业建立研发机构,打造一批具有核心知识产权和自主品牌、具有国际竞争力的知识产权密集型企业。探索项目研发和企业创新容错机制,营造鼓励创新、宽容失败的科研环境。

(三)进一步集聚行业发展多层级资源要素

发挥经济中心、金融中心、科创中心的作用,夯实资本、人才、数据等生产要素支撑,健全资源要素支撑体系,打破装备制造业发展壁垒,提高产业链质量。

一是深化数据赋能。以数字化推动产业发展，促进数据要素驱动装备制造业智能转型，充分发挥全国工业互联网创新发展先行城市的作用。加快建立以科创中心为核心载体，以公共服务平台和工程数据中心为支撑的网络服务体系。探索建立工业大数据库，建立高端装备制造数据平台。打造标准化的制造业云协作平台、大数据处理平台等公共服务产品，加大数据资源开发、开放和共享力度，深化工业数据应用，降低制造业数字化转型成本。

二是强化金融支持。积极落实《金融支持长三角 G60 科创走廊先进制造业高质量发展综合服务方案》，促进装备制造业转型升级。龙头企业积极引导产业资本、金融资本和社会资本，形成"行业龙头企业带动＋政府基金引导＋社会资本支持"的模式，对全产业链进行创新金融支持。金融企业探索绿色信贷政策体系，提高对高端装备制造业的信贷支持力度。支持企业通过发行短融中票、资产支持票据等提高直接融资比例，降低融资成本。由政府提供担保或兜底服务，鼓励银行向高端装备制造企业贷款，对中小企业延长贷款期限。探索境内外联动模式，设立长三角装备制造业战略投资母基金，开展跨市场、跨类别、跨地域合作。

三是打造重要人才支撑。厚植人才优势，继续实施"卓越制造人才计划"，积极打造全球制造人才高地。加强技术人才队伍建设，建立产教结合、校企合作、工学一体的培养模式。建立人才信息共享机制，打破人才及其流动的信息"孤岛"，搭建人才服务大平台，提高人才一体化管理效率。在居住、落户等方面给予高端人才特殊优惠，加大国内外人才引进力度，带动区域创新创业氛围。实施支持建立长三角高校联盟，联合培养人才，开展科技攻关。鼓励科研人员离岗创业，完善配套政策，对长三角地区相关职称认定标准予以统一，推进区域互认。

（四）加快完善高端装备行业开放协作布局

积极落实"一带一路"倡议实施，引导和支持企业"走出去"，实现高端装备制造业产业链全球化布局。落实长三角一体化战略，通过链条整合、集群带动、分工协作，形成横向错位发展、纵向分工协作的发展格局，打造标志性产业链。

一是加快全球化布局。坚持国际化发展，推动装备制造业"走出去"。积极落实"上海扩大开放 100 条"，培育先进制造业集群。主动抓住一带一路沿线国家对能源设备和基础设施的需求，实现跨地区、跨国家的全球业务布局。发挥政府资源优势，鼓励企业实施兼并重组，支持利用并购企业技术等资源在当地投资建厂，对外投资实体经济和高端要素资源，支持企业拓宽市场渠道、获取关键技术、打造制造品牌。在海外建立境外产业集聚区，开拓海外市场。

二是积极布局新兴领域。借助大数据、物联网、人工智能、区块链等新技术及其带来的新模式和新业态，加快新经济新动能的培育和发展。继续加大在汽车、化工、电子等传统制造业的深化应用，同时布局养老、健康、时尚等新兴领域，为产业转型升级提供新的方向。抓住"新基建"窗口期，加快高端装备国产化步伐。

三是坚持一体化发展。充分利用江苏制造业的基础优势和浙江信息产业的放大优势，发挥上海全球城市的开放优势，优化产业链条，集聚创新资源，加强区域协作，共促长三角地区高质量一体化发展。统筹资源，协同发展，有机互补，各区根据产业特点进行布局，通过错位发展产业互补、一体化布局、跨区域产业集聚区建设，实现区域良性协作。制定长三角地区高端装备制造业产业地图，引导区域在纵向产业链上优势互补、错位竞争、链接发展。调动各方资源，共同破解技术创新与管理难题，推动高端装备制造业快速发展。在长三角区域内构建研发、制造、材料、市场等完整的产业链，鼓励龙头企业在区域内进行上下游产业链整合，同时支持龙头企业的产品在区域内消纳，形成强大的产业链闭环，打造若干具有全球竞争力的产业集群。

（五）加快高端装备产业品牌企业培育

以集聚化、高端化、智能化为方向，激发企业活力，打造高端装备制造品牌企业等，全力打响"上海制造"品牌。

一是跨国公司龙头企业培育。针对本土民营企业总部以及国有企业，发挥市场主导、政府引导作用，打造具有核心竞争优势全产业链的集成创新行业龙头企业，争取培育1—2家超级企业引领行业发展，强化本土企业对全球资源配置能力，代表国家参与全球竞争。探索建立跨国公司培育库，通过企业申报、各地推荐、联审确定，择优遴选重点企业进行培育，鼓励企业以跨国并购、资本运作、技术合作等方式"走出去"，提升国际竞争力和影响力。

二是"专精特新"冠军企业培育。培养"工匠精神"，在基础核心零部件、元器件、基础材料等领域培育发展一批装备制造业领域"专精特新"冠军企业，引导中小型企业专注细分行业深耕细作，走"专精特新"发展道路，增强企业核心竞争力，为"上海制造"注入活力。支持中小企业积极参与基础零部件研发，夯实装备制造业基础。

（六）进一步提高高端装备制造产业的招商引资质量和效率

发挥市投资促进中心统筹作用，加强资源整合，着力推进全链条式、集群化招商引资。坚持政府推动与市场推动相结合，提高招商引资的质量和效率。

一是多元化招商机制。积极推进社会力量招商，借助国内外行业组织、行业协会、专业服务机构、管理咨询机构等第三方专业中介机构，强化资源对接嫁接,促进重点项目和机构落户。实施专项基金引导招商,政府与市场化知名投资基金共同成立产业引导基金,引导企业来沪发展。通过产业链招商模式,进一步引进园区重点产业的上下游产业链头部企业、总部企业。支持"风投＋科技"、以商招商、飞地招商等模式引进高成长新技术型企业。

二是支持裂变式投资。立足现有企业和资源,鼓励通过并购重组的方式来吸引外来投资者资金、技术注入,继续发展壮大;鼓励支持知名企业"走出去"进行跨国并购等活动,支持利用并购企业技术等资源在当地投资建厂。借力国资国企改革契机,探索将财政资金注入国有企业,再以合资模式共同开发形成"命运共同体",通过"以资引资"支持重大项目落户。把握央企和行业龙头企业在上海发展壮大的机遇,争取新成立的功能性总部、分部、功能性机构、分公司或子公司落户上海。

执笔：

张伯超　上海社会科学院经济研究所助理研究员

2019—2020年上海新材料产业国际竞争力报告

一、全球新材料行业发展动向

新材料是指新出现的具有优异性能和特殊功能的材料,以及传统材料改进后性能明显提高或产生新功能的材料,分为结构材料和功能材料两大类。前者主要利用新材料的力学性能,而后者以应用其各种物理、化学效应为主。由于新材料产业在很多其他产业的上游环节,其研发和生产水平直接决定了下游产业的竞争力。

(一)全球产业规模不断扩大

近年来,全球新材料行业规模不断扩大。从全球新材料产业的市场规模来看,由于发达国家启动"工业4.0"战略以来,不约而同地将新材料作为回归实体经济、抢占新一轮国际科技经济竞争制高点的基础性产业,不断加大对行业支持力度,新材料产业的产品和技术市场规模不断扩大。2019年全球新材料产业规模达到2.82万亿美元,同比增长10%。

(二)产业优势集中在少数发达国家

当前,新材料产业的全球分布较不均衡,各国都具有自身的独特优势(表1)。作为新材料产业大国,美国、日本和欧洲拥有绝大部分的大型跨国公司,在经济实力、核心技术、研发能力、市场占有率等方面占据绝对优势和垄断地位;韩国、新加坡等新兴工业化国家紧跟其后。除中国、印度、巴西等少数发展中国家外,大多数发展中国家的新材料产业发展较为落后。从细分领域看,日本、美国、德国6家新材料龙头企业的碳纤维产能就占全球70%以上;日本、美国5家龙头企业12寸晶圆产量占全球总产量的90%以上;日本3家企业液晶背光源发光材料产量占全球总产量的90%以上。

表 1　主要国家和地区新材料优势领域一览

国家或地区	产业优势	主要公司
美国	依靠强大的科技实力,在新材料领域处于世界领先地位	3M、宣伟、Ferro、陶氏杜邦、亨斯迈、Hexcel、PPG、塞拉尼斯等
欧盟	复合材料、化工材料领域优势突出	科思创、默克、巴斯夫、朗盛、西格里、瓦克等
俄罗斯	航天航空材料国际领先,金属材料有深厚积淀	俄罗斯纳米集团、奥布宁斯克研究和生产企业、VSMPO AVISMA 公司等
日本	纳米材料、电子信息材料全球领先	日本东丽、日本立邦、京瓷、三菱化学、日立金属
韩国	生态材料、生物材料、高密度存储材料具有优势	三星、LG 化学、SK 化学、韩国工程塑料
中国	部分金属功能材料、前沿新材料具有比较优势	苏州龙杰、福蓉科技、恒铭达、永冠新材等

（三）向集群化、集约化方向发展

2019 年,全球新材料行业进一步向集约化、集群化发展,高端材料市场垄断加剧。一些世界龙头材料企业纷纷结成战略合作伙伴,开展全球合作,通过并购、重组、产业生态圈构建等方式,把控其在全球新材料产业的优势格局。与此相应,中国新材料产业的集中度也逐步提高,横向、纵向双向扩展,上下游环节联系日趋紧密,产业链日渐完整,多学科、多部门联合进一步加强,新的产业战略联盟发展态势已经形成。

与此同时,全球新材料产业在全生命周期绿色化、资源能源高效利用方面也持续加大了投入。不同于资源驱动的传统材料行业,新材料产业属于创新驱动、绿色驱动型产业,关乎资源、环境和能源的协调发展,大力推进与绿色发展密切相关的新材料开发与应用、高度重视环保节能材料的研发生产,以实现产业全生命周期的低消耗、低成本、少污染和综合利用,是近年全球新材料产业发展的重点。

二、我国新材料产业发展趋势

（一）我国新材料产业发展趋势

1. 政策推动产业规模不断壮大

近年来,我国新材料产业保持高速增长。2011—2019 年,新材料产业产值年复合增长率达 21.16%;2019 年较 2017 年增长 15.4%,行业规模达 4.5 万亿元。面对国际贸易和经济环境的深刻变化,中央及地方政府相继出台多项措施助力新材料产业发展：一是由工信部发布《新材料技术成熟度等级划分及定义》，对新材料的技术开发进行3个阶段（实验室、工程化和产业化）和9个等级划分，以规范行业秩序，为政府制定政策与规划提供科学依据，引导新材料产业健康发展和优化布局。二是将新材料产业作为地方制造业转型升级的着力点，出台优惠政策予以支持。例如，《浙江省加快新材料产业发展行动计划（2019—2022年）》提出，到2022年新材料产业年产值比2018年要增长一半以上；四川省推出《绿色化工产业培育方案》，加快化工新材料、精细化工发展；山西省则通过《山西省新材料产业高质量发展三年行动计划（2019—2021）》确定了五大特色新材料领域，积极延伸产业链条和优化空间布局。

2. 区域性发展特色初步显现

近年来，通过推动新材料产业园区建设，已初步形成"东部沿海集聚，中西部特色发展"的空间格局。环渤海地区技术创新推动作用明显，在特种金属功能材料、化工新材料、先进高分子材料、稀土永磁及催化材料、先进储能材料等多个领域均具有较大优势。长三角已形成包括航空航天、新能源、电子信息、新型化工等领域的新材料产业集群，在集成电路专用材料、航空航天材料、半导体材料、高性能膜材料等领域具有比较优势。珠三角新材料产业集中度高，已形成较为完整的产业链，在电子信息材料、改性工程塑料、陶瓷材料等领域具有较强优势。

在此基础上，各地方政府对本省市新材料发展现状与资源优势进行深入调研，制定地方新材料产业规划，进一步聚焦和清晰了新材料产业发展方向。

3. 新基建加速化工新材料成长

相比传统基建，"新基建"是立足于高新科技的基础设施建设，主要包括5G基建、特高压、城际高速铁路和城市轨道交通、新能源汽车充电桩、大数据中心、人工智能、工业互联网等七大领域。新型基础设施建设将给特定化工材料的发展带来机遇，由下游需求端拉动化工材料的转型升级，加速推动化工新材料领域的发展（见表2）。

表2 新基建所需主要化工新材料

领域	应用环节	重要部件	关键材料
5G	光纤光缆	光纤涂覆	光固化涂料
		光纤预制棒	四氯化硅
	射频前端	高频高速覆铜板	PTFE
		FPC天线基站振子	LCP、mPI
	散热	石墨散热片	PI
	电磁屏蔽	背板	陶瓷背板、PC、PMMA
	电子用胶	导电导热胶、UV压敏胶	胶黏剂

续表

领 域	应用环节	重要部件	关 键 材 料
充电桩	外壳	充电桩壳体、充电枪外壳	PC、ABS
	电源	插头、插座	PET、尼龙-66改性材料
	内部电路	内部电路控制	尼龙改性材料
特高压	断路器	灭弧介质	六氟化硫
城际高速铁路及城市轨道交通	减振降噪	挡板座、轨距块、铁道岔枕套管	尼龙工程塑料
	轨道	枕木	聚氨酯
	粘接密封嵌缝	无砟轨道、挡风玻璃等	聚氨酯胶黏剂

与5G基站相关的化工新材料主要用于基站和终端设备的核心部件,其高速、高频特点将形成对PTFE、环氧树脂等材料的巨大需求。特高压产业链的加速建设带来对覆铜板的需求,由于PTFE树脂具有优良的介电损耗和耐热性,在覆铜板中表现出优异的介电性能,因此,5G基站的建设将为PTFE带来新的发展机遇。5G下游终端天线材料LCP和低介电MPI需求增加。特高压核心设备包括直流控制保护系统、换流变压器、并联电抗器、主变压器、GIS组合电气等。在超高压和特高压断路器中,六氟化硫凭借良好的绝缘性和灭弧性,已取代油和压缩空气作为灭弧介质。此外,城际高速铁路和城市轨道交通建设中的减振降噪和密封要求为改性尼龙和胶黏剂带来持续需求。在新能源汽车充电桩建设中,充电桩作为核心设备,对改性尼龙形成巨大需求。

4. 关键技术实现实质性突破

近年来,我国在新材料产业领域掌握了一批关键材料制备技术,取得了一批核心技术成果。如国产超高纯溅射靶材不仅能够替代进口,还出口到全球280多个半导体芯片制造工厂;超级钢、电解铝、低环境负荷型水泥、全氟离子膜、聚烯烃催化剂等产业化关键技术取得突破,促进了钢铁、有色、建材、石化等传统产业转型升级;高性能钢材料、轻合金材料、工程塑料等产品结构不断优化,有力支撑和促进了高铁、载人航天、海洋工程、能源装备等国家重大工程建设及轨道交通、海洋工程装备等产业"走出去";纳米材料与器件、人工晶体与全固态激光器、光纤、超导材料与器件智能材料、高效能源材料等前沿材料技术领域取得重大进展,使我国在世界科技前沿占有一席之地。

新阶段,我国部分新材料技术创新进入"无人区",以新一代信息技术、新能源、智能制造等为代表的新兴产业对材料科学提出了更高要求,新材料的研发难度前所未有,创新难度不断加大;加之日益严峻的国外先进技术垄断与出口限制,将倒逼我国新材料核心技术实现自主研发,在关键技术领域取得更大突破。

（二）重点新材料领域技术趋势

1. 先进半导体材料

近年来，随着晶体管的发展接近极限，摩尔定律的发展趋势有所放缓，这给中国企业带来了技术追赶的机会。2018年8月，联电宣布放弃12 nm以下的先进技术研发；随后，Grichip宣布将无限期地暂停7 nm制程的开发；英特尔在扩大10 nm制程方面也遇到困难。国内企业则抓住机遇缩小与海外企业的差距。例如，中芯国际在2019年第三季度实现了14 nm FinFET技术量产，该技术在2019年第四季度为中芯国际贡献了1%的晶圆收入。同时，中芯国际12 nm等更先进的工艺研发也正在进行，并计划在2020年底前进行12 nm FinFET的风险试产。

主流硅片尺寸仍然在不断提高。国际硅片已经发展到18英寸，但国内仍然以8英寸及12英寸为主。相比于8英寸硅片，12英寸大型硅片的制备和生产对倒角和精密磨削要求很高，成品率对企业来说是一个更大的挑战。目前主要有上海新昇、中环股份、金瑞泓（衢州）、重庆超硅等国内厂商布局12英寸硅片。2018年4月，上海新阳分公司12英寸新型大型硅片试制件产能达到5万—6万件/月，销量达到2万件/月左右，产能持续提升，预计到2020年底实现月产能30万片，最终将实现12英寸硅片60万片/月的产能。

应对半导体材料领域的国际封锁，目前我国正在积极推进第三代半导体材料布局。随着资本不断进入第三代半导体领域，产业特色集聚区不断形成和完善。SiC领域主要在北京、山东、江苏、河北、山西、湖南、福建等地布局，目标是4寸和6寸SiC单晶基材的研发。其中，天科和达、山东天岳、中电已初步实现4英寸SiC单晶基材的量产和6英寸样品的开发。泰科天运、世纪金光、中电55、13等多家企事业单位已实现600—3 300 V SiC短二极管的量产，目前正处于用户验证阶段。在GaN领域，主要分布在河北、江苏、广东、浙江等地。其中，中电13形成了一系列GaN微波功率器件和MMIC产品，已被华为、中兴等公司用于基站研发。

2. 新型显示材料

尽管在大尺寸显示领域，LCD依然保持主流地位。但随着OLED技术逐渐成熟，OLED显示面板即将取代LCD显示面板。近年，我国加大了OLED材料的进口替代。京东方在成都的6代柔性AMOLED生产线已经实现量产，并为华为手机提供屏幕材料；维信诺致力于OLED面板生产，已经开始为小米手机供货。

通过不断加大成果转化投入，我国印刷OLED显示技术成果产业化逐步实现。其中，华南理工大学、天津大学、中国科学院长春应化所等高校和科研院所的荧光材料、磷光材料等发光材料，以及载流子传输材料研究实力强劲。华南理工大学基于自主研发的聚合物发光材料及印刷阴极材料，成功制备了全球首个全喷墨打印的4.8英寸全彩柔性OLED器件,从原理上实现了器件的全印刷技术。一些龙头企业也积极投身于技术研发,天马微电子集团、TCL集团、深圳华星光电有限公司、广州新视界光电科技有限公司等企业在柔性显示基板技术、柔性封装与阻隔膜技术、印刷背板驱动技术方面积累了许多研究经验。维信诺(固安)独立设计并建造的第六代全柔性AMOLED生产线项目,生产线设计产能3万片/月,可满足近亿个智能终端曲面屏、全面屏,以及折叠显示屏、全柔性显示屏需求。

未来,显示材料的突破口聚焦在自发光材料领域,我国已在有机发光二极管领域研发了国际领先技术。南京理工大学纳米光电材料研究所运用独创的室温离子交换组装法研究钙钛矿发光,在全球率先实现了"最绿"的高效纯色发光,标志着我国在新型显示材料研究领域取得了重大突破,技术水平处于世界前沿。

3. 稀土功能材料

随着制造业生产中电子化和自动化水平不断提高,对稀土永磁材料的需求也大大增加。钕铁硼是产量最高、性能最好、应用最为广泛的永磁材料,我国和日本是目前全球最大的铁硼永磁材料生产国。由于钕铁硼的传统生产方式主要是烧结和黏结,磁体内部存在较强的各向异性,抗弯强度受到影响。因此,针对烧结钕铁硼永磁材料的强韧化、高矫顽力研究一直都是热点。目前,我国"双合金+氢破"工艺已通过"速凝铸带+氢破"准控制粉末颗粒大小,对织构进行控制。未来,将在减少稀土用量、降低稀土损耗率、提高产品质量等方面进一步加强研究。

稀土储能材料还为储氢蓄电池的发展提供支撑。稀土储氢材料主要用于镍氢电池和储氢装置。目前,我国一些生产企业正在积极研发RE-MgNi系储氢合金,厦门钨业、北京浩运金能、三德电池材料等企业已加入混合动力电池供应链。在民用电池和工业电池领域,已将储氢材料产品出口到日本、韩国和欧洲等国家和地区。

4. 先进金属新材料

随着汽车、航空航天、高端装备等下游产业对金属新材料提出更高的品质要求,我国先进金属新材料技术向"高性能、高适应性、高智能化"和"低密度、低加工频次、低环境影响"发展。

首先是高温合金生产工艺和质量稳定、显著提升。高温合金从诞生起就用于航空发动机,在现代航空发动机中,高温合金材料的用量占发动机总重量的40%—60%。因此,我国高温合金材料发展主要依托航空发动机企业及科研院所开展相关研发工作。在中航发621研究所、中科院金属所等单位的不断努力下,以GH4169合金为代表的高温合金质量水平显著提高,合金纯度不断提升,盘件加工工艺显著改善。

其次是在生物医学、航空航天、消费电子等领域的形状记忆合金市场规模不断扩大。据《2018年全球及中国形状记忆合金产业深度研究报告》显示,预计到2022年,全球形状记忆合金的市场规模将达到189.7亿美元,年复合增长率为12.3%。特别是生物医疗领域的骨连接器、血管扩张元件、牙齿矫正丝、脊柱侧弯矫形等,除了利用形状记忆合金的形状记忆效应和超弹性外,还要有良好的生物相容性。同样作为我国战略性新兴产业与国民经济支柱产业的生物医药产业、作为先进制造代表的航空航天产业,为新材料产业的发展提供了机遇与挑战。

三、上海新材料行业国际竞争力分析

(一)指标体系的建立与数据处理方法

本报告采用的指标体系如表3所示:

表3 上海新材料行业国际竞争力指标体系构成

一级指标	二级指标	三级指标	测算方式	数据来源
国际竞争力	产业国际表现	产业部门贸易优势	地区产业出口值/世界出口总值	海关统计、WTO数据库
		行业贸易优势	(地区出口－地区进口)/(地区出口＋地区进口)	海关统计
		供应链强度	地区行业进出口贸易/地区生产总值	地方统计年鉴及海关统计
		核心环节贸易优势	核心产品的RCA指数或TC指数	海关统计
	行业增长驱动	区域市场效率	地区行业投资增长率/全国行业投资增长率	上海统计局
		产业投资效率	地区从业者人数/地区总行业总产值	上海统计局
		产业营利能力	行业地区利润率/全国平均	上海统计局
		产业集聚能力	1. 高附加值产业以地区增加值占总增加值比重计算; 2. 规模为主的产业以地区产值占总产值比重计算。	上海统计局
	价值链提升	创新投入	区域行业研发投入/全国平均	上海统计局
		创新生产	地区行业专利数/全国平均	国家知识产权局
		政策引导	赋主观分	万博新经济研究院

由于数据获取的限制,上海新材料产业国际竞争力只进行自身纵向对比。在对具体指标的数据处理上,使用标准差标准化法(又称 Z-score 方法)对数据做规范化处理,采用变异系数法和主观赋权法相结合的方法确定权重并逐级

加权平均，得到上海 2017—2019 年新材料产业国际竞争力综合指数。

（二）计算结果分析

1. 综合竞争力基本情况分析

上海 2017—2019 年新材料产业国际竞争力计算结果如图 1 所示：

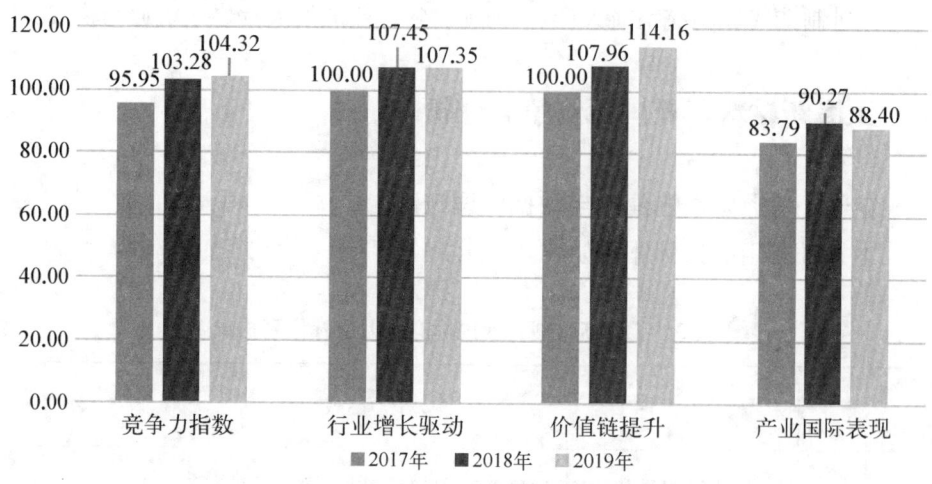

图 1　上海 2017—2019 年新材料产业国际竞争力

（1）国际竞争力稳步提升

2017—2019 年上海新材料产业国际竞争力稳步提升。一是体现在规模上：2019 年，上海新材料产业的工业总产值为 2 705 亿元，占全市七大战略性新兴产业总产值比重的 1/4，产业规模仅次于新一代信息技术；企业数也快速增长，截至 2018 年底，上海共有新材料企业 547 家，先进高分子材料领域占比 60% 以上（图 2）；基础配套日渐完善，与新材料领域相关的科研院所、高等院校、功能平台、协会联盟众多，资金、市场、人才等要素高度集聚，为上海新材料企业国际竞争力的提高提供全面保障。二是体现在关键领域突破上：加快落

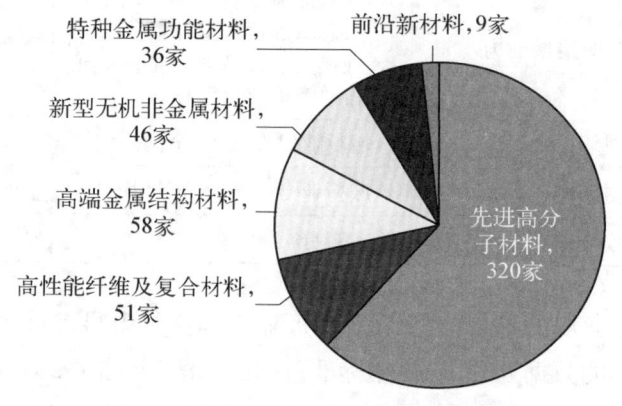

图 2　上海新材料企业细分领域企业数

实"工业强基"关键基础材料的研发创新,聚焦海洋工程用高强钢、石墨烯及复合材料、柔性显示和集成电路用关键基础材料、新能源汽车及轻量化材料、航空配套材料等多个重点方向。

(2) 行业增长及价值链提升效应显著

从二级指标来看,主要推动因素为行业增长驱动和价值链提升。在行业驱动力方面,上海新材料产业聚焦高附加值材料,市场规模不断扩大,市场效率逐年提高,行业盈利能力维持在全国领先水平。在价值链提升方面,上海近年以先进制造业集群发展为载体,通过自主创新,逐渐把握世界先进制造业的价值链高端,发展附加值高收益大的环节,形成核心竞争力。特别是在重大工程、重点产业配套材料和前沿性新材料领域,鼓励产业链协同突破,促进关键基础材料市场化应用,加快实现国产新材料产品替代进口、填补空白进而稳定供应。同时,持续推进"工业强基"关键基础材料的研发创新,聚焦海洋工程用高强钢、石墨烯及复合材料、柔性显示和集成电路用关键基础材料、新能源汽车及轻量化材料、航空配套材料等多个重点方向。上海新材料产业优势细分领域如表4所示。

表4　上海新材料产业优势细分领域

门　类	细　分　领　域	优　势　领　域
先进钢铁材料	先进制造基础零部件用钢制造、高技术船舶及海洋工程用钢加工、先进轨道交通用钢加工、新型高强度汽车钢加工、能源用钢加工、能源油气钻采集储用钢加工、石化压力容器用钢加工、新一代功能复合化建筑用钢加工、高性能工程、矿山及农业机械用钢加工、高品质不锈钢及耐蚀合金加工、其他先进钢铁材料制造、先进钢铁材料制品制造	高强度汽车板、电工钢、能源及管线用钢、高等级船舶及海工用钢、航空航天关键材料、先进制造基础零部件关键用钢、汽车和轨道交通关键用钢
先进有色金属材料	铝及铝合金制造、钢及钢合金制造、钛及钛合金制造、镁及镁合金制造、稀有金属材料制造、贵金属材料制造、稀土新材料制造、硬质合金及制品制造、其他有色金属材料制造	增材制造用高性能钛合金材料、高强镁合金材料
先进石化化工新材料	高性能塑料及树脂制造、聚氨酯材料及原料制造、氯硅合成材料制造、高性能橡胶及弹性体制造、高性能膜材料制造、专用化学品及材料制造、新型功能涂层材料制造、生物基合成材料制造、生命基高分子材料及功能化合物制造、其他化工新材料制造	工程塑料、高性能改性塑料、特种橡胶、聚氨酯、光学膜片及其基膜、可降解塑料、高性能助剂、功能性母粒等
先进无机非金属材料	特种玻璃制造、特种陶瓷制造、人工晶体制造、新型建筑材料制造、矿物功能材料制造	非金属环保材料、新型建筑材料、特种陶瓷制造、高品质电子级玻纤布等
高性能纤维及制品和复合材料	高性能纤维及制品制造、高性能纤维复合材料制造、其他高性能复合材料制造	高性能碳纤维、耐高温超长纤维等

门　类	细　分　领　域	优　势　领　域
前沿新材料	3D打印用材料制造、超导材料制造、智能、仿生与超材料制造、纳米材料制造、生物医用材料制造、液态金属制造	金属粉末成型技术、高温超导材料、新一代生物医用材料、集成电路专用材料、石墨烯材料等
新材料相关服务	新材料研发与设计服务、质检技术服务、科技推广和应用服务	新材料研发与设计服务、质检技术服务、科技推广和应用服务

2. 三个二级指标分析

(1) 产业国际表现情况分析

产业国际表现评价结果如图3所示。2019年国际贸易环境恶化，全国多省市新材料产业国际表现受到影响，江苏、福建、安徽、广东、浙江及河北依然是新材料大省：江苏及安徽新材料产业核心环节竞争优势明显，2019年核心环节RCA指数分别达到3.58和4.14；河北省凭借在钢铁行业的多年积累，先进钢铁材料国际市场占有率高，导致整体国际贸易优势凸显；福建新材料产业国际各项指标水平较为均衡，综合实力平稳；广东的优势体现在核心环节贸易上。

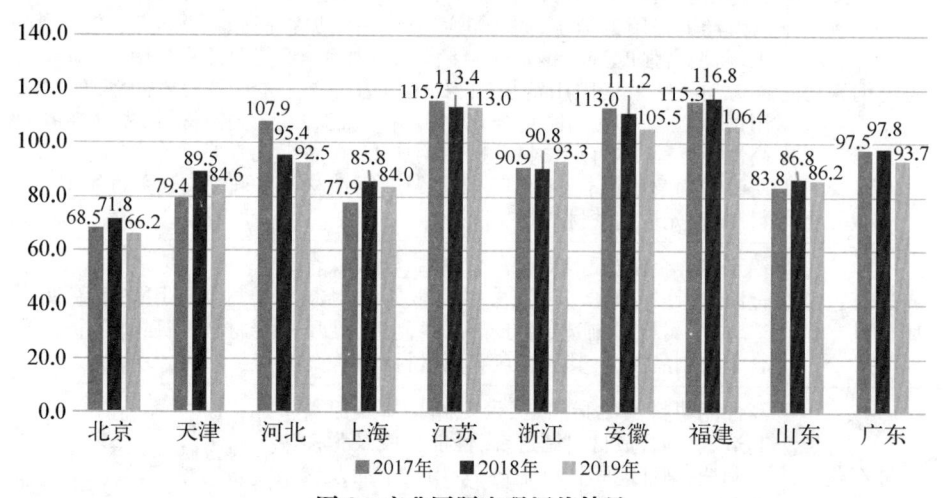

图 3　产业国际表现评价结果

① 新材料贸易优势逐年提升

2017—2019年，上海新材料产业TC指数逐年提高，但仍处于进口大于出口阶段。产业贸易优势逐步突显，国外市场占有率由0.58%提高至0.77%。

贸易优势的提高一方面离不开政策支持。《上海市首批次新材料专项支持办法(试行)》于2018年初开展首年度申报工作，明确支持重大工程、重点产业配套材料和前沿性新材料，鼓励产业链协同突破，促进关键基础材料市场化应用,加快实现国产新材料产品替代进口、填补空白进而稳定供应。

另一方面,离不开上海新材料企业自主研发的不懈努力和对产品性能的不懈追求。上海大恒光学精密机械有限公司制造的高功率双包层光纤材料打破了国外垄断,使国产高功率光纤激光器的"中国芯"取得重大突破;上海硅酸盐研究所的高温高稳定压电陶瓷材料,可以在 250 摄氏度、300 摄氏度以及 500 摄氏度的高温下稳定应用,经受住了高低温等恶劣环境实验,应用于"嫦娥三号"超声电机、四代机激光陀螺仪、长征运载火箭等装备上。

② 供应链强度及核心环节受国际环境影响较大

上海新材料产业供应链强度及核心环节贸易优势在 2018 年有不同程度提高,但在 2019 年受国际贸易环境影响,均有小幅下滑。一是因为上海新材料进口依赖较强,在当前国际贸易环境摩擦不断的情况下,产业供应链受到一定影响。二是因为发达国家加快实施以重塑制造业优势为重点的再工业化战略,部分中高端产业开始出现转移回流。三是因为全球价值链重塑拉开序幕,发达国家跨国企业通过价值链拆分和转移占领高附加值区域,新兴市场利用资源、劳动力等要素成本优势积极承接价值链中低端产业转移,上海新材料产业的细分度高、高附加值环节多,生存空间被迫压缩。

(2) 行业增长驱动情况分析

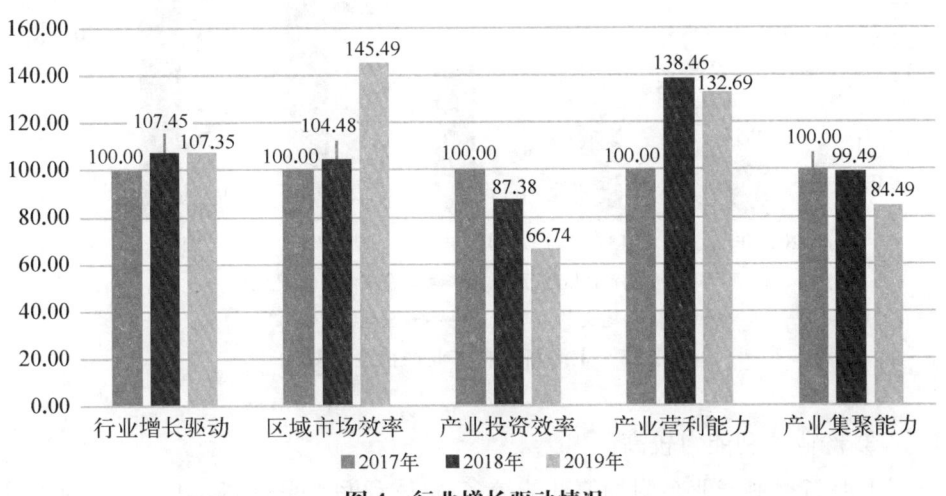

图 4 行业增长驱动情况

① 产业人员结构优化推动生产效率提高

2017—2019 年,上海新材料产业市场效率由人均产值 119.57 万元提高至 173.96 万元,复合增长率达到 20.62%。

市场效率提高的主要原因是行业从业人员结构优化。2019 年上海新材料行业从业人员较 2018 年减少 1.01 万人,降幅达到 24%。冗余从业人员的裁减在客观上提高了产业生产效率:中芯国际 2019 年员工人数较上年减少

1 876人,但人均创收提高了9.15万元;同时,有效改善了从业人员的整体素质,一些企业专科及以上学历从业人员比重都有较为明显的增加。

② 行业集中度较为稳定

2017—2019年,上海新材料产业行业集中度在0.40—0.48范围内波动。主要原因是相较于全国新材料产业的发展速度,上海新材料产业规模扩张稍有滞后。由于近几年国家和地方促进新材料产业发展的相关政策密集发布,各地强势跟进态势明显并获得发展,上海新材料产业虽在稳步发展,但明显跟不上全国增速(图5)。一方面,在上海产业结构调整、疏解非核心功能背景下,上海新材料行业进入壁垒相较其他省市更高。并且,由于新材料行业属于技术密集、资本密集型行业,新建产能投产周期较长,很难在短时间内释放产能。另一方面,上海新材料产业的寡头市场特性明显,行业巨头、跨国集团凭借资金、人才、研发创新优势在新材料高附加值领域占据主导地位,给中小企业发展壮大带来了困难。

图5　上海新材料产业产值全国对比

③ 产业盈利能力较高

上海新材料产业高附加值环节较多,整体利润水平较高,2019年盈利能力得到大幅提升。从各公司经营状况来看,中芯国际集成电路晶圆代工毛利率由2018年的17.31%提升至2019年的19.52%;上海宏达以胶黏剂为主营业务,其中特种胶毛利率由2018年19.17%提高至2019年23.57%;斯米克以新型建筑材料为主营业务,毛利率由2017年34.61%提高至2019年的34.90%。

(3) 价值链提升情况分析

如图6所示,上海市新材料产业价值链逐步提高,持续向价值链高端环节迈进。

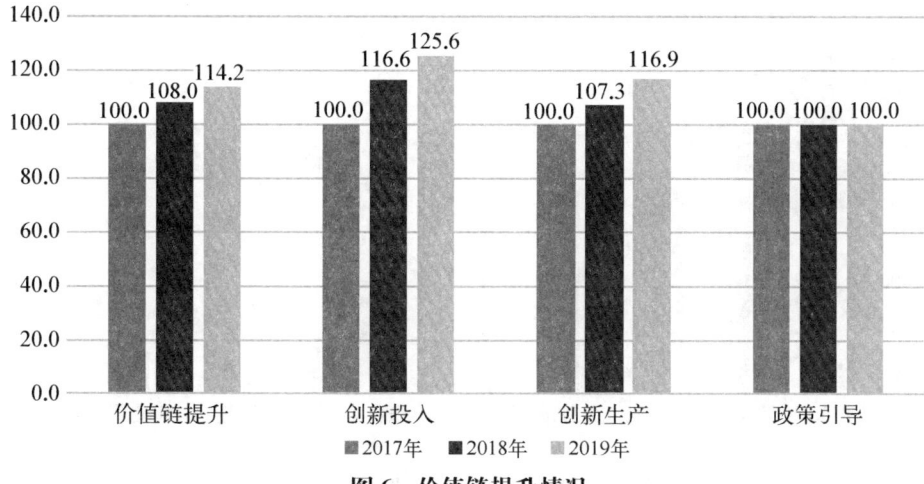

图 6　价值链提升情况

① 营商环境保持优越

上海市营商环境优越。在近年各研究机构发布的城市营商环境评价中,上海营商环境均处于领先地位(表5)。其中,市场环境及法制环境助力最大。在市场环境方面,放宽市场准入及扩大对外开放落实成效显著;在法制环境方面,上海出台了多项发展条例,为全市中小企业、民营企业创造良好法制环境。2020年4月,《上海市优化营商环境条例》正式施行,是上海多年来优秀经验的总结、提炼和延续。

表 5　上海营商环境排名

报　告　名　称	发　布　机　构	排名
《2017年中国城市营商环境报告》	粤港澳大湾区研究院	4
《2018年中国城市营商环境报告》	粤港澳大湾区研究院	2
《2018年中国营商环境指数研究报告》	万博新经济研究院	1
《2019中国城市营商环境指数评价报告》	万博新经济研究院	1
《后疫情时代中国城市营商环境指数评价报告(2020)》	万博新经济研究院	1

② 创新投入持续增加

2017—2019年,上海新材料产业研发投入持续加大,研发费用由154 402万元提升至193 946万元,年复合增长率为12.08%。研发投入的增长首先表现为研发经费增加,主要投入具有技术潜力、市场潜力与合作潜力的领域;其次表现为投入在技术、工艺、方案和产品领域。

③ 创新产出能力突出

2017—2019年,上海新材料产业专利数逐年增长,年复合增长率达8.1%。

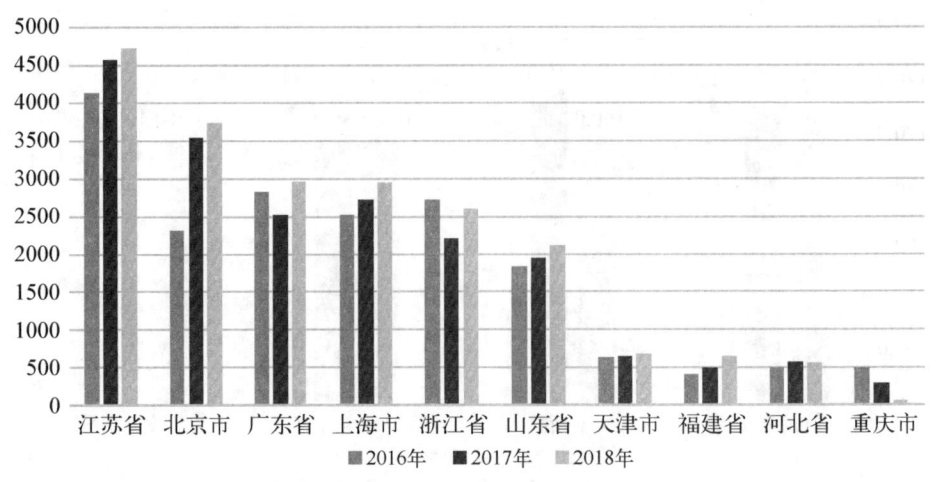

图 7　2018 年新材料产业专利数量

截至 2019 年底,行业专利授权数接近 3 000 件,在我国四个直辖市中排名第二,在东部沿海地区处于中上水平,领先大部分省份创新产出。上海新阳研发出了面向芯片制造领域的第二代电子电镀与电子清洗技术,为我国芯片制造铜互连工艺填补了国产材料的空白,实现了国产替代和自主供应能力,一举突破了国外企业在这一领域的垄断,避免了被国外封锁与"卡脖子"的可能。

四、长三角地区新材料产业发展概况

(一) 我国新材料产业的重要集聚区

我国现已形成三大综合性新材料产业集聚区和两大特色突出的产业集群(表6)。相比于其他新材料产业集群,长三角地区工业基础更为雄厚、交通物流更为便利、产业配套更加齐全;同时,又是我国新材料产业重要集聚区,也是我国新材料主要消费市场,目前已形成了包括航空航天、新能源、电子信息、新兴化工等领域的新材料产业集群。据不完全统计,长三角新材料上市企业已达 200 余家。

表 6　我国三大新材料产业集群对比

新材料集群	聚焦领域	发展优势
环渤海集群区	高技术陶瓷、稀土功能材料、磁性材料、膜材料、硅材料、特种纤维等	环渤海地区拥有多家科研院所和大型企业总部,是我国科技创新资源最为集中、科技创新推动经济发展成效最为显著的地区
长三角集群区	航空航天材料、电子信息材料、新能源材料、新型化工材料等	长三角地区工业基础雄厚、产业配套设施齐全、交通物流便利,是我国新材料产业基地数量最多的地区,也是我国新材料产业的重要消费地

续表

新材料集群	聚焦领域	发展优势
珠三角集群区	改性工程塑料、电子信息材料、陶瓷材料等	珠三角地区新材料产业主要分布在广州、深圳、佛山等地,以外商出口型为主,技术创新型中小企业占据主导地位,新材料产业集中度高

(二)形成分工协作的区域内部发展格局

目前,长三角地区已形成分工协作的区域内部发展格局(表7)。

表7 长三角地区新材料集群概况

地区	重点发展领域	产业基地布局	重点企业
上海	高温超导材料、石墨烯材料、3D打印材料、集成电路专用材料、新一代生物医药材料、航空航天材料、第三代半导体材料、新型显示材料、新能源电池材料、先进钢铁材料、先进石化材料等	青浦区——高分子改性材料、金山区——精细化工新材料、松江区——硅材料、宝山区——先进钢铁材料、奉贤区——复合材料、嘉定区——新型无机非金属材料	普利特、华峰超纤、上海新阳、宝钢钢铁、康达新材、至正股份、飞凯材料、耀皮玻璃、上海天洋、艾艾精工、晶华新材
江苏	高性能特种钢、特种工程塑料、先进有色金属材料、先进无机非金属材料、建筑材料、高性能纤维、高温合金材料、高性能膜材料、稀土功能材料、新型电子信息材料、先进陶瓷材料等	苏州工业园——纳米材料、无锡高新区——微纳材料、泰州高新区——生物医用材料、南京新港科技园——新型显示材料、江阴高新区——高性能金属、连云港高新区——高性能复合材料	武进不朽、红宝丽、康得新、双星新材、扬子新材、纳威科技、长星医疗、冠石科技、天晟新材、裕兴股份、宏达新材等
浙江	先进建筑材料、先进轻纺材料、先进半导体材料、新能源材料、磁性材料、生物医用材料、纳米材料氟硅新材料、高性能纤维材料等	宁波新材料科技城、衢州氟硅新材料高新技术产业区、嘉兴中国化工新材料园区、东阳磁性材料产业基地、绍兴铜合金产业基地、杭州有机硅产业基地、临安光缆产业基地等	江丰电子、巨化股份、新安股份、久立特材、永兴特钢、永立特材、道明光学、中国巨石
安徽	新型金属功能材料、先进高分子复合材料、无机非金属新材料、高性能纤维及复合材料、新能源材料、高性能磁性材料、新型显示材料、先进半导体材料、高端碳材料、先进纳米材料等	铜陵金属新材料产业基地、马鞍山高性能钢铁系列新材料产业集群、滁州新型功能纺织材料产业集聚发展基地、蚌埠市生物制造基地等	国轩高科、杰事杰新材料、库尔兹压烫科技、合肥汇通、国风塑业等

上海的优势在于基础研究与应用性平台。目前,上海市共有6所开设了新材料相关学科的专业教学研发的高校、6家新材料领域专业性科研院所、28

家新材料相关实验室和研究中心及技术平台、4家新材料相关行业协会,创新资源丰富,平台支撑能力较强。凭借丰富的创新资源,上海市聚焦前沿新材料、战略新材料及先进基础材料,形成了宝山精品钢核心基地、青浦高分子材料产业基地、闵行区包装材料及新能源材料产业基地、金山区石油化工及精细化工新材料核心基地、嘉定区新型无机非金属材料及汽车材料产业基地及奉贤区复合材料产业基地六大重点区域。

江苏省的优势在于雄厚的工业基础。据赛瑞研究统计,江苏省共有20家国家级新材料产业园区、49家省级新材料产业园区,新材料产业基地数量全国领先。从地理分布上来看,江苏省级以上新材料产业基地主要分布在南通(8家)、苏州(7家)、常州(6家)、徐州(6家)、连云港(6家)及盐城(5家)。凭借坚实的产业基础,江苏省新材料产业正在从点状密布式向链式发展转型。同时,围绕产业链布局创新链,加强产业研究院、企业工程技术中心等创新平台对新材料产业发展的支撑。

浙江省的优势在于特色产业链。依托3家新材料国家级重点实验室、5家省部共建国家重点实验室培训基地、2家部委重点实验室、14家省级重点实验室,在石墨烯规模化微片制备技术、液相增粘熔体直纺涤纶工业丝生产技术方面取得国际领先,在热硫化硅橡胶、光芯片材料、高铁接触网铜合金导线等新材料品种上取得国内领先,在电子级低氟超氧纯钛等产品方面实现国产替代;同时,形成了稀土永磁材料、含氟新材料、高性能纤维、光伏材料等特色产业链。

安徽省在新材料领域具有一定的产业基础、技术基础和资源优势,具备快速发展的条件,产业发展潜力巨大。2018年3月,安徽发布《安徽省新材料产业发展规划(2018—2025年)》,依托合肥良好的产业发展基础,以"一核两带"为空间布局,以先进基础材料、关键性战略材料、前沿新材料为发展重点,计划到2025年新材料产业规模达到8 000亿元,涌现出一批具有国际竞争力的创新型领军企业和高成长性的科技型中小企业,初步形成5个左右布局合理、特色鲜明、具有国际影响力的新材料创新集群。在政策扶持下,安徽省新材料产业凭借区位优势、资源禀赋及成本优势,在军民融合战略和需求驱动下发展潜力巨大。

五、2020年上海新材料产业发展机遇与挑战

(一)机遇

1. 新材料国产替代空间巨大

根据工信部对全国30多家大型企业130多种关键基础材料调研结果显示,32%的关键材料在中国仍为空白,52%依赖进口,新材料国产替代空间巨

大。在全球价值链重构、科技战形式愈演愈烈的背景下,新材料国产化需求迫切。

新材料各领域比较而言,化工新材料国产替代潜力最大。目前,我国高端化工新材料仍需依赖进口,尤其是技术投入较高的高端膜材料中的高端光学膜、半导体材料中的电子化学品、抛光材料、大尺寸硅片等。随着下游消费电子、新能源、半导体、碳纤维等行业需求扩大,未来化工新材料企业的成长空间将会更为广阔。同时,在科创板推出的背景下,拥有核心技术的新材料公司陆续上市,企业研发融资情况将会得到有效改善。

2. 科创板为新材料企业发展提供强劲动力

2019年3月3日,上海证券交易所发布了《上海证券交易所科创板企业上市推荐指引》,要求保荐机构优先推荐新一代信息技术、高端装备、新材料、新能源、节能环保以及生物医药等高新技术产业和战略性新兴产业的科技创新企业,其中新材料领域主要包括先进钢铁材料、先进有色金属材料、先进石化化工新材料、先进无机非金属材料、高性能复合材料、前沿新材料及相关技术服务等。

高端材料的开发技术壁垒高、研发周期长,资本投入大,科创板的推出可以为上海扶持一批初创期新材料企业,为其提供融资渠道,推动企业研发创新。以此为契机,上海可重点攻破一批关键技术,加快新旧动能转换,实现新材料产业向高附加值领域转移,形成集研发、设计为主,生产销售为辅的高收益产业链条,促进新材料产业高质量发展。

(二) 挑战

1. 新材料产业转型升级面临国内外双重挑战

从国际环境来看,由于上海新材料产业供应链与国际市场联系密切,在全球格局加速重塑的背景下,产业链重构、地缘政治变化、疫情的反复、贸易(科技)战等让上海新材料产业转型升级面临复杂国际形势,上海新材料产业转型面临挑战。

从国内环境来看,上海正处于产业转型升级关键时期,新材料产业相比于制造业整体发展水平较为滞后,低端产能相对过剩、高附加值产品依赖进口、成果转化进程缓慢等问题依然突出。受规模经济、绝对成本、必要资本量等结构性因素影响,上海新材料产业进入壁垒更高,同时在安全环保规范化进程影响下,上海对于新材料建设项目的环评更为严格,提升新材料企业开拓上海市场成本。

2. 高端产品研发风险更大

新材料项目研发风险主要有技术风险、竞争风险、政策和报批风险、人才风险、市场风险、财务风险等。任何新材料研发项目都存在不可避免的风险,但相比于一般项目,高端产品研发项目不确定性更大、风险更高,更加难以控制。

高端产品研发风险更大主要有三方面原因。一是新材料研发人才缺乏,产品技术研发环节成功与否,研发人员的创新能力是关键因素。二是研发资金投入不足。众多技术创新型初创企业为上海新材料产业研发注入新鲜血液,但初创型企业没有稳定的资金来源,研发投入往往难以维持。三是生产技术不成熟。企业研发出高端新材料产品并投入生产后,产品成本及价格受到生产技术和产品质量影响。在生产工艺不成熟的情况下,国产高端新材料产品竞争力不足,不能马上占领市场。

六、上海新材料产业提升路径

(一)明确发展目标,聚焦发展重点

从主攻方向来看,继续将满足战略性新兴产业和重大技术装备需求的新材料发展放在首位,明确支持重大工程、重点产业配套材料和前沿性新材料,鼓励产业链协同突破,促进关键基础材料市场化应用,加快实现国产新材料产品替代进口、填补空白进而稳定供应。同时,针对"前沿新材料、关键材料、基础材料"三大方向,侧重分类施策,如表8所示。

表8 上海新材料产业发展重点

领域	发 展 目 标	发 展 重 点
前沿新材料	**第二代高温超导材料**:实现第二代高温超导带材产业化制备和性价比的提升;实现超导限流器、超导变压器、超导电机等超导应用器件的产业化研发;**石墨烯材料**:实现石墨烯材料对传统材料的升级替代,实现对石墨烯要求较宽松应用产品的产业化;**3D打印材料**:形成具有我国自主知识产权的研发与生产体系、产品行业标准与检测规范;**智能纤维**:实现新型智能纤维材料的技术研发、工程化生产以及产业化成果转化。	**第二代高温超导材料**:稳定基带和先涂镀的种子层、阻挡层和帽子层质量,提高超导层载流能力;**石墨烯材料**:石墨烯粉体、石墨烯高分子材料、石墨烯基特种防腐涂料、石墨烯基热界面材料、石墨烯薄膜和锂电池石墨烯基材等;**3D打印材料**:金属粉末成形与制备技术,开发专用光敏树脂、工程塑料粉末与丝材;**智能纤维**:根据不同领域应用要求,满足航空航天、军事国防、生物医药、机器人、大数据、微电子等广泛领域的应用要求。
关键战略材料	**集成电路专用材料**:掌握硅单晶、硅片的微缺陷、表观质量和材料纯净度的控制技术及装备制备工艺,实现超大规模集成电路用12英寸硅单晶生长及抛光硅片、外延片的产业化技术,形成产业化规模;**新一代生物医用材料**:实现高活性骨修复材料和多功能医用	**集成电路专用材料**:超大规模集成电路用12英寸硅单晶、抛光硅片、2—6英寸蓝宝石晶片以及超纯硫酸铜电镀液和清洗用超纯化学品等配套材料;**新一代生物医用材料**:加强研制应用于骨、皮肤、神经等组织再生修复活性材料;开发人工关节、心血管、种植牙等高

续表

领域	发 展 目 标	发 展 重 点
	植入材料等的国产化,提高国际市场的竞争力和占有率;**稀土功能材料及其高端应用**:推动国产高端产品在先进装备制造、新能源汽车、节能环保、高性能医疗设备等领域的应用;**高性能纤维及复合材料**:在技术创新、产业化能力和综合竞争能力达到国际水平,基本满足国民经济和国防工业对各类高性能纤维及复合材料产品的需求;**先进陶瓷与人工晶体**:实现高分辨率天基成像光学系统、微电子装备与高端热交换产业用大尺寸高精密碳化硅陶瓷核心部件的产业化,达到国际先进水平;**新能源汽车电池材料**:进一步提升镍钴锰三元系、磷酸铁锂等锂电池正极材料和碳基、硅基负极材料的比容量、循环寿命和安全性,提高电池隔膜、电解液等配套材料性能;**新型显示材料**:实现产能利用率保持合理水平,产品结构不断优化,行业资源环境效率显著提高;**高温合金**:形成高温合金叶片产品稳定供应能力,满足航空发动机等对高温合金材料的需求;**轻合金材料**:到2020年,研发重点高端新产品100个,实现产值30亿元。	端功能性植/介入产品;**稀土功能材料及其高端应用**:工业脱硝、机动车尾气净化等用稀土催化材料,多领域用高性能稀土永磁材料,高光效稀土发光材料和高功率,大尺寸掺钕激光玻璃,特种光纤激光器等;**高性能纤维及复合材料**:高性能碳纤维、对位芳纶纤维的系列化、产业化技术,聚苯硫醚纤维、聚四氟乙烯纤维,开发纤维增强和颗粒增强的树脂基、金属基、陶瓷基先进复合材料及构件;**先进陶瓷与人工晶体**:闪烁晶体、激光晶体、非线性光学晶体、压电晶体、高性能压电陶瓷元器件、大尺寸透明陶瓷材料与部件;**新能源汽车电池材料**:新能源汽车用锂电池正负极材料、电池隔膜和电解液等配套材料;**新型显示材料**:小分子OLED、高分子OLED、发光材料、注入层、传输层等有机物;**高温合金**:攻克单晶体变形高温合金叶片制备技术,研制燃气轮机和航空发动机用高温合金叶片;开发生产核电站蒸汽发生器用高温合金U形管等;**轻合金材料**:重点发展铝合金及其复合材料、高性能镁铝合金高品质铸件等。
先进基础材料	**先进钢铁材料**:到2020年,预期实现产值400亿元;**先进石化材料**:到2020年,预期实现产值1 300亿元。	**先进钢铁材料**:巩固发展超高强韧汽车用钢、高性能海工钢、高等级硅钢等;**先进石化材料**:巩固发展高性能聚烯烃、高端工程塑料、特种合成橡胶等先进高分子材料,重点突破高端表面活性剂、微电子行业的各类化学用剂等特种功能化学品。

在空间分布上,坚持"3+X"格局("3"指的是上海化工区、宝山区和金山区;"X"指的是松江区、嘉定区、奉贤区、浦东新区和青浦区),将产业园区作为新材料产业发展的重要空间载体,并形成差别化的发展重点领域。

实现各新材料产业基地在不同领域的重点突破:宝山区依托宝钢股份、宝钢特钢等企业,重点发展高端金属结构材料、特重金属功能材料,新材料产业基础雄厚;金山及上海化工区以高性能碳纤维、耐高温超长纤维、非金属环保材料等为重点发展领域,有能力吸引国际新材料龙头企业进驻,形成以巴斯夫、朗盛等旗舰型企业带动的新材料产业高地;青浦新材料产业基地以新型有机材料、新型建筑材料、新型复合材料为重点发展领域;嘉定区新材料产业基地以稀土材料、汽车新材料和光通信为发展重点;闵行新材料产业基地以新能源关键材料、航空航天关键材料为重点领域;奉贤区新材料产业基地以有机材料、新型金属材料、新型建筑材料为突破点。

(二) 打平台、政策"组合拳"

一是打平台"组合拳"。在成果转化方面,打新材料科创中心、研发转化平台、测试评价平台、生产应用示范平台的组合应用,营造上海新材料产业创新创业生态,吸引国内外高端人才、科研团队和创新型企业;同时,构建产业链对接平台和工博会新材料展两大服务平台,加强产业对接服务,为化工新材料成果转化、产业培育以及国际学术和技术交流提供综合性新平台。

二是打政策"组合拳"。针对细分"前沿材料、关键材料、基础材料"三大方向,各有侧重地分类施策;综合运用首批次新材料、工业强基、重大项目服务、人才基地建设、新材料产业基金等政策措施,优化产业发展环境。利用"产教融合"发展契机,加强重点大学和科研院所对新材料研发提供的理论基础和技术支持。

(三) 落实核心产品与核心环节的进口替代

新材料是科创板重点支持的领域之一,由于其重大的产业配套战略地位以及与其他产业的互动互补作用,核心产品与核心环节的进口替代显得尤为重要。自 2008 年金融危机以来,发达国家纷纷启动"再工业化"战略,不约而同地将新材料作为回归实体经济、抢占新一轮国际科技经济竞争制高点的重要基础。

上海应在正确研判、把握国内外经济、政治局势与产业大势的前提下,落实基于产品生命周期的核心产品与核心环节进口替代。对于处于技术研发、产品设计、批量试产或应用测试阶段的碳纤维、气凝胶和3D打印材料等环节,由于其大多尚未实现规模性收入,应重点创设产品应用前景,普及产业经验。对于已完成市场验证、销售开始快速增长、利润显著增加的钛合金、锂电池材料、高温合金等关键材料,应重点关注企业产品质量控制能力、技术及产品储备以及行业竞争门槛等。对于形成利润顶点的超硬材料、稀土功能材料、玻璃纤维等环节,要避免结构性过剩,在产业集中度、行业整合空间、市场开放性上作出战略应对与储备。

七、对策建议

(一) 加快产业垂直分工,培育本土企业

由于新材料产业链条环节过多,运输距离较长,在国际政治、社会不确定

性因素增加的情况下,传统水平分工的全球产业链体系抗风险能力较弱。因此,产业垂直整合势在必行,这是增强供应链韧性的前提。

一是通过汇集江浙两省新材料产业资源构建区域性新材料产业集群。选择合适的地区,在一定距离(50—200公里半径)范围内形成整个上中下游70%以上的零部件、半成品的集群化生产基地。通过产业集群最大限度地降低运输成本,最大程度地避免各种不确定性因素,强化产业链的抗风险能力。

二是培育企业地方根植性。加强根植要素:首先是长期提供功能齐全、高效便捷的发展平台,如企业信息交流平台、新材料产业扶持政策发布平台。其次留住人和培养人。借助"产教融合",订单式培养一批新材料领域的优秀人才。再次是充分发挥上海金融中心的优势,借科创板拓宽上海新材料企业产品研发融资渠道。最后,继续保持、持续优化、加强营造良好的产业发展氛围。

(二)加强产业资源集中与整合

新材料领域产品种类繁多,且涉及多领域交叉。要在短时间内提升产业国际竞争力,必须加强整合资源,重点突破与国民经济发展密切相关且依存度较高的材料及"卡脖子"领域。

一是要做到人才集中。随着量子计算和人工智能在新材料研发中的加速应用,以及电子信息材料、纳米材料、生态环境材料和生物医用材料等新材料的不断发展,材料科学与信息科学、化学、物理学、生物学等多学科交叉融合的现象将进一步升级。以纳米材料为例,纳米科技由生物科学、物理化学和材料科学等多学科交叉组成,当务之急是集中具有多学科背景的复合人才。

二是要做到资金集中。新材料产业具有高投入、高难度、高门槛和长研发周期、长验证周期、长应用周期的特点,从启动研发到市场应用需要很长时间,是高风险的投资领域。在企业发挥主体作用的同时,政府也必须参与,以各种形式吸纳社会投资,降低风险。一方面要发挥政府的引导作用,充分利用政府资金吸引更多的社会资金和民间资本介入,建立新材料产业投资的创新机制;完善投融资政策,支持民间资本建立产业基金模式的风险投资机制。另一方面要弥补市场机制漏洞,让市场力量充分发挥作用。上海金融服务业优势明显,作为具有领导地位的国际金融中心,资本市场的实力毋庸置疑。要进一步完善企业估值机制,对于高成长性但尚未盈利的企业设立特定估值模型,疏通其融资渠道;同时继续推进沪港通建设,加强与国际资本市场的连接。

三是要做到原材料及高端研发相关设备集中。当前新材料产业研发能力不足的一个重要原因是未从前端核心技术上解决问题,例如高端精密设备的工艺突破、运输及存储设备的突破、催化剂的突破等。没有源头技术的突破,单纯从某种新材料着手,即便攻克某一方面技术,也难以实现整体技术和质量的提高。

四是做到产业平台整合。鉴于新材料多学科、多产业交叉的特性,应充分重视新材料相关领域行业协会的整合。从行业大类来看,目前设有上海市新材料协会、上海市化工协会;从材料细分领域来看,设有上海金属结构行业协会、上海有色金属行业协会、上海塑料行业协会、上海稀土学会等。加强行业协会在知识产权维护、信息技术交流平台搭建、产品检测与技术鉴定、共性技术培训等方面对上海新材料产业发展的支撑。

(三)加强区域产业整体协作

目前,我国新材料约有三分之一的领域属于国内完全空白,约有一半的领域产品性能稳定性较差,部分产品受国外严密控制。要解决这一问题,必须依托区域整体协作,延长新材料产业链,共建跨区域的产业发展基地。这将有利于集中力量逐个突破技术壁垒,提高产业整体实力和水平,增强国际知名度和影响力、提升国际竞争力。

一是围绕G60科技走廊打造新材料产业技术创新联盟,将分布在企业、军队、高校、科研院所和各类中介机构的资源有效整合起来,以市场导向进行技术创新,提升新材料产业创新能力。二是实施开放式创新战略,在全球范围内主动参与和开展新材料产业科技创新合作交流,提前部署"引进"和"自主"的重点领域,引进和吸收再创新结合。三是加强新材料共性技术平台建设。加快推进新材料新产品的检测检验、认证认可和成果转化,实现长三角三省一市大型设备和仪器平台的跨行政区域共享。

执笔:

林　兰　上海社会科学院城市与人口发展研究所研究员
王嘉炜　上海社会科学院城市与人口发展研究所硕士研究生

2019—2020年上海电子信息制造业国际竞争力报告

2019年全球经济贸易增速显著放缓,在美国推行单边主义和保护主义政策的拖累下,世界经济陷入了较大的增长困境。联合国在2020年1月发布的《世界经济形势与展望2020》中指出,由于贸易局势以及投资的大幅缩减,全球经济增速在2019年降至2.3%,为10年来的最低水平。

受经济增长停滞影响,全球电子信息制造业也遭受了营收的下滑。2019年全球智能手机、智能电视、集成电路等电子信息制造业主要产品的出货量都出现了下跌或微增的情况,其中集成电路更是出现了近十年来的首跌,一改2013年至2018年的高速增长态势。面对全球电子信息制造业的下滑,作为上海制造业支柱产业之一的电子信息制造业也承受着较大的压力。如何在艰难的环境中稳住上海经济发展的基本盘,发挥上海制造的优势,是上海电子信息制造业现在以及未来所必须面对的问题。

一、2019年全球电子信息制造业国际竞争力格局

(一) 全球电子信息制造业竞争力格局

1. 全球半导体行业低迷,技术前沿不断拓展

2019年,全球半导体行业迎来增长转折。2019年全球集成电路[①]出货量同比下降6%,成为史上第五大IC出货量衰退年份。而就在此之前的六年间,受益于3C电子消费产品的扩张,集成电路进入了快速增长时期。从2013年到2018年,全球集成电路出货量分别增长8%、9%、5%、7%、15%和10%。然而,集成电路出货量的连续增长在2019年戛然而止,多年的快速增长,特别

---

① 集成电路是一种微型电子器件,简称"芯片",是指通过采用一定的工艺,将电路中所需的晶体管、二极管、电阻、电容、电感等元件通过布线互联,制作在半导体晶片或介质基片上,然后封装在管壳内,成为具有所需电路功能的微型电子器件。

是2017年和2018年的两位数增长透支了市场需求。①

伴随着出货量的下降,存储价格也经历了暴跌,这导致半导体厂家的营收下跌幅度更大。2019年全球半导体行业营收为4 121亿美元,与2018年相比大跌12.1%,其中存储芯片业务下滑了32.6%。在存储芯片中内存销售额下滑了37.1%,闪存销售额下滑了25.9%。产品价格和出货量的下降也传导到了整个行业的投资,生产厂家对于设备的投资更为谨慎,2019年全球半导体设备销售额为597.5亿美元,同比下降了7.41%。②

从2019年全球营收前十的半导体公司的业绩也可以发现,除东芝记忆体业绩微增之外,其他半导体企业都出现了不同程度的下滑。特别是以记忆存储芯片为主要产品的SK海力士,其2019年营收下滑近四成,成为受记忆芯片价格暴跌影响最大的一家厂家。

2020年受新冠疫情影响,全球经济发展也再次遇到较大困难,集成电路行业也将面对更为艰难的发展环境,发展前景不容乐观。

表1 2019年全球半导体公司营业收入十强排名

2019年排行	2018年排行	厂 商	2019年营收（亿美元）	2019年市占率	2018—2019年增长率%
1	2	英特尔	657.93	15.70%	−0.7
2	1	三星电子	522.14	12.50%	−29.1
3	3	SK海力士	224.78	5.40%	−38
4	4	美光科技	200.56	4.80%	−32.6
5	5	博通	152.93	3.70%	−6
6	6	高通	135.37	3.20%	−12
7	7	德州仪器	132.03	3.20%	−9.5
8	8	意法半导体	90.17	2.20%	−2.1
9	12	东芝	87.97	2.10%	3.1
10	10	恩智浦	87.45	2.10%	−3.1
		其他	1 891.69	45.20%	−3.3
		总计	4 183.02	100%	−11.9

尽管2019年半导体市场营收表现不佳,各大厂商依然大力投入技术研发,追随延续"摩尔定律"速度突破前沿技术,以求在困境中率先突破。2020年初晶圆代工龙头台积电官方披露了5纳米制程的最新进展,其

---

① 全球集成电路出货量数据来自市场研究机构IC Insights。
② 数据来源：全球半导体协会SIA。

5 nm 工艺良率已经达到了 50%,预计于 2021 年第一季度就能投入大规模量产,初期月产能 5 万片,随后将逐步增加到 7 万—8 万片。

而在 3 nm 工艺的开发上,三星则更为重视,从三星 2019 年底公布的相关信息显示,三星的 3 nm 工艺与现在的 7 nm 工艺相比,新工艺可将核心面积减少 45%,功耗降低 50%,性能提升 35%。三星计划在 2030 年前投资 1 160 亿美元打造新一代半导体制造业园区,押注 3 nm 节点,想要凭借这一先进制程超过台积电成为全球第一的晶圆代工厂。而台积电的 3 nm 节工厂也于 2020 年开工,在高端制造领域的竞争将会更为激烈。

2. "新基建"全面展开,产业系统商机凸显

2019 年可以称为 5G 元年,中国以及全球的 5G 建设刚刚起步。对于 5G 技术而言,其不仅仅是一次简单的通信技术升级,以更快的传输速度、超低的时延、更低功耗及海量连接将会产生"大爆炸"式的变革,全面重塑商业生态,开启万物互联新时代。2019 年,全球电子信息制造业表现出动荡中发展的态势。

第五代移动通信技术(5th generation mobile networks,简称 5G)是最新一代蜂窝移动通信技术,也是继 4G(LTE-A、WiMax)、3G(UMTS、LTE)和 2G(GSM)系统之后的延伸。5G 的性能目标是高数据速率、减少延迟、节省能源、降低成本、提高系统容量和大规模设备连接。Release-15 中的 5G 规范的第一阶段是为了适应早期的商业部署。Release-16 的第二阶段将于 2020 年 4 月完成,作为 IMT-2020 技术的候选提交给国际电信联盟(ITU)。[1]

2018 年年底,美国 AT&T 公司宣布在美国 12 个城市率先开放 5G 网络服务。2019 年初,韩国也开始了国内 5G 网络的建设和服务。我国于 2019 年 6 月 6 日正式向中国电信、中国移动、中国联通、中国广电发放 5G 商用牌照,由此中国正式进入 5G 商用元年。

随着 5G 技术的全面商用,全球 5G 网络建设也全面铺开。5G 技术的应用需要全套的 5G 设备进行匹配,无论是从无线设备、传输设备还是终端设备都将面临巨大的换代需求。根据中国信通院预测的,预计到 2025 年,我国 5G 网络建设投资累计达到 1.2 万亿元。在未来 5 年内,工业企业开展网络化改造投资规模有望达到 5 000 亿元。5G 网络建设将带动产业链上下游以及各行业应用投资超过 3.5 万亿元。

3. 全球面板市场下滑,终端迭代亟待跟进

由于全球需求下滑和国际贸易环境的动荡,2019 年全球显示器面板出货

---

[1] 周一青,潘振岗,翟国伟,等.第五代移动通信系统 5G 标准化展望与关键技术研究[J].数据采集与处理,2015(4):714-724.

量遭遇下滑。2019年显示器面板出货量1.4亿片,同比下降5.2%,出货面积同比基本持平。① 在全球面板领域中,主要为中国、日本和韩国三国厂商所主导。2019年,中国厂商京东方以3 450万片出货数量再次成为全球显示面板出货量最大的厂商,而LG显示则以510万平方米的出货面积成为全球出货面积最大的面板厂家。在全球面板出货片数前六的厂家中,京东方出货数量3 450万片,同比下滑8.4%;LG显示出货数量3 150万片,同比下滑8.7%;友达出货数量2 560万片,同比下滑2.3%;群创出货数量2 360万片,同比下滑15.8%;三星显示出货数量1 620万片,同比下滑2.3%。

虽然2019年全球显示面板市场总体出货量出现下滑,但是其内部产品结构在不断优化。2019年显示器面板平均尺寸为23.7英寸,同比增加0.5英寸。伴随着显示面板商用市场的下滑,18至21英寸的面板占有率持续下降,而23.8英寸面板受到市场需求的提升,成为出货量占比最高的尺寸,达到25.5%。而在更为高端的产品领域中,27英寸产品市场占有率持续增长至13.9%。总体上来看,中大尺寸段(23.8英寸及以上)市占率达到52.5%,主流尺寸集中度提升。此外,面对较大的市场竞争,各家厂商都开始了对高分辨率面板的投入和推广,2019年高分辨率及市场渗透率达到10.4%,相对于2018年大幅提高4.3个百分点。

4. 3C② 市场开始回暖,强者恒强局面形成

3C数码产品是电子信息制造业中直接面对消费端的产品,其销量直接体现市场的需求量和产品的竞争力。根据市场咨询企业Gartner的数据显示,2019年全球PC出货量总计2.612亿台。这是七年来全球PC市场首次出现增长。全球PC市场前三大巨头——联想、HP和DELL在2019年都实现了较为良好的业绩增长。联想全年出货量增长8.6%,重新夺回全球PC出货量第一的位置,DELL出货量增长5.3%,HP则增长了4.7%。

在另一重要的3C领域中,全球智能手机的出货量则出现了下滑。2019年智能手机总出货量为14.86亿台。同比下滑1%,这也是智能手机市场连续第二年下滑。③ 从2019年智能手机的市场结构来看,全球智能手机市场已经成为一个寡头市场,全球前10家手机厂商占据了全球81%的出货量,前三家手机厂商出货量占比更是占到了全球近50%,整体市场有向头部集中的趋势。

在全球前十大手机厂商中,三星以2.965亿台手机出货量稳居榜首,占据全球智能手机市场份额20%。华为2019年以全年手机出货量2.385亿台,市场份额16%,成绩首次超越苹果,跃居全球第二大手机供应商。苹果市场份额

---

① 数据来源:群智咨询(Sigmaintell)数据。
② 所谓"3C产品",是计算机类、通信类和消费类电子产品三者的统称。
③ 数据来源:Counterpoint数据。

有所下降,2019 年手机出货量为 1.962 亿台,占比 13%。第 4 至第 10 名分别为小米、OPPO、VIVO、联想、LG、realme 和传音,其手机全球份额分别为 8%、8%、3%、2%、2%和 1%。

在全球智能手机出货量前 10 的榜单上,中国企业占了 7 席,而联想则是全球最大的 PC 出货商,中国电子信息制造业中消费电子领域已经具有较强的国际竞争力,受到了市场的认可。

表 2　2019 年全球智能手机出货量排行榜(TOP10)

排　名	手机厂商	出货量(百万台)	市场份额(%)
1	三星	296.5	20
2	华为	238.5	16
3	苹果	196.2	13
4	小米	124.5	8
5	oppo	119.8	8
6	vivo	113.7	8
7	联想	39.6	3
8	LG	29.2	2
9	realme	25.7	2
10	传音	21.5	1

(二) 中国电子信息制造业国际竞争力评述

1. 产业核心地位凸显

在信息数字时代,新一代信息产品生产及应用将成为振兴实体经济、服务制造业高质量发展的重要抓手。在经济贡献上,2019 年,我国规模以上电子信息制造业实现利润总额 5 013 亿元;软件业实现利润总额 9 362 亿元;全行业利润总额超过 1.4 万亿元,吸纳就业数量超过 1 500 万人。

具体而言,2019 年,我国规模以上电子信息制造业实现主营业务收入 11.4 万亿元,同比增长 4.5%,利润总额同比增长 3.1%,营业收入利润率为 4.41%,营业成本同比增长 4.2%。累计实现出口交货值同比增长 1.7%,增速同比回落 8.1 个百分点。软件和信息技术服务企业实现软件业务收入 7.2 万亿元,同比增长 15.4%;全行业收入规模合计 18.6 万亿元,同比增长 8.8%。

在电子信息制造业的细分领域中,通信设备制造业营业收入同比增长 4.3%,利润同比增长 27.9%。电子元件及电子专用材料制造业营业收入同比增长 0.3%,利润同比下降 2.1%。电子器件制造业营业收入同比增长 9.4%,

利润同比下降 21.6%。

从技术支撑看,信息技术加速融合渗透,成为经济社会创新发展的重要驱动力量。在制造业领域,工业互联网平台建设迈上新台阶,全国具有一定区域和行业影响力的平台超过 70 个,重点平台平均工业设备连接数已达到 69 万台、工业 App 数量突破 2 124 个,平台应用与创新走向深化,充满活力的产业生态体系加速形成。

2. 国际竞争力逐渐加强

中国半导体销售额占全球市场的三分之一,是全球最大的市场。随着 5G、物联网、新能源汽车等战略性新兴产业的推广,半导体需求持续增长。这也是全球芯片"巨头"不能失去中国市场的原因。

当前的重点技术中,云计算、物联网、大数据、工业互联网、5G 等技术都需要底层的集成电路产品做支撑。而在互联网+、大数据、人工智能 AI 技术在重点领域的应用上也需要集成电路作为载体,所以集成电路无疑成了现代工业的核心。受限于体量,集成电路制造业在整个电子信息制造业中占比较小,但却是增速最高的部门。

从产业发展看,虽然全球集成电路出货量下降,但我国集成电路产业保持了高速的增长态势。2019 年我国集成电路产量为 2 018.2 亿块,同比增长 16%;销售收入为 7 562.3 亿元,同比增长 15.80%,其中集成电路设计业销售收入为 3 063.5 亿元,同比增长 21.6%,占总值 40.5%;晶圆制造业销售收入为 2 149.1 亿元,同比增长 18.20%,占总值的 28.40%;封测业销售收入为 2 349.7 亿元,同比增长 7.10%,占总值的 31.1%。[①]

从进出口贸易看,2019 年国际环境越发复杂,无论是中美贸易摩擦还是美国对华为展开的制裁都重点发生在电子信息制造行业,特别是集成电路制造领域中。面对如此复杂的形势和艰难的环境,我国在电子信息制造业中国企与民企同发力,在重点领域不断突破。即便在贸易摩擦下,我国集成电路的出口也实现了增长。2019 年集成电路出口创历史新高。[②] 2019 年中国集成电路出口量约为 2 187 亿块,微增 0.7%,但集成电路出口的金额达到了 1 015.8 亿美元,大幅增长了 20%,同样创下历史新高。这说明在 2019 年,我国集成电路整体的出口价格在上升,集成电路产品的技术水平也在不断地提高。

从技术突破看,在集成电路方面,华为发布国产 5G 手机芯片麒麟 980,成为全球首个采用 7 nm 工艺制程的移动处理器芯片。中芯国际的 14 纳米工艺实现量产,刻蚀机等高端装备和靶材等关键材料取得突破,为我国集成电路行

---

① 数据来源:国家统计局网站,http://www.stats.gov.cn/。
② 数据来自中国海关最新公布的数据。

业的长期健康发展奠定了基础。中微半导体 14—5 nm 等离子刻蚀机达到国际先进水平，MOCVD 设备销售额全球第一。

2019 年国产的内存及闪存都取得了重要进展。2019 年 4 月 13 日，长江存储正式发布两款 128 层 3DNAND 闪存。其中型号 X2－6070 产品作为业内首款 128 层 QLC（每个存储单元可存储 4bit 数据），可提供 1.33 Tb 的单颗存储容量，具有当前全球已知型号的产品中最高存储密度、最高 I/O 传输速度和最高单颗 NAND 闪存芯片容量，此次产品发布表明，长江存储在 3DNAND 闪存领域已经基本追平国际先进水平，在某些领域甚至有所领先。

2019 年长鑫存储完成了合肥 Fab1 及研发设施建设，每月生产 2 万片，并计划在 2020 年第二季度将产能提高一倍，达到每月 4 万片。长鑫存储已经利用 19 nm 开始生产 LPDDR4、DDR48GbitDRAM 系列产品

2019 年上海新昇开发的 12 英寸大硅片实现批量销售，并且通过了中芯国际的认证，2019 年实现月产能 20 万片。大尺寸硅晶圆是集成电路制造领域的关键材料，也是中国半导体产业链的一大短板。上海新昇是中国大陆建设的第一家 12 英寸硅晶圆厂。上海新昇的批量投产代表着我国集成电路领域又一关键领域的重要突破。

在新型显示方面，京东方第六代 AMOLED 生产线项目已经在绵阳建设完工投产；TCL 第 6 代 LTPS－AMOLED 柔性生产线—t4 项目投产；和维信诺 G6 全柔 AMOLED 生产线实现单品 KK 级交付，国产厂商在新技术的推广应用上紧跟国际巨头，基本实现同步，推动全球显示行业重构洗牌和产品技术迭代加速。

3. 设计能力走向一流

我国的集成电路制造业受限于国际环境的因素，无法采购到最先进的生产设备和相关生产材料，与国际一流的制造水平存在一至二代的技术差距。但是我国的集成电路设计水平却异军突起，在部分专用芯片领域基本追上甚至赶超了国际水平。

2019 年麒麟 980 发布，成为全球首个采用 7 nm 工艺制程的移动处理器芯片，更创下 6 项世界纪录。2020 年 1 月，全球首个采用 7 nm 工艺制程、同时支持 NSA/SA 双模的 5G 基带芯片巴龙 5000 发布，华为一跃成为继高通之后，第二个拥有 5G 基带芯片的公司，更成为世界上个首个有能力生产 NSA/SA 双模的 5G 基带芯片公司

与此同时，深交所上市公司中兴通讯（ZTE）已具备芯片设计和开发能力，其 7 nm 芯片已实现规模量产，且已在全球 5G 规模部署中实现商用，而 5 nm 芯片正在技术导入。未来，基于 5 纳米的芯片将会带来更高的性能和更低的功耗。

从宏观数据上来看，我国集成电路设计领域也进入了全面爆发期。根据

国家知识产权局数据，2019年，共收到集成电路布图设计登记申请8 319件，同比增长87.7%，集成电路布图设计发证6 614件，同比增长73.4%。我国集成电路产业链结构也在不断优化。集成电路设计业占我国集成电路产业链的比重一直保持在35%以上，并由2015年的36.7%增长至2019年的40.5%，发展速度总体高于行业平均水平，已成为集成电路各细分行业中占比最高的子行业。

2020年初新冠疫情影响全球，我国在迅速控制疫情的情况下保障了各行各业的稳定发展。根据国际市场研究机构IC Insights发布的2020年第一季度全球十大半导体制造商销售排名榜单显示，2020年一季度华为海思首次挤进全球排名前10的半导体制造商榜单，位列第十，成为第一家跻身全球十大半导体供应商的中国大陆企业。

在芯片设计方面，无疑华为海思和紫光展锐等已逐步走向世界前列，能与高通、联发科等看齐。

4. 新一轮布局正在推进

在国家集成电路产业投资基金一期完成了投资之后，我国集成电路领域的重点项目连续得到突破。大基金一期已投资沪硅产业、雅克科技、安集科技等半导体材料公司。国家领投，重点突破成为我国集成电路关键领域突破的重要方式，并且取得了较为良好的效果。

在此背景下，国家集成电路产业投资基金二期股份有限公司于2019年10月22日成立，注册资本达2 041.5亿元，较一期的1 327亿元的投资规模明显加大，这显示了我国重点发展集成电路行业的决心同时，发展集成电路产业也是维护我国电子信息领域国家安全的重要手段。

与国家大力投入相伴随的是电子信息制造业投资的稳步增长。2019年，集成电路、新型显示等领域重大项目开工建设，带动电子信息行业投资稳步增长，全年完成固定资产投资同比增长16.8%。

二、2019年上海电子信息制造业国际竞争力指数分析

（一）总体情况

2019年，上海工业增加值达9 670.68亿元，与2018年相比增长0.4%。全年完成工业总产值35 487.05亿元，下降0.3%。其中，规模以上工业总产值34 427.17亿元，下降0.3%。

2019年全年上海六大重点工业产业完成工业总产值23 279.15亿元，比上年增长0.1%，占全市规模以上工业总产值的比重为67.6%。其中，电子信息制造业完成工业总产值6 140.93亿元，同比下降2.1%。在上海六大重点产业中，电子信息制造业、汽车制造业和精品钢材制造业总产值都出现了下降的情

况,分别下降 2.1%、4.4% 和 2.5%。而石油化工及精细化工制造业增长较快,分别增长 8.6% 和 7.3%。

表 3　2019 年上海六大重点产业产值及其增长①

指 标 名 称	2019 年	同比增长(%)
全市工业总产值(亿元)	**35 487.05**	**−0.3**
六大重点产业总产值(亿元)	**23 279.15**	**0.1**
电子信息产品制造业	6 140.93	−2.1
汽车制造业	6 409.57	−4.4
石油化工及精细化工制造业	3 923.83	8.6
精品钢材制造业	1 169.87	−2.5
成套设备制造业	4 315.06	1.3
生物医药制造业	1 319.88	7.3

在电子信息制造业产值下降的背后是电子信息制造业主要产品出货量的下滑。受贸易摩擦和全球市场不景气的影响,2019 年上海微型计算机设备、智能手机、智能电视和集成电路出货量都出现了同比下降,分别下降 10.7%、11.4%、2.6% 和 11%,除智能电视微跌之外,其余三类都出现了 10% 以上的下滑。

表 4　2019 年上海电子信息制造业主要产品产量②

产 品 名 称	单 位	2019 年	同比增长(%)
微型计算机设备	万台	1 121.69	−10.7
智能手机	万台	4 173.06	−11.4
智能电视	万台	134.09	−2.6
集成电路	亿块	207.59	−11

2019 年,作为电子信息制造业主体的上海计算机、通信和其他电子设备制造业实现营收 5 320.54 亿元,同比下滑 1.2%,但是其利润总额和税金总额达到了 171.81 亿元和 34.89 亿元,分别同比增长 17.8% 和 20.9%。是 2019 年上海制造业中仅有的五个利润增长的行业之一,其利润增速仅次于铁路、船舶、航空航天和其他运输设备制造业,是制造业中利润增速第二高的产业。

---

① 数据来源:上海市统计局网站,http://tjj.sh.gov.cn/。
② 数据来源:上海市统计局网站,http://tjj.sh.gov.cn/。

在电子信息制造业的核心和基础领域,上海集成电路产业在2019年实现销售1 706.56亿元,同比增长17.7%。而上海集成电路发展的重点地区,浦东集成电路产业是上海集成电路发展的主要推动力量。在过去二十多年的发展中,上海集成电路发展以园区集聚发展为重点发展模式,在浦东的张江科学城中集聚了70%以上集成电路企业,形成了良好的集聚效应。

通过近年来的重点扶持发展,上海已经初步形成了"一体两翼"的发展格局,即**浦东(张江、康桥)为主体**,重点集聚设计业、制造业;**临港为一翼**,聚焦综合性产业创新基地,同时向松江、闵行、金山、奉贤延伸,逐步形成南部创新带;**嘉定一翼**重点瞄准人工智能芯片、物联网芯片、智能传感器,同时向青浦、徐汇、宝山、普陀拓展,逐步形成北部创新带。

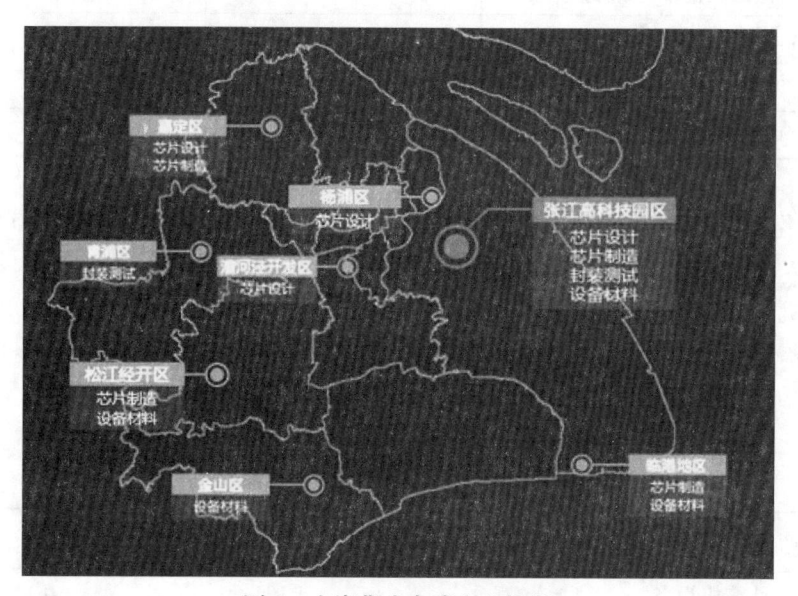

图1 上海集成电路产业格局

截至2019年,张江科学城内已集聚了239家芯片设计企业,出品了100余项国内领先的产品;9家晶圆制造企业,拥有引领全国的19条生产线;38家封装测试企业,其中也包括全球第一大封装测试代工厂日月光;98家装备材料企业,提供硅片、刻蚀机、清洗机、离子注入机等配套装备。此外,全球芯片设计10强中有6家在张江设立区域总部、研发中心,全国芯片设计10强中有3家总部位于张江。

在2019年上海科创板开板之后,在科创板上市的首批25家企业中有6家半导体企业,张江占据了3家,分别为乐鑫科技、安集微电子与中微半导体。张江的发展不断吸引着国内外集成电路企业的入驻,平头哥半导体、瓴盛科技等芯片企业纷纷入驻张江科学城,兆易创新、紫光集团等也签约入驻上海集成电路设计产业园。

目前浦东已经基本形成集成电路制造的完整产业链，从芯片设计、核心器件生产、核心装备制造、关键材料研发等各方面都有企业布局，未来的浦东将是中国突破芯片技术封锁的重要阵地。

（二）指数分析

1. 指标体系

电子信息制造业国际竞争力指标体系根据波特产业竞争力理论进行简化和发展，从"产业国际表现""行业增长驱动""价值链提升"三个方面来诠释，形成反映国际竞争力的三个二级指标，运用定量数据形成14个三级指标。选择全国14个重点省（市）作为测算对象。

如图2所示，本文主要从三个方面对产业国际竞争力进行分析。其中，产业国际表现则是代表着现阶段电子信息制造业的产品在国际市场上的竞争力，其主要包括电子信息制造业产品的产业部门贸易优势、行业贸易优势、供应链强度和核心环节贸易优势四个指标。

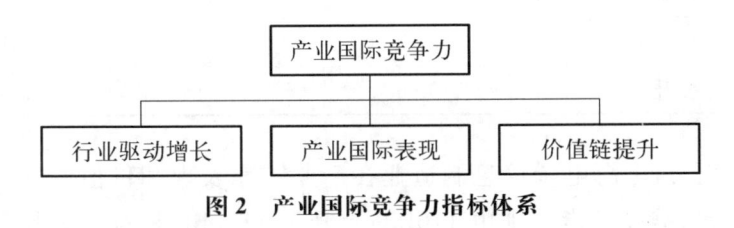

图2　产业国际竞争力指标体系

行业驱动增长所衡量的是现阶段我国供给侧改革背景下发展电子信息制造业的能力，其中主要包括电子信息制造业的区域市场效率、产业投资效率、产业营利能力和产业集聚能力四个指标。

价值链提升则是代表着现阶段电子信息制造业对研发的投入和产出以及核心产品的生产能力，衡量着该产业沿着价值链提升其产业高度和发展的速度，其主要包括地区电子信息制造业的创新生产能力、核心产品出口竞争力和政策引导这几个方面的指标。

2. 综合指数

总体而言，上海电子信息产品制造业国际竞争力变化表现出平缓波动的特征，在过去两三年间并没有显著的上升或下降。2017、2018和2019年上海电子信息产品制造业国际竞争力综合指数分别为99.74、97.94和98.27。在经历了2018年国际竞争力综合指数的微跌之外，2019年的国际竞争力微增，总体保持平稳。

近年来随着贸易环境的恶化和环境约束的收紧，上海电子信息制造业逐渐向高研发、高技术领域转型，将电子信息制造业中的制造、组装等产业链的部分向其他区域转移。

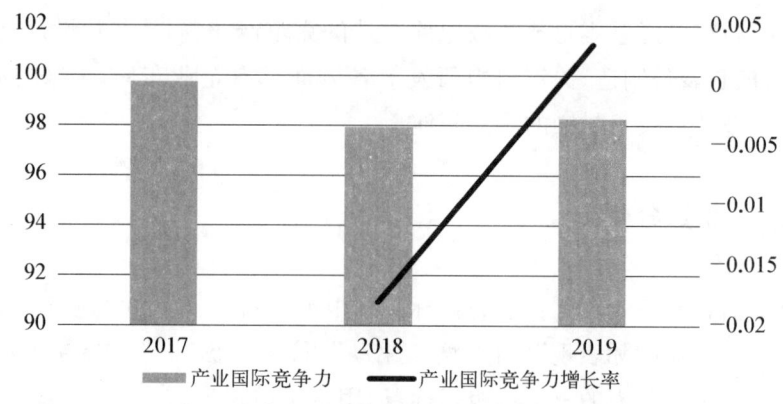

图 3　上海电子信息制造业国际竞争力指数

表 5　上海电子信息制造业指数表

指　　数	2017	2018	2019
产业国际竞争力	99.74	97.94	98.27
产业国际表现	103.15	99.60	98.89
行业增长驱动	82.09	81.37	81.87
价值链提升	110.56	111.18	113.43

具体而言,上海电子信息制造业在产业国际表现和价值链提升方面表现良好,价值链提升指数则由 110.56 上升至 113.43,是竞争力指数上升的主要来源。而在行业增长驱动领域则处于弱势,行业增长驱动指数由 82.09 下降至 81.87,经历轻微下降。产业国际表现在 2017 至 2019 年间由 103.15 下降至 98.89,降幅较大。近年来随着贸易环境的恶化和环境约束的收紧,上海电子信息制造业逐渐向高研发、高技术领域转型,将电子信息制造业中的制造、组装等产业链的部分向其中西部省市,如安徽、福建、重庆、陕西等省市转移。

3. 产业国际表现

电子信息制造业是上海六大重点制造业之一,在上海的进出口贸易中占据了重要的地位,也是上海代表中国参与全球竞争力的重要领域。总体上,上海电子信息制造业产业国际表现处于国内较高水平,但随着近两年美国持续打压,上海电子信息制造业在日益激烈的全球竞争格局中,面临较大的增长压力。

在 2017 至 2019 年间,上海电子信息制造业产业国际表现指数分别为 103.15、99.6 和 98.89。产业国际表现指数的下降拉低了上海总体竞争力。虽然在 2019 年这一下降趋势有所放缓,但面对未来更加严峻的贸易形势,上海电子信息制造业产业国际表现指数的提升将面临较大的困难。

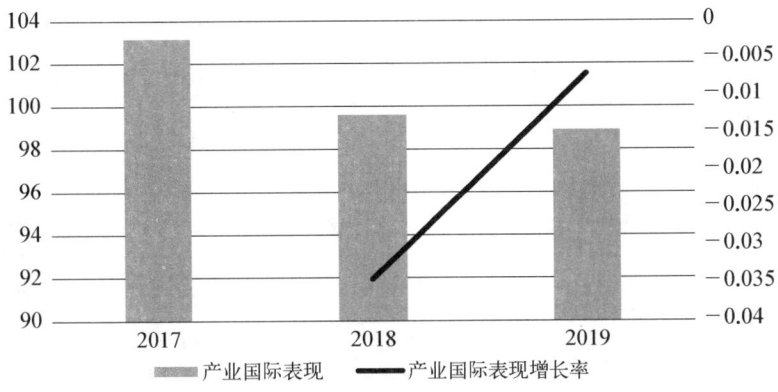

图 4　上海电子信息制造业产业国际表现指数

表 6　上海电子信息制造业产业国际表现指标

年份	产业部门贸易优势	行业贸易优势	供应链强度	核心环节贸易优势
2017	3.46	−0.55	0.76%	2.18
2018	3.02	−0.45	0.68%	1.92
2019	2.86	−0.35	0.60%	2.20

从上海电子信息制造业产业国际表现的具体指标来看，产业部门贸易优势（即部门 RCA 指数）和供应链强度（出口占地区生产总值的比重）指标持续下降，而行业贸易优势核心环节贸易优势则有所好转。产业部门贸易优势衡量的是上海电子信息产业相对的出口表现。由于近年来上海在智能手机、智能电视、电子计算机等电子信息产品产量的减少，上海电子信息制造业的相对出口增长也在减少，导致了产业部门贸易优势和供应链强度的下降。行业贸易优势的优化代表着上海在电子信息产品上进口也在减少，受益于本土研发能力的提升和供应链的配套，上海对国外部分产品逐渐实行国产替代，优化了行业贸易优势。核心环节贸易优势指标经历了先下降后上升的变化。核心环节贸易优势指标主要考察了上海电子信息产业核心环节发展情况，这一指标表现出上海在电子信息制造业核心领域中的领先地位。

4. 行业增长驱动

2017 年至 2019 年，上海电子信息制造业的行业增长驱动指数分别为 82.09、81.37 和 81.87。与产业国际表现和价值链提升指数相比，行业增长驱动是上海产业国际竞争力中的弱项指标，产业的集聚和辐射效应亟待进一步加强。

上海电子信息制造业的增长驱动指数较弱的原因主要和上海的资源禀赋有关。在电子信息制造业中，有很大一部分为计算机制造、智能手机制造、智

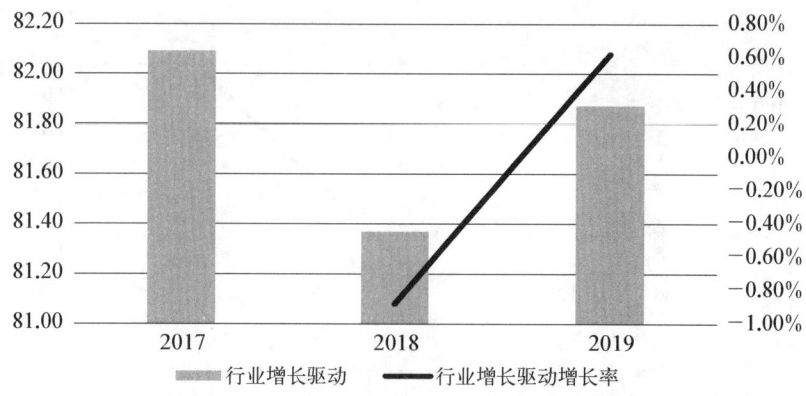

图 5　上海电子信息制造业行业增长驱动指数

能电视制造等劳动密集和资本密集型的产业。由于上海经济转型和劳动力成本等原因,这一部分产品的占比在下降。

表 7　上海电子信息制造业行业增长驱动指标

年份	区域市场效率	产业投资效率	产业营利能力	产业集聚能力
2017	0.91	152.15	2.79%	5.00%
2018	0.09	162.73	3.46%	4.98%
2019	0.49	160.42	3.09%	4.95%

2018 年,行业总体投资的下降导致上海电子信息制造业区域市场效率的下降。区域市场效率和产业集聚能力指标的下降导致了 2018 年行业增长驱动指数的整体下降。从三年的整体变化来看产业投资效率和产业盈利能力都有一定提升,这代表着虽然上海电子信息制造业在发展中有波动,但是正在朝向更高附加值和高技术发展。但是,区域市场效率指标和产业集聚能力指标都出现了整体的下降,特别是集聚能力指标的连续下滑,虽然这反映了上海电子信息产品制造业的生产效率在不断改善,但是与其他省份相比,上海营商成本相对较高严重影响了上海电子信息产品制造业集聚能级,不利于未来竞争力的增长。

上海在电子信息产业拥有全国最好的产业基础,也是国内最早开始重点发展电子信息制造业地区。早在 20 世纪 80 年代中期,上海的改造和振兴开始实质性的启动。在这一时期,上海初步与世界接触,开始探索上海新的支柱产业。上海通过对石油、汽车、钢铁、化工等 19 个产业的改造之后,初步确立了下一阶段的产业发展方向。在 1990 年底,上海再一次提出重点发展汽车制造、通信设备、微电子和计算机制造、电站设备制造、石化工业、机电工业等行业。上海大众、上海石化等现今上海重点制造业企业很多都为那段时间创立或者改制。电子信息制造业也从 90 年代初正式开始大规模发展。

近年来，上海电子信息产业逐步走向了产业转型期，由原本的劳动密集型和资本密集型的加工制造电子信息产品转向以技术密集和资本密集为主的集成电路的研发、生产和制造。从产值上来看，传统计算机、智能手机等产品生产的下降必然降低上海电子信息制造业的增长速度。而目前大力扶持的集成电路产业的增长还不能弥补传统电子信息制造业的收缩。所以，上海电子信息制造业当前已经进入了结构调整的关键时期。上海电子信息制造业下一阶段国际竞争力提升的关键在于上海集成电路产业研发能力和生产能力的提升。

政策的支持给上海集成电路产业发展营造了良好的发展环境。近年来的贸易摩擦让中国意识到了集成电路产业的产业安全关系我国国民经济的稳定发展，我国大力投入资源，扶持重点企业对相关"卡脖子"技术进行突破。我国通过设立国家集成电路产业投资基金作为投资方式，对相关技术领域的企业进行投资。有鉴于此，上海也在2015年设立了上海市集成电路产业投资基金，基金采"3＋1＋1"格局设立三个行业基金，即100亿元设计业并购基金、100亿元装备材料业基金、300亿元制造业基金。上海集成电路产业投资基金已于2019年年底完成投资。

上海拥有全国领先的集成电路加工制造能力，中芯国际2018年达到全球集成电路Foundry制造第5位，销售额国内第1位，首家12英寸28 nm制程量产，14 nm制程试量产；华虹集团位于2018年全球集成电路Foundry制造第7位，销售额国内第2位，12英寸28 nm制程量产；华力二期12英寸先进生产线2018年10月正式投产，建成后华虹规模进入全球前5位。

2019年10月，上海自贸区临港新片区发布了集聚发展集成电路产业若干措施，其中提出了10项支持条款，包括支持具有国内外重大影响力的集成电路企业设立研发中心和投资产业化项目，支持集成电路产业的跨国公司设立离岸研发中心和制造中心，支持企业申请获得国家级和上海市级集成电路重大专项并对扶持资金予以配套。2019年底，积塔半导体特色工艺生产线首台光刻设备正式搬入临港新片区，这标志着积塔半导体从建设期向生产运营期迈出重要一步，为2020年底实现批量生产打下基础。

5. 价值链提升

上海电子信息制造业价值链提升指数衡量了上海电子信息制造业中的核心产品的国际竞争力水平、科技创新能力和政策影响的效果。

在过去三年间，上海电子信息制造业价值链提升指数稳定上升，2017至2019年的指数分别为110.56、111.18和113.43，是三大二级指数中得分最高的指数，也是唯一持续增长的指数，这背后反映出上海电子信息制造业的优势在于新技术的研发和使用、新产品的开发和生产。

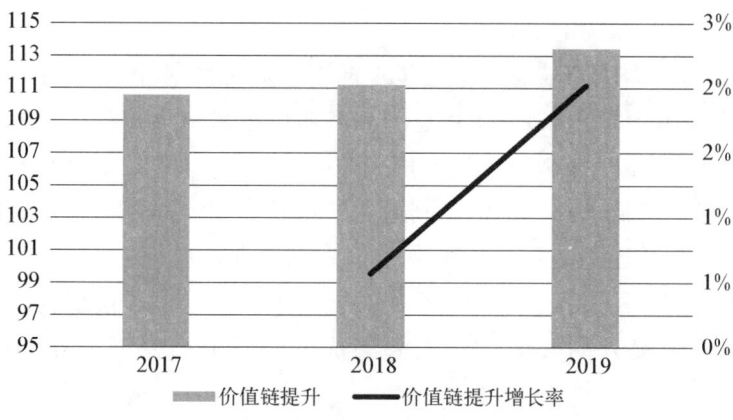

图 6　上海电子信息制造业价值链提升指数

从上海电子信息制造业价值链提升指数的具体指标来看,核心产品中计算机和通信设备的核心产品领域上海拥有较强国际竞争优势,且通信设备的核心产品优势还在不断扩大。但是在电子元器件的核心产品上,上海电子信息产业的国际竞争力水平并不高,这也是上海在未来需要弥补的地方。虽然和全国其他省市相比,上海在集成电路元器件的国际竞争力水平处于第一梯队,但和国际相比还是差距巨大。

表 8　上海电子信息制造业价值链提升指标

年份	核心产品竞争力			创新生产	政策引导
	计算机	通信设备	电子元器件		
2017	0.51	0.40	−0.38	7 504	82
2018	0.46	0.49	−0.32	7 988	85
2019	0.40	0.54	−0.28	9 319	88

在 2017 年至 2019 年指标的变化中,计算机核心产品和集成电路制造设备的竞争力有所下降,而通信设备和集电子元器件的竞争力水平则出现了稳定上升。这体现出了上海电子信息制造业的转型方向和发展方向,从逐渐降低低技术的加工组装转向高技术的集成电路设计、研发、制造。创新生产指标代表了上海电子信息制造业的专利授权数目,从创新生产指标就可以看出,上海电子信息制造业的专利增长显著,成为支撑上海电子信息制造业价值链提升的主要力量。

上海电子信息制造业价值链的提升离不开本土电子信息产业企业的发展。上海本土集聚了一大批具有国内国际领先水平的大、中、小企业。如在通用计算机新品领域有兆芯集成电路,全国唯一一家掌握 CPU、GPU、Chipset 三大核心技术的中国企业。在电子通信领域的展讯通信手机基带芯片出货量全球第3,研发出了国内首款自主微架构手机芯片、发布5G基带芯片春藤510。

2019年也是上海集成电路企业的丰收之年。华大半导体智能卡安全芯片市场占有率全国第1,研发了首颗TPCM3.0标准芯片,首颗超低功耗MCU。格科微电子在CMOS图像传感器芯片上出货量国内第1,首家量产CMOS图像传感芯片。乐鑫科技发布了新一代WiFi MCU芯片ESP32-S2。上海移芯通信发布了最新单模芯片EC6160。国内射频芯片供应商康希通信发布了全新的5G微基站(sub 6 GHz)射频功率放大器/前端芯片系列、新一代WIFI6全集成射频前端芯片等产品。芯翼信息科技也重磅发布了其自主研发的"全球首颗"集成CMOS PA(功率放大器)的NB-IoT(窄带物联网)芯片,并宣布实现了量产商用。

在核心设备上,上海也是突破国际封锁的第一梯队。中微半导体在2018年年底宣布5 nm制程刻蚀机实现突破后,2019年5 nm受到客户认可并开始量产,其14—5 nm等离子刻蚀机达到国际先进水平,MOCVD设备销售额全球第1。上海微电子于2018年研制成功90 nm光刻机,并宣布最快在2021年交付第一台国产28 nm光刻机。盛美半导体生产的兆声波清洗机处于国际先进水平。凯世通半导体生产的先进离子注入机,填补了国内空白。

(三) 问题分析

目前中国集成电路产业主要有两大问题:一是高质量发展面临的关键问题。我国集成电路正处于高速、蓬勃发展的时期,但是许多领域存在"短板",而且我们是"全而不强",供应链存在"断链"的风险;第二是核心技术受制于人。针对疫情后全球电子信息产业的新一轮竞争,上海既需要抢占先机,在软应用和硬设备上联合发力,形成系统优势;也需要补齐链条短板、人才技术短板和突破核心技术;更需要加大区域布局,增强产业集聚度以提高生产效率。

1. 上海集成电路全球产业链亟待"重塑"

从上海电子信息制造业国际竞争力指数各个二级指数和三级指标可以看出,上海电子信息制造业总体的产业规模扩张已经接近停滞,但是产业内部的结构正在调整。

具体来说,在上海电子信息制造业中,电子计算机、智能手机、智能电视等传统代工所生产的终端产品的出货量以及产业增加值的占比在不断下降。而更高附加值和高技术的集成电路产业则实现了持续而快速的增长。这背后无疑显示出了上海在电子信息制造业中的战略转型,经过几年的"腾笼换鸟"上海电子信息制造业已经初步形成了以芯片设计和制造为核心,电子代工产业为辅助的产业格局。原有的生产、组装低附加值的电子信息设备的相关产业逐步向中西部地区转移,而上海本土则全力发展高技术的集成电路相关产业。

由于集成电路产业的投入周期和回报周期都比较长,在低端领域的产业转移出去之后,上海电子信息制造业的集成电路产业还不能弥补上产值和出口的下降。这就导致了上海电子信息制造业总体上的竞争力显示出停滞和下降的趋势。

随着上海电子信息制造业转型的深入和集成电路产业快速发展,集成电路产业最终会成为上海电子信息制造业的支撑力量,从而提升上海电子信息制造业的国际竞争力。

2. 关键技术核心产品差距依然较大

近年来我国半导体设备行业捷报频传,时常有重大关键技术突破的消息传来,但是不可否认的是,我国半导体设备领域与欧美国家的差距依然巨大。

从全球半导体设备市场可以发现,整体市场呈现高度垄断的竞争格局,主要由国外厂商主导。2019年前四大半导体设备制造厂商,凭借资金、技术、客户资源、品牌等方面的优势,占据了全球半导体设备市场69.85%的市场份额。前10家半导体设备供应厂商则占据了91.11%的市场份额。其中阿斯麦在光刻机设备方面形成寡头垄断。应用材料、东京电子和泛林半导体是等离子体刻蚀和薄膜沉积等半导体工艺设备的三强。

表9 2019年全球十大半导体设备厂商营收规模及其市场份额[①]

排名	企业名称	企业所属国家	2019年营收(亿美元)	全球市场占有
1	应用材料	美国	110.49	18.49%
2	阿斯麦	荷兰	108.00	18.08%
3	东京电子	日本	103.38	17.30%
4	泛林半导体	美国	95.49	15.98%
5	科天半导体	美国	39.13	6.55%
6	斯科半导体	日本	22.00	3.68%
7	爱德万测试	日本	18.53	3.10%
8	先进太平洋科技	新加坡	17.70	2.96%
9	泰瑞达	美国	15.53	2.60%
10	日立高科	日本	14.12	2.36%
	前十强营收		544.37	91.11%

在全球市场前十大设备厂商中,除阿斯麦和先进太平洋科技为荷兰和新加坡企业之外,剩余八家都为美国和日本企业。半导体设备的市场和技术都

---

① 数据来源:智研咨询《2019年全球及中国半导体专用设备行业运行状况及市场格局分析》报告。

牢牢地把控在美国为首的阵营手中。整体上国产设备和国际一流设备的差距在10至20年间。如我国国产光刻机目前最先进的制程为90 nm,而阿斯麦的光刻机已经达到5 nm,在半导体光刻胶领域基本把持在日本厂商手中,我国的国产化率不足5%。LCD光刻胶国产化率则约为10%,高端领域严重缺失。

3. 工业软件"长板"优势还不突出

除了在集成电路制造业领域的缺失之外,我国在集成电路设计的前端工业软件领域也严重落后。未来上海电子信息制造业的发展需要与相关工业软件协同发展。特别是工业软件的发展还关系到我国电子信息产业全产业链的产业安全,其国产化需求紧迫。

2020年5月23日,受中美贸易摩擦影响,哈工大进入美国制裁实体清单。随之而来的是,美国MathWorks公司宣布禁止哈工大所有师生使用其公司产品MATLAB。这一事件引发了国内软件国产化缺失的讨论。

从当前各国的工业软件发展来看,拥有完备工业软件体系的国家只有美国、德国和法国三个国家,这三个国家也是工业化的先行国家,在对工业制造的理解上领先于全球,从而发展出了全套的工业软件体系。而我国作为后发工业化国家,在制造领域已经有了一定的建树,但是在工业软件领域则出现了严重缺失的情况。

如电子信息制造业的核心集成电路产业,在制造方面我国还能拥有如中芯、华虹等芯片代工厂家,在设备方面则有上海微电子、北方华创、中微公司等设备厂家,但是在EDA软件方面则基本处于空白状态。IC设计软件EDA被誉为是芯片之母,是芯片皇冠上的明珠。美国Synopsys公司和Cadence公司、德国Mentor Graphics公司,占领着国内约90%的EDA市场份额,并且全球也占领70%的市场。全球的EDA产业被这三家芯片设计软件巨头公司寡头垄断。

4. 人才体系和供应能力支撑不足

根据中国电子信息产业发展研究院发布的《中国集成电路产业人才白皮书(2018—2019年版)》的数据显示,截止到2018年底,我国集成电路产业从业人员规模约为46.1万人,其中设计业16万人,制造业14.4万人,封测业15.7万人,半导体设备和材料业3.9万人。我国集成电路从业人员持续增多,与2017年相比增加了6.1万人,增长15.3%,弥补了部分人才缺口。

在中国未来的发展中,集成电路产业将成为电子信息产业中的核心产业。未来中国要成为制造业强国的前提必然是首先成为集成电路的强国。而目前我国集成电路大量依靠进口,2019年进口总额超过3 000亿美元,近两万亿元,贸易逆差超过2 000亿美元。未来国产化市场巨大,发展空间以及人才需求也更为巨大。以目前的行业人才体量来看,远远无法满足未来的发展。据《中国集成电路产业人才白皮书(2018—2019年版)》预测,到2021年前后,全行业人才需求规模将达到72.2万人左右,亟需相关院校和机构提供大量的人才。

人才不足的背后是产业发展的阶段特征,就集成电路而言,当前国内对于集成电路的投入产出比大、研发投入高,这就限制了企业的利润水平。而作为后发赶超的产业,企业又要将有限的利润投入到下一轮的研发中,折旧使得基于人才的薪资受到影响,导致人才的流失。

而对于上海而言,虽然上海集成电路产业在国内而言处于发展的前列,人才的薪资水平也相对较高,但由于高房价、高物价使得上海较高的薪资水平的吸引力下降。

三、2020年全球电子信息制造业国际竞争力展望

新冠疫情在全球范围内蔓延,给全球电子信息制造业生产带来极大的不确定性。一方面,"线上"经济将使电子信息业的应用场景进一步扩大;另一方面,在疫情和中美贸易摩擦等非市场因素作用下,全球电子信息制造企业开始审视供应链安全,全球产业制造格局正在发生重大变化。

(一) 5G技术重构现有电子信息产业

对于运营商而言,5G技术的出现将会重构当前的移动网络,运营商需要考虑空口和网络的适配,要提供差异性的服务,进一步开放网络能力。这将进一步推动移动通信领域的软件和硬件投入,带动电子信息产业中通信设备的新一波增长浪潮。此外,5G网络的高传输速度和超低的时延比将带来网络的云化,需要采用云集中处理,雾计算、霾计算分级处理的方式。5G云化需要有接入的云和有控制的云,从而实现网络资源的集约化管理,能够更好调动网络资源。

5G将开启万物互联新时代,催生和推动各行各业的数字化发展;在交通、能源、制造、教育、医疗、消费、休闲娱乐等行业带来新的参与者,促进传统商业模式演进,甚至是颠覆性的重塑,实现巨大的经济价值。

(二) 显示面板性能和需求发生变化

在通信技术不断提升的当下,超大尺寸、8K、OLED、柔性屏成为全球显示面板产业发展的四大趋势。

在智能手机消费端,各大厂商将屏幕硬件的升级作为其产品提升的重要一部分,以此刺激消费者的换机欲望。OLED面板,特别是柔性OLED面板,凭借在画质、轻薄、高屏占比等方面的优势成为手机产业的重要发展方向。随着京东方、华星光电、天马、维信诺等本土面板厂商的崛起,将打破韩国面板厂在柔性OLED市场的垄断。而大规模量产后的柔性屏也将极大降低生产成

本,届时可折叠手机面板的出货量将快速提升。

伴随着近几年投资的高世代面板生产线陆续量产,京东方10.5代线的满产和华星光电11代线的投产,65英寸及以上大尺寸的出货量将快速增长,国内大尺寸面板的价格将会出现显著的下降。这将对整个显示产业,尤其电视产业链,产生显著的供过于求的压力。电视面板厂商未来将在超大尺寸、8K和OLED三大方向发力,以此来进行差异化竞争。

(三) 集成电路领域并购潮持续出现

2019年全球半导体市场疲软。随着新技术的兴起和摩尔定律的趋缓,半导体企业不断探索新的发展模式,希望通过并购补全自身的短板,由此再一次掀起了产业内部并购的浪潮。通过收购来巩固或扩展市场地位,已成巨头发展的常态。

从2015年开始,全球半导体市场就掀起了一股"并购潮"。2015年有超过30笔并购交易,交易金额达到1 073亿美元。2016年也发生近30笔并购交易,交易金额达到598亿美元。在两年的放缓之后,2019年半导体相关的并购交易有所回升,并且成为半导体并购交易规模第三大的一年。

2019年6月3日德国芯片公司英飞凌宣布以现金90亿欧元,并购赛普拉斯半导体,每股作价23.85美元。通过合并,英飞凌将成为全球第八大半导体公司、第一大汽车芯片供应商、第四大32位MCU供应商,并继续保持在功率器件和安全芯片上的市场第一位。双方在技术方面优势高度互补,这将进一步拓展英飞凌在汽车、工业和物联网等高速增长市场的市场潜力。收购成功后,英飞凌市场份额或将反超恩智浦,一举成为欧洲半导体老大。

3月,英伟达宣布,将以69亿美元全现金收购芯片制造商Mellanox。这笔交易将是英伟达有史以来规模最大的一笔收购交易,目的在于提振其数据中心芯片业务。6月,闻泰科技收购安世半导体,紫光国微以26亿美元收购Linxens。7月,美国应用材料公司以22亿美元收购日本国际电气。8月,全球最大的半导体公司之一博通宣布,将以107亿美元现金收购网络安全企业赛门铁克(Symantec)旗下的企业安全业务。12月,英特尔宣布以20亿美元价格收购以色列人工智能(AI)芯片制造商Habana Labs。

在全球半导体收购金额前十的并购案例中,中国占了两例,分别为闻泰科技39亿美元收购安世半导体和紫光国微26亿美元收购Linxens。这两大并购案例是中国企业对欧美企业的收购,是中国集成电路企业走向全球的重要标志,也是中国企业面对发展困境对自身业务所作的精心调整。

(四) 通用计算机芯片将遭遇冲击

2020年6月,苹果在召开的2020开发者大会(WWDC)上,宣布从使用英特尔处理器转向自身开发的基于 Arm 的芯片。

早在几年前,苹果就开始了桌面板 Arm 处理器项目的开发,该项目名为 Kalamata。作为这个项目的一部分,苹果至少在开发三款基于 Arm 的 Mac 处理器的 iPhone A14 芯片。传统的 X86 架构的通用芯片性能增长的放缓是苹果寻找新芯片的主要驱动力。与搭载英特尔 X86 通用芯片的 Mac 电脑相比,搭载 Arm 芯片的 Mac 电脑的性能更快,功耗更低。作为移动电子产品,搭载 ARM 机构处理器的笔记本电脑将会让未来的 MacBook 变得更薄、更轻。

虽然就市场份额来看,苹果公司仅占有约 10% 的 PC 市场,短期内对英特尔的市场销售不会造成太大影响。但是,如果随着 ARM 架构的处理器性能不断提升,移动 PC 市场将会迎来一场变革。事实上,微软公司、三星电子公司和联想集团有限公司已经推出了基于 ARM 芯片的笔记本电脑,开始了对 ARM 处理器的尝试。我国在通用芯片领域较为落后,但是在基于 ARM 架构的芯片设计领域颇有建树。随着国内电子信息市场的不断扩大,以 ARM 架构为基础的专用芯片市场将不断扩大,拥有较大的市场机会。

(五) 全球半导体产业链受到干扰

美国使用"加征关税""实体名单""长臂管辖"等手段对中国电子信息产业开始限制和打击,先后对中兴、华为进行制裁。这一制裁的背后是美国试图使用国家力量在高端科技领域对其他国家的竞争对手进行打压,以此保证美国在这一领域的领先。半导体行业作为现代工业的最基础产业,在某种程度上决定着一个国家制造业的先进程度。所以,由于一些国家在半导体行业中关键技术上的垄断性,他们逐渐将本国的半导体产业作为国家间对抗的手段和工具。

如在 2019 年 7 月,日方不满韩国法院判决日本企业赔偿第二次世界大战期间遭日企强征的韩国劳工,日本政府认定,依据两国 1965 年签订的《日韩请求权协定》,这类索赔问题"已经解决"。日本政府宣布对出口韩国的半导体工业材料加强审查和管控,并将韩国排除在贸易"白色清单"以外。日方采取出口管制的 3 种产品分别是高纯度氟化氢、光致抗蚀剂和氟聚酰亚胺,是智能手机、芯片等产业的重要原材料,日本企业在全球供应量中占据绝大多数份额,而半导体产业是韩国主要经济支柱之一。韩国企业对日本产高纯度氟化氢、光致抗蚀剂和氟聚酰亚胺的依赖度分别达到 43.9%、91.9% 和 93.7%。

无疑,韩国对日本半导体生产中使用的原料有着超高的依赖度,而半导体对于韩国而言是国民经济的支柱产业,打击了韩国半导体的生产就是打击了韩国的国民经济。正是利用这一优势,日本政府花费了很小的代价就使得韩国经济陷入了较大的困境。由此可见,无论是日本还是美国,都已经开始利用自身在半导体产业上的优势作为工具去打击他国,以达到其政治目的。所以发展半导体产业,补足半导体产业的短板不仅仅是发展经济,升级制造业的需要,更是增强国家话语权、和平竞争的基础。

(六) 中国产业升级遭遇外部阻力

随着中国电子信息制造业产业国际竞争力的提升,产业发展面临的国际环境变得日益复杂。1996 年西方发达国家所签订的《瓦森纳协定》中,我国属于先进技术限制出口国家,这就导致我国无法购买到国际最先进的电子信息制造设备。此外,近年来美国将我国重点企业、科研机构、高校等列入实体名单,利用自身的技术优势对名单上的单位进行制裁。这一行为严重影响了我国电子信息产业的发展和相关企业的发展。2018 年,美国对我国领先通信技术企业中兴通信进行制裁,禁止中兴通信 7 年内向美国企业购买敏感产品。在进行大半年的谈判之后,中兴通信最终在缴纳总计 22.9 亿美元的罚金后获得了美国政府禁令的取消。2019 年 5 月 17 日凌晨,美国商务部工业和安全局(BIS)正式把华为列入"实体名单",开始了对中国通信企业华为的制裁。而早在半年前,在美国的授意下,加拿大扣留了华为公司首席财务官孟晚舟,并且试图以此使得华为屈服。在过去的一年间,美国政府对华为的制裁层层加码,但是在不断的博弈中,华为也逐渐于这一艰难的环境中寻找突破口,凭借自身不可替代的技术迫使美国政府同意华为参与美国的 5G 建设。

2020 年 6 月,迫于美国政府的政策,Mathwork 公司开始禁止向哈尔滨工业大学、哈尔滨工程大学提供技术以及客户支持服务。即便相关单位和人员购买了正版的 Matlab 软件,哈工大和哈工程的师生也不能使用 Matlab 进行科研行为、基于 Matlab 得到的科研成果奖不被国际承认。

面对这一产业领域中的封锁,国内相关企业感受到了发展的桎梏,开始更多地关注于国内产业链的布局。国内各省市地方政府也针对集成电路产业推出了大量的扶持政策和优惠政策,试图扭转总体上处于劣势的产业格局。

四、上海提升电子信息制造业国际竞争力的政策建议

(一) 紧紧围绕全球集成电路发展,布局新优势

集成电路一直广泛应用于国民经济的各个领域中,是电子信息技术的基础,是信息社会经济发展的基石。如今,大数据、物联网、人工智能等新一代信息技术飞速发展推动社会智能化转型,集成电路的性能、功能也遇到了更大挑战。

我国集成电路产业起步晚、技术弱,与国际领先厂商相比技术差距和生产能力差距大。近几年来,我国花费在集成电路领域中每年的贸易逆差超过一

万亿元。2019年我国集成电路进口金额3 040亿美元,出口金额1 015亿美元,贸易逆差达到2 025亿美元。这仅为集成电路零部件的贸易逆差,在集成电路生产设备领域,我国几乎没有出口,也产生了较大的贸易逆差。

大量的集成电路进口之后由国内企业生产,制造成手机、计算机等电子产品,我国企业仅仅获取了附加值较低的组装环节,而在电子信息的制造的集成电路高附加值环节,大部分被国外公司所占据。所以,对于未来我国,特别是上海电子信息制造业的发展,集成电路产业是核心,更是提升上海电子信息产业增加值和国际竞争力的核心抓手。

(二)利用好新基建的历史机遇,推动产业转型

面对2020年新冠疫情,中央提出了发展投资新型基础设施建设(简称"新基建")的重大战略方针,其主要包括5G基站建设、特高压、城际高速铁路和城市轨道交通、新能源汽车充电桩、大数据中心、人工智能、工业互联网七大领域。

在新基建的投资领域中,都需要电子信息制造业作为基础的支撑。特别是5G基站建设、大数据中心、人工智能、工业互联网等新兴技术领域需要大量的芯片、传感器、终端等产品。新基建的建设不仅仅是拉动内需,保证经济平稳运行的需求,更是上海电子信息制造业产业发展的一次新机遇。凭借新基建所产生的市场需求,凭借上海在全国电子信息制造业中的产业优势,扩大市场份额,积攒前沿技术突发所需要的研发资金,持续推动上海电子信息产业向高技术、高附加值的产业领域和环节延伸和扩张。

1. 加快集成电路企业云上转型

云平台可以为企业设计人员提供共享平台,查看和利用云端设计资源和软件,实现企业内部合作共享,同时也打破了地域限制。因而,集成电路企业上云,有利于提高集成电路企业的研发效率。同时,集成电路是云平台建设的基础,集成电路企业上云将更加有利于发现云平台建设过程中的重点、难点,实现集成电路设计、制造与云平台建设的双向互动,对上海的集成电路制造业的价值链提升以及上海信息化水平提高,形成巨大推力。当下,由于存储、传感器等传统芯片领域几乎被国外垄断,进入难度极高,上海应该将注意力重点放在人工智能、区块链、边缘计算、物联网等新兴技术领域所需芯片的研发,提升这类芯片的运算能力和使用寿命,开发人工智能芯片,提升安防、自动驾驶、金融等应用领域可靠性,抢占这一轮产业革命的高地。

2. 重视电子信息制造业工业软件配套

如果说工业设备是现代化制造的基础,工业软件则是能够发挥工业设备效率最大化的抓手。长久以来,我国的工业软件一直落后于工业生产,这一方面是由于国外设备生产厂家对软硬件的打包销售策略,另一方面是长久以来

使用国外软件使得用户已经形成了使用习惯。对于市场化运营的行业来说，这一专业化发展有利于产业总体的发展和市场效率的提高。但是，近年来贸易摩擦使得我国深刻意识到，由于意识形态和国家竞争位置的不同，我国制造业中的产业薄弱点非常容易成为竞争国家制裁和攻击的对象。所以，发展工业软件不仅仅是市场产业发展的需求，更加是产业安全的客观需要。

3. 发挥好产业链"终端"带动能力

电子信息制造业是一个长产业链产业，从集成电路设计、集成电路制造、产品设计到产品制造最终到消费端的分工及其细化，每一家厂商仅仅从事其中的一两个环节。在上海过去几年电子信息制造业的发展来看，上海目前重点着重于集成电路设计和制造的环节，而后端的智能硬件、电子计算机和通信设备的生产制造环节则在向内陆地区转移。这一变化虽然提升了上海电子信息制造业整体的技术水平和盈利能力，但是终端生产过渡的转移会出现地区终端产品生产能力不足的情况，最终有可能导致前端产品研发与终端产品生产的脱节，产业发展出现问题。

所以，对于上海电子信息制造业未来的发展中，仍需重视上海本土电子信息制造业终端产品的生产，特别是如5G基站、智能设备、VR设备等高附加值终端产品的生产，要以终端产品的生产和销售带动产业链上游的研发和生产。

（三）以投资为重点加大开放，补全产业链短板

1. 推动集成电路基金二期投资

在过去五年间，我国集成电路在国家集成电路产业投资基金的投资下推动了一批前沿技术的突破，取得了一定成就，但是与国际一流企业的技术和能力还有较大的差距。所以，仍需要持续对上海集成电路产业进行扩大投资，梳理产业中目前的弱项，从产业短板、设计能力和制造能力三方面实现整个产业能级的提升。加大高附加值产品设计和制造业环节的投入，逐步打破集成电路设计、制造领域核心技术"卡脖子"的现状。提升集成电路设计能力，重视开发面向领域专用芯片的高度自动化EDA工具，提升对企业进行芯片设计的辅助能力。最后在制造领域，加大对第三代半导体材料的研发，推动光刻机、刻蚀机等关键装备技术的突破，钻研FinFET、GAA、CMOS、高迁移率沟道、源漏应变工程等核心制造工艺。

在上海电子信息制造业的发展中，集成电路制造业已经成为未来发展的最主要抓手。相对国内其他地区集成电路的发展而言，上海拥有较好的产业基础，是发展集成电路全产业链的可行地区。

2. 吸引境内外产业链联动投资

对于电子信息制造业这种产业链长、专业化程度高、技术难度大的产业，单一环节的突破对整体产业的提升并不显著。此外，高技术产业的另一大特

征就是单一企业的研发能力往往无法承担全部前沿技术的研发,这些技术通常需要产业链上的不同公司进行协同研发。如 2004 年,台积电和 ASML 共同完成开发了全球第一台浸润式微影机台。随后,台积电启用全世界第一台 193 纳米"浸润式微影技术"机台,正式跨入 65 nm 线宽的生产。这一技术成为此后 65、45 和 32 纳米线宽制程的主流,推动摩尔定律往前推进了三代。台积电和 ASML 的合作就是高技术产业合作研发的典型模式。在 ASML 的股东中,有台积电、三星、英特尔这三个主要客户,通过交叉持股的方式确保了联合研发的实现和产品供货的稳定。

同样,对于上海电子信息制造业的前沿技术突破中,也不仅仅要依靠单独一家公司进行大量的研发从而突破,更需要推动上海本地现有上下游企业的联合发展和联合研发。如集成电路设备企业上海微电子和集成电路代工企业上海华虹的交叉持股和联合研发,集成电路设计公司和 EDA 软件公司的联动发展等。通过交叉持股、联合研发等手段,实现产业的联动发展。

(四)加快科研体制机制改革,释放创新活力

1. 优化科研经费管理机制

在政府对于上海电子信息制造业给予重点关注的同时,上海市政府也推出了大量相关科研支持资金以支持产业前沿技术的研发。近年来,项目投入巨大,但是还存在着一些问题。其中,对于项目的申请和科研经费的管理制度严重制约了科研项目组成员对某些项目的申请和主观能动性的发挥,削弱了政府科研经费投入的使用效果。所以在下一阶段上海电子信息产业的发展中,不仅仅要加强政府财政资金的投入,更要进一步优化科研资金的申请和管理制度。特别是对于海外归来长期从事行业工作的创业人员等,给予一定的政策宽松度,提升科研资金投入效率和使用效率。

2. 加大人才培养引进力度

人才是产业发展的基础,对于未来上海电子信息产业的发展需要大量的高端人才。而人才的投入也是一项长期而持续的工作,要政府、社会和高校三方共同努力才有可能实现。在当前产业发展的阶段,引进海外相关人才是最便捷,也是最可行的方式。对于引进人才的政策,要打破唯职称、唯学历的评价体系,使得广大的产业人才受益于人才政策,这才能使得上海集聚大量人才,实现产业突破与创新。

对于上海而言,上海本地拥有大量工科院校和研究所,应发挥好院校和研究所的人才培养作用,加大培养力度,为产业提供相应的人才。

此外,除了继续加大高校人才培养力度外,还需推动微电子和集成电路相关一级学科的申请和建设,缩小高校人才培养与企业用人需求间的差距,推动集成电路人才的"供给侧结构改革"。

在政策层面,企业自主培养人才是企业人才的最主要来源。为增强还在发展时期的企业潜力,应鼓励企业培养人才。对电子信息制造业企业的人才培养,政府可以进行相应的人才培养补贴,进一步降低企业人才培养成本,扩大企业培养人才的数量。

执笔：
  汤蕴懿 上海社会科学院研究员
  蒋程虹 上海社会科学院应用经济研究所博士研究生

2019—2020 年上海新能源汽车产业国际竞争力报告

2019 年,全球汽车产业持续增长颓势,中国汽车市场持续下滑。连续高歌猛进多年的中国新能源汽车市场也迎来由增长转而下滑的转折点。在全球贸易形势纷繁复杂的当下,提升上海新能源汽车产业国际竞争力水平即是产业转型升级的要求,也是上海未来高质量发展的抓手。为此,认清上海新能源汽车产业国际竞争力的强弱和所处的位置,发现其不足,正是本文所要研究的核心。

一、背景趋势

(一) 全球新能源汽车产业发展概况

1. 全球汽车市场收缩,新能源汽车市场保持增长

2019 年,全球经济增长进一步放缓,受贸易保护主义、政治动荡因素的影响,全球发展的不确定性逐渐加大。同时,中国作为世界汽车产销第一大国,同比下降较快,极大加深了全球汽车市场的下滑。据世界汽车制造商协会(OICA)统计,2019 年,全球共生产汽车 9 178.7 万辆,同比下降 5.2%。

而全球新能源汽车市场虽然增速有所下降,但依然保持了 10% 的增长速度。EV Sales 数据显示,2019 年全球销售新能源汽车约 221 万辆,同比增长 10%。新能源汽车在全球的渗透率进一步上升,达到 2.4% 以上,全球大约每卖出 40 台汽车就有一台新能源汽车。

2019 年,中国新能源汽车销量虽然略有下降,但依然保持了全球第一的地位,并且也是唯一一超过百万辆的市场。从全球来看,2019 年全年新能源汽车销量超过 10 万辆的仅中国、美国和韩国。

中国和美国是新能源汽车市场的先发国家,也是全球新能源汽车的主要

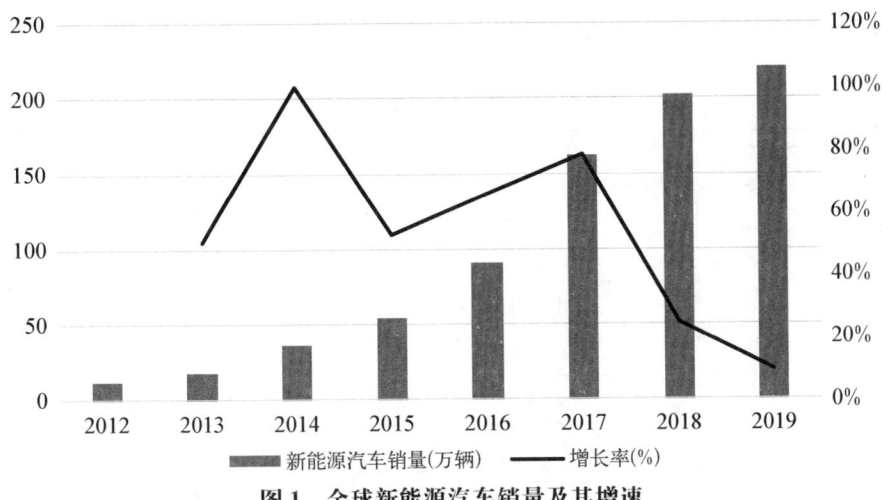

图 1 全球新能源汽车销量及其增速

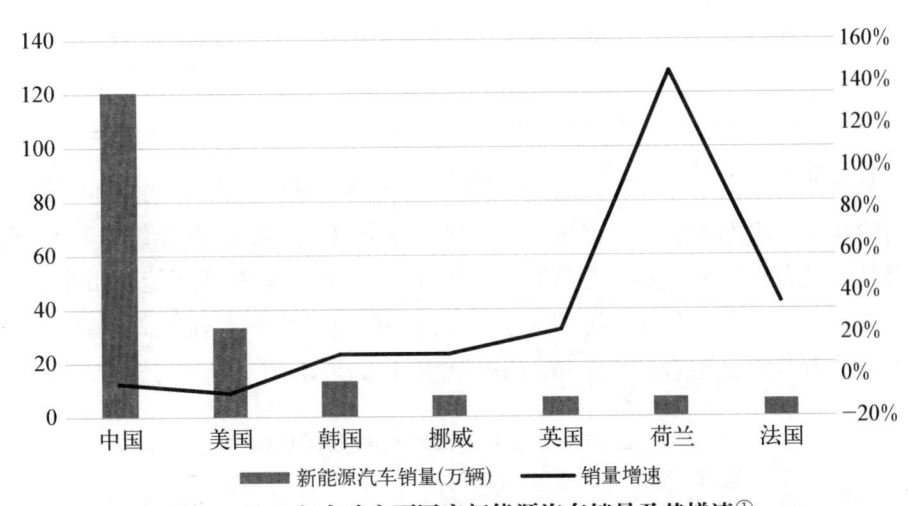

图 2 2019 年全球主要国家新能源汽车销量及其增速①

市场。近年来,随着欧洲各国政府对新能源汽车的不断重视,相继出台了大量的实质性扶持政策,欧洲各国的新能源汽车销量显著上升,销量增速显著大于中、美、韩等国家。对全球第二大市场美国而言,虽然其在 2019 年取得了 30 万辆以上的销量,但是其国内存在严重的区域非均衡性,新能源汽车主要销售在加利福尼亚州,其余州的销量占总销量不到 1%,整体普及上远弱于中国,消费者对新能源汽车的接受程度也较低。

在新能源汽车市场增长放缓的背景下,整个新能源汽车市场的格局出现了较大的转变。凭借更为便宜的 Model 3 产能的不断提升和中国市场需求的旺盛,特斯拉以年销量 36.78 万辆的成绩大大超越连续四年全球新能源汽车销量第一的比亚迪,成为 2019 年全球新能源汽车销量冠军。比亚迪、北汽新能

---

① 数据来源:EV sales。

源分别以销售 23 万辆、16 万辆的成绩位列第二和第三名。

表 1　2019 年全球新能源汽车销量厂商 top10①

排　名	厂　商	销量（辆）
1	特斯拉	367 820
2	比亚迪	229 506
3	北汽集团	160 251
4	上汽集团	137 666
5	宝马	128 883
6	大众	84 199
7	日产	80 545
8	吉利	75 869
9	现代	72 959
10	丰田	55 155

从企业榜单上来看,中国车企虽然依旧在全球销量榜上占据了四个席位,但是与前几年相比大大缩小。宝马、大众、现代等跨国车企在 2019 年纷纷发力,在原有品牌能力和技术积淀的支撑下销量迅速上升,这也给全球新能源市场的发展注入了新的动力。在所有新能源车销量之中纯电动汽车占到了 74%,同比增长了 5%,而插电式混合动力汽车的份额占到了 26%,同比下降了 5%。

表 2　2019 年全球新能源汽车销量 TOP10②

排　名	车　型	销量（辆）
1	特斯拉 Model 3	300 075
2	北汽 EU 系列	111 047
3	日产聆风	69 873
4	比亚迪元 EV/S2 EV	60 050
5	宝骏 E 系列	51 083
6	宝马 5 系新能源	49 649
7	三菱欧蓝德 PHEV	46 839
8	雷诺 ZOE	44 386
9	现代 KONA 新能源	41 837
10	宝马 I 3	39 497

① 数据来源：EV sales。
② 数据来源：EV sales。

从产品榜单上来看,特斯拉 Model 3 以 30 万辆的销量新高夺得热销车型第一名,排名第二的是北汽 EU 系列,日产聆风则以全年销售 6.99 万辆的成绩打败比亚迪元获得了第三名。和前几年的销量榜单相比,来自中国的产品由一半以上降到仅剩三席,仅北汽 EU 系列、比亚迪元 EV、宝骏 E 系列三款车型进入榜单。

从榜单中的车型可以看出,中国新能源汽车的畅销车型集中在微型和紧凑型领域,其价格相对较低,品牌对其溢价的能力也不高,该类产品主要解决城市的基本出行需求。反观国外品牌新能源汽车,无论是 Model 3、宝马 5 系新能源,还是三菱欧蓝德 PHEV,都是中型轿车或者 SUV,终端售价都是二三十万元以上甚至更高。由此可见,国际厂商是将新能源汽车作为自身产品的补充,并且主要是以中高端产品的定位嵌入自身的产品体系中。这一方面是由于新能源汽车制造成本较高,推出入门级车型将导致该车型价格偏高,对车型的定位会造成偏差。另一方面,推出新能源车型也抢占了一部分由于政策导向所引致的需求。总之,受益于品牌能力和产品能力,跨国厂商开始抢占全球市场,加剧了中国新能源汽车产业内的竞争。

2. 面对困境,传统车企抱团取暖

在面对汽车产业新"四化"(即电动化、网联化、智能化、共享化)的大浪潮和全球汽车市场不振的市场环境下,全球汽车企业开始寻求互相间的合作,由原本纯粹的竞争者转变为既竞争又合作的关系。

其中最大的一笔合作为菲亚特克莱斯勒与标致雪铁龙合并。2019 年 10 月 31 日,法国车企标致雪铁龙集团(PSA)与菲亚特克莱斯勒(FCA)双方正式宣布合并,成立一个市值达到 484 亿美元(约合人民币 3 414 亿元)的汽车集团,双方将在合并后的公司中各持有 50% 的股权。按照这两家公司去年汽车的总销量 870 万辆计算,合并成功后的新汽车集团产销超过通用汽车位列全球第四,总量达 840 万辆。

PSA 集团旗下拥有标致、雪铁龙、DS;FCA 则持有菲亚特、克莱斯勒、道奇、Ram、Jeep、蓝旗亚、阿尔法·罗密欧、玛莎拉蒂、法拉利等品牌。FCA 集团与 PSA 集团的合并,将在车辆平台、动力总成和技术等实现协同效应,能节省高达 37 亿欧元的成本。

此外,2019 年 1 月,大众和福特正式结盟,强化在电动汽车和无人驾驶等领域的合作。3 月,戴姆勒、宝马又宣布将在出行领域进行"联姻"。8 月,丰田宣布将斥资 960 亿日元收购铃木 4.9% 的股份,强化合作关系,共同研发自动驾驶技术。同样,铃木也出资 480 亿日元收购丰田的股份,强化资本合作。11 月,比亚迪发布公告,宣布比亚迪与丰田汽车成立纯电动车研发公司,新公司将于 2020 年在中国正式成立,丰田与比亚迪各出资 50%。新公司将开展纯电动车及该车辆所用平台、零件的设计、研发等相关业务。

3. 全球造车新势力逐渐崛起

2019年,以特斯拉为代表的造车新势力凭借自身的先发优势和互联网基因,正不断抢占传统车企市场份额。得益于Model 3的批量交付,大量的新能源汽车市场被特斯拉所打开。凭借着新颖的外观和优秀的驾乘体验,Model 3一年销量超过30万辆,成为全球最畅销的新能源车型,与传统燃油车热销车型的销量相比也毫不逊色。Model 3的热销也使得特斯拉成为全球第一大新能源汽车企业。

除了特斯拉的热销之外,中国国内的造车新势力也进入了批量交付年。2019年,有4家造车新势力企业产销量突破了一万辆,分别为蔚来、威马、小鹏和合众。其中,蔚来汽车销量最高,达到20 565辆、威马汽车交付16 876台、小鹏汽车交付16 608辆、合众汽车交付10 006台。交付量过万可以看作是造车新势力开始逐步崛起的一个信号,蔚来、小鹏等都已经开始和传统厂商的合作,这对于新势力补齐短板有较大的好处。中国造车新势力能否崛起也是未来中国新能源汽车市场能否发展好的重要一环,有了多样的产品才是一个完善的市场和产业。

4. 开源未成,节流先行

面对全球车市的增长停滞、汽车销量不佳、开源无果的情况,为了保证企业的运转和筹集下一阶段电动化研发的巨额投入,各大车企开始了裁员和降薪。这一裁员和降薪几乎波及全球所有车企,无一幸免。

在裁员方面,捷豹路虎成为全球车企裁员之最,裁员2万人,占公司总人数的50%。有近一半的车企裁员人数在10%左右,而奔驰、宝马、本田等销量较好的车企裁员人数较少。由此也可看出,即便是在行业性停滞面前,有竞争力的企业依然能够实现相对的扩张。

表3　全球各大车企裁员计划[①]

车企	拟裁员数	裁员比例(%)	拟裁员时间	高层降薪(%)	拟申请信贷	预计削减成本
戴姆勒	10 000	3.3	2020年前	10—20	150亿欧元	2022年前削减14亿欧元
宝马	5 000—6 000	4	2020年6月前	—	—	2022年前削减140亿欧元
奥迪	9 500	10	2025年前	—	—	2029年内削减60亿欧元
丰田	—	—	—	—	1万亿日元	—

[①] 由互联网不完全统计得。

续表

车企	拟裁员数	裁员比例(%)	拟裁员时间	高层降薪(%)	拟申请信贷	预计削减成本
本田	10 000+	4.5	2020年5月	—	—	2025年生产成本削减10%
日产	12 500—20 000	8.4—15	2023年4月前	30—50	7 130亿日元	2020年前削减3 000亿日元
三菱	—	—	2020年5月	45	3 000亿日元	2022年前削减1 000亿日元
大众汽车	7 000		2023年前	10—20		2023年每年削减59亿欧元
通用Cruise	165	9	2020年5月	20—30		2020年每年削减60亿美元
福特				20—50		2020年前削减255亿美元
FCA	2 000+	1	2020年3月	20	35亿欧元	—
PSA	6 000+	3	2025年前	25—35		
雷诺	15 000	8.3	2020年5月	25	50亿欧元	2022年前削减20亿欧元
现代汽车	12 000	20—40	2025年前	20		—
沃尔沃	1 200	5.6	2020年5月			
捷豹路虎	20 000	50	2020年4月	10—30	20亿英镑	
宾利	1 000	20	2020年6月前			
阿斯顿·马丁	500		2020年6月前			
迈凯伦	1 200	25	2020年5月	20	1.5亿英镑	
劳斯莱斯	9 000	17	2020年5月			

在降薪方面,高管的降薪是首当其冲,降薪的范围从10%—50%不等。其中,日产、福特公司的高管降薪比例最高均达50%,远高于同行,从侧面也证明了其所受冲击更大。

(二) 中国新能源汽车产业发展概况

1. 中国新能源汽车产业概况

根据中国汽车工业协会数据,2019年中国汽车产销分别完成2 572.1万辆和2 576.9万辆,产销量继续蝉联全球第一。但从增速来看,去年的产销量分别下降7.5%和8.2%,并且下滑速度相较2018年有所扩大,出现了加速下滑的情况。

在新能源汽车领域,2019年中国新能源汽车产销分别完成124.2万辆和120.6万辆,同比分别下降2.3%和4.0%,是近十年来我国新能源汽车市场的首次下滑。其中纯电动汽车生产完成102万辆,同比增长3.4%;销售完成97.2万辆,同比下降1.2%;插电式混合动力汽车产销分别完成22.0万辆和23.2万辆,同比分别下降22.5%和14.5%;燃料电池汽车产销分别完成2 833辆和2 737辆,同比分别增长85.5%和79.2%。

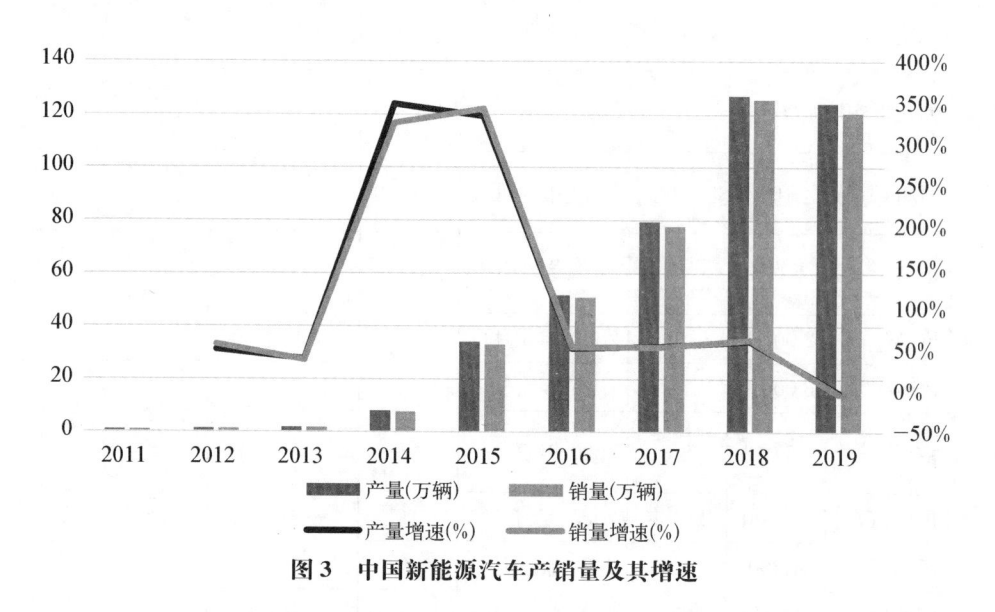

图3 中国新能源汽车产销量及其增速

2. 国际车企在中国合作的拓展

为了更好地拓展中国的新能源市场以及利用中国车企在过去多年间由国内市场的规模效应积累起来的技术经验,国际各汽车巨头除了加大自身研发之外还开始了和国内汽车厂商的合作。这一趋势不仅体现了国际厂商不断对中国新能源汽车市场的重视,更是对中国长久以来发展新能源汽车所研发的产品和技术的认可。具体来看,2019年7月,雷诺集团和江铃集团宣布正式成立合资公司,雷诺集团增资10亿元,正式成为江铃集团新能源汽车有限公司的股东,拥有50%的股权。11月,丰田宣布和比亚迪成立合资公司进行电池、电控以及电动汽车平台的研发和供货。大众则更为大手笔,在2020年初就大举入股江淮汽车和国轩高科,持有了安徽江淮汽车集团控股有限公司50%的股份,并且成为国轩高科的第一大股东。大众的频频动作无疑是向世人展示了其发展新能源汽车坚定的决心,和在中国市场重点发展的战略重心。

3. 特斯拉落地上海,发展潜力可期

从2018年中美国特斯拉与上海市政府以及临港管委会、临港集团签署纯电动车项目投资协议到2019年1月特斯拉中国超级工厂（一期）奠基仪式，最后到2019年12月30日首批15辆国产特斯拉Model 3在上海超级工厂正式交付给客户，特斯拉上海工厂的实践不仅践行着特斯拉速度，更体现了中国建设的速度。

特斯拉从奠基到投产只用了12个月，整个工厂达产能力是15万辆Model 3纯电动新能源乘用车。正是凭借着这一车型，特斯拉成了全球第一的新能源汽车企业。而特斯拉上海工厂的投产一方面会进一步降低Model 3在中国市场的售价，进一步刺激特斯拉的在华销量。另一方面，特斯拉提出了2020年底国产特斯拉Model 3国产化率达到100%的目标，这无疑将带动国内的产业链进行配套，对产业的发展产生促进的作用。

在2020年初特斯拉上海工厂全面投产上量之后，特斯拉Model 3车型就开始了中国市场的降价，截至2020年5月，Model 3的单车价格已经降低了3万至4万元，与国内的新能源汽车厂家的产品开始了正面的直接竞争。而受益于中国提前控制疫情，特斯拉2020年上半年表现亮眼，产销量大幅提升，这一喜人的数据支撑特斯拉的股价节节上升，至2020年6月特斯拉总市值超越丰田成为全球第一市值的汽车企业。上海引入的特斯拉这条"鲶鱼"逐渐长成了"鲨鱼"。

4. 购车补贴延续，补贴结构转变

2016年我国出台了2016年至2020年间的新能源汽车补贴计划。在方案中明确了新能源汽车补贴的退坡方式和最终退坡的时间，预计将于2020年底全面取消新能源汽车补贴。自2017年开始，我国新能源汽车补贴的退坡力度开始加大，每年的退坡比例在原补助金额的50%左右，并且将于2020年全面取消。

但是，2020年初的新冠疫情也使得我国新能源汽车的补助退坡延缓了脚步。受新冠疫情影响，2020年一季度的经济增长十多年来首次出现了下滑，并且汽车市场出现了50%以上的产销下滑。在如此艰难的困境下，2020年3月31日，国务院总理李克强主持召开国务院常务会议决定，为促进汽车消费，确定将新能源汽车购置补贴和免征购置税政策延长2年。除了中央政府的救市行为，地方政府也开始想办法促进新能源汽车消费，如广州3月发布政策，将对个人消费者购买新能源汽车给予每车1万元综合性补贴，上海宣布对2020年购买新能源汽车的车主提供5 000元电费补贴等。

此外，在新能源汽车直接的补贴政策下降的同时，政策的投入开始转向新能源汽车的运营端和基础设施建设。2018年11月四部委印发了"关于《提升新能源汽车充电保障能力行动计划》的通知"，要求引导地方财政补贴从补购置转向补运营，逐渐将地方财政购置补贴转向支持充电基础设施建设等环节。

5. 双积分政策接力，探索更为市场化的政策模式

双积分政策被认为是我国想要转变新能源汽车原有财政补贴模式、使中国新能源汽车推广走向市场化的重要政策手段。对双积分政策而言，双积分发力于供给端，既有节能油耗、新能源汽车积分占比的硬性约束，又有积分交易、转让的价格信号引导，将在后补贴时代对促进产业发展发挥重要作用。2017 年我国出台了第一部双积分政策方案，但只是试运行，并没有真正实践。2019 年 7 月，我国在原有 2017 年版本运作的基础上推出了《乘用车企业平均燃料消耗量与新能源汽车积分并行管理办法》修正案（征求意见稿），与原版本相比，新版本《积分办法》做出了较大修订。主要体现在传统燃油车的燃油测试方法、NEV 积分下调和 NEV 积分允许结转三个方面。目的就在于促进积分价值的提升，为新能源汽车财政补贴结束之后能对其有间接的市场化助力。

新办法将推高新能源积分价值，托底新能源汽车增速，为行业长期发展保驾护航。

6. 国六标准提前实施，国内市场进入了竞争淘汰期

自 2018 年我国汽车产销量开始下降以来，国内一些三、四线自主汽车品牌的生存开始逐渐艰难。2018 年中，北汽银翔、北汽幻速停产，这只是倒下的第一家厂家。2019 年，随着全国汽车销量的进一步下滑和国六排放标准的提前实施，很多自身技术研发能力不足的厂家出现了无车可卖的情况，直接对其艰难维持的业务造成了毁灭性的打击。众泰、长丰猎豹、海马、力帆、大乘、汉腾等中国自主品牌纷纷停产，难以为继。其中，众泰汽车更是爆出 2019 年全年亏损百亿元的巨额风险。

而这一市场的淘汰不仅仅局限于自主品牌企业，合资品牌企业同样也遭受着市场下滑的阵痛，并且不得不缩减产能或直接退出市场。其中，东风标致雪铁龙面对产销量的下降推出了 F99 计划，卖掉部分工厂和降薪以减少运营成本，试图熬过车市"寒冬"。2019 年 12 月，长安汽车和标志雪铁龙公司先后挂牌出售其所持有的合资公司长安标志雪铁龙股份，而这一股份最终被宝能集团买下，并更名为宝能汽车。2020 年初，又一家合资车企东风雷诺遭遇解散，雷诺拟将其持有的东风雷诺 50% 股权转让给东风集团，雷诺品牌将退出中国市场。

2020 年在面对新冠疫情的影响下，中国汽车市场势必面对新一轮的下滑，市场淘汰的速度也会进一步加快，预计会有更多的二、三线品牌面临停产危机和停业危机。

（三）行业发展趋势

1. 对中国汽车市场均衡产销量的再估计

近两年来，中国汽车市场的产销量逐年下降，2019 年下降到了每年 2 500

万辆的水平,与众多专家和研究机构对中国汽车年产销量的预测都相差甚远。从众多的预测来看,其对中国年产销量的预测是基于人均收入的增长和人均收入的多少对应的欧美国家的汽车保有量为依据的。确实,从这一角度来说,中国与欧美日韩国家在同一收入水平上的汽车保有量有较大差异。

根据世界银行数据,2019年中国每1 000人拥车量为173辆,位列榜单第17名。美国位列第一,千人汽车拥有量达837辆,是中国的近5倍;排在第2—10名的国家分别是澳大利亚、意大利、加拿大、日本、德国、英国、法国、马来西亚、俄罗斯,其千人汽车保有量分别为747辆、695辆、670辆、591辆、589辆、579辆、569辆、433辆、373辆。国内许多专家根据这一差距得出了中国的汽车市场还将保持快速增长的势头。

但是,近几年的情况却与此相反。所以,在当前我国汽车产能严重过剩的情况下,有必要对我国汽车市场的均衡产销量进行重新的思考与估计,作为未来政策制定和维护市场稳定发展的重要依据。从近两年的产销来看,中国汽车市场逐渐走向了均衡产量,即将进入一个稳态。并且,市场的需求结构发生了重大变化。

2019年,我国汽车产销分别完成2 572.1万辆和2 576.9万辆,同比分别下降7.5%和8.2%,但豪华品牌轿车产销则全面实现了两位数以上的增长,其中日系豪华品牌讴歌和雷克萨斯更是增长了56.9%和25%。

所以,有理由认为中国汽车市场的产销正在走向均衡,但是这一均衡点并不能以欧美国家的均衡作为参考,而是要根据我国实际国情,以目前的发展态势来看,我国汽车市场的均衡点在2 000万至2 500万辆之间。全国产销均衡点的估计有利于后期我国对产业政策的制定。市场需求由原本的首购需求驱动转向了增购、换购需求为主的市场结构调整。所以新能源汽车要实现持续的增长不仅要从普及化出发,也要要走向高端化。未来新能源汽车的增长势必走向替代传统燃油车的道路,而不是新增需求。

2. 整体汽车市场下滑,产能严重过剩,行业加速洗牌

中国汽车工业协会统计数据显示,2019年全国汽车生产企业乘用车销售2 144.4万辆,同比下滑9.6%。这一数据较2017年巅峰值2 471.8万辆减少了327.4万辆,累计下滑13.24%。随着近年来厂家的扩产和销量的下降,国内整车厂的产能利用率也在不断下降。在工信部汽车生产企业目录公告的汽车企业中有128家具有乘用车生产资质,而2019年仅92家有销量,也就是说有近三成的乘用车企业都是僵尸企业,剩余的92家贡献了2 155.41万辆的销量。而截至2019年12月31日,我国现有乘用车总产能约为3 990万辆,在建产能906万辆,尚未获得生产资质的15家造车新势力企业共计384万辆规划产能。按现有总产能计算,2019年我国乘用车企业的产能利用率仅54%。

表4　中国乘用车企业产能利用情况①

序号	企业产能利用率数值范围	企业数量	年产能 数量（万辆）	年产能 份额（%）	2019年销售量 数量	2019年销售量 份额（%）	平均产能利用率（%）
	乘用车企业总计	128	3 990.5	100	21 554 099	100	54.01
1	大于100%的企业	8	439	11	5 371 743	24.92	405.75
2	80%—100%的企业合计	7	710.7	17.81	6 249 451	28.99	87.93
3	60%—80%的企业合计	10	746.5	18.71	5 116 785	23.74	68.54
4	40%—60%的企业合计	8	379	9.5	1 835 788	8.52	48.44
5	20%—40%的企业合计	19	686.3	17.2	2 320 728	10.77	33.82
6	10%—20%的企业合计	8	308	7.72	468 065	2.17	15.2
7	小于10%的企业合计	32	493	12.35	191 539	0.89	3.89
8	没有销量的其余企业合计	36	228	5.71	0	0	0

从具体的产能利用来看，国内乘用车企业已经出现了分化。产能利用率超过60%的乘用车企业仅25家，而这25家车企贡献了全国78%的销量。剩余103家车企瓜分22%的市场份额，使得这一百多家企业基本都处于产能过剩的状态。当前我国乘用车产能过剩仍主要集中在规模较小、销量较低的企业中。换句话说，我国产能过剩的根本原因还是企业数量过多。

3. 随着新能源汽车的发展，汽车的价值链面临着重构

在传统的汽车构成中，以发动机、变速箱、车身、底盘等汽车传动系统的几大系统的主要零部件为核心，构成了汽车的大部分价值，并且这些核心零部件的技术水平代表着车辆技术先进性。但是随着新能源汽车的崛起，汽车电气化趋势的逐步显现，整个汽车的价值链也面临着重构。在新能源汽车中，电动机取代了发动机，变速箱则直接被取消，而电控系统、电池系统、车载芯片等零部件替代传统零部件成为整车中最具价值的部分，汽车更像是一台电子产品而不是机械产品。

面对汽车价值链的转变，传统汽车企业的技术积淀并不能给其带来核心的竞争优势，因为其不掌握价值链中的核心部分。而新能源汽车的核心技术逐渐转移到了电子电器厂商手中。正是认识到了这一点，传统汽车企业也在寻求自身的转型。全球最大的汽车厂商之一大众汽车宣布组建自己的软件部门"Digital Car&Service"，目的在于将大众打造成一家软件驱动的汽车公司。同为全球最大的汽车企业，丰田汽车几乎同时宣布将从传统的汽车制造商向移动出行公司转型，其将对手锁定为苹果、谷歌等科技巨头。现代科技巨头正

---

① 数据来源乘联会，年产能计算方式为每年250个工作日，每日双班。

在凭借电子信息领域中的先发优势,与传统汽车巨头合作,探索智能驾驶细分环节,在未来的汽车行业中占据产业链的核心环节。传统车企如果不转型,最后必将沦为科技巨头们的代工厂。

4. 排放日益严苛,全球政府纷纷加速电动化转型

2019年,随着中国国六排放的分地区逐步实施,中国成为全球排放标准最严格的国家。同时,欧美发达国家也在制定更为严苛的排放规则和长远的汽车产业发展规划。

2019年4月,欧盟发布《2019/631文件》,规定2025年、2030年新登记乘用车CO_2排放在2021年(95 g/km)基础上分别减少15%(81 g/km)、37.5%(59 g/km)。与之前十几年间实行的政策相比,新规规定了更大的二氧化碳排放量的降幅,给予厂商的过渡时期更短,并且更换了排放测试方法,使得排放测试更为严苛。这也是受到近年来国际巨头不断有排放造假的丑闻出现的影响,欧盟政府下定决心要将排放标准严抓到底。

除了不断提升排放标准之外,欧美日韩等发达国家也通过不断的规划,给自身设立了更为长远的燃油车禁售计划。英国、法国、荷兰、葡萄牙、挪威等国家纷纷宣布自身燃油车禁售的时间安排表。就近期目标来看,挪威最为激进,2025年新能源汽车新车销售占比就要达到100%,欧盟将2030年的这一值设定为35%,中国2025年为25%,日本2030年为20%—30%。此外,德国政府更是逆势提升新能源汽车补贴,将售价4万欧元以下的纯电动车补贴由4 000欧元提高至6 000欧元。

表5 部分国家燃油车禁售规划[1]

国家	禁售时间	禁售说明	发展目标
中国	—	—	到2025年新能源汽车新车销量占比达到25%
日本	2050	新一代汽车振兴中心:2050新一代汽车计划,实现零排放	到2030年电动车(EV+PHEV)占比达到20—30%
美国	—	—	加州:2025年150万辆、15%市场份额;2030年430万辆
欧盟	—	—	到2030年,EV+PHEV车型占比至少达到35%
德国	—	—	到2030年再注册至少700万辆电动汽车
英国	2040	2017年英国政府发布 Air quality plan nitrogen dioxide(NO2)in UK	到2030年电动乘用车销量占比达到50%—70%

[1] 由互联网信息整理得。

续表

国家	禁售时间	禁售说明	发展目标
法国	2040	2017年发布 Plan climat: 1planete, 1plan	—
荷兰	2030	coalition agreement 2017: trust in the future	—
葡萄牙	2040	2018年葡萄牙政府发布关于交通税碳声明	—
挪威	2025	National Transport Plan 2018—2029	—

5. 产业链困境凸显，补短板将成为未来中国新能源汽车发展的重要领域

随着最近两年中美贸易摩擦的加剧以及中国新能源汽车产业规模发展中出现的问题，中国汽车产业存在的短板逐渐暴露出来。

从国内销售的整车来看，自主品牌占据了目前新能源汽车市场的主要份额，并且中国新能源汽车产量占全球产量的一半以上。但是中国新能源汽车主要依靠内销，出口的量很少，在欧美市场的畅销车型中无一中国品牌。并且在电池、电控、电机等核心零部件方面，中国企业严重缺失，特别是在电控领域中，核心零部件对进口高度依赖，2018年我国IGBT领域进口依存度约90%。如电控的核心部件IGBT（绝缘栅双极型晶体管）产品，德国英飞凌、日本三菱、富士电机、美国安森美、瑞士ABB是市场份额前五的企业，这五家企业的市场份额超过70%。图像处理芯片则基本被英伟达和Mobileye（被英特尔收购）垄断。

在整车领域基本完成规模化的当下，中国新能源汽车的竞争力逐渐转移到对产业链的控制力上。这样的一种产业链上的困境也使得国内厂家发现了新的市场拓展的机会。2020年4月，比亚迪IGBT项目在长沙经开区正式动工，该项目总投资10亿元，围绕新能源汽车电子核心技术研发及产业化应用，建设年产25万片8英寸新能源汽车电子芯片生产线，解决新能源汽车电子核心功率器件"卡脖子"问题。

6. 智能网联成为未来主要发展趋势之一

在最新的《新能源汽车产业发展规划（2021—2035年）》（征求意见稿）中，我国新能源汽车产业发展的四大趋势"新四化"被明确提出，包括电动化、网联化、智能化、共享化四个方面。这四大发展趋势不仅是技术发展的结果，更是过去几年间我国在推广新能源汽车产业中所摸索出来的。

电动化、网联化、智能化、共享化已经成为未来汽车明确的发展方向，具体来看，"新四化"内容分别为：

电动化：核心内涵是由电力驱动的汽车能源动力系统变革，其标示性产品是新能源汽车。

网联化：核心内涵是通过现代信息通信与网络技术，实现人—车—路—云之间的互联，能够时时在线信息交互、信息融合与协同感知，是增强智能网联汽车安全性、促进交通优化、改善驾驶体验的纽带和桥梁。

智能化：核心是安全、高效的汽车生产运行方式变革，在出行方面体现在自动驾驶，在研发生产方面体现在智能制造，面向未来还将实现与智慧城市、交通、能源的智能互动。

共享化：核心是汽车消费方式的变革，是顺应共享经济时代市场消费新需求涌现的一种新型汽车消费文化，包括分时租赁、网约车和综合出行服务等新兴业态。

二、指数测算与分析

（一）总体情况

1. 上海新能源汽车产业发展情况

2019年上海工业增长进一步放缓，全年工业增加值达9 670.68亿元，同比增长0.4%。工业总产值达35 487.05亿元，下降0.3%。与上海总体GDP增长6%的增速相比，上海工业拖累了上海总体经济的增长，工业在总体经济中的比重也进一步下降。

2019年上海六大重点工业产业完成工业总产值23 279.15亿元，同比增长0.1%，占全市规模以上工业总产值的比重为67.6%。其中，电子信息制造业完成工业总产值6 140.93亿元，同比下降2.1%。在上海六大重点产业中，电子信息制造业、汽车制造业和精品钢材制造业总产值都出现了下降的情况，分别下降2.1%、4.4%和2.5%。而石油化工及精细化工制造业、生物医药制造业增长较快，分别增长8.6%和7.3%。

表6 2019年上海六大重点产业产值及其增长[①]

指 标 名 称	2019年	同比增长(%)
全市工业总产值(亿元)	35 487.05	−0.3
六大重点产业总产值(亿元)	23 279.15	0.1
电子信息产品制造业	6 140.93	−2.1
汽车制造业	6 409.57	−4.4
石油化工及精细化工制造业	3 923.83	8.6
精品钢材制造业	1 169.87	−2.5

---

① 数据来自上海市统计局网站。

续表

指 标 名 称	2019年	同比增长(%)
成套设备制造业	4 315.06	1.3
生物医药制造业	1 319.88	7.3

与六大重点工业产业总产值的微增相比,六大重点产业的营业收入和利润总额都出现了下滑,特别是利润总额下滑了18%以上,是近年来上海工业发展中的首次大幅倒退。

表7 2019年上海六大重点产业营收、利润及其增速[①]

行 业	营业收入(亿元)	增速(%)	利润总额(亿元)	增速(%)
六大重点行业	26 478.62	−3.1	1 936.92	−18.4
电子信息产品制造业	6 440.58	−1.1	245.63	3.2
汽车制造业	7 923.42	−11.4	794.96	−26.9
石油化工及精细化工制造业	4 277.32	−1.3	333.17	−28.2
精品钢材制造业	1 698.29	−2.6	84.90	−48.1
成套设备制造业	4 762.05	4.8	269.80	3.2
生物医药制造业	1 376.97	9.8	208.47	31.1

从具体的产业来看,在全国整车销售量下降8%、乘用车销售量下降9.1%的大背景下,上海汽车制造业营业收入下降幅度达到了11.4%,是上海六大重点产业中营收下滑最严重的产业,利润则下滑了26.9%,为上海十多年来汽车制造业利润的首次下降。

在此背景下,上海主要的新能源汽车生产厂商上汽集团在新能源汽车生产的领域实现了较好的成绩。2019年,上汽集团通过升级原有产品,拓展产品序列,在全国新能源汽车市场下滑的情况下依然保持了30.4%的新能源汽车销量增长速度,全年销售新能源汽车18.5万辆。

此外,面对内需不振的情况,上汽集团积极拓展海外市场。2019年全年实现整车出口及海外销售35万辆,同比增长26.5%,在全球贸易局势恶化、全国整车出口普遍下滑的背景下,公司整车出口逆势增长,在国内汽车企业中出口销量继续排名全国第一。

在产品端,上汽集团也在不断拓展自身的产品序列。原有上汽集团主要新能源汽车品牌荣威推出"首款量产智能座舱"产品 RX5 MAX,荣威 Ei5 推出

---

① 数据来自上海市统计局网站,数据为规模以上工业企业数据。

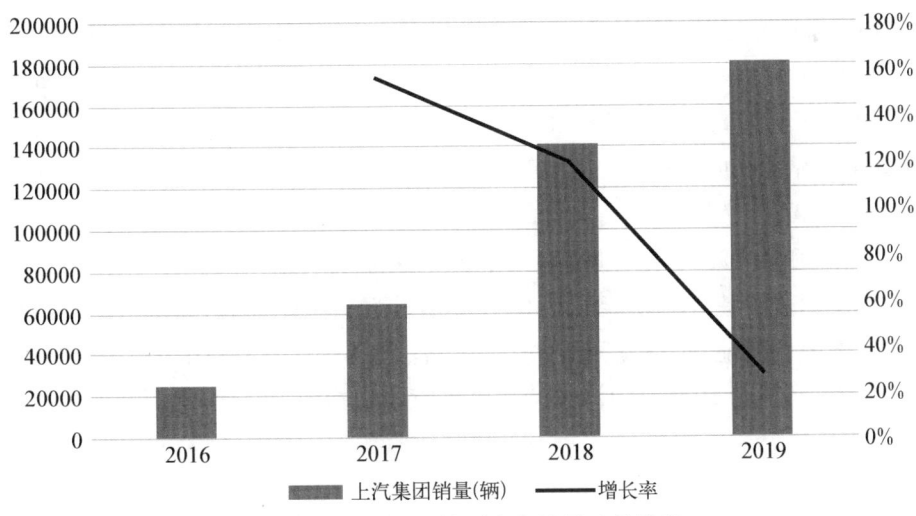

图 4 上汽集团新能源汽车销量及其增速

长续航版产品。上汽集团旗下合资品牌上汽大众、上汽通用也有大量新能源车型上市,并且国内销量领先。上汽大众帕萨特 PHEV 和途观 L PHEV 快速跻身插电混动市场销量排行榜前列;上汽通用五菱宝骏微型电动车加快向全国范围推广,全年销售 6 万辆,并从 7 月份起稳居国内微型电动车销量第一。从上汽集团新能源汽车产量的构成可以看出,上汽集团的新能源汽车产品逐渐由自主品牌绝对主导变为自主品牌和合资品牌共同驱动的增长模式,并且合资品牌的新能源汽车产品占比有明显的上升趋势。

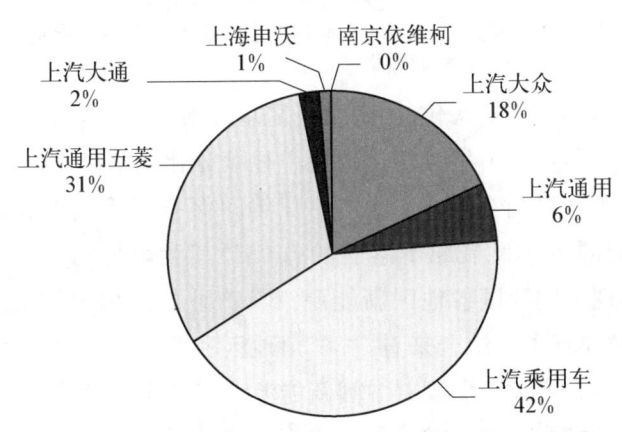

图 5 2019 年上汽集团各品牌新能源汽车产量占比[①]

在新能源核心技术领域,上汽集团加快提升"三电"系统的自主核心能力,第二代 EDU 电驱变速箱成功批产上市,EDU G2 Plus、电轴、HairPin 电机、专属电动车架构、全新一代电子电器架构等技术和产品的自主开发工作持续推进,并在

---

① 数据来自上汽集团年报。

燃料电池前瞻技术领域,启动了400型燃料电池电堆和系统的开发,加快提升面向未来的核心竞争力。上汽大众MEB新能源工厂正式落成,上汽大众MEB、上汽通用BEV3等重点电动车平台开发项目稳步推进。公司在持续提升产品技术、安全可靠性和成本竞争力的同时,聚焦续航、充电等用户关切事项,加快能力布局和技术突破,努力把产业链上的技术优势转化为市场竞争优势。

2. 全国新能源汽车产业国际竞争力指数情况

本文通过构建地区新能源汽车产业国际竞争力评价的三级指标体系,收集对样本地区新能源汽车产业四年的数据,通过测算后得到全国主要省(市)2017年至2019年的新能源汽车产业国际竞争力指数,其结果如图6所示:

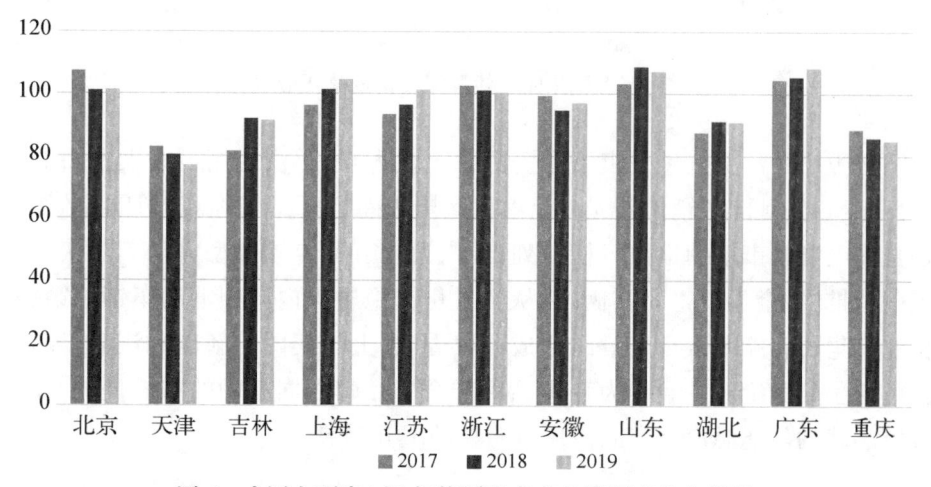

图6 中国主要省(市)新能源汽车产业国际竞争力指数

在全球贸易环境不断恶化、国内市场需求停滞的当下,我国主要省(市)新能源汽车产业国际竞争力指数变化出现了显著分化的情况。上海、江苏、广东等新能源汽车传统强省(市),在过去的三年间保持了稳定增长的态势,而天津、重庆等新能源汽车发展原本落后的省(市)其竞争力指数更为趋于下降。这一情况的出现说明我国各地区新能源汽车产业的发展整体上遵循了"强者愈强"的马太效应现象。综合来看,长三角地区和珠三角地区作为我国新能源汽车产业发展两大增长极引领着中国新能源汽车产业的发展。

2019年上海新能源汽车产业国际竞争力指数为104.35,位于全国第3名,排在广东和山东之后。广东作为传统的新能源汽车产业大省,在珠三角产业发展中起着领头羊的作用。山东凭借着其产业出口的优势,获得了较高的竞争力指数。

从全国的指数情况来看,新能源汽车产业的发展主要还是依靠大型企业作为核心,一大群配套企业作为协同的发展模式。在传统汽车产业转型而来的新能源汽车产业的发展上,原有较为良好产业基础的吉林、天津、湖北和重庆等地并没有发挥出原有的产业优势,在新能源汽车产业的发展上处于倒数的位置。

（二）综合指数

经过测算,上海 2017 年至 2019 年新能源汽车产业国际竞争力指数及其变化如图 7 所示：

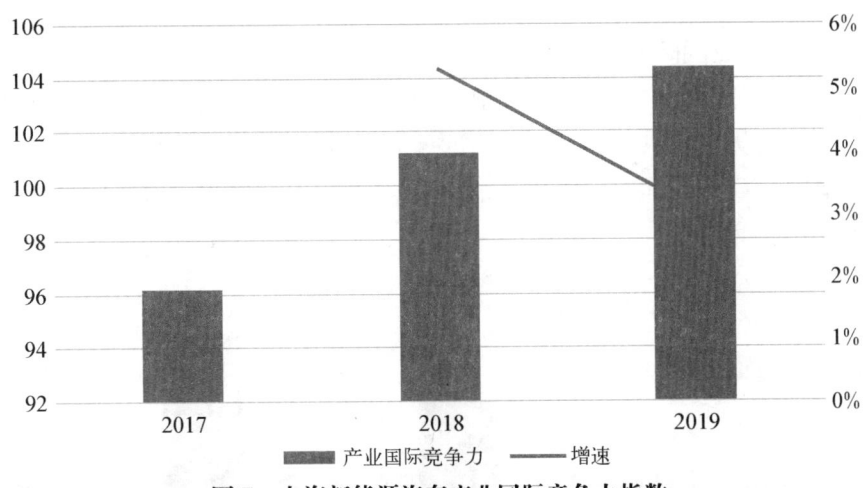

图 7　上海新能源汽车产业国际竞争力指数

上海的新能源汽车产业国际竞争力指数在 2017 年至 2019 年间保持了稳定增长的态势,由 2017 年的 96.17 上升至 2019 年的 104.36,年平均增长率约为 4%。在近两年国内市场不景气、国际市场尚未开拓的情况下,上海新能源汽车产业国际竞争力的提升实属难得。

在影响综合指数变化的二级指数变化上,上海新能源汽车产业国际竞争力二级指数计算结果如下：

表 8　上海新能源汽车产业国际竞争力指数

年份	2017	2018	2019
产业国际竞争力	96.17	101.25	104.36
产业国际表现	94.93	95.86	96.31
行业驱动增长	102.61	109.72	117.49
价值链提升	92.23	103.57	107.33

从二级指数的变化来看,三个二级指标在过去三年间都有所上升。其中,行业驱动增长指数和价值链提升指数是推动产业国际竞争力主要力量,产业国际表现指数在三年中也随之上升,但上升幅度较小。在产业国际竞争力指标体系的测算中,指数的高低有相对竞争力强弱的含义。从上海三大二级指标的指数大小来看,

上海产业竞争力的优势在于行业驱动增长和价值链提升，代表着上海良好的产业基础和在产业核心产品上的技术优势。而在代表外向型的产业国际表现方面则发展缓慢，这一方面是由于我国汽车产业相对而言是比较封闭的市场，另一方面是由于上海外贸领域中新能源汽车产业仅占很小的一部分。产业国际表现指数略低也显示出上海新能源汽车产业发展在外贸领域的不足，是未来重点推动发展的方向。

（三）产业国际表现

在产业国际表现方面，主要反映了产业的出口能力，用产业部门贸易优势、行业贸易优势和供应链强度指标进行加权衡量，这三个指标分别是行业的 RCA 指数、TC 指数和外贸依存度，是产业在国际上竞争力最直接的表现。具体指数变化如下：

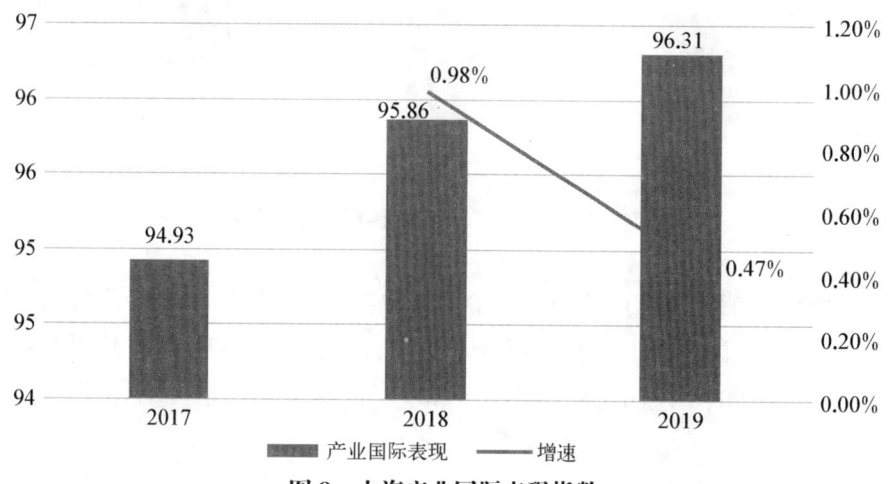

图 8　上海产业国际表现指数

上海新能源汽车产业国际表现指数由 2017 年的 94.93 上升至 2019 年的 96.31，呈缓慢上升态势，整体增幅为 1.45%。产业国际表现指数反映了上海新能源汽车产业在贸易领域中的弱势。一方面，上海新能源汽车产业的贸易先进产品不足，不足以支撑上海新能源汽车产业的出口。另一方面，上海在汽车产业的进口中引进了大量的高技术产品与国产车型匹配，这也导致了指数偏低的情况。

表 9　上海产业国际表现指数三级指标

年份	产业部门贸易优势	行业贸易优势	供应链强度
2017	0.322	−0.555	0.007 6
2018	0.375	−0.447	0.006 8
2019	0.415	−0.349	0.006 0

从产业国际表现的具体指标来看，产业部门贸易优势和行业贸易优势两大指标有所优化，即行业的 RCA 和 TC 指标向好。但供应链强度，也就是外贸依存度情况有所恶化，拖累了产业国际表现指数的上升。

从当前产业国际表现的三大指标来看，上海汽车产业对外贸易上长期存在着"量"和"质"两方面的问题。一方面上海汽车产业的主要市场是国内市场，虽然在全国来看，汽车产业的出口量仅次于浙江、山东和江苏，但是和上海庞大的产业基数相比，出口仅占了非常小的一部分。此外，由于出口额较小，更导致了上海汽车产业在上海总出口中占比较小。这一直接的结果就使得上海的产业部门贸易优势和行业贸易优势指标偏低，严重拖累了上海新能源汽车产业国际竞争力。

上海的产业国际表现指数的波动性对产业国际竞争力总指数的变化起到了重要的影响。在过去三年间，虽然从指数上看提升显著，但是上海汽车产业在出口方面依然存在着较大的困难。首先是出口的量不够。上海汽车产业长期处于贸易逆差的状态，这使得 TC 指数长期为负值。但上海汽车产业的贸易逆差并不全是产业的因素，更多的是由于上海作为贸易中心、其他地区的产业进口从上海流入的原因。

其次，在进出口的结构上，上海出口产品中低附加值产品占比较高，进口产品中则高附加值产品较高。在上海汽车产业总的出口额中，机械类零部件占了绝大部分，整车出口占比非常小，并且大多是都是小排量的经济型轿车。在进口上则是以附加值较高的电子零部件为主，这种结构上的差异严重拖累了上海汽车产业的国际竞争力的提升。

最后是汽车产业出口模式的转变，汽车产业的出口早已从单纯的货物出口逐渐演变为"投资＋货物"出口的模式，即通过在出口地设立加工工厂，从国内出口关键部分加上出口地采购部分零部件进行加工、生产、销售的模式。在中国企业走出去的过程中，外国政府更加愿意接受能给当地带来就业和税收的贸易模式。如上汽通用五菱建立的印尼工厂、名爵的印度工厂都是以这种模式走向世界。

新能源汽车的出口模式与传统汽车产业的模式基本相同，但是也有所不同。在出口上，新能源汽车企业对外国的出口通常也是进行整车出口，如 2019 年特斯拉在美国本土生产了 30 多万辆的纯电动新能源汽车，其中有一半是产量出口欧洲和亚洲。通过全球销量的提升，特斯拉明确了欧洲市场和中国市场为其未来发展的主要方向，这两个市场占据了其主要的海外市场业务。为此，特斯拉选择了德国和中国作为其海外生产基地，更加贴近全球最重要的两大市场。

此外，之所以选择德国与中国还有产业链布局的考虑。经过多年的发展，中国和德国都已经完成了新能源汽车产业链的构建，在这两个地区建设海外工厂能够较快地实现生产的本地化,使得成本进一步降低,提升利润空间。这也就是特斯拉中国工厂能够宣布在 2020 年内实现中国生产特斯拉零部件完全国产化的主要原因。所以,从这一角度看,新能源汽车的贸易必然是以投资为主导方式的贸易方式,提升区域产业的产业链能级,提供优质的配套零部件才能吸引整车企业的落户,提升本土的制造水平。

(四)行业增长驱动

行业驱动增长指数主要对新能源汽车产业发展的产业基础进行评价,衡量上海传统汽车产业的发展状态以及上海新能源汽车产业所表现出的产业水平。由于新能源汽车产业是传统汽车产业的转型升级,优质的传统汽车产业基础可以给新能源汽车产业的发展提供良好的配套环境,所以,行业驱动增长指数就是以此为出发点构建的指数。

2017 年至 2019 年行业驱动增长指数变化见图 9:

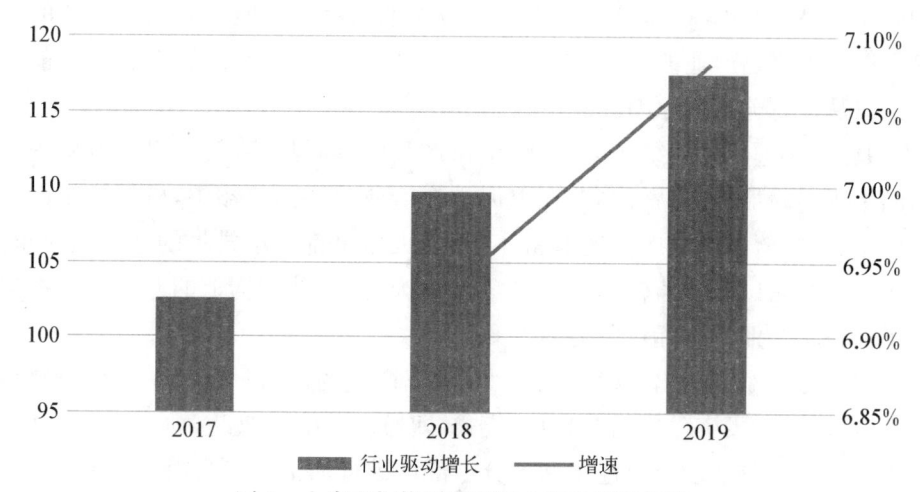

图 9 上海市新能源汽车行业驱动增长指数

上海在过去三年间,其行业驱动增长指数从 102.61 上升至 117.49,在指数上大幅上升,而 2019 年的增长是指数增长的主要来源。行业驱动增长指数的上升体现了上海新能源汽车产业的产业发展基础不断增强。

表 10 上海行业增长驱动指数三级指标

年份	区域市场效率	产业投资效率	产业营利能力	新车型占比	产业集聚能力	新能源汽车产量占比
2017	6 667	1 256	18.59%	2.62%	7.24%	5.92%
2018	7 751	1 219	16.33%	5.61%	8.00%	9.04%
2019	7 804	1 538	12.16%	9.83%	10.57%	12.93%

从上海行业增长驱动指数三级指标来看，除产业盈利能力指标有所下降之外，上海的区域市场效率、产业投资效率、新能源汽车新车型占比、产业集聚能力和新能源汽车产量占比指标都稳步上升。特别是两个关于新能源汽车产业的新能源新车型占比和新能源汽车产量占比两大指标在三年间上升显著，极大支撑了上海新能源汽车产业行业增长驱动指数的提升。

在全国产业发展放缓甚至下滑的当下，上海区域市场效率、产业投资效率和产业集聚能力指标的上升和产业盈利能力的下降成为鲜明的对比。在这一指标分化的背后是上海通过压低汽车产业的盈利进行产业的扩张，通过产业的扩张来获得竞争的规模优势。凭借着上海全国领先的产业盈利能力，这一战略得到了贯彻和实施，产业规模得以扩大。产业规模的扩大进一步提升了产业集聚能力，2019年上海汽车产业的产业集聚能力提升了2.57个百分点，提升至10.57%，成为全国产业集聚的中心地区。

除了整体产业的扩张，在新能源汽车领域中，新车型占比和新能源汽车产量占比也提升显著，这背后所代表的是上海新能源汽车产品类型的不断推出、市场的接受程度不断提升的情况。

从总体上来看，行业增长的加速和生产效率的提高在一定程度上弥补了盈利能力的下降，上海依然拥有全国领先的产业基础。而近几年新能源的产业发展也逐步显示出新的趋势。新能源汽车不仅仅是独立的新的高速增长的市场，更是对原有传统汽车市场的替代，这种替代情况愈发显著。所以，在未来产业的发展上，新能源汽车产业继续增长的趋势不会改变，但是传统汽车产业并不会继续保持长久以来的高增速，甚至会由于新能源汽车的替代而出现下滑的现象。

并且，上海产业发展的优势并不在生产上，而是在全产业链的整合上。上海地区的资源约束注定不能使得上海本土产业发展在量上与全球竞争，但是在产品的质量上则可以通过对产业链的整合进行提升。此外，在许多国际企业中，本土的产业只占其一部分，更为庞大的产业发展则是全球化布局，贴近于市场。上海新能源汽车的发展也应走类似的道路，在产业链中掌握话语权，引导产业链服务于上海产业的全球布局。

（五）价值链提升

价值链提升主要评价地区在价值链上提升的程度，主要用科研成果和核心产品出货量指标进行评价。科研成果使用地区行业当年新增专利作为区域产业技术发展的衡量指标。在核心产品的选择上，电机电控是新能源汽车的关键，新能源汽车作为传统燃油汽车的替代品，其主要电气系统即为在传统汽车"三小电"（空调、转向、制动）基础上延伸产生的电动动力总成系统"三大电"——电池、电机、电控。其中，电机、电控系统作为传统发动机（变速箱）功能的替代，其性能直接决定了电动汽车的爬坡、加速、最高速度等主要性能指标。以这两方面衡量上海新能源汽车产业的价值链提升情况。

据测算，2017年至2019年上海新能源汽车产业价值链提升指数如图10所示：

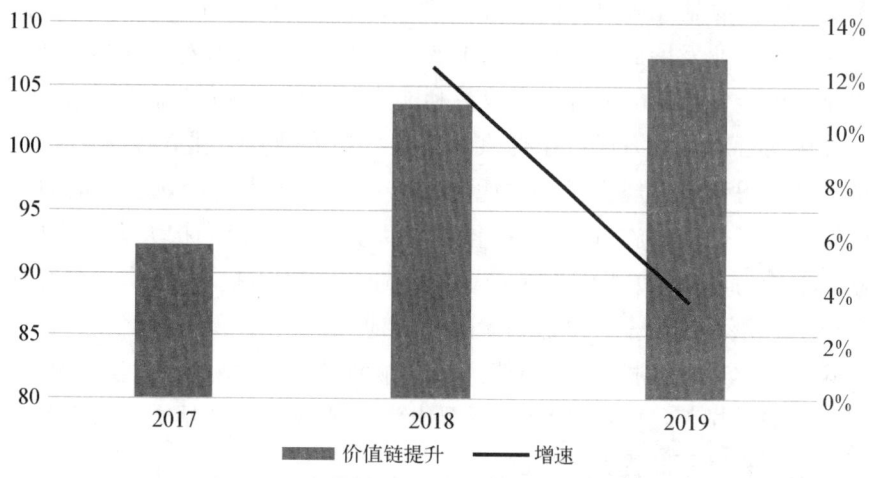

图10 上海新能源汽车产业价值链提升指数

上海新能源汽车价值链提升指数在过去三年间稳步提升，且是三个二级指标中提升最大的一个。在2017年至2019年间，上海新能源汽车产业价值链提升指数由92.23上升至107.33，上升幅度达到16.37%。价值链提升指数由于是直接衡量上海核心产品数量和质量的指数，所以它最能反映上海新能源汽车产业的国际竞争力。所以，价值链提升指数的上升体现上海在新能源汽车关键零部件领域的大踏步的前进。

表11 上海价值链提升指数三级指标

年份	创新生产	核心产品-电池	核心产品-电机	核心产品-混合动力发动机	核心产品-车载充电机	政策引导
2017	1 962	2.14%	11.54%	9.97%	6.43%	90
2018	2 269	2.95%	11.79%	31.88%	8.50%	92
2019	2 633	0.45%	17.05%	31.71%	4.99%	95

从价值链提升的具体指标中可以看出，上海新能源汽车产业价值链的提升主要有两个方面的原因，一方面是上海新能源汽车产业核心产品即电机、电池、混合动力发动机以及充电设施市场份额的不断提升，特别是混合发动机的出货量占到了全国近三分之一的份额。这与产业链的本地化有关。在上海的新能源汽车产品中，混合动力汽车一直占据了70%以上的产品份额。这也与地方政府的产业政策有关，上海地区对于混合动力汽车认定为新能源汽车，同

样发放新能源汽车专用牌照,而北京则并不将其认作新能源汽车。所以,上海在混合动力发动机上的产业优势显著。而在电机方面,上海的核心产品也是处于输出状态。从2019年的价值链提升三级指标以及行业驱动增长三级指标来看,2018年上海共生产了12.93%的新能源汽车产品,但是电机和混合动力发动机的出货量均高于这一数值,从价值链上渗透进其他地区的产业发展中。但是,上海在动力电池产业的发展上是核心产品中最落后的,这也跟上海地方政府的产业布局有关,对这种电池企业并不是十分友好。外来的电池企业落户上海困难重重,如上汽与全球最大的动力电池供应商宁德时代的合资公司上汽宁德选址于江苏溧阳而并没有选址上海就是很好的例子。而上海本土也没有发展出有影响力的电池企业。

虽然在产业规模上以及产品性能上实现了稳步的提升,但是在部分领域,特别是汽车电子电控领域中上海还是受制于一些跨国巨头,部分核心零部件高度依赖进口,如电控核心零部件IGBT器件和图像处理芯片。2018年全球IGBT市场中德国、日本、美国分别占比34.3%、7.2%、24.9%;图像处理芯片基本被英伟达和Mobileye(被英特尔收购)垄断。

所以,从总体上来看,上海在新能源汽车产业的产业链上是齐全的,但是在国产化上存在着问题。在电子电控零部件中,虽然上海有所生产,但大多由合资企业或者外资企业提供,通过大量的基础零部件进口,在国内组装成零部件进行生产。这一模式体现出了上海在汽车电子领域中还存在着的较大不足。

这些领域的差距往往不是汽车产业本身的问题,而是中国电子信息产业薄弱所导致的。但是往往这些领域附加价值高、专利保护完善、企业突破困难。特别是当前新能源汽车正在不断走向电子化、电动化,汽车上的电子零部件将会进一步地增加。所以,汽车电子产业是上海新能源汽车产业突围的重点,也是上海新能源汽车国际竞争力提升的关键之处。

三、上海新能源汽车产业发展方向

(一)把握产业价值链重构机遇,着重布局核心环节

伴随着新能源汽车产业的发展,中国的新能源汽车产业价值链面临重构。在面对这一大趋势的背景下,上海新能源汽车产业未来的发展的重点就在于重构产业链中的核心环节。在价值链的核心环节中,主要为两部分,一为电控系统、电池系统、车载芯片等电子电器零部件,这使得汽车更像是一台电子产品而不是机械产品,另一部分为基于软件的互联互通环节。在电子电器零部件方面,上海拥有较为良好的发展基础,处于全国发展的前列。但是,上海在汽车电子电器领域与国际一流水平相比依然存在较大差距,欠缺部分核心产

品技术。在上海未来的发展中,着重要发展的环节就是目前所欠缺的如IGBT、ECU等高技术产品。

在互联互通环节,上海应努力推进新能源汽车产业与互联网产业的深度融合,鼓励企业进行试错性的探索,借助互联网以及一系列的前沿技术,推动新能源汽车产业的深化发展,推动汽车产品智联网连升级。作为新的互联网工具与端口,汽车已经成了重要的移动数据终端,构成了智能化的交通体系,成为现代智能都市中智能交通化的重要组成部分。推动汽车生态的全面变化,要促进产业链由线性链接向网状交融转变,运用大数据技术,构建网状产业链,将汽车的使用、服务等相关产业并入整个汽车网络,发展新型商业模式,拓展共享经济范围,从整体上促进新能源汽车产业与社会的深度融合。

(二)以"先发优势"推动产业国际化,以产业国际化带动产业国际竞争力的提升

长久以来,中国的汽车产业包括新能源汽车产业都存在着国际化程度不高的情况。这一国际化程度并非是产品中所包含的进口零部件以及外资品牌零部件,而是产业中企业走出去的水平较低。与欧美日韩国家的汽车企业相比,其国外营收占据了总营收的较大份额。而无论是上海的汽车企业还是其他省市的汽车企业,其主要的营收来自国内地区,国外地区的营收占比较小,这说明我国的汽车企业国际化程度严重不足。

传统汽车产业的国际化程度不足主要是中国汽车产业起步晚、技术水平相对较低等原因所导致的。对于上海而言,新能源汽车产业发展和技术相对而言已经处于全球的一线水平,整体产品已经具备走向国际化的条件。一个有竞争力的产业一定是国际化水平高的产业,我们要通过集聚全球的资源来提升产业的技术水平和产业能级,通过企业走出去推动品牌的国际化,以此真正提升整个产业的国际竞争力水平。

(三)持续推动地区产业合作,增强地区产业发展效益

加强区域经济合作,发挥区域产业优势,化竞争为合作。在中国新能源汽车的发展上目前已经形成了京津、长三角和广东三极。从指数上看。京津和广东都能较好地整合区域内的资源,不断推进产业的发展和前景。而在长三角地区出现了竞争大于合作的现象,这极大限制着上海产业国际竞争力的提高。长三角地区作为中国经济最具活力和发展最快的地区之一,在工业研发、制造、设计等各个方面有着强大的实力,在上海发展新能源汽车产业的时候,必须立足于上海,辐射长三角,寻求在长三角地区的深度合作和产业链的拓展,充分利用地区资源,为上海的产业发展提供助力。

（四）利用本土市场优势，嵌入跨国车企产业链

在中国疫情初期，疫情导致了部分时间的停工停产，大量日韩企业供应商遭遇了短暂的供应链中断的情况。日本政府为此还出台了相关政策对日本企业回归本土和东南亚布局进行补贴。虽然这一政策对于在中国的日本企业影响有限，但是无一不暴露出了外国政府对于我国产业链依赖度高的某些产业的担心。

在汽车领域中，日本和韩国企业是中国汽车市场重要的参与者。长久以来，日韩汽车品牌汽车销量占中国市场的20%以上，最高时期占据中国三分一的市场份额。在此产业发展的背景下，日韩主机厂带动了大量的日韩汽车零部件供应商落户中国，并且不断扩张，成为全球重要的生产基地，进而对外出口，甚至供应本土。中日韩三国形成了高经济融合度的协作发展模式，并且三国汽车产业主要为互利互补关系。在传统汽车产业链中，我国汽车企业使用了大量的日韩汽车零部件企业的高附加值产品，而日韩整车企业则大多使用中国零部件企业的低端零部件，中国零部件企业的向上突破困难重重。

但是，在新能源汽车领域中出现了变化。受益于多年的政策支持，中国已经发展成了全球最大的新能源汽车市场，近十年的飞速发展使得中国新能源汽车产业整体得到了较大提升。而日韩车企无论在本土市场还是全球市场，对新能源汽车产品的重视程度都远远不足，这就使得日韩企业在新能源汽车零部件领域中处于相对落后的情况。在全球政府都开始重视新能源汽车的当下，日韩企业也开始了自身的新能源汽车战略，对于在中国的日韩车企而言，中国本土企业的新能源汽车零部件体系已经非常完善，使用中国企业的产品是较好的选择，而这对于中国新能源汽车零部件企业也是一个较好的机遇，能够提升中国零部件企业在日韩汽车产业链中的地位。

所以，中国汽车零部件企业的首要目标就是建立日韩等外国企业在中国的零部件供应体系，在打入相应的供应链体系之后，对标国际体系，最终实现零部件的出口，提升相关零部件领域的国际话语权。

四、后疫情时代上海新能源汽车产业国际竞争力的挑战和机遇

新能源汽车的发展导向在逐步从政策推动转向市场驱动，新能源汽车产业正逐渐步入高质量2.0阶段，全球电动化浪潮下，"整车—动力电池"加速全球化布局，行业投资逻辑逐渐沿着"价—量—质"演变。围绕国内外一流整车厂爆款车供应链、全球锂电巨头供应链，上海应利用引入特斯拉的契机，主动布局全球供应链，抓牢产业链优势环节，补齐人才短板，扩大应有场景，提升疫情时代上海新能源汽车产业国际竞争力。

（一）市场下滑，疫情冲击，新能源汽车市场面临全球市场大考

2019年全国的汽车市场和新能源汽车市场下滑都给行业发展带来了不良的预期。特别是2020年初，新冠疫情的爆发给本就下滑的市场泼上一大盆凉水。

2020年6月美国咨询公司艾睿铂(AlixPartners)发布了《全球汽车市场展望报告：掌握不确定性》，预测2020年全球汽车销量将为7050万辆，同比将下降21%，减少1950万辆。与此同时，IHS公司预测全球汽车销量将下降12%，麦肯锡公司预测将有可能下降29%，彭博则对全球新能源汽车销量预测下降18%。全球机构对汽车市场基本都抱有非常悲观的预期。

事实上情况也确实较为严峻，2020年1月至3月，我国销售新能源汽车为4.2万辆、1.2万和5.3万辆，分别同比下降56.8%、62.3%和44.7%。在宣布推迟新能源补贴政策、各地也相应推出配套政策的情况下，4月我国新能源市场销量约为5.4万辆，同比去年下跌20.8%。按此趋势，2020年我国新能源汽车销量大概率会下降。

（二）持续开放，强链筑基，上海应利用好外资夯实全球新供应链

2019年上海自贸区的扩区成为上海产业发展的新契机。与此同时，全球著名电动车企业特斯拉也早已入驻自贸区新片区的临港。特斯拉项目的引进是中国新能源汽车产业逐步走向市场的重要一步，也是上海新能源汽车产业链完善的契机。自2020上半年，特斯拉上海工厂批量投产开始，特斯拉凭借着中国市场的火爆和上海工厂产能的提升实现了在中国新能源汽车市场的引领，市场销量大幅度提升。

在国产化上，特斯拉也积极推进本土化的供应商替代。特斯拉在2020年初宣布要将特斯拉上海工厂的国产化率由年初的30%在年底提升至100%，实现全面国产化。特斯拉的国产化一方面能进一步降低产品价格。按照最新Model 3国产版补贴后29.9万的售价，考虑到2020年财政补贴下滑以及产能提升后规模效应，预计2020年国产Model 3大规模交付价格在26—28万左右，将在高端市场对本土品牌造成巨大的竞争压力。中国新能源汽车产业即将迎来海外巨头的正面竞争。另一方面对上海产业链的配套能力提出了新的需求，这既是上海新能源汽车产业的机遇，也是挑战。把握特斯拉供应链本土化的机遇，借此提升上海新能源汽车产业产业链的能级，这对于上海未来一两年是一个极大的挑战。

对于上海本土新能源汽车产业的发展而言，特斯拉的引入只是第一步。在临港地区，政府通过政策导向，重点招商引资等方式吸引特斯拉配套企业进入临港自贸区设立分厂，以此来提升上海新能源汽车产业。此外，在临港自贸区的发展上，对与新能源汽车产业相关企业引进的重点，应该是产业发展中当

前的弱项,也就是汽车电子控制系统、高端驱动电机等上海产业链中还欠缺的部分。通过重大项目对优质企业的吸引,实现上海新能源汽车产业链的补全。

(三) 在关键技术和核心领域上,上海人才政策短板突出

在当前上海所出台的所有政策中,重点集中在于保障针对性技术的投入和对未来技术方向的把握。通过科技项目、产业补贴等形式进行实际的资金投入,确保了研发在未来汽车产业的关键领域中,如无人驾驶技术、氢燃料电池技术等在物质层面的保障。

但是在人才层面上,政策的保障却非常弱。新能源汽车关键技术领域突破不仅需要原有的上海本土人才的投入,更加需要从全国乃至全球吸引人才。在吸引人才的政策上,落户又是政策的核心。但上海当前的落户政策除了对于应届毕业生较为容易之外,对于一些从业多年、在行业内有着资深技术背景的人才都是非常困难的。根据上海2018年发布的《关于服务具有全球影响力的科技创新中心建设实施更加开放的国内人才引进政策的实施办法》,关键技术领域团队中的人员落户往往达不到要求。而无法落户的背后意味着在教育、医疗、社保等一系列方面得不到保障,更不可能使得人才在上海安家。这对产业发展、前端技术的研究等都造成了不可持续的影响。

所以,上海想要在高端技术领域取得前沿地位,必须要在吸引人才之后还能留得住人才,给予人才一个稳定的发展环境,使得全国以及全球的青年才俊想要来、留得住。

(四) 疫情暴露产业链弱项,贸易风险可防不可控

2020年初突如其来爆发的新冠疫情,不仅使得中国国内经济出现了停滞,更是在全球范围内造成了严重的停工停产。在欧美发达国家停工停产的阶段,我国国内的新能源汽车关键零部件的生产出现了无原材料可用的情况,产业链的缺失暴露出我国当前新能源汽车产业链的弱项。

具体来看,我国包括上海在新能源汽车零部件产业链的缺失在于新能源汽车核心零部件的上游。如汽车和新能源汽车电控的关键零部件IGBT,学名绝缘栅双极型晶体管,俗称电力电子装置的"CPU",其生产研发长期缺失。中高端IGBT产能严重不足,几乎全部依赖英飞凌等国际巨头。随着产业规模的扩张,我国新能源汽车急需一颗强健的IGBT"中国芯"。而目前国内能自主生产汽车用IGBT仅比亚迪一家,且与国际巨头技术差距显著。要对IGBT进行攻克不仅仅需要汽车企业,更需要集成电路企业参与进来进行设计和生产,这种跨界研发将会是将来的主要研发模式。

虽然上汽集团与英飞凌合资成立上汽英飞凌,使得上海弥补了在这一领域中的短板,但是上汽英飞凌的生产严重依赖国外供应商,上海本土的IGBT

生产仅仅承担了最终系统集成的工作,大量的晶体管、模拟电路等电子元器件都需要进口。这也体现出了在核心零部件领域中,我国进口了大量中间产品,外资企业和合资企业以及部分本土企业仅仅是负责了生产的最终的集成环节的产业现状。面对这一情况,虽然可以通过增加备货量的方式来预防不可控制的供应链风险,但是这一方法并不是长久之计。从根本上来看,培养起我国本土配套基础元器件的企业、夯实产业基础,才能真正控制此类贸易风险乃至避免产业风险的产生。

(五) 推动全球共性技术研发平台建设,建立高水平应用示范区

未来汽车产业的"关停并转"必然带来企业的整合,就目前国内新能源汽车产业的布局来看,产能多、品牌多、技术杂是当前国内汽车产业的基本情况。正是因为企业众多,不仅带来了低端产能的过剩,产业中技术开发还出现了大量的重复投入、重复开发的情况,带来了严重的开发无效率。所以,应借助未来将会出现的产业整合的机遇,推动本土整车企业和零部件企业的整合,提高其研发密度与强度。

在动力电池、驱动电机和电控系统的开发上打破独立研发的现状,从区域层面入手,建立和开放联合研发体系和共性技术平台,重点推动电子电控联合研发和汽车电池两大领域,共享基础研发成果,共克关键产品。共性技术平台的建设必定是以大企业、大集团为根本,实现平台效益的最大化。此外,汽车电控的研发不仅仅要汽车和零部件企业联合,更要引进电控领域的芯片和软件企业进入研发平台联合研发,通过大平台的沟通和联合,提升研发效率。

产业的发展离不开市场运营的发展,在全球各国纷纷推出"禁燃"计划的当下,我国虽然没有明确的"禁燃"计划,但这一发展趋势已经明确。在应用端如何抢得先机是上海新能源汽车产业发展的另一个挑战,也是上海为改善环境最终将会选择的道路。面对这一出行环境的改变,社会基础设施如何建设,区域通行规则是否需要改变等方面都需要去研究。上海当前新能源汽车产业的发展与推广已经接近十年,但是目前还没有某一地区进行交通全面电动化的尝试,对于全面电动化地区的规则制定,基础设施建设缺乏经验。所以,对于未来上海全面电动化政策的制定和基础设施的建设需要有地区进行先验性的尝试。

为解决这一现行经验的问题,上海可以从崇明、临港以及长三角一体化示范区中选择一个或者多个地区进行全面电动化示范区的建立,探索出全面电动化政策、运营、基础设施等方面的设计和建设经验。

(六) 存量市场、增值服务,新能源汽车后消费市场成为新增长点

截至2019年底,中国新能源汽车存量近400万辆,其存量规模已经构成

一个极大的后新能源汽车市场。而上海则成了全国乃至全球新能源汽车保有量最大的城市之一。存量的增大也在不断拓展着后新能源汽车市场，除了传统的保养、美容等服务之外，充电、充氢、电池再回收等新能源汽车产业特有的后新能源汽车市场在将来会成为各大汽车企业竞争的焦点。特别是在新能源汽车独特的服务领域中，如电池的回收再利用、整车的回收利用等方面存在着市场的空缺。

在新能源汽车价值的构成中，电池占据了整车三分一以上的价值，通常在整车性能还较好的情况下，动力电池的性能就已经不足以支撑日常使用了。所以在一辆新能源汽车整体的生命周期中，电池的寿命低于整车的寿命，这也就是新能源汽车二手车残值率相对较低的重要原因。随着规模效应的显现和技术的进步，更换电池的费用也会相应降低，但是目前还没有较好的方法使得旧电池产生相对较好的价值。回收利用的技术不过关，电池梯次利用的产业链就没法打通。在中国新能源汽车市场到达当前体量的发展阶段，这一产业链的缺失必然将对未来的行业发展造成掣肘。

面对这一情况，应督促国企带头，特别是政策企业带头，联合动力电池回收利用企业，制定相关标准和模式，打通全产业链，通过电池梯次利用，建立储能站等方式并入城市电网或者新能源发电网络，由此更可以降低现有电网的发电压力。

在新能源汽车的回收利用中，电池的回收梯次利用是当前最为可行的一个方面。实现电池回收梯次利用的前提是要对动力电池有确定稳定的监控体系。为此，建议从地方层面推动建立动力电池可追溯系统。同时，参考深圳模式，推动建立电池回收基金，建议市科委积极推动动力电池回收科技项目。

执笔：

蒋程虹　上海社会科学院应用经济研究所博士研究生

2019—2020年上海生物医药产业国际竞争力报告

一、2019年全球生物医药产业国际竞争力评述

(一) 生物医药继续成为全球产业发展的"蓝海"

2019年,全球经济疲软,制造业景气指数回落,贸易摩擦、英国脱欧等逆全球化事件纷纷上演,但总体而言,全球医药行业所受影响不大。

一方面,全球医药行业市场规模仍然保持增长态势。随着世界人口总量增长、社会老龄化程度提高以及公民健康意识不断提高,全球医药行业保持了数十年的高速增长。2019年,全球药品市场需求达12 249亿美元,2015—2019年全球药品市场需求年均复合增长率维持在4%—5%之间。从地域分布来看,新兴市场的药品需求增长尤其显著,亚洲(日本除外)、非洲、澳大利亚2014年至2019年的医药市场增速达到6.9%—9.9%,超过同期预计全球4.8%的增速水平。

作为新兴交叉领域,生物医药庞大的市场前景和潜在的经济效益已成为医药制造领域一大亮点。为了占据关键科技领域的制高点,形成科技、产业和市场的国际竞争优势,全球各大医药巨头不断在生物医药领域加大研发投入力度。从专利和论文情况来看,全球生物医药研发多集中在疫苗、抗体、蛋白融合、基因治疗及细胞治疗等领域。从区域分布来看,全球生物医药研发产出多集中在美国、中国、日本、欧盟等主要经济体。

另一方面,生物医药领域全球合作持续推进。近十年,全球生物医药合作交易金额已从2010年的357亿美元提高到2019年的1 157亿美元,年复合增长率为12.5%。2019年,全球生物医药合作交易总体数量较前几年有所下滑,但交易金额再创新高。无论是从交易数量还是交易额来看,肿瘤都是国际生物医药合作的重要疾病领域。

（二）欧美发达国家药品审批呈现新趋势

一是药品审批持续重点关注罕见病领域，相关政策支持力度加大。一方面欧美发达国家允许新型药物上市，这些新型药物的批准将使患有罕见疾病的患者受益；另一方面大量批准罕见病药物上市，2019年，FDA批准的48个新药中，有21个（44%）批准用于治疗影响到20万美国人的罕见病。EMA同样关注罕见病药物，2018年共批准罕见病药物21个，占比达到25%。

二是欧美发达国家对于一些已经上市的药物，批准增加新适应症和适用人群，"老药新用"以降低治疗成本。2018年，FDA对15种（25%）已获批药物拓展了新的适应症，5种（8%）药物拓展了适用人群；2019年，FDA对10种（21%）药物增加适应症，9种（19%）药物增加适用人群。

三是在加强对药品安全、有效性和质量监管的同时，采取多种途径加快药品审批。2019年FDA批准的48个新药中，有17个（35%）被CDER认定为加速批准，有33个（69%）先于其他国家得到审批。加速审批计划使FDA能够灵活确定药品审批的终点，为临床提供更具针对性药物。

（三）高品质生活带动中国生物医药市场高质量发展

同国际生物医药行业发展趋势保持一致，中国生物医药行业也呈现出增长态势。从市场规模来看，中国医药市场规模也迅速扩大，已从2015年的12 207亿元增长至2019年的16 407亿元，年复合增长率为6.09%。究其原因，一是社会人口老龄化加速。根据国家统计局数据，中国65岁及以上老年人口比例从2014年的10.1%（1.38亿人）提高到2018年的11.9%（1.67亿人），老年人慢性疾病带来长期用药、疾病控制和科学管理的高昂支出。二是中国经济的快速发展和居民收入的大幅提高，对提高居民健康意识、健康资金投入产生了积极促进作用。过去5年，中国居民的人均可支配收入快速增长，从2015年的21 966元增长到2019年的30 733元，年复合增长率为6.95%。三是国家政策的大力支持。生物医药是国家和各地战略性新兴产业的重点发展领域，近年来，为促进中国医药行业健康发展，国家相继出台各项有利政策，为建立以需求为导向、集中度更高、良性竞争和可持续发展的医药市场打下了良好的制度基础。

从供需角度来看，2019年中国医药行业发展状况良好。供给端受一致性评价工作、药品上市许可持有人制度、加强质量监管等因素影响，控制现有药品品种和药品生产厂家数量，优化存量品种和提升存量质量，减少医药领域低端供给和无效供给，实现去产能；同时加强对企业研发指导，加快审评与审批，优化政策创新环境。在需求端，随着中国社会老龄化程度的提高、人们保健意识的增强以及疾病谱的改变，也促使行业需求持续向上。

从研发情况来看,生物医药领域研发投入与产出不断增加。以专利数为例,中国生物医药行业专利数已从 2017 年的 24 235 件增长到 2019 年的 25 910 件。从地域分布来看,2019 年,中国生物医药行业专利成果最多的五个省市为北京、广东、江苏、上海、浙江。同时,国内药企保持了与国际药企开展研发与开发专利的积极合作。

随着中国社会经济稳定发展,国民健康意识和消费水平的进一步提高,技术创新能级不断提升,"三医"联动改革持续进入深水区,以药物和医疗器械为主体的生物医药产业已经成为新一轮产业竞争的前沿焦点。

(四)国内产业将迎来"强者恒强"的竞争分化阶段

2019 年是中国医药行业的政策创新年,伴随医药行业创新政策的相继推出,中国生物医药行业将进入"强者恒强"的竞争分化阶段。

2019 年初,国务院发布《国家组织药品集中采购和使用试点方案》,将 11 个试点城市公立医疗机构分散的药品采购量集中起来,形成规模团购效应。以量换价、去除销售中间环节,明显降低药价,切实减轻患者药费负担,同时减少企业的跨区域市场推广成本。但新政策还未覆盖全部药品种类,且未进行全国推广,导致入选品种与非入选品种之间、试点地区与非试点地区之间市场博弈加剧。带量采购及仿制药一致性评价对行业的震荡,对中国仿制药的冲击前所未有。面对国外仿制药巨头的冲击,中国仿制药行业将经历一场剧烈的产业整合及洗牌,但同时通过带量采购,国产药品进口替代进程或将加快。

2019 年 8 月,国家相关部门出台新版《国家基本医疗保险、工伤保险和生育保险药品目录》。随着带量采购的全面铺开和医保目录调整,药企逐渐将仿制药和创新药作为投资焦点。创新药研发投入持续加码,收购、并购新药管线成为行业趋势。在药品价格下降、新药研发投入增加的情况下,控制成本成为考验企业生存能力的关键因素。

2019 年 8 月,《中华人民共和国药品管理法》实行了 18 年来的首次重大修订。新修订的药品管理法在总则中明确规定,国家鼓励研究和创新制药,并在其他专章中增加和完善了十多项条款和多项制度举措,以保障药品供应,加快好药上市。具体体现在三个方面:一是明确鼓励方向,重点支持以临床价值为导向,对人体疾病具有明确疗效的药物创新。鼓励具有新的治疗机理,治疗严重危及生命的疾病、罕见病的新药和儿童用药的研制;二是创新审评机制,强化审评机构能力建立,完善与注册申请人的沟通交流机制,建立专家咨询制度,优化审评流程,提高审评效率;三是优化临床试验管理,临床试验审批由批准制改为默示许可制,临床试验机构的认证管理调整为备案管理,由此提高了临床试验的审批效率。

(五) 创新加大对医药外包服务的需求

根据服务阶段不同,医药外包组织服务可分为 CRO、CMO、CSO 三种,分别服务于医药行业的研发、生产、销售三大环节。其中,作为专业的外包研发或生产组织,CRO 和 CMO 通常会有一支知识结构合理且具有丰富海外研发、试验和生产经验的团队,以适应不同类型的委托要求,因此 CRO 和 CMO 相对于企业内部完成研发生产等环节来说,可以有效节省研发成本,缩短研发周期,并充分利用资源,从而提高研发效率。

全球 CRO 市场发展至今已趋于成熟,CRO 与制药企业之间的合作不再满足于简单的"外包"模式,而是建立长期战略合作,为药企提供更专业和个性化的服务。相比于国际情况,中国第三方研究及生产服务起步较晚,企业规模较小,专业程度较低。据 hsmap 统计,目前中国 CRO 公司数量高达 1 500 余家,但能提供全流程专业化服务的企业尚不多。并且其中很多环节由于资金投入大、标准化程度低、回报时间长等特点,企业参与性不高。随着创新药政策宽松,国际 CRO 需求转移等宏观环境变化,成立较早的药明康德、睿智化学、泰格医药、博济医药等本土 CRO 公司已占据国内行业领先梯队。在临床前 CRO 方面,药明康德、康龙化成、昭衍新药、美迪西等主要企业已具备直接参与国际竞争的实力,如表 1 所示。

表 1 中国 CRO 企业临床前研究实力

公司名称	主营业务	临床前新药研发领域的侧重点
药明康德	从药物发现到开发的制药服务、生物制品、医疗器械开发和测试服务、毒理服务、药物中间体、高效能原料药(APIs)的生产服务、细胞银行服务、细胞疗法和基于化合物和组织产品的生产	侧重于临床前新药研究一站式服务:业务涵盖药物发现、药学研究、临床前研究(安全性评价)
康龙化成	涵盖合成与药物化学、生物、药物代谢及药代动力学、药理、药物安全评价、放射标记代谢、工艺研发、GMP 生产及制剂研发服务等	侧重于药物发现与药学研究
昭衍新药	药物临床前研究服务和实验业务涵盖非临床安全性评价服务、药效学研究服务、动物药代动力学研究服务等	侧重于临床前研究(药效学研究、药代动力学研究及临床前安全性评价研究)
美迪西	包括药物发现、药学研究及临床前研究,涵盖医药临床前研究的全过程	侧重于临床前新药研发一站式服务:业务涵盖药物发现、药学研究、临床前研究(药效学研究、药代动力学研究及临床前安全性评价研究)

(六) 药企加快营销策略与销售渠道转型

近年来,国家通过带量采购、二次议价或医联体以及医保支付价等方式,使中国药品平均价格持续下降,医药市场的增长已经无法再靠非专利药来推动,创新药成为未来市场的驱动因素。随着经济形势和技术手段的进步,新药销售环境发生明显变化。从产品生命周期来看,过去由于市场信息化水平低、新药获取成本高,上市的新药往往需要较长的导入期和成长期,才能逐渐发展成熟、销售额实现稳定增长。与此同时,由于过去药企研发投入力度较低,优质的创新药往往能保持十年甚至更久的市场独占期。然而,现阶段热门新药在上市前就会受到大量关注,不断有药企跟随研发,新药进入市场后,仿制药和生物类似物也紧随上市,市场份额被迅速抢夺。市场独占期缩短迫使新药营销策略发生转变。创新药的营销工作需要提前,缩短用药积累过程,以实现在上市后迅速放量。

药品销售终端变化导致药企销售渠道转型。在 2017 年,医院仍是药品主要销售终端;但进入 2019 年,随着医改新政策的推出,公立医院的药房逐渐从盈利中心转变为成本中心,与此同时,分级诊疗、互联网医疗逐渐承接公立医院部分功能,药品销售渠道发生变化。其中,互联网医疗行业受政策支持快速健康发展,成为药品销售新渠道。2019 年发布的《中华人民共和国药品管理法》则首次以法律形式认可了通过网络渠道销售药品,在电商备案、审核、经营范围、价格管理等方面制度和规范愈加清晰。

(七) 生物医药服务个性化、远程化、智能化发展迅速

生物医药服务远程化、智能化的前提是大数据与生物医药的深度技术融合。生物医药大数据主要来自生产研发、医疗服务、产业服务三个方面。对生产研发数据(包括从先导化合物筛选、临床前、I－III 期临床、IV 期临床、上市后疗效副作用跟踪等数据)的深度利用有助于实现生物医药研究向系统化、标准化、深入化方向发展;结合临床医学数据,可以更精准分析致病因素,提高诊断准确率,并对疾病发展方向进行预测以便更好预防。

生物医药产业大数据为产业规划和政策制定提供了有力支撑。例如,在 2020 年抵抗新冠疫情过程中,公共卫生大数据的应用提高了中国突发公共卫生事件预警与应急响应能力,有效预防了传染性疾病的大范围扩散。此外,人工智能作为突破性技术,也对中国生物医药行业进行了深度改造,在辅助诊疗、辅助研发、数据分子等方面具有独到优势。例如,在辅助诊疗方面,可以实现对患者诊断的高准确率,起到辅助临床医生的作用。深度学习技术在医学图像识别领域具有广阔应用性,企业发展迅速(见表2)。

表 2 中国不同领域 AI 生物影像公司一览

疾病领域	发展优势	公司名称	专 注 领 域
肺结节	全球发病率和死亡率最高的恶性肿瘤筛查效率低,一个医生需要查看 200 张以上的 CT 扫描图片,才能诊断一个病例,耗时约 20 分钟。肺癌公开数据集多。	阿里健康	Doctor You 的 CT 肺结节智能检测引擎在远程影像诊断的应用。
		腾讯	腾讯觅影,可辅助医生展开肺结节早期筛查。
		推想科技	InferRead CT lung,对微小结节和磨玻璃结节敏感性强,几乎零漏诊。
		汇医慧影	Dr.Turing 肺结节筛查系统,自动标注病灶、完成病历报告。
		深睿医疗	Dr.WISE CAD 医学影像诊断系统,肺结节检出率超 98%,磨玻璃结节检出率超 95%,假阳性仅 5%,合作医疗机构多。
		图玛深维	提供良恶性判断和结节精确定位。提供自动随访功能,可自动生成结构化病历报告。检出率超 97%,良恶性判断符合率超 90%。
		依图科技	对肺部 CT 影像检测病灶、对其进行多维度描述和鉴别诊断。此外肺段定位技术还可进行历史结节对比,解决复查难题。
眼底	中国是 2 型糖尿病患者最多的国家,糖尿病眼底病变情况多,筛查糖眼的医生能力和数量严重不足,糖眼公开数据集多。	腾讯	腾讯觅影的糖网筛查准确率达 97%,糖网分期准确率达 75%。
		上工医信	"慧眼糖网",可实现标记、诊断、病历生成的整套解决方案,准确率达 91%。
		Airdoc	识别眼底病变,辅助医生快速筛查 30 多种常见慢病。
		体素科技	VoxelCloud Retina 眼底照相完整解决方案,能完成 10 种病灶类型的分类和量化和 8 种可见疾病的分类。

(八) 中国生物医药企业国际化进程稳步推进

经历了多年的培育和市场历练,中国生物医药企业不断突破关键技术壁垒,提质转型,走出了一条独具特色的国际化发展之路。尽管行业整体发展水平和产业的制造研发能力与国际先进水平相比还存在一定的差距,但已能在较高层面参与国际竞争。

一是坚持市场化导向,了解市场需求、顺应市场规则。相比国内市场,国际生物医药市场在宏观政治、经济等多领域有其复杂性,不同国家准入制度各不相同。随着医药行业国际化竞争日趋白热化,充分分析市场需求和规则、拓展培育国际销售渠道、努力维护产品品质、稳步推进国际化进程十分重要。二是联手共同参与国际竞争,提升企业与行业的国际竞争力。经过市场的不断磨砺,中国药企合作心态愈加开放,愈发愿意携手同业合力开拓海外市场。以中国国际医药卫生公司(简称国药国际)为例,其作为开放式平台,已在研发、生产、制造、分销、零售等全产业链环节与海外市场建立了联系,在医药原料、制剂、医疗器械等产品和服务方面开展了深度合作。

二、2019 上海生物医药产业国际竞争力指数分析

(一)总体情况

2019 年,上海工业增加值达 9 670.68 亿元,与 2018 年相比增长 0.4%。全年完成工业总产值 35 487.05 亿元,下降 0.3%。其中,规模以上工业总产值 34 427.17 亿元,下降 0.3%。六大重点工业产业完成工业总产值 23 279.15 亿元,比上年增长 0.1%,占全市规模以上工业总产值的比重为 67.6%。在上海六大重点产业中,仅有石油化工及精细化工制造业、生物医药制造业和成套装备制造业保持增长。

生物医药产业是上海最具特色、最有优势的产业之一。2019 年,上海生物医药产业在整体工业经济下行压力加大环境下保持持续增长,生产规模保持较快增长水平,完成工业总产值 1 319.88 亿元,较上一年增长 7.3%,高于六大重点产业平均值 7.2%,拉动全市工业增长 0.2%,对上海工业支撑作用进一步显现。从细分领域来看,生物、生化制品制造业及化学药品制剂制造业产值规模增速最快,分别达到 19.5% 和 10.6%。

表 3 2019 年上海生物医药行业细分领域规模

	工业总产值(亿元)	增长率(%)	企业数(家)
生物医药制造业合计	1 319.88	7.3	388
生物、生化制品制造业	156.18	19.5	51
化学药品制剂制造业	519.41	10.6	54
医疗仪器设备及器械制造业	293.39	6.9	145
中药饮片及中成药生产制造业	111.42	2.8	34
化学药品原药制造业	106.31	−7.9	35

2019 年上海生物医药产业经营状况持续向好,运营效率不断提升,创新能力突出。在经济形势下行压力下,全市医药制造的资产负债率为 35.7%,较 2018 年下降 0.3%,保持了较低的杠杆水平,是十分难得的;实现平均营业收入利润率 15.1%,比 2018 年提高 2%;专利数排名全国第 4,创新能力全国领先。

从空间分布来看,浦东新区占据了上海医药产业主导地位,是上海参与国际生物医药竞争的重要功能承载区。在浦东两大国家级生物医药园区中,张江生物医药科技产业基地凭借超强的研发能力占据了上海乃至全国生物医药研发的半壁江山。目前,有 8 家跨国制药公司在张江设立了研发中心;全市 78% 的医药研发企业集中在张江;全国有 30% 的新药研发机构来自张江,新药研发预算的 30% 投入张江,30% 的全国一类创新药也从张江走出。此外,徐汇、闵行、嘉定、青浦也布局了各具特色的生物医药产业承载区。

从产业创新策源能力看,与生物医药产业发展相关的国家重大科技基础设施群已经初具规模,转化医学、上海光源二期等大设施加快布局;蛋白质、活细胞成像等大设施已为生命科学及交叉学科的基础研究提供了重要支撑;张江药物实验室、国际人类表型组创新中心、脑科学与类脑研究中心均已建成使用;加快了人类表型组、脑与类脑智能、全脑神经联接图谱等生命科学前沿领域市级科技重大专项的研究部署。

(二) 指标体系的建立与指数分析

1. 指标体系

上海生物医药产业国际竞争力指标体系根据波特产业竞争力理论进行简化和发展,从"产业国际表现""行业增长驱动""价值链提升"三个方面来诠释,形成反映国际竞争力的 3 个二级指标,运用定量数据形成 14 个三级指标。选择全国 10 个重点省(市)作为测算对象。

如图 1 所示,本文主要从三个方面对产业国际竞争力进行分析。其中,产业国际表现代表着现阶段上海生物医药制造业的产品在国际市场上的竞争力,主要包括上海生物医药制造业产品的产业部门贸易优势、行业贸易优势、供应链强度和核心环节贸易优势 4 个指标。

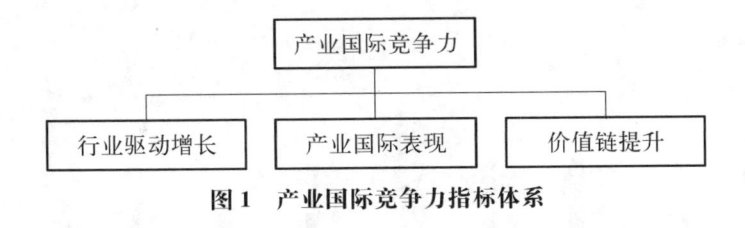

图 1 产业国际竞争力指标体系

行业驱动增长所衡量的是现阶段中国供给侧改革背景下上海生物医药产业集聚能力,其中主要包括电子信息制造业的区域市场效率、产业投资效率、产业营利能力和产业集聚能力 4 个指标。

价值链提升则是代表着现阶段生物医药产业沿着价值链提升其产业高度和发展的速度,其主要包括上海生物医药产业的创新生产能力、核心产品出口竞争力和政策引导这几个方面的指标。

在对具体指标的数据处理上,使用标准差标准化法(又称 Z-score 方法)对数据做规范化处理,采用变异系数法和主观赋权法相结合的方法确定权重,并逐级加权平均得到生物医药产业国际竞争力综合指数。

2. 综合竞争力基本情况分析

总体而言,宏观经济形势及行业政策对上海生物医药行业发展影响显著。2019 年,受宏观经济形势影响,上海生物医药产业经济运行情况与全国保持一致,综合竞争力水平稳定。具体从二级指标来看,上海生物医药行业主要受到国际市场和行业驱动因素两方面牵绊。一方面,受宏观经济形势及行业政策影响,生物医药行业投资效率、盈利能力有所下降,医药制造业盈利水平由 2017 年的 9.06% 略降为 2019 年的 7.89%。盈利能力的下降一是因为中国出台带量采购、一致性评价等政策,迫使药品价格降低,二是因为行业研发投入加大,运营成本提高。2017—2019 年,上海医药行业研发投入逐年提高,年复合增长率达到 4.86%。另一方面,受中美贸易摩擦影响,医药行业出口受到一定程度限制。从中美贸易战进程可以看出,2018 年 4 月,美国发布针对总额约 500 亿美元的拟征税中国商品出口清单,涉及特色原料药、生物制品、制剂、医疗器械等领域。同年 7 月,开始实施对贸易清单涉及 340 亿美元商品加征 25% 的关税,涉及电子诊断患者监测系统、心电图记录仪、心脏起搏器等 22 项医疗器械产品。2019 年,上海医药制造出口 14.71 亿美元,较上年减少 2.26%,出现小幅下滑,美国对华加征关税影响已经显现。

从总体得分来看,2017—2019 年,上海生物医药行业国际竞争力得分位于中游。由于上海生物医药行业在投入性规模上难以与山东、江苏等医药产业大省相比较,排除规模性因素,得分并不能直接反映上海生物医药产业竞争力的真实水平(图 2)。从近两年变动情况看,尽管受到贸易战和新冠疫情的影响,国内生物医药行业国际竞争力的二级指标得分均基本未显现明显下滑。

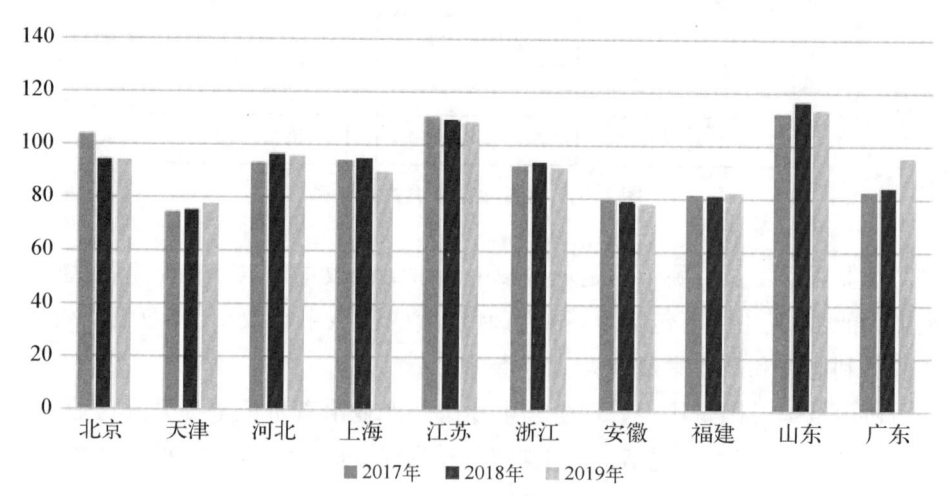

图 2　2017—2019 年生物医药行业国际竞争力情况

3. 二级指标分析

表 4　2017—2019 年分省市二级指标计算结果

指标	年份	上海	北京	天津	河北	江苏	浙江	安徽	福建	山东	广东
产业国际表现	2017	96.27	113.97	73.50	110.47	94.20	90.89	81.73	88.48	92.28	74.97
	2018	99.98	86.29	74.82	119.22	94.31	93.58	77.63	89.43	92.30	78.53
	2019	85.63	83.47	77.85	116.48	82.73	88.86	76.60	87.59	98.00	78.81
行业增长驱动	2017	76.99	79.93	70.37	85.81	124.32	81.85	86.45	76.56	130.69	75.72
	2018	75.64	91.81	72.20	83.29	123.60	78.84	87.93	73.55	138.50	76.12
	2019	81.46	90.57	75.34	85.06	125.67	79.24	89.36	78.51	124.20	111.58
价值链提升	2017	106.86	107.63	81.11	65.51	130.55	106.06	69.28	73.00	134.48	106.01
	2018	104.88	113.15	78.98	64.87	125.26	108.27	72.20	73.82	142.90	103.74
	2019	106.19	119.58	79.51	65.24	142.66	108.76	69.00	74.93	132.41	112.53

(1) 产业国际表现变动分析

产业国际表现主要反映各省市生物医药行业在国际贸易市场中的情况。2017—2019 年，大部分省份的产业国际表现均出现不同程度下滑。通过考察产业部门贸易优势、行业贸易优势、供应链强度及核心环节贸易优势，可以看出（图 3）：

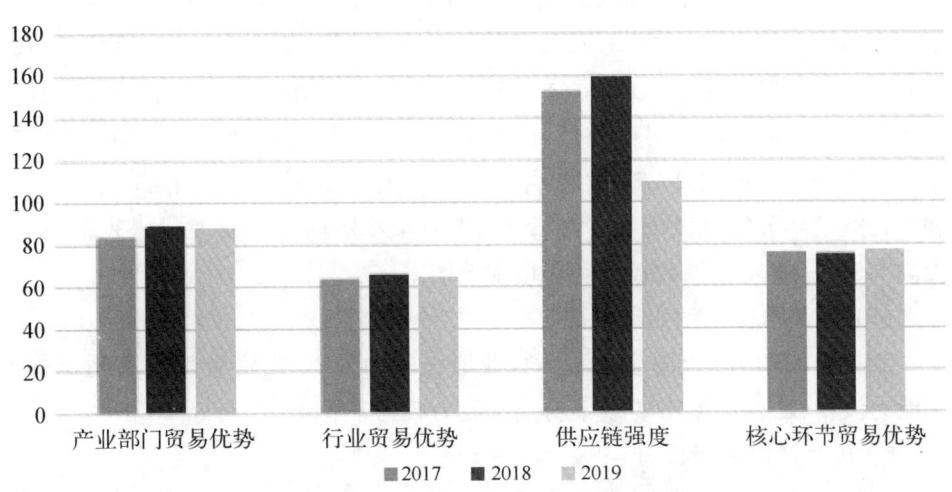

图 3　2017—2019 年上海生物医药行业国际表现

① 产业部门贸易优势有所增强

RCA 指数是地区产业出口值占世界出口总值比重，用来反映产业部门贸易优势。2017—2019 年，上海生物医药 RCA 指数有较为明显的增长。尽管 2019 年上海生物医药行业 RCA 指数较上一年下降了 2.7%，但主要是当年上海生物免疫产品出口比重同比下降11.06%造成的。一方面,中美贸易摩擦使上海医疗器械出口下行压力增大;另一方面,发达国家标准条例、技术法规、合格评定程序收紧,在一定程度上限制了生物医药产品出口。

② 行业贸易优势稳定

行业贸易优势用行业TC指数来表示,TC指数下降说明上海生物医药行业净出口占进出口总额比例下降。2017—2019年,上海生物医药行业贸易优势总体而言较为稳定,但进出口差额进一步扩大;2019年,药品进口量大于出口量,且净出口额较上一年下降18.5%。同年,长三角地区其他省份则已实现药品的净出口。

③ 供应链强度下降明显

2017—2019年,上海生物医药行业供应链强度均处于全国首位。但在2019年出现普遍下降态势,且降幅较大,较2018年下降31%。供应链强度的下滑与国际贸易条件恶化有直接关联:据统计,2014年至2018年,各国发布的医药相关TBT通报总计达296项,其中医药产品共有8个领域遭受了TBT通报,主要包括化学原料药、生物制剂、化学制剂、医用耗材、电气医疗装置、医疗辅助器具、医学影像设备、医用家具等。

④ 继续保持核心环节贸易优势

2017—2019年,上海生物医药行业继续保持了核心环节贸易优势。2019年核心产品RCA指数达到0.31,较上一年提高3.3%。究其原因,一方面得益于国家减税政策支持,对于上海自贸区新片区内符合条件的从事生物医药核心环节生产研发的企业,自设立之日起5年内按15%的税率征收企业所得税,为企业研发降低成本。另一方面,作为全国和区域性的科创中心,上海积极推进了生物医药产业的高端化发展,增加产业核心环节研发强度,摆脱核心环节和"卡脖子"环节的进口依赖。2019年,上海生物医药行业研发投入较上一年提高5.34%,研发成果数较上一年增加8.07%。

(2) 行业增长驱动变动情况

2017—2019年,上海生物医药行业增长驱动力中,投资效率提高明显,营利能力波动较大,区域市场效率与集聚能力较为平稳:

① 行业产出稳步提升

2017—2019年,上海生物医药行业产值逐年增加。至2019年,上海医药行业产值已经实现连续5年的增长。究其原因,一是上海老龄化社会深度发展对生物医药产生了巨大需求:慢性疾病带来的长期用药、疾病控制和科学管理的高昂支出促使医药行业市场规模不断扩大;二是生物医药作为战略性新兴发展领域,成为各公司争先抢占的行业制高点。以上海医药为例,其2019年以与俄罗斯生物医药公司BIOCAD成立的合资子公司为平台,加大力度引

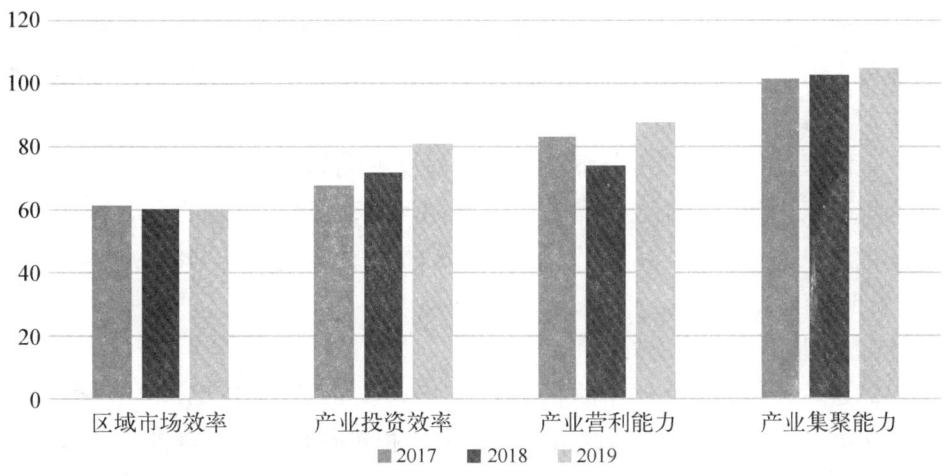

图 4　2017—2019 年上海生物医药行业驱动力情况

进前沿生物医药产品和生物技术,抢占高端市场份额。

② 区域市场效率有待提高

2017—2019 年,上海生物医药行业区域市场效率得分较低。根据指标体系释义,区域市场效率用区域投资增速与全国投资增速比值来表示,从侧面反映了近两年上海生物医药行业固定资产投资增长较为缓慢。

③ 产业投资效率稳步提升

2017—2019 年,上海生物医药产业投资效率逐年提高。根据指标体系释义,产业投资效率用劳动生产率来表示。上海生物医药行业人均产值由 2017 年的 1 095 147 元增长至 2019 年的 1 537 167 元。一是因为先进生产技术的应用。一方面,随着自动化技术的推广,越来越多的企业在流程化工作领域采用机器代替人工生产;另一方面,随着人工智能技术的发展,采用人工智能进行新药研发大大提高了药企研发效率。二是因为上海生物医药行业人才结构的优化调整。2017—2019 年,上海生物医药企业的高端人才(尤其是高层管理人员)比重有显著提高。

以药明康德为例,2017 年至 2019 年,药明康德对人员结构进行调整,技术人员占比由 87.76% 提高至 89.46%;并通过增加高层管理人员聘请数量,对现有高层管理人员进行减负,使其能够更加专注于自身领域公司业务的管理。同时,以自动化生产线和人工智能技术辅助生产研发。2018 年,药明康德利用人工智能技术针对具有挑战性(如未知晶体结构和配体)的生物靶点开发更为理想的临床前药物候选分子,极大地提高了新药研发效率。

④ 行业盈利能力有待提升

2017—2019 年,上海生物医药行业资产利润率由 9.06% 降至 7.89%。以上海医药为例,其 2019 年实现净利润 520 833.23 万元,较 2018 年减少 0.4%;营业利润率较 2018 年下降 15.5%。原因首先是新药研发投入增大导致的企业运营成本提高;其次是在国家医改政策推动下的药品价格降低,影响了企业营业收入;再次是药品销售因素,新药上市后各种仿制药紧随其后,市场份额被快速瓜分。

上海医药行业盈利得分下降在一定程度上受到上海莱士巨额亏损拖累。作为第一家中外合资血液制品生产企业,上海莱士重仓持有的万丰奥威和兴源环境两只股票大跌,导致巨亏近20亿元;最终企业当年净利润为−15.23亿元,出现上市以来首亏。

⑤ 行业集中度有所提高

2017—2019年,上海生物医药行业集中度由2017年的2.43%提高至2019年的2.63%。一方面,政策推动发挥了积极作用:审评审批制度深入推进;带量采购政策促使行业重组并购多发。另一方面,张江药谷生物医药园区等创新承载区的建立、一流的研发机构和完善的价值链支撑体系,行业公共服务平台的建设都促进了产业集聚。2019年,上海生物医药行业规模以上企业较2018年增加11家,营业收入10亿元以上企业数量增长迅速。

例如,在2019年,复星医药发生12起收购、增资案件,对外股权投资201 181.17万元。通过垂直整合中的并购行为,复星医药形成了一套完善的医疗制造产品链体系,提高了企业抵御市场风险的能力。

(3) 价值链提升分析

2019年上海生物医药行业价值链提升效果明显,从研发投入与成果产出、政策引导三方面可以看出:

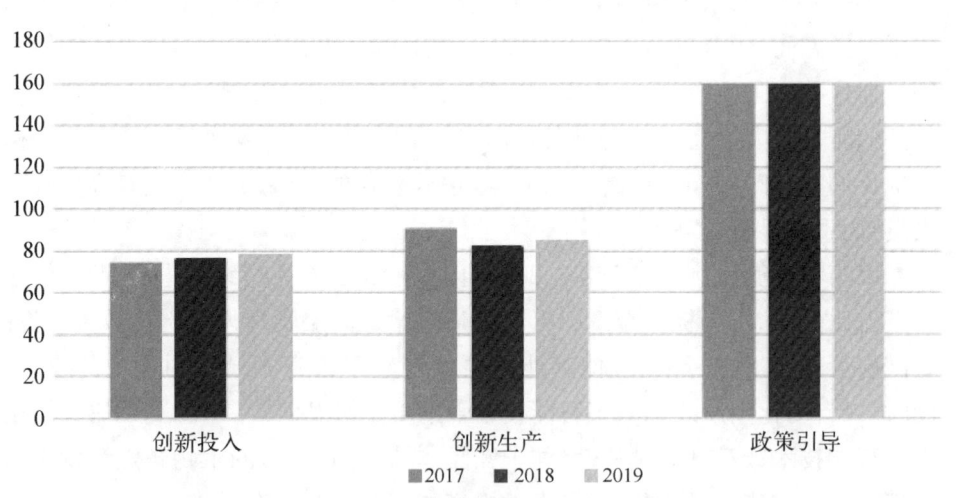

图5 2017—2019年上海生物医药行业价值链提升情况

① 创新投入持续增加

2017—2019年,上海生物医药研发投入持续增加,但增速较慢。2019年,行业研发投入较2018年增长5.34%,在增速上位列全国中游水平。究其原因,一方面,上海生物医药产业发展主题由仿制切换到创新,药物创新成为支撑企业未来发展的核心动力;另一方面,受生物医药行业利润率下滑影响,企业研发投入增速放缓。

以复星医药为例,该公司以创新研发为最核心的发展驱动因素,持续加大包括单克隆抗体生物创新药、生物类似药、小分子创新药等在内的研发投入,积极推进仿制药一致性评价。2018年度,该公司研发投入共计250 683.56万元,较2017年增长63.92%。该公司已形成国际化的研发布局和较强的研发能力,在中国、美国、印度等地建立互动一体化的研发体系;并通过多元化合作方式,衔接全球前沿创新技术,推动前沿产品的全球开发和转化落地。

② 研发成果转跌为增

2017—2019年,上海生物医药行业专利数转跌为增。2019年专利数较上一年增加112件,提高了8.07%。从具体公司表现来看,复星医药集团持续加大包括小分子创新药、单克隆抗体生物创新药及生物类似药、CAR-T细胞药物等在内的研发投入,获得丰硕成果。2019年,复星医药新增小分子创新药4项、生物创新药2项、生物类似药4项、国际标准的仿制药16项。其中,利妥昔单抗注射液(汉利康)作为中国第一例获批上市的生物类似药,2019年5月中旬开始销售并快速得到市场认可,全年销售额约1.5亿元。此外,该集团还与全球领先的T细胞免疫治疗产品研发及制造企业Kite Pharma(Gilead Pharma成员企业)共同打造免疫治疗产业平台复星凯特首个产品——FKC876已获国家药监局临床试验批准并启动临床研究。

③ 营商环境高位稳定

长期以来,上海的营商环境都处于全国领先地位。2017—2019年,尤其是在放宽市场准入、扩大对外开放方面取得了显著成效。2019年,国务院出台了《优化营商环境条例》,在国家层面首次出台优化营商环境的行政条例,以法治手段推动营商环境优化。营商环境的优劣,能够反映出一个地区的思想解放程度、市场发育程度、对外开放水平、发展潜力和综合实力。

(三) 长三角地区生物医药行业国际竞争力分析

1. 长三角地区生物医药产业发展现状

长三角地区生物医药产业以园区和基地为空间载体,逐步形成以上海为中心的生物医药产业带,且发展水平国内领先。根据赛迪智库与新浪医药联合发布的《2020生物医药产业园区百强榜》,长三角生物医药园区共上榜31个园区,其中,上海张江高新区和苏州工业园区位居第1名与第3名。长三角地区生物医药产业的高水平发展尤其表现在研发产出方面。从新药申报情况来看,2019年园区申报新药数为江苏工业园71个、上海张江高科技园区64个、连云港经济技术开发区61个,位居前三甲。从新药上市情况来看,2019年中国批准国产 1 类新药上市共 10 例,其中 7 例新药位于长三角地区。

对照国际生物医药产业空间成长路径,长三角地区生物医药产业正处于从"地方集聚"到"区域协同"的关键跃升期。为了更好促进生物医药产业的提升,长三角三省一市一方面分别制定各自生物医药产业发展规划(表5),另一方面积极进行区域合作,联合成立长三角 G60 科创走廊生物医药产业联盟,通过结成"命运共同体"抱团发展,开拓生物药、化学药、医疗器械等万亿级市场。

表 5 长三角地区生物医药产业规划

行政区	文件名称	重点发展领域	发展目标
上海	《促进上海市生物医药产业高质量发展行动方案(2018—2020年)》	抗体药物、新型疫苗、蛋白及多肽类生物药、数字医学影像设备、高端治疗设备、微创介入与植入医疗器械	到 2020 年,生物医药产业规模达到 4 000 亿元。申报上市药品 50 个以上;申报上市三类医疗器械产品 100 个以上。
江苏	《关于推动生物医药产业高质量发展的意见》	治疗性抗体、新型疫苗、核酸药物、多肽药物、蛋白质和基因工程药物、现代中药提纯	到 2020 年,全省生物医药产业产值超 6 000 亿元,并培育一批年产值超百亿元的领军企业。其中,千亿元企业 1 家,200 亿元左右企业 2 家,100 亿元左右企业 5 家。
浙江	《浙江省生物经济发展行动计划(2019—2022年)》	化学创新药、生物技术药物、现代中药、高端医疗器械	到 2022 年,力争生物医药规模以上工业产值超过 3 000 亿元,形成 3—5 个具有国际竞争力的细分领域、10 个以上重大创新产品、100 个超亿元的优势产品。
安徽	《促进医药产业健康发展实施方案》	原料药和制剂、中药材和中成药、创新药械	到 2020 年,主营业务收入超过 2 000 亿元。集聚发展态势更加突显,力争打造 3 个以上在全国具有重要影响力的医药产业基地。

现阶段,长三角地区的生物医药产业在空间分布上初步显现出分工专业化特征。从省级行政区划来看,上海市跨国生物医药企业研发中心密集,发达的资本市场为企业融资提供了良好的运作环境,区域内集聚了世界生物医药产业前十强中大部分企业,已经形成了以中科院药物所、国家基因组南方中心为主的"一所六中心"研发体系,专注于以基础研究、攻克医药难题、专利药为目标或需要技术的药物研发和生产领域。江苏省制造业基础雄厚,是中国生物医药制造业领域的领军者,注重医药研发、医疗器械、常规生物医药产品的生产制造。浙江省也将生物医药列入大力培养的高科技产业,呈现出"化学制药为基础,现代中药为重点,生物医药为先导,医疗器械产品为后发优势"的产

业结构,在化学原料药生产领域占据重要地位。从地级市行政区划来看,长三角地区生物医药产业主要城市发展各具特色(图6)。

图6 长三角地区主要城市生物医药产业概况

宏观的地区分工差异由微观的企业分工专业化决定。从产业链分工角度,生物医药产业可以划分为医药研发、生物医药制造、医药贸易流通、医疗服务四个环节。长三角地区各省市各生产环节均有相关企业分布,但侧重环节不尽相同(表6)。上海及江苏生物医药发展领先,相关企业覆盖高端产品研发、制造、研发外包与服务和高端医疗器械及药品流通体系,且企业规模较大,产业链较为完善。浙江生物医药企业同样覆盖全部产业链,但企业规模较小,并且在医药物流环节较为薄弱。安徽生物医药产业在承接上海张江生物医药产业转移后,能够覆盖产业链各个环节。但无论是企业数量还是企业规模,安徽都有较大提升空间。

表6 长三角地区主要生物医药企业产业链环节分布

分工模式	上海市	江苏省	浙江省	安徽省
医药研发	药明康德新药、君实生物、皓元生物、百敖科技等	恒瑞医药、贝迪生物、新海生物、吉玛基因、豪森药业、正大天晴、先声药业等	硕华生命、泰格医药、康能生物、圣兆药物、奥默医药、百诚医药等	亿帆医药、安科生物等
生物医药制造	丰汇药业、新兴药业、君实生物、源培生物、安集协康、之江生物、赛伦生物、优宁维等	贝迪生物、曼氏生物、正大天晴、先声药业、东海药业、红冠庄等	华东医药、星博生物、康能生物、康乐药业、亚克药业、益立胶囊、圣兆药物、硕华生命等	井泉中药、九方制药、源和堂等

| 173

续表

分工模式	上海市	江苏省	浙江省	安徽省
医药贸易物流	上海医药物流中心、国润医疗、康展物流、佳吉物流、生物物流、创达物流等	顺达货运、苏州点通、开元药业、东瑞制药、合纵连横、华晓医药、安润医药等	康链聚合、中集物流等	中科美菱、源和堂等
医疗服务	百傲科技、大象医疗、生物谷、安集协康、赛轮生物等	新海生物、凯基生物、吉玛基因、药石科技、贝迪生物等	泰格医药、北斗生物、微医集团、丁香园等	欧普康视、万邦医药、安泰医药、君德医药等

从产品结构来看,生物医药产业可划分为生物制药、基因工程、医疗器械、血液制品和检测仪器及试剂等领域。长三角地区生物医药企业产品专业化水平显著,如生物制药的复星医药、正大天晴等;基因工程的科华生物、吉玛基因等;血液制品的上海莱士、华兰生物(江苏)等;检测仪器及试剂的复星医药、迪瑞医疗等。

2. 长三角区域内省市对比分析

根据本文建立的指标体系,可以看出:

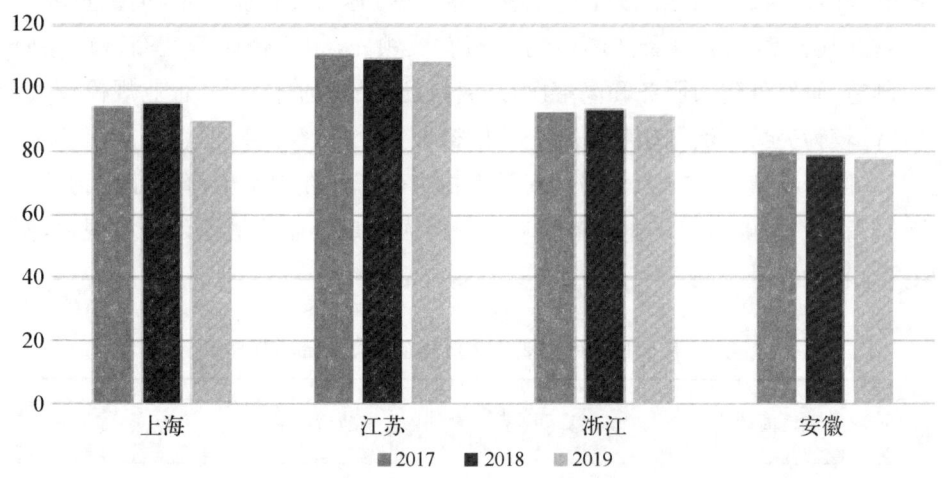

图7 2017—2019年长三角地区生物医药行业竞争力

(1) 江苏生物医药综合竞争实力突出

2017—2019年,江苏省生物医药行业国际竞争力的综合实力在长三角地区一直处于领先位置,尤其是在产业驱动和价值链提升方面走在前列。在产业驱动方面,2019年江苏省生物医药投资较上一年增加4%,比上海高出1.2%;人均产出位居榜首,较上一年增加20.9%;盈利能力也领先全国平均水平3%。在价值链提升方面,江苏省的研发投入与成果产出均处于全国领先地位。一方面得益于产业基础形成的雄厚实力;另一方面,江苏省生物医药资源相对集中,凭借优越的地理、文化和人才优势,为承接生物医药产业的转移和集聚提供了支撑。

(2) 安徽生物医药整体竞争力偏弱

2017—2019年,安徽省生物医药行业综合竞争力稳中有降,主要是受到国际市场表现和价值链提升两方面影响。在国际市场表现方面,安徽省生物医药行业TC指数逐年下降,国际市场出口份额连续下滑。特别是在2019年,其生物医药供应链强度受贸易摩擦影响显著,下降63.42%;同时在核心环节领域对进口依赖较重。在价值链提升方面,安徽省生物医药行业创新投入有所增加,但创新产出成果无明显增长。究其原因,主要是中美贸易摩擦对安徽省生物医药行业出口形成了相应压力。安徽省生物医药主要聚焦医疗器械领域,美国于2018年7月对中国340亿美元商品加征25%的关税,其中涉及电子诊断患者监测系统、心电图记录仪、心脏起搏器等22项医疗器械产品,对安徽省的影响较大。

(3) 浙江生物医药价值链稳步提升

2017—2019年,浙江省生物医药行业国际竞争力较为稳定。但从细分指标来看,主要得益于其行业价值链的稳步提升。一方面,研发投入持续增加。其研发投入由2017年的372 045万元增加至2019年的449 216万元,年复合增长率达到6.48%。另一方面,研发产出水平跻身于长三角上游水平,与上海市不相上下。在营商环境建设方面,浙江省在技术创新环境、金融环境、人才环境、文化环境和生活环境方面也处于全国领先地位。

(4) 上海生物医药国际竞争力有待提高

2017—2019年,从总得分来看,上海市生物医药行业国际竞争力位列长三角第二,仅次于江苏省,略优于浙江省。从二级指标来看,国际市场表现在较大程度上影响了上海的得分,表现为主要出口产品毛利率的降低。从具体案例来看,2017—2019年,上海医药2019年国外市场毛利率较2017年下降4.39%;复星医药下降3.42%;科华生物下降5.6%。叠加产业结构调整因素,上海市生物医药行业国际竞争力从得分上看并不高。

自2014年以来,上海市生物医药重点子行业的占比就趋于稳定,化学制剂和医疗器械是支持上海市医药工业稳步增长的主要子行业。但受产业结构调整因素影响,部分子行业出现变化。例如,原来相对其他地区具有优势的中药(含中药饮片加工和中成药生产),由于注射剂重点监控、再评价、中药材资源缺乏等因素,其占比下降了近一半;但同时也催生了丹参多酚酸盐等年销售额超过10亿元的产品。另外,由于上海市工业结构调整,化学原料药的占比逐年下降并于近五年稳定在10%左右。与此同时,上海市依托了自身良好的精密仪器制造业优势和国家大力扶持国产医疗器械的政策优势,医疗器械主营业务收入逐年增长,2019年其占上海医药工业的比重已达20%以上;较为高端的制药专用设备制造的比重也近5%。因此,应该辩证地看待上海市生物医药行业国际竞争力得分与其他省市相比偏低的问题。

三、2020年上海生物医药产业国际竞争力展望

(一) 国际贸易规则及贸易体系发生深刻变革

当前国际贸易规则体系正处于新一轮重构期,新贸易规则体系注重议题的广泛性和规则的高标准,有着丰富的内容和复杂性。

一是自2008年全球金融危机爆发以来,各种排他性区域经济整合不断涌现,超大型自由贸易协定成为全球各大经济体经贸政策的主轴,并主导了新一轮国际经贸规则。这种跨区域或跨洲际的巨型化自由贸易协定包括《全面与进步跨太平洋伙伴关系协定》(CPTPP)、日本-欧盟《经济伙伴关系协定》(EPA)、《美墨加三国协定》(USMCA)等,特点是高标准、全方位、广覆盖,以及强排他性。与以往诸边或多边协定相比,超大型自由贸易协定由中心国家成员(美日欧等发达经济体)主导,成为推动新一轮国际经贸规则谈判的重要平台。

二是自2017年以来,美国以支持国家安全、强化美国经济、实行对美国国民有利的通商谈判、坚决执行美国通商法案为出发点,推动贸易保护措施,极大刺激了全球贸易保护主义抬头。2018年中美贸易摩擦爆发后,WTO改革步履维艰。受此影响,贸易由全球化向区域化方向转变,并将环境、劳工、投资、金融等非贸易因素囊括其中,对包括中国在内的WTO最惠待遇国产生了较大冲击,进一步侵蚀了多边贸易体制根基。

(二) 全球生物医药产业链面临重大变革

生物医药产业链由生物医药原料生产加工、医药研发与制造、医药流通及应用组成。突如其来的疫情对国际生物医药产业链形成了较大冲击:一方面,新冠疫情限制了正常的生产及运输,全球生物医药原料生产加工被迫中断;同时,疫情的爆发促使各国加紧对特效药物及疫苗的研发、试验及生产,全球生物医药技术落地提速。另一方面,作为全球医药产品生产大国,中国生物医药产业发展也不可避免受到新一轮产业链(尤其是供应链)重构的影响。

在原料药生产方面,中国是全球最大的原料药生产国之一,且生产体系完整;在原料药供应方面,全球原料药供应商最多的三个国家分别为美国、印度和中国,供应商数量全球占比分别达到36%、13%和10%。相比其他制造业门类,生物医药产业的制度壁垒本身就较高;进入后疫情时代后,国际政治、经济局势发生了短期不可逆转的重大变化,更加强调产品安全性与国家安全性,

各国原料药供应链将由全球化向区域化甚至本土化转移。

随着中国医药研发与制造优势逐渐凸显,全球生物医药研发向中国转移。2015年中国进行药审改革,并于2017年加入ICH组织,至今临床标准及研发标准与全球标准接轨,为海外企业在中国设立研发机构已经铺平了道路。从短期的疫情控制需求看,中国针对新冠疫情的疫苗及特效药物的研发走在世界前列,必将承担较多的疾病防控责任;从中长期来看,尽管中国制造的成本比起其他新兴工业化国家已有提高趋势,但较为高层次的工程师红利仍然存在;同时,国内外研发标准的对接也为进一步降低研发成本带来可能。因此,全球生物医药研发向中国转移仍然是大势所趋。

(三) 上海生物医药产业发展机遇与展望

面对全球贸易秩序及生物医药产业链深刻变化,上海生物医药产业应主动把握机遇,提升生物医药产业国际竞争力。

1. 必须加快向产业链高附加值环节转移

从产品生命周期看,与生产终端电子消费品的信息产业不同,生物医药行业(尤其是医药制造)是一个"慢产业",从初学到入门至少需要10年的积累时间;从入门到登堂入室至少需要20年的积累时间。作为亚太地区生物医药产业的重点发展区域,自1999年"聚焦张江"战略以来,上海的生物医药产业整整高速发展了20年,目前已经具备亚太地区高端产品研发中心、制造中心、研发外包与服务中心的雏形,并具有较强的全球资源配置能力,流通体系也日臻完善。

一是利用长期以来上海在生物医药产业方面的规模结构基础与深耕细作能力优势,更加开放地融入到全球生物医药产业链与价值链合作中。通过引入高端环节跨国公司和参与并购整合的机会,向价值链高端环节进军(全球制药行业每年约发生50—120笔并购交易活动)。二是利用发达国家加快CRO/CMO龙头企业业务向上下游延伸的纵向一体化趋势,结合上海自身产业技术优势和社会发展特点(如老龄化),在小分子C(D)MO领域和临床CRO领域取得突破。

2. 必须坚持全产业链发展的推进方向

生物医药产业作为任何一个国家和地区的战略性产业,具有高制度壁垒特征,必须保有良好的供应链和价值链控制能力。自新冠疫情后以美国为首的发达国家掀起了产业链全球性重构的热潮,生物医药产业链的安全性与完整性就更显重要。上海是目前中国最具生物医药产业发展综合性优势的城市,有条件也有能力在特殊国际背景下保持产业的整体竞争力。在产业规划中,要更加注重全要素整合;整合不仅包括生物医药行业内部的环节衔接,还包括与其他产业衍生产品和服务的衔接(如与精细化工和新材料的衔接)。应充分利用长三角城市群完善的世界级制造产业链,"尖端科研共享,制造梯度转移";以及巨大的国内和亚太消费市场,"医-药资源复合,研-用空间耦合"。

3. 必须在效率上实现快速提升

一是改善运营模式:整合药品、器械、服务三方的分散运营状态,提高运营效率;特别是要缩减流通环节成本,目前中国医疗供应链行业平均费用率是美国的6倍,但平均利润率仅为美国的1/4。二是主动参与区域合作网络重构:在疫情防控常态化和特效药物及疫苗暂时缺位的情况下,给予医疗及健康服务更多关注和资本支持;着力提高特效药、疫苗、器械、检测的市场集中度。同时,在市场集中度提高的前提下,保持新的国际局势和贸易格局下的物流经济规模。

四、建议及提升路径

(一)健全投融资体系,提高企业各阶段融资效率

生物医药属于技术密集和资本密集型产业,对于以研发和制造为主的生物医药企业来说,无论是生产仿制药、改剂型药还是新药,从开始研发到最后销售产品,都需要大量资金投入。对于处于不同成长阶段的生物医药公司而言,其融资需求及模式各不相同。

种子期阶段主要是对新药开发的基础研究,探索新药在技术上的可行性。此阶段企业面临着产品开发极大的不确定性,吸收外部资金相对比较困难。对应这一阶段,应提高专门产业基金比重、加大财政补贴力度。

创业期阶段主要进行产品的临床前研究和临床试验,历时最长、用钱最多。对应这一阶段,在完善风险投资的同时,应健全多层次金融市场、鼓励多样化的融资模式、探索多种风险补偿机制。

拓展生物医药企业融资渠道。一方面要推进科创板、新三板、创业板市场发展,改革创新资本形成机制,完善市场转板机制;另一方面要鼓励风险投资、私募股权投资等创新,完善风险资金退出机制。

成长期生物医药企业亟待提高和稳定产品质量,确立营销渠道和产品品牌形象。对应这一阶段,要保证企业利润的可获得性,在产品市场开拓、优化经营环境上要给予企业重要支持;同时,在债权融资、内源融资方面给予更多支撑。

成熟期生物医药企业无论在产业规模还是产品技术上都趋于稳定,也有稳定的营利能力。对应这一阶段,资本市场应在信贷资本上给予更多关注;稳健经营的企业与银行类金融机构有可能在相对健全的知识产权质押体系架构下,开展相互成就的支持合作。

(二)培育一批具有国际竞争力的CRO企业

医药外包服务是行业分工专业化的产物,依据环节不同分为CRO、CMO、

CSO 三种。其中，CRO 是针对研发环节的外包服务。上海作为全国生物医药行业重要研发基地，与国际大型跨国 CRO 企业相比，本土龙头企业仍有提升空间。

应尽快扫清 CRO 企业发展的制度性障碍。积极落实国家政策，以整条产业链为基础，分别从药品研发、临床试验、药品研发者权益和生产企业四个角度进行政策引导和规范。一是加快研究推进跨境研发便利化的进一步突破。针对进出口多部门审批的情况，应实现多监管部门的职能整合；开展特殊清关程序试点，建立绿色通道。二是应在新技术、新领域和"卡脖子"技术、"卡脖子"领域的法律、法规、政策配套方面快速跟进，推进跨部门的协调配合。

（三）对接国际标准，跨越技术贸易壁垒

面对当前多学科交叉，技术快速迭代演进的新局面，生物医药技术与产业的新技术、新模式、新业态层出不穷。技术性贸易壁垒一直是影响中国和上海生物医药行业走向国际的重要因素，技术性贸易措施也给上海生物医药产品进出口带来深刻影响。上海市生物医药行业协会发布的《上海生物医药行业技术性贸易措施影响评估报告》显示：取消国外技术性贸易措施影响后，中国与世界主要国家的生物医药产品出口将有 22.1% 的增长空间。

因此，应加强对 TBT 的宏观管理，完善现有技术标准与法规。政府和企业都应作出相应调整：从政府的角度来说，首先要加快与国际制度和国际标准的接轨，除加快采用国际标准外，还要主动承担国际标准化工作，积极参与国际标准的制定；其次应积极开展产品质量认证和质量体系认证，使更多生物医药产品顺利走向国际市场。从企业的角度来说，一方面应加强对产品生命周期的全过程管理，保证流程技术的优化贯穿始终，以流程突破带产品突破；另一方面可在一些领域尝试多元化的国际技术合作方式，绕开外部技术壁垒。

五、对策建议

（一）实现关键领域、环节突破，增强创新策源能力

结合美国商务部公布的《美国出口管制商品清单》，目前，进出口贸易中生物医药的关键技术、材料与设备主要包括：出口管制中的光学传感器；用于物质分析的各类色谱仪、光谱仪、质谱仪；能够用于处理生物材料的发酵罐、离心分离器、过滤设备、蒸汽冷凝设备；用于检测和防御生物制剂、放射性物质、化学战制剂有害物质的装备；个人辐射监测剂量计和防护民用工业等设备；各类危险的人类和动物病原体和"毒素、遗传物质和转基因生物、植物病原菌、疫苗；免疫毒素以及诊断和食品检测试剂盒。相应地，"卡脖子"技术也主要集中在这些领域。

一是应着力突破生物医药产业发展关键领域、关键环节和"卡脖子"技术，在创新药物、高端制药装备、高端医疗器械、医疗数字化与智能化、功能农业与食品安全等领域加大自主创新。二是应对全球生物医药价值链和产业链调整，主动推进产业自动化、信息化、智能化改造，培育行业龙头企业，在智力资源、临床资源上实现积累，做稳基础领域优势。

（二）加大关键领域研发投入，创新投入方式

近年来，与周边省市相比，上海生物医药产业投入的增速较小。一是加大对生物医药研发项目的整体科技投入，增加科研项目启动资金规模，大力支持生物医药企业自主创新；辅以税收优惠、政府补贴、政企合作等形式减少企业成本负担。二是充分借力上海金融中心的优势，综合企业资本、金融信贷、风险投资和政府财政支持等资金渠道，形成多元化的投资体系；同时，改善运行管理体制，优化资源配置，提高融资效率，降低企业成本。三是在非资金性质的创新投入方面，重视一线技能型人才的供给。应加强对生物医药技术人员的职前教育、技能培训，以及职业教育、职业鉴定等继续教育工作。借鉴国外培训教育经验，探索合作办学，完善上海生物医药技能人才培训体系。

（三）加强园区统一规划与治理，增强产业区域综合竞争力

据不完全统计，全国有400多个专业化的生物医药园区，主要集中在江、浙、沪、京、鄂、川、粤等地，各地都将生物医药产业作为区域的战略性新兴产业来发展，并出台重量级的专项政策予以支持。与上海相邻的泰州、杭州等城市，利用其土地、成本等资源和政策优势吸引企业落户，园区竞争力和吸引力越来越大。

目前，上海生物医药园区形成了张江生物医药创新引领核心区、临港新片区精准医疗先行示范区、东方美谷生命健康融合发展区、金海岸现代制药绿色承载区、北上海生物医药高端制造集聚区、闵行生物医药创新承载区五区错位发展的空间格局。为保持和增强上海生物医药产业区域综合竞争力，应加强资源要素集聚，推动创新链与产业链融合，促进单一园区向多园区统一治理方式的转变，形成行业总体优势；强化空间集聚效应，促进知识、技术、人才、资金在不同空间层次上的高速流动与高效组合，实现资源整合，优惠共享。

执笔：
  林 兰 上海社会科学院城市与人口发展研究所研究员
  王嘉炜 上海社会科学院城市与人口发展研究所硕士研究生

关键产业领域

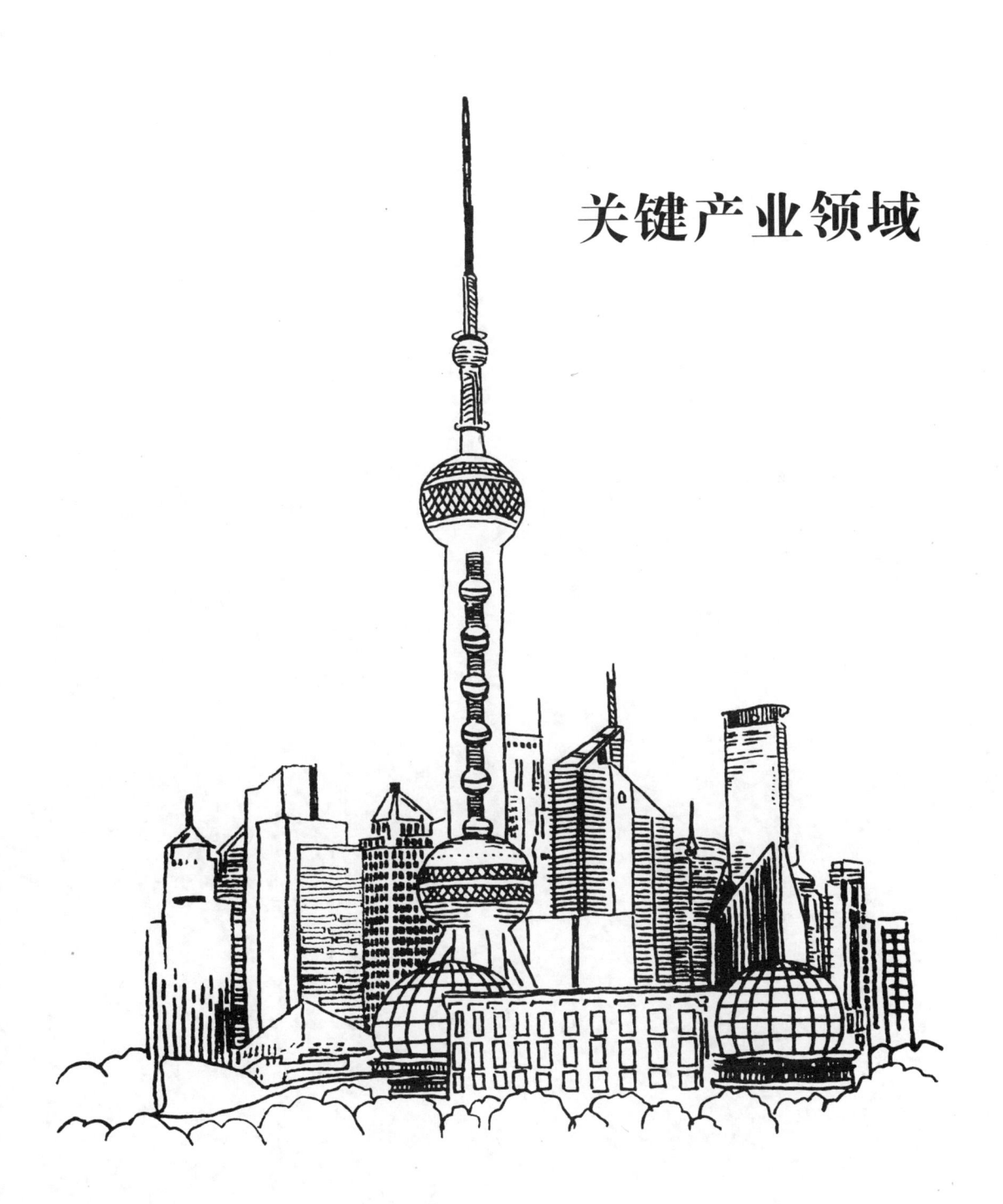

2019—2020年上海民用航空装备产业国际竞争力报告

航空装备制造产业主要是指航空器的研发、生产制造及维修等相关工业，属于国家战略性产业，是一个国家科技水平、国防实力、工业水平和综合国力的集中体现和重要标志，是经济持续发展的一支重要力量，对国民经济其他产业具有很强的辐射带动作用，在军事和经济上具有重要的地位和作用。航空装备制造产业属于技术密集性产业，处于装备制造业的制高点，与其他高端装备制造业面向的对象只是传统产业的高端部分不同，整个航空装备的产业链几乎都是高端装备和新材料的范畴。在新的国际形势下，航空工业的发展不仅对我国经济持续健康发展具有重要意义，而且对我国国防现代化的发展具有战略性意义。

世界主要经济发达国家都具有强大的航空工业。不仅美、欧发达国家加快发展民用航空工业，巴西、日本、韩国、印度等国家也将民用航空工业作为战略性产业重点发展。总体上看，美国的航空工业在全球遥遥领先，欧洲国家（除俄罗斯以外）的航空工业实力强大，是继美国之后的第二大集团。全球航空市场被欧美国家垄断，自航空工业出现以来，美国与欧洲一直居于垄断地位，凭借先进的科学技术，垄断了航空工业中的高端产品。世界干线飞机市场基本被美国波音公司和欧洲空客公司瓜分，支线飞机市场主要由庞巴迪宇航公司、巴西航空工业公司垄断。通用飞机市场排名前十位的制造商占据全球总产量的90%以上，高端公务机市场被庞巴迪、塞斯纳、湾流等公司垄断，民用直升机市场被贝尔公司、罗宾逊公司、西科斯基公司等占领。

新中国成立以来，在政府的支持下我国的航空事业不断发展，随着整体经济实力的日益强大，航空工业正在成为我国重要的战略性产业和国防现代化的强大保障力量，已经在世界航空制造行业占有了一席之地。从航空行业的整体规模及运行情况看，整个行业资产规模稳步上升，固定资产投资规模，产值规模新开工项目持续增长，主营业务收入和主营业务成本增速放缓，但利润快速增长，盈利能力和偿债能力有所增加，按行业看，飞机制造行业资产规模最大。

一、2019年上海产业国际竞争力发展的全球环境状况

(一) 全球民用航空装备市场

航空装备由航空器整机、航空发动机、机载设备与系统以及航空零部件四部分构成,产业链长,涉及范围广,能够带动多个行业技术进步和产业升级。

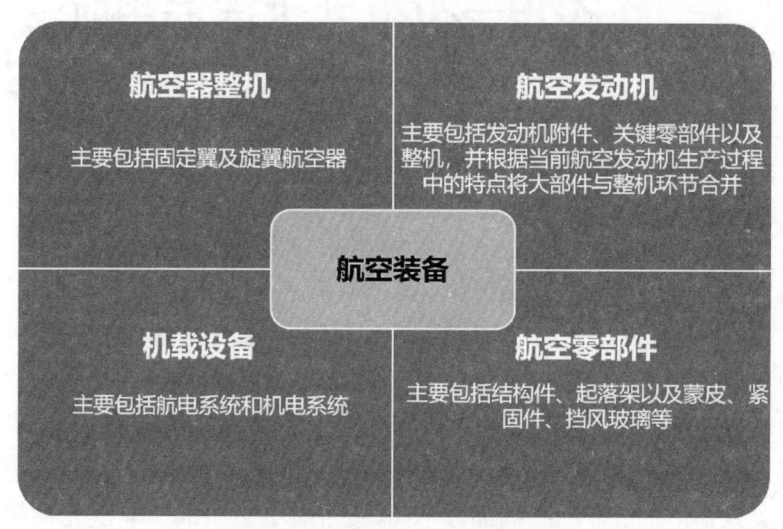

图1 航空装备市场组成成分

- 航空器整机:主要包括固定翼及旋翼航空器
- 航空发动机:主要包括发动机附件、关键零部件以及整机,并根据当前航空发动机生产过程中的特点将大部件与整机环节合并
- 机载设备:主要包括航电系统和机电系统
- 航空零部件:主要包括结构件、起落架以及蒙皮、紧固件、挡风玻璃等

1. 整机

建立强大的航空工业是确立大国地位的必然选择,航空产业长期以来受到政府的重点支持,全球航空装备行业市场规模处于稳定增长态势,2018年,全球民航机队飞机保有量为25 830架,全球航空装备行业市场规模已经超过3 000亿美元。[①]

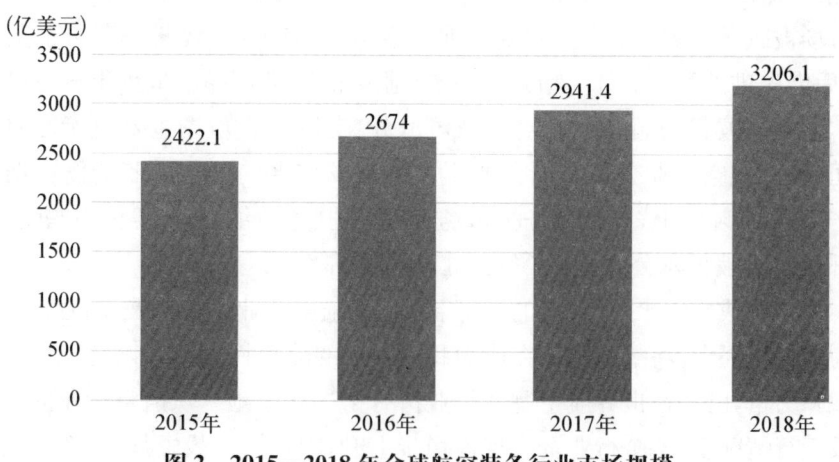

图2 2015—2018年全球航空装备行业市场规模

年份	市场规模(亿美元)
2015年	2422.1
2016年	2674
2017年	2941.4
2018年	3206.1

---

① 参见智研咨询:《2020—2026年中国民用航空行业市场竞争状况及未来趋势预测报告》。

2018年全年,波音交付的飞机数量是806架,空客是800架。2019年空客公司交付863架客机。2018年10月和2019年3月,波音公司737MAX系列客机发生两起空难(狮航、埃航),被全球多个国家和地区停飞或禁飞,复飞时间一再被延迟,2019年波音一共交付了380架飞机。2019年12月16日,波音公司宣布,从2020年1月起暂停737MAX飞机的生产,停产的持续时间无法预计。据悉,波音公司在西雅图附近的工厂每个月仍在组装约40架飞机。该公司在一份声明中表示,不会解雇737MAX相关员工,但停工可能会对供应商和经济产生影响。波音公司管理层认为,暂停生产是目前面临的最可行的选择。在经历了两起重大事故后,波音737MAX飞机遭遇全球禁飞潮,目前已造成约400架飞机的积压。

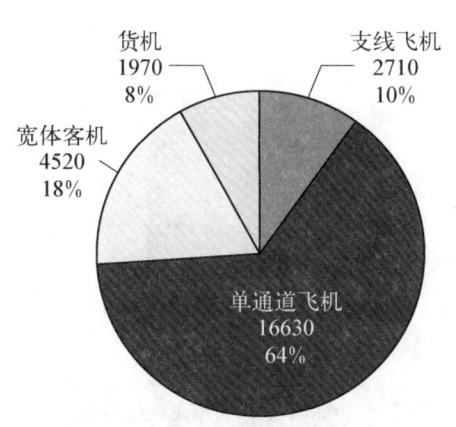

图3 2018年全球民用机不同机型市场份额情况

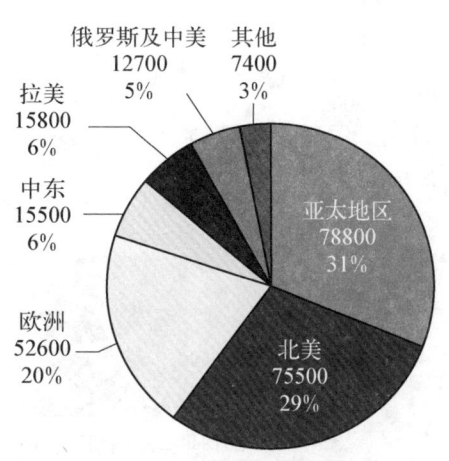

图4 2018年全球民用机不同地区市场份额情况

预计未来10年,全球将需要干线飞机1.2万架、支线飞机0.27万架、通用飞机1.83万架、直升机1.2万架,总价值约2万亿美元。预计到2038年保有量将增长至50 660架。2019—2038年期间累计交付量为44 040架,价值量6.81万亿美元。其中,单通道飞机需求量最高,约32 420架,预计交付价值量为3.78万亿美元,单价约1.16亿美元。宽体客机需求量位居第二,约8 340架,预计交付价值量为2.63万亿美元,单价约3.15亿美元。运输飞机需求量1 040架,预计交付价值量为0.3万亿美元,单价约2.88亿美元。支线飞机需求量2 240架,预计交付价值量为0.105万亿美元,单价约0.47亿美元。[①]

预计2038年全球民航机队结构:新增需求24 830架(占交付量的56.4%),是现有机队的2.1倍,老旧机型替代需求为19 210架(占交付量的43.6%),原有飞机仍在使用的数量为6 620架。[②]

---

① 《市场需求逾万亿航空航天装备划定四大主攻方向》,《中国铸造装备与技术》2016年第1期。
② 智研咨询:《2020—2026年中国民用航空行业市场竞争状况及未来趋势预测报告》。

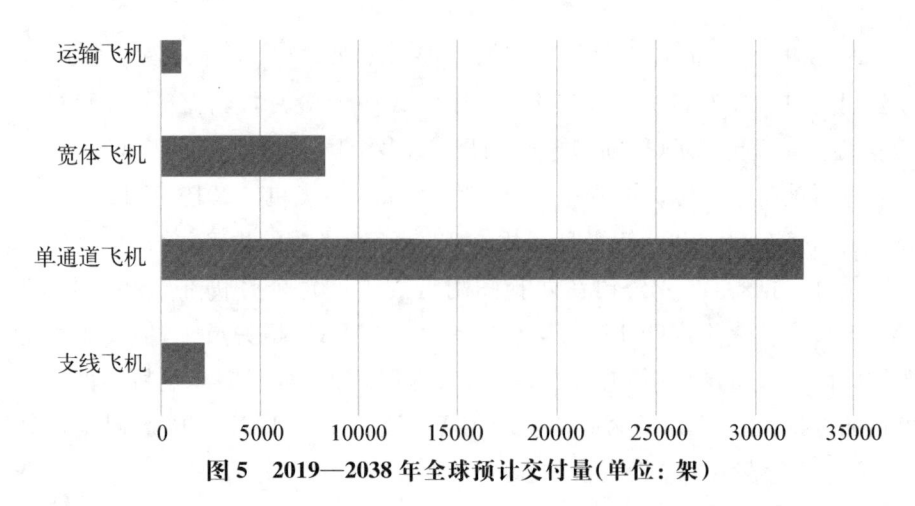

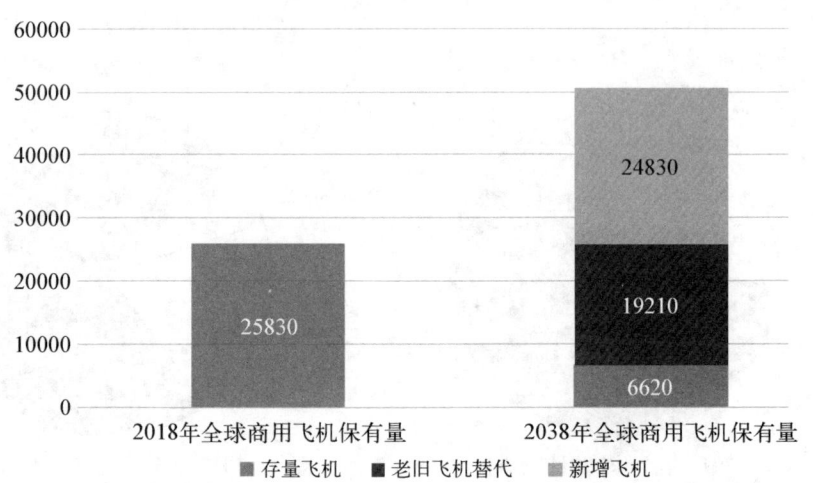

图 5　2019—2038 年全球预计交付量(单位：架)

图 6　2018 年、2038 年全球商用飞机保有量

2. 发动机

强大的客机市场为民用航空发动机提供了极大的市场潜力，2018 年航空发动机市场规模为 701 亿美元，到 2026 年全球航空发动机市场价值量将达 971.2 亿美元(折合人民币约 6 750 亿元)，年均增速为 4.16%，其中民航需求是主要驱动力，北美需求持续占主导，亚太地区需求增速领先。[①]

按照发动机价值占民航飞机 25% 比例计算，预计未来 20 年全球民用航空发动机市场需求价值可达 1.5 万亿美元。涡扇、涡喷发动机是未来需求主力，在民用领域内，涡扇发动机已经成为民用干线客机市场的最重要的组成部分，并构建了符合不同级别干线客机、支线客机与喷气公务机所需的产品线。未来十年全球涡扇/涡喷发动机累计需求总量将超 7.36 万台，总价值超 4 160 亿

---

① 智研咨询：《2020—2026 年中国民用航空行业市场竞争状况及未来趋势预测报告》。

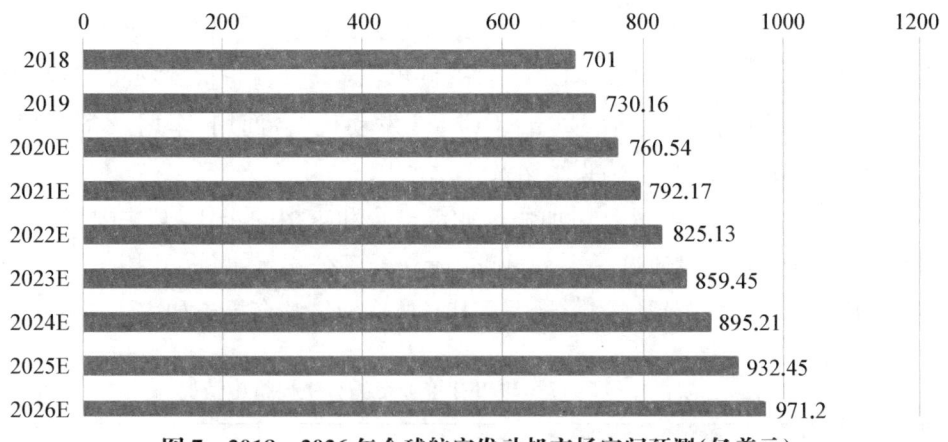

年份	市场空间(亿美元)
2018	701
2019	730.16
2020E	760.54
2021E	792.17
2022E	825.13
2023E	859.45
2024E	895.21
2025E	932.45
2026E	971.2

图 7　2018—2026 年全球航空发动机市场空间预测(亿美元)

美元;涡轴发动机累计需求总量超 3.4 万台,总价值超 190 亿美元;涡桨发动机累计需求总量超 1.6 万台,总价值超 150 亿美元;活塞发动机累计需求总量超 3.3 万台,占 60% 以上通飞动力市场,总价值约 30 亿美元。[①]

(二) 全球民用航空装备生产

1. 全球供应链变化

在民用航空发动机领域,仅有美国、英国、俄罗斯等较少发达国家全面形成了开发及产业化能力,主流航空发动机公司整体形成寡头格局。GE 航空、普惠(P&W)、罗罗 RR 以及赛峰(SAFRAN)四家公司占领了中大型民用宽体客机航空发动机市场。由上述几家大型发动机公司交叉经营的 CFM 国际发动机公司(GE 与 SAFRAN 合营)、IAE(P&W 与罗罗 RR 合资)等合资公司占据了单通道飞机及支线飞机等其他民用航空发动机的绝对份额。

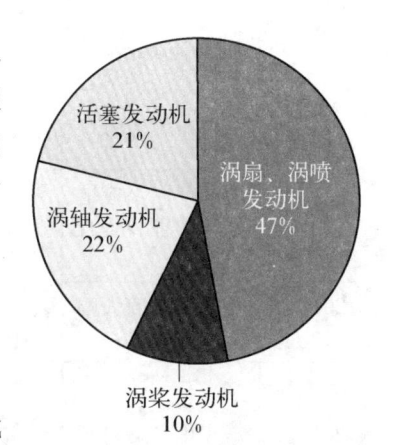

图 8　未来十年各类型发动机需求状况

- 活塞发动机 21%
- 涡扇、涡喷发动机 47%
- 涡轴发动机 22%
- 涡桨发动机 10%

CFM 国际发动机公司核心产品 CFM56 系列发动机以及 LEAP - X 发动机在民用客机领域占据主导地位,其市场份额长期处于市场首位。CFM56 系列是航空历史上销量最高的发动机系列(截至 2019 年 6 月,交付量已经超过 31 000 台)。

LEAP - X 作为 CFM 国际发动机公司于 2008 年推出的全新一代基线涡扇发动机,为未来窄体飞机的替代品提供了动力。目前 LEAP 发动机是 C919 以及波音 737 部分系列的动力装置,并占据空客 A320Neo 系列 59% 的市场份额。至 2018 年,CFM 生产重心已从 CFM56 过渡到了 LEAP 发动机,已累计

---

① 参见国家制造强国建设战略咨询委员会组织编制的《中国制造 2025》重点领域技术路线图。

交付了 3 218 台 LEAP 发动机,其中 LEAP 发动机的产量较 2017 年翻了一番。CFM 在 2018 年获得的 LEAP 动机订单已经远远超过 CFM56,共获得 3 337 台发动机的订单,包括 126 台 CFM56 发动机(含商用,军用及备发)和 3 211 台 LEAP 发动机(含购买承诺及备发)。[①]

自 2017 年开始,波音公司加快产业链整合和重构的步伐,其主要目的是降低其生产成本,同时通过一系列并购、成立合资公司等措施,开拓全新市场业务,提升其在上下游领域的影响力。其具体产业链整合措施如表 1 所示。

表 1 波音公司 2017—2018 年产业链整合主要措施情况

时间	产业链整合目标	具 体 举 措
2017 年 7 月	加速削减成本	加紧留存现金,削减工厂零部件库存,放慢对供应商的付款。
2017 年 8 月	降低生产成本	建立一个以开发和建造航空电子系统的新单位,扩大其关键技术的"内包战略"。
2017 年 8 月	全面开启供应链紧缩管理和垂直整合	"合作伙伴关系计划"引入苛刻条款和新供应商,挤压原供应商联合技术公司航空系统的商业空间。
2017 年 10 月	促使供应商大幅降低成本	"合作伙伴关系计划"旨在让供应商大幅降低成本,迫使供应商接受更苛刻的条款。
2018 年 1 月	减少生产交付延迟所产生的成本	对供应商实施垂直整合战略,计划与汽车座椅生产商安道拓组建合资公司来生产飞机座椅。该合资公司将向航空公司和租赁公司出售座椅,并负责相关研发工作,同时为波音安装全新座椅和改装部分座椅,支持波音公司对供应商的垂直整合战略,以提供更好的产品和增值的服务。
2018 年 4 月	扩大在增材制造领域的影响力	投资 Morf3D,专门从事金属添加剂工程和制造。Morf3D 的技术可为航空航天应用提供更轻的 3D 打印部件。该公司主要还为波音提供飞机制造的自动系统、先进材料、混合动力和物联网链接技术。
2018 年 5 月	扩大飞机服务业务	斥资 42.5 亿美元收购航空零部件厂商 KLX Inc.。并与波音旗下零部件公司 Aviall 合并,一同纳入波音全球服务部门中。
2018 年 6 月	拓展辅助动力装置市场	与赛峰集团成立合资公司,联合为飞机开发辅助动力装置(APU)。该公司将由两家公司平等拥有,将为航空航天企业量身定制产品和服务。目前,赛峰集团已经向波音公司提供 LEAP-1B 发动机,为其 737MAX 系列飞机提供动力。

2016 年 9 月开始,空客公司加快产业链重构,面对全新的全球竞争环境和全球产业链分工体系,一方面加强对供应商体系的整合力度,另一方面不断开

---

① 参见中商产业研究院发布的《2020 年民用航空发动机行业现状分析及市场规模预测》。

拓供应链空间范围,不断加强开拓加拿大航空领域。此外,空客公司还不断改善产业链模式,很多业务逐渐由"外包"转入"内包",战略部署中的竞争意识不断增强。空客公司的产业链重构举措见表2。

表2 空客公司产业链重构主要举措情况

时间	产业链整合目标	具 体 举 措
2016年9月	避免延迟交付带来的损失,加强整合供应商体系的力度	筹划新的重建供应商体系和削减成本的计划,最大限度地挽回在A400M、A350和A380项目上因延迟交付而造成的损失。重建供应商体系旨在调整民航部门和集团其他成员之间的关系。
2017年9月	质疑UTC收购Rockwell Collins	波音和空客对UTC以230亿美元收购Rockwell Collins表示担忧。两家公司合并后,将成立一个Rockwell Collins航空航天系统的独立部门,主要生产座椅、起落架和飞行控制等一系列产品。波音和空客一直以挤压供应商的方式获取折扣价格,其表示UTC和Rockwell Collins的合并将有可能威胁到自己的业务。
2017年10月	拓展加拿大航空领域	空客SE和庞巴迪公司签署协议,在C系列飞机项目上成为合作伙伴。单通道飞机占全球未来飞机需求的70%,100到150个座位的C系列飞机高度互补了空客现有单通道飞机的市场,庞巴迪的C系列将更专注于高端的单通道飞机市场(150至240个座位)。
2017年10月	产业链模式逐渐由"外包"转向"内包"	将一些机舱或飞机发动机外壳的设计业务转向公司内部,而不是留给其他供应商。取消UTC为A320neo飞机提供的发动机外壳设计的业务。
2018年2月	大型OEM逐步进行产业链的整合工作	考虑到公司成本元素,空客采取新的策略,进一步推动产业链整合,进入航空售后市场。
2018年4月	助力罗罗发动机的飞行测试,为未来新机型的开发铺路	和劳斯莱斯签署合作协议,空客将提供发动机外壳和发动机/飞机集成架构,以支持UltraFan系列发动机的飞行测试。该合作项目使空客能够将整个发动机系统(包括发动机的外壳和架构)应用到未来远程和短程的航空器产品上,为空客开发新的机型提供更多的参考性。

新冠肺炎疫情全球蔓延的背景下,全球航空业基本处在"休克"状态,航空装备产业受到直接和间接的影响已经逐步显现。**一是生产效率下降**。人力不足和物流限制已经对生产效率产生了较大的影响,部分航空装备巨头企业采取了减产及裁员措施。其中,空客将飞机的产量维持在10%—20%;英国罗尔斯-罗伊斯公司采取工厂临时停产,要求约4 000名员工休假,公司暂停年度分红,对高管实行了降薪等措施;通用(GE)航空短期遣散50%员工并降薪10%,发动机部门宣布将裁员10%;普惠暂停非必要支出,延迟加薪并停止招聘。**二是产品订单下降**。全球航空运输业遭到重创,运营航班数量下降约80%,各大航空运输公司均面临巨大的经营压力。目前多家航空运输或租赁

公司取消订单,商用飞机和发动机的订单数量呈现下降趋势。更值得注意的是,若疫情未能在未来2—3个月内得到有效控制,预计订单量还将进一步下滑,航空运输业受到的损失或将需要2—3年的时间才能逐步恢复至疫情前的水平。**三是维修需求上升**。近期航空燃油价格出现了历史性的大幅下跌,直接导致航空运输业经营成本的下降,从中远期看或将导致对飞机更新需求的收窄,也将直接导致现役商用飞机退役速度的放缓,预计飞机维修和发动机维修需求或受此影响大幅提升。

疫后供应链将产生变化,一是供应链纵向整合与收缩。航空装备的产业链以国际合作为主,各国疫情所处阶段不同,恢复经济的进度不同,一定程度上破坏了各国间航空装备领域供应链的稳定性。待疫情趋于稳定后,降低协调成本,纵向整合并收缩供应链或将成为航空装备领域最明显的变化。**二是应急救援等航空产品关注度将大幅提升**。在本次疫情中除货运航空外,通用航空在物资的运输上也发挥了重要的作用;同时,我国在防控期间对无人机的应用也成为亮点,其在巡逻、监测等领域发挥的作用也越来越大。随着通用航空和无人机产品技术的越发成熟,相关的应急救援装备将备受关注。**三是航空零部件制造商生产线的数字化水平将进一步提升**。航空各主机厂在此次疫情期间采取了裁员降薪的举措,在缓解自身经营压力的同时也降低了工厂的生产节拍。而部分航空零部件厂商由于生产线的数字化水平较低,企业产品工艺的稳定性和诀窍一定程度上依赖于一线操作工人的实际操作经验,承担着较高的经营成本,对企业的人力成本和人员稳定性都提出了较高的挑战。疫情后或将使得企业对生产线数字化水平的提升所带来的益处产生更为直观的认知,待自身经营状况逐渐恢复后,或将加快自身的数字化水平提升。

2. 产业集聚和扩散

航空装备产业属于技术密集型先进制造业,产业链长,带动效应强,在促进科技进步、产业升级、发展方式转变中发挥着重要作用。据国际航联统计,航空工业每有1美元的投入,将拉动60多个相关联行业8美元的产出。

从区域分布来看,全球航空装备市场主要集中在美国、法国、英国等地区,美国是航空装备市场规模最大的地区,2018年,美国航空装备行业规模占全球的比重在49.2%左右;法国是仅次于美国的全球第二大民用飞机制造商,也是仅次于美国的第二大航空零部件、机载设备与系统的提供者,产业规模占全球的比重约8.3%;英国航空装备产业整体规模略低于法国,产业

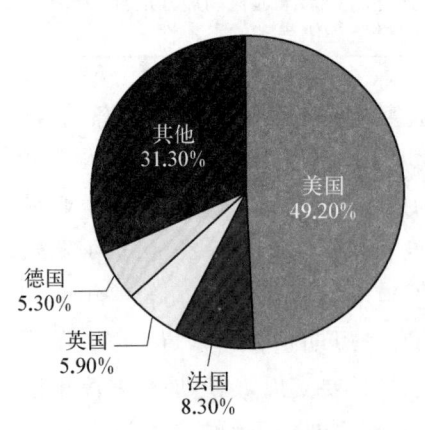

图9 2018年全球航空装备市场区域分布情况

其他 31.30%
美国 49.20%
德国 5.30%
英国 5.90%
法国 8.30%

规模在全球市场中占比约 5.9% 左右。

当前美国及欧洲具备较强的技术实力，属于传统的航空装备制造强国，日本、巴西、加拿大、俄罗斯等在航空装备的特定环节具备领先优势，我国航空装备产业发展目前已经形成了较为完整的产业链体系，尤其是在军机制造方面，我国已经能够生产出全球最先进的战机，与美俄之间已无代际差，但是在民机制造方面，目前仍然是波音、空客占据市场垄断地位，我国以商飞为代表的民机制造业处于快速发展阶段。

3. 新技术、新应用下的价值链提升

面对如此广阔的市场需求，人类对航空领域的不断探索，全球各大航空制造商一再提升产能，加速生产，同时不断加快技术更新和突破进程。在技术和市场的作用下，航空制造业产业结构发生着巨大变化，技术架构和产业格局将延续之前的变革性发展态势，全球航空装备制造业的核心技术正发生着新的突破。

一是智能技术正从装配领域向其他领域延伸。近年来，人工智能技术、机器人技术和数字化制造技术等相结合的智能制造技术正催生智能制造业。航空智能制造主要有数字线索技术、赛博物理生产系统技术、智能人工增强系统技术三类核心技术，航空装备大部件装配领域首先运用智能技术，GKN 公司、空客和波音正尝试使用自适应加工、增强现实和可穿戴等技术。未来，飞机装配领域将率先实现智能技术的大规模应用，并延伸至其他制造与设计领域。

二是航空发动机正迎来新革命。航空发动机因具有高技术、高投入、长周期、高风险等特点，呈现出典型的寡头垄断格局，以燃气涡轮为基础的喷气发动机占据主导地位。目前，传统航空发动机正在向变循环发动机、多电发动机、间冷回热发动机和开式转子发动机发展，变循环发动机将更好地适用各种飞行条件和工作状态，多电发动机技术可全面优化燃气涡轮发动机的结构和性能并降低寿命期成本，智能发动机技术将使推进系统结构更紧凑、效率更高，超燃冲压发动机、脉冲爆震发动机等新概念发动机具有结构简单、成本低、性能好等特点，正引发新的革命。

三是新材料正颠覆原有概念。目前，增材制造已经进入发动机核心部件生产环节，陶瓷基复合材料发动机应用取得重要突破，非热压罐工艺已经进入热固性复合材料主承力结构制造领域，热塑性复合材料越来越多地被使用到承力部件。未来，随着各种材料技术的成熟，顶尖新技术的新材料不断涌现，现有发动机设计和制造概念将被颠覆。

四是信息化正渗透到航空制造全过程。先进制造技术的信息化、数字化对于航空产业提高质量和效率、实现资源有效共享，以及降低成本的作用非常重要。目前，数字化已经渗透到航空产品的设计、制造、试验和管理的全过程中，涌现出大批航空产品数字化定义、虚拟制造、仿真等技术，不仅缩短了产品的研发周期,降低了生产成本,还改变了传统的设计、制造、试验、管理模式、方法和手段,以及生产流程和组织方式。

(三) 经贸规则变化

波音和空客为获取更高的市场占有率,双方及其背后政府在 WTO 规则框架下展开了数轮博弈。经过二十多年的博弈,WTO 争端解决机构仍未使美欧双方就民用飞机制造的产业政策达成实质性的和解,而随着民用飞机运输市场的扩张,中国、日本等国都纷纷进入民用飞机的研发制造当中。在不完全竞争的市场环境下,政府产业政策可以使国家获得较大份额的"租金"和"外部经济效益"。政府行为对民用飞机产业竞争力的重要影响,反映出民用飞机产业的"政治性"。

民用飞机产业的竞争除了考虑市场所强调的公平、自由准则外,更要重视民用飞机产业的"政治性"所带来的影响。波音和空客作为两大航空巨头在国际市场上的订单很大部分来自政府外交谈判,除了市场竞争,外交政策、政治战略都直接影响双方市场占有率。民用飞机产业经过长期发展,由于其"政治性"而被诸多国家定义为战略性产业,故从产业竞争视角来看,各国民用飞机产业的冲突十分激烈。一是以美欧为代表的民用飞机市场内部的竞争,如美欧在 WTO 的大型民用飞机器中影响贸易的措施案,巴西航空工业公司和加拿大庞巴迪公司在支线飞机产业政策上的争端。此类争端主要围绕民用飞机产业政策是否构成《补贴与反补贴措施协定》下的补贴,以及民用飞机产业的研发补贴和出口补贴界定边界。二是近几年中国、日本等国开始涉水民用飞机产业,美欧等民用飞机市场的既得利益者与新兴产业国家之间发展民用飞机产业之间矛盾日益凸显。此类争端主要涉及国际投资、双方经济模式、国防安全等方面。归根结底,民用飞机产业争端重心正在从利益集团内部向外部转移,但民用飞机产业作为战略性产业的"政治性"没有变。

美国和欧盟就大型民用飞机的制造和贸易展开了一场近四十年的斗争。争议的焦点在于双方政府行为与补贴的关系,美国和欧盟的市场理念以及贸易模式的不同导致冲突的发生,欧盟强调将公共部门和私营部门结合,故产业发展依靠政府的支持,而美国主张自由市场原则,认为政府的财政支持扭曲了资源配置,影响国际贸易流动性。还有学者认为美欧双方争议的核心问题是欧盟补贴行为可能构成了国家保护主义的回归,而 SCM 协定以限制保护主义为主要目标。

1. 美欧民用飞机争端的起源

民用飞机产业在寡头垄断的市场之中,美欧争议焦点自然在波音、空客与其各自母国政府的关系上。波音公司的成功主要得益于初期大批量的军事订单,以竞购利润丰厚的军用飞机合同,通过重建和升级数百架军用飞机积累了资金和技术。大量军事合同有效地援助了波音公司。20世纪70年代欧洲成立空客,在整个民用飞机市场开发一系列民用飞机,初衷便是与波音公司的每一种机型竞争。民用飞机产业作为技术密集型产业,其市场进入壁垒很高且发展需要不断的补贴。美欧双方补贴政策大相径庭,双方抨击对方产业补贴政策不符合WTO规则,部分原因在于波音和空客成立的历史背景不同,美国对市场先入者波音所采取的补贴形式更隐蔽,而欧洲作为挑战者所采取的补贴形式更直接。

空客在民用飞机市场份额的不断增加引起美国的重视。20世纪70年代,美欧就民用飞机产业的补贴问题开展了第一回合的较量,美国政府首先对欧洲空中客车补贴提出指责,欧盟也指控美国通过军事资金和其他金融工具为波音提供补贴,最终双方签署《民用飞机器贸易协定》暂时平息争端。该协定在序言中承认民用飞机器部门在共同经济和贸易利益中的重要性,同时寻求消除政府支持民用飞机器发展、生产和销售而对民用飞机器贸易产生的不良影响,期望民用飞机器活动在商业竞争的基础上开展。缔约各方期望通过该协定将民用飞机争端及其产生的政治影响纳入关贸总协定(GATT)并提供解决途径。协定并未解决美欧民用飞机争端的实质问题。

1992年美欧双方以该协定为基础签订关于大型民用飞机器的双边协定。1992年双边协定相比1979年协定对补贴有了更严格的限制。第一,该双边协议规定禁止双方对未来生产的补贴和将补贴限额为总成本的33%。第二,强化了规则力度,进一步禁止政府援助营销。第三,增加了报告要求,提高了市场的透明度。第四,将政府援助限制在每年全行业营业额的3%或销售价值的4%。双边协定的实践效果并不理想,双方都试图加强各自的补贴计划。美国政府仍然通过政治、外交手段推销其波音飞机,空客公司则继续采取直接补贴的方式提高其在民用飞机市场中的份额,1998年空客首次超越波音占据全球民用飞机50%的市场份额。民用飞机产业的争端持续存在,GATT经过数十年的发展成为WTO,美国于2004年退出协定,在WTO规则体系下指控欧盟补贴违反SCM协定。

2. WTO规则体系下的美欧民用飞机争端

对比GATT时期与WTO时期美欧民用飞机争端不难发现,双方对彼此补贴模式的指责没有太大变化。但多边贸易体系随着时代变迁有所变化:第一,WTO时期相比GATT时期规则体系更加完善,乌拉圭回合期间通过了SCM协定和争端解决机制的基本法律文件《关于争端解决规则与程序的谅解》。第二,多个新兴国家开始试水民用飞机市场。波音和空客的寡头垄断市场地位开始动摇。一方面,美欧都不希望自身补贴政策受到约束,另一方面,双方也期待WTO的裁决能成为民用飞机产业补贴的先例,对新兴国家有所约束。

相比较《补贴与反补贴守则》，SCM协定细化了对补贴的分类，在通知和执行方面做了更严格的规定，但其市场化的理念与民用飞机产业政治性的特点并不契合。SCM协定不能处理美欧民用飞机争端的原因如下：

第一，SCM协定虽然明确了补贴的定义，并以列举的方式试图定义"财政资助"，主要包括资金或债务的直接转移、应征收入的豁免、提供非一般基础设施的商品或服务、收购产品。非穷尽式的列举方式不能涵盖补贴的全部范畴，故又规定1994年关贸总协定第十六条定义下的任何形式的收支和价格支持也构成"财政资助"。如何对非常规的"财政资助"行为定性尚未明确，从美欧双方在WTO争端中涉及的补贴行为（如表3所示）可以看出，欧盟的"财政资助"行为基本属于SCM协定第一条列举的几种方式，容易直接认定为存在补贴，相比之下美国补贴行为的"间接性"表现在以下两个方面：一是通过州际政府层面而不是联邦层面实施补贴政策，利用州层面发展权和联邦政策的微妙关系掩盖政府的"财政资助"行为。如华盛顿州参议院法案5925希望通过授权免税的方式鼓励航空制造企业留在或来到华盛顿，目的在于维持和增加华盛顿州的航空产业的就业机会。二是利用NASA、DOD等与航空技术关系密切部门对波音提供技术、资金等，以军民融合的方式提供隐蔽的"财政资助"。此种"间接性"补贴方式源于波音发展初期与美国国防的紧密联系。

表3 美欧补贴模式在SCM协定下的对比

SCM协定列举的"财政资助"行为	欧盟对空客的补贴行为	美国对波音的补贴行为
涉及资金转移的政府行为、资金债务的潜在转移	提供股权注入和赠款；提供研究和开发贷款以及赠款（如与通常投资做法不一致的股权交易）	1. 华盛顿州、堪萨斯州、伊利诺伊州以及其中的城市提供的各种税收和非税收激励措施
应征收入豁免	启动援助（Lunch Aid）和成员国融资（Member state Financing）所产生的债务只有在成功销售后才会产生的义务	2. 与美国宇航局（NASA）、国防部（DOD）签订关于技术研发、国防等采购合同
提供非基础设施的商品或服务	基础设施和基础设施相关的赠款（提供不来梅机场加长的跑道、航空工业区等）	3. 波音与NASA签订的知识产权转让协定和DOD签订的研发合同
政府通过基金或私人担保或其他本由政府执行的行为	通过欧洲投资银行向空中客车公司提供大型民用融资飞机的设计、开发和其他用途	4. 商务部和劳工部向波音公司提供的其他支持

美欧双方在SCM协定下补贴模式的不同导致接受补贴者所获利益、损害的确定等变得难以计算，尤其是在美国采取间接性补贴模式和民用飞机产业双寡头垄断的市场环境下。对于欧盟来说，很难举证出DOD和NASA

通过合同方式对波音公司提供研发补贴的金额及其与重大销售损失的因果关系。双寡头垄断市场下波音和空客的市场份额有着必然的联系，多样的补贴手段使得授予利益计算的困难，补贴金额的难以计算在民用飞机市场政治层面和经济层面上都是敏感的，飞机市场的任何不确定性都会破坏当前的贸易平衡。

第二，SCM协定对补贴的分类在双寡头垄断市场下的作用减弱。相比之前的补贴规则，SCM协定的一大亮点在于确立了红绿灯规则，即根据补贴对自由贸易的影响程度不同，将其分为禁止性补贴、可诉性补贴、不可诉补贴。一方面，不可诉补贴的范围包括研发补贴（R&D）、落后地区补贴、环境补贴。民用飞机产业作为技术密集型产业，R&D补贴在其研发过程中占据重要地位，随着2000年1月1日起不可诉补贴的失效，所有R&D补贴都有可能被认定为禁止性补贴或可诉性补贴，此种认定方式在美欧民用飞机争端中是不现实的。有学者认为，SCM协定下补贴规制的出发点是其不利于自由贸易市场下的公平竞争，但民用飞机产业处于美欧寡头垄断的市场环境中，禁止R&D补贴不利于竞争对手进入市场从而抑制竞争，高风险的产业特点意味着缺乏R&D补贴不利于民用飞机产业的创新。1992年美欧签订的双边协定允许双方通过R&D补贴竞争。SCM协定完全放弃对R&D补贴的规制反而不利于民用飞机产业竞争。另一方面，争端解决机构在认定构成具体补贴之后，进一步判定补贴是否对其他成员造成不利影响。

双寡头垄断的情况往往意味着一方市场占有率的增加会导致剩余一方的减少，此时判定的关键在于发生的补贴与不利影响的因果关系。从民用飞机产业的补贴实践来看，补贴往往与未来产品相关，在当时的市场下并未形成竞争。有学者认为，在民用飞机补贴争端的政治斗争中，世界贸易组织采取"过于纯粹的市场方法"是理想化的。就民用飞机产业而言，双寡头垄断的市场下适当的政策干预是合理的，当下应就补贴规制围绕政府政策的支持程度和政策形式做进一步的完善。也有学者认为国有企业和国家资本可以给航空机产业带来合理的外部因素，提出应当重新定义国家对航空工业研发的支援。

3. 民用飞机产业竞争焦点转移到中美

民用飞机产业是我国推进制造业转型升级的重要领域。2005年，国务院印发《国家中长期科学和技术发展规划纲要》，将空天技术列为前沿技术研究，并为其提供多方面的支持。2009年，多部委印发《重大技术装备自主创新指导目录》，将民用飞机录入其中，可优先列入政府有关科技及产品开发计划，优先给予产业化融资支持，产品开发成功后享受政府采购政策支持。

2015年，国务院印发《中国制造2025》，将发展航空航天设备作为重点领域推动其发展。作为推动民用飞机制造业发展的主要载体,中国商用飞机有限责任公司于2008年成立,由中央政府、上海市政府和几家大型国有独资企业共同控股。与波音、空客相比,中国商飞制造的民用飞机尚不能参与国际竞争,国际民用飞机市场仍处于寡头垄断的状态。航天工业一直是美国最具竞争力的制造业之一,任何可能危及其航空航天产业垄断地位的新晋竞争者都会受到重视,美国曾要求中国通过2009年过渡性审查机制和2010年世界贸易组织框架内的贸易政策审查机制提供有关任何支持民用飞机产业政策的详细信息,以确保其所谓的"公平竞争"。

美国的中国经济和安全审查委员会于2010年发布报告,指出美国对我国发展民用飞机产业的担忧:一是民用飞机和军用航空的紧密联系带来的国家安全隐患。中国商飞作为国有企业,同时从事商业和军事制造,美国基于民用飞机的技术转让可能会有利于中国的军事项目。二是中国在航空航天领域的产业政策以及该领域的政府资助一定程度上可能违反其WTO义务,对中国制造商进行不公平补贴。三是,中国商飞国有企业的身份使得政府支持的性质难以明确界定,而无法确保美国企业在所谓"公平"的竞争环境中竞争。中国作为新兴大国,其航空制造业的市场巨大。对于波音来说,中国市场必然是非常重要的出口市场,随着中国商飞的不断发展,波音和空客在中国民用飞机国内市场份额变得不可估计,相比空客崛起时美国通过谈判以及WTO框架下诉讼等手段向欧洲施压,美国倾向于以更加多元化的方式抑制我国民用飞机产业发展,以维护其民用飞机产业利益。

第一,通过WTO指责我国涉及民用飞机制造的产业政策。在案例DS501中,美国认为我国免除了部分国产飞机的增值税,而继续对同类进口飞机征收增值税,构成了对进口商品的歧视。同时认为我国未向世贸组织成员提供上述产业政策文件,不符合《中国入世议定书》中的透明度要求。

我国认为民用飞机产业政策内容主要是对支线飞机中尚不能国产化的零部件免征进口环节增值税,目的在于增强民用飞机制造业的技术创新能力。我国在民用飞机产业的总体关税并不高,中国政府承诺以1%从价的最惠国水平实施相关关税,对飞机发动机的进口征收2%的从价税。在美国提出磋商请求后,加拿大、欧盟、日本相继提出该案的磋商请求。这些国家都在大型民用飞机或支线飞机产业中处于垄断地位,WTO规则如何平衡新晋国家发展民用飞机制造业的权利和原先市场内部成员的既得利益两者之间的关系,保证实现真正意义上的公平竞争,是当下面临的重大挑战。

第二,美国在国内法层面对我国发展民航制造业提出挑战。2018年,美国贸易代表办公室发布针对我国关于技术转让、知识产权等行为的"301调查"报告,对我国涉及市场准入、技术转让等政府行为进行抨击,其中航空航天技成为报告的重点。从"301调查"报告内容来看,美国对我国发展民用飞机产业的抨击可以总结为以下几点:一是在航空航天产业发展中我国政府是主导力量,通过国有企业利用国家资源和监管体系,使得航空航天产业相比外国获取不正当的竞争优势。二是我国在航空工业中利用自设购买力要求外国生产商与国内形成合资企业或转让技术。三是我国政府鼓励中国企业通过收购、并购等方式获取美国航空领域的尖端技术,从而实现军事目标。相较于美欧民用飞机产业争端在WTO多边体系下的较量,美国所采取的"301调查"单边行为已经超出了WTO限制,同时将争议的焦点从贸易向投资领域转变。"301调查"后,美国总统特朗普签署了《外国投资风险审查现代化法》,将投资和并购导致的知识产权转移和高新技术出售与危害美国国家安全相等同,再通过加强美国国家安全审查的范围和力度,避免中国企业利用投资美国企业,削弱美国科技领先地位。这意味着我国企业的境外投资也被认为属于中国政府致力于获取和发展航空领域的尖端技术的方式。这在一定程度上达到了美国通过单边手段维护其在民用飞机市场的垄断地位的目的。

第三,针对我国民用飞机制造业发展模式制定新型国际经贸规则。由于民用飞机制造业极高的市场准入门槛以及高风险性,我国采取以国有企业的形式开展民用飞机的研发制造。而从美国近期参与或签订的一系列区域或双边协定来看,这些协定对国有企业的规制是重中之重。以美、加、墨于2018年签订的"美墨加协定"国有章节为例,其对国有企业提出了非歧视待遇、禁止提供非商业性援助、透明度条款等要求。我国虽然没有加入类似条款,但美国在其签订的诸多双边协定中都加入了类似的国有企业条款以影响国际经贸规则的发展。我国推进民用飞机制造业发展的主导者中国商飞由多家国有独资企业控股,属于上述协定中的国有企业,而民用飞机制造业基于其"政治性"必然受到一定的援助,如我国政策中就对包括民用飞机制造业在内的重要产业提供科技投入、税收优惠、财政支持等多项政府援助。在民用飞机双寡头垄断市场下,这些"非商业性援助"很容易归属于不利影响的"市场份额重大变动"。

(四)行业全球大纪事

2019年是全球航空史上航空公司破产速度最快的一年。航空咨询机构IBA的统计数据显示,2019年1—10月,全球已有17家航空公司倒闭,其中以欧洲航空公司居多,而且不乏知名度较高的航空公司,如全球首家旅行社托马斯·库克集团。该集团旗下托马斯·库克航空在夏季高峰期运营了约100架飞机。其破产导致大批旅客滞留海外,引发了英国历史上规模最大的和平时期遣返行动。

由于储备订单量不足,空客公司于2019年2月宣布,计划在2021年停产空客 A380 飞机。根据公告,空客 A380 飞机最大运营商阿联酋航空公司决定取消 39 架该型号飞机订单,空客公司不再有大规模的空客 A380 飞机积压订单,因而决定停产该机型。尽管空客 A380 飞机将停产,但已售和待交付的该型号飞机今后数年还将继续服役,空客公司将继续为空客 A380 运营商提供全面的支持和服务。在 4 个月后举办的法国巴黎航展上,空客公司宣布推出空客 A321XLR 飞机,以抢占中型飞机市场。空客 A321XLR 飞机是空客 A320neo 家族的最新成员,是为了满足市场对更远航程和更低成本的需求而研发的。它能够直飞美国东海岸到欧洲中部大城市甚至中国至欧洲部分航线。空客 A321XLR 飞机一经推出就取得了极大的成功,并在巴黎航展上收获了来自 10 个客户的 243 架订单。

2019 年 3 月 13 日,美国联邦航空局发表声明,暂时停飞波音 737MAX 型号飞机。2019 年 12 月 16 日,美国波音公司发表声明说,因美国联邦航空局今年内无法完成 737MAX 系列飞机复飞认证,公司决定从明年 1 月起暂停生产该系列飞机,优先完成 737MAX 系列已完工飞机的交付。

2019 年 5 月 8 日,澳大利亚航空公司宣布当天从澳大利亚悉尼飞阿德莱德的航班上产生的所有垃圾都被回收再利用,从而成为全球首个完全"无废"商业航班。

2019 年 12 月 11 日,加拿大通勤航空海港航空公司的一架全电动 DHC-2 水上飞机完成首飞。这是全电动商用飞机的第一次飞行测试。飞机电力系统可支持 30 分钟运行,另有 30 分钟储备电力。该公司计划成为全球首家拥有全电动飞机机队的航空公司。尽管此次飞行持续了不到 15 分钟,但揭开了电子航空时代的序幕。随着科技的不断进步,电子航空时代已悄然来临。此次成功首飞将引领一种更加环保的飞行趋势,因为电动马达所需要的维护费大大减少,飞机的电气化将节省巨额维护成本。然而,真正达到市场规模仍然有较长的路要走。电动飞机不仅需要进行进一步测试以确认其可靠性与安全性,还必须经过监管机构的批准和认证。

2020 年 5 月 10 日,拉美第二大航空公司哥伦比亚航空公司宣布,受到新冠肺炎疫情冲击,公司已在美国纽约申请破产保护,以重整债务。

二、2019 年上海产业国际竞争力发展的内部环境

(一)国内市场需求变化

1. 整机

2019 年,中国民航行业规模稳居世界第二,运输航空实现持续安全飞行 112 个月、8 068 万小时的安全新纪录,连续 17 年 7 个月实现空防安全零责任事故;完成运输总周转量 1 292.7 亿吨公里、旅客运输量 6.6 亿人次、货邮运输

量752.6万吨,同比分别增长7.1%、7.9%、1.9%。中国民航全行业营业收入达1.06万亿元,比上年增长5.4%。2019年,全国千万级机场达39个;完成中国民航历史上范围最广、影响最大的一次班机航线调整,新增航路航线里程9 275公里;民航旅客周转量在综合交通运输体系中的占比达32.8%,同比提升1.5个百分点;全行业营业收入1.06万亿元,比上年增长5.4%;运输机场总数达238个;在航班总量同比增长5.57%情况下,全国航班正常率达81.65%,连续2年超过80%。①

截至2018年,国内航空公司共计新引进飞机426架,至2018年底国内民航运输机队规模达到3 615架,较2017年底增加319架,同比增长9.68%。另外,机队规模50架以上的航空公司共有15家,顺丰是其中唯一的货航。截至2019年年底,中国民航国内、国际航线共5 155条,机队规模达3 818架,较2018年底增加203架,同比增长5.62%。预计到2024年,中国将超过美国成为全球最大民用航空市场;未来20年,中国将需要约6 000架新客机与货机,价值9 450亿美元,占全球同期新飞机需求总量的18%,市场空间约6万亿美元。②

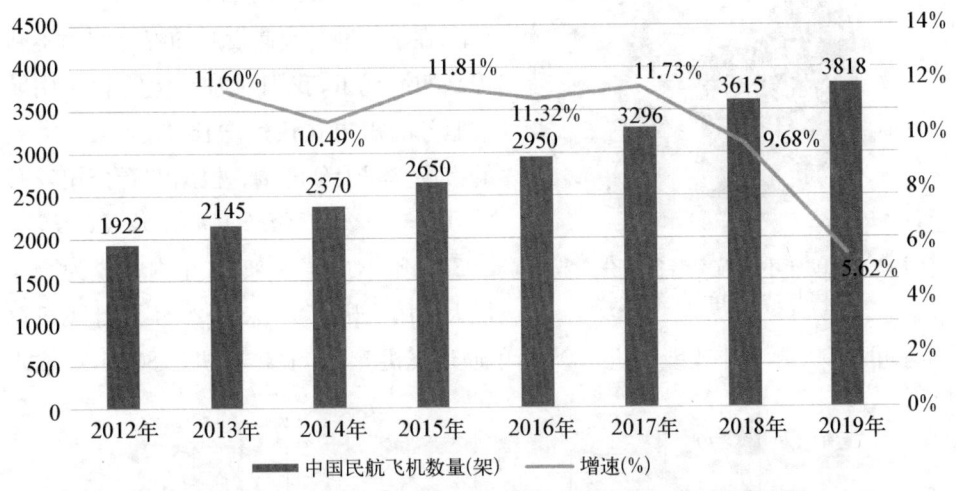

图10 2012—2018年中国民航运输飞机数量统计及增长情况

经过几十年的努力,随着大型客机研发和运营的逐步成熟,我国航空装备制造业已步入发展的快车道,建立起较为完整的技术体系、产品谱系和产业体系。2019年,中国航空装备产业规模持续扩大,国内产品研发进度进一步提速,转包生产订单维持稳定,天津A320总装线生产效率小幅增长。2019年中国航空装备产业规模达934.10亿元,保持13.5%的快速增长。

---

① 参见2020年全国民航工作会议发布的相关数据。
② 参见民航资源网数据。

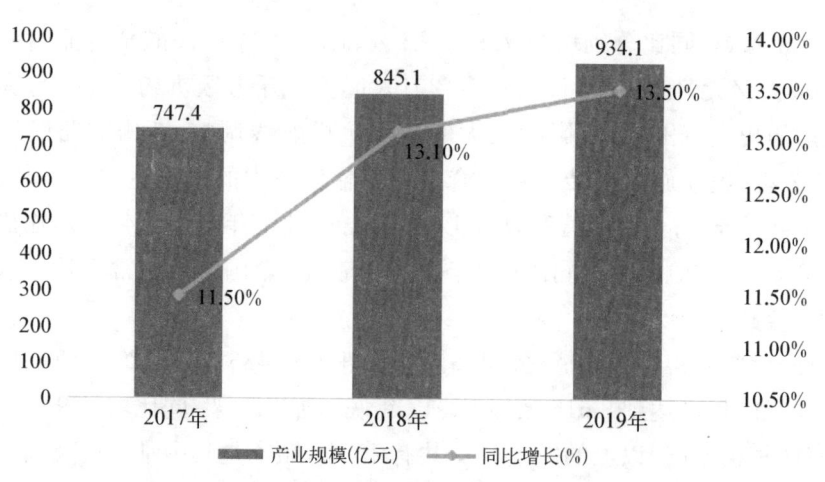

图 11　2017—2019 年中国航空装备产业规模与增长

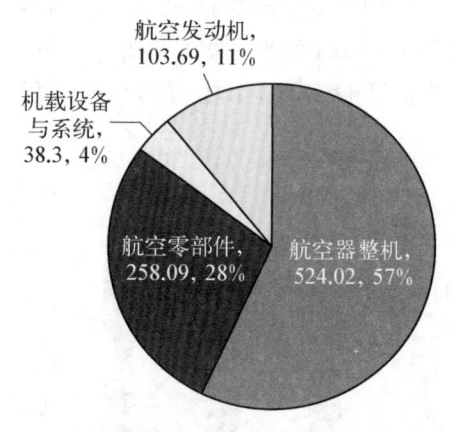

细分领域来看,航空器整机环节占比最高,达到 56.1%,产业规模 524.02 亿元。其次是航空零部件,占比 28.70%,产业规模为 268.09 亿元。[①]

在国民经济快速发展和综合实力不断提高的情况下,我国对航空运输和通用航空服务的需求在快速增长,航空工业发展的市场空间十分广阔。根据波音公司发布的 *Commercial Market Outlook*（2019—2038）预测,中国未来 20 年内将成为全球最大民用飞机市场,未来 20 年预计飞机总需求量 8 090 架,其中支线飞机 120 架,单通道飞机 5 960,宽体客机 1 780 架,运输飞

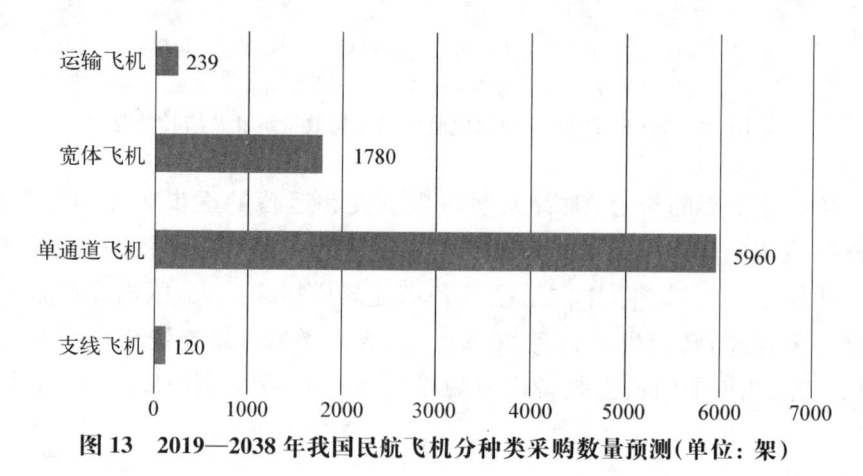

图 12　2019 年中国航空装备细分产业规模与结构(单位: 亿元,%)

图 13　2019—2038 年我国民航飞机分种类采购数量预测(单位: 架)

---

① 参见前瞻产业研究院:《中国航空装备行业发展前景预测与投资战略规划分析报告》。

机数量分别为230架,我国支线飞机、单通道飞机、宽体客机、运输飞机的采购价值量分别为50、6 800、5 500、650亿美元,市场总规模预计超过1.3万亿美元。

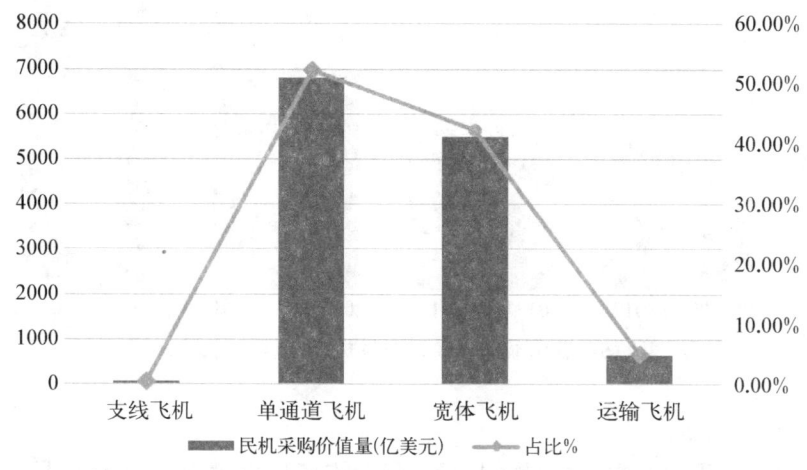

图14　2019—2037年我国各类民机采购价值量(单位:亿美元)

根据中国商飞发布的《2019—2038年民用飞机市场预测》年报,到2038年我国机队规模将达到10 344架,未来二十年,我国预计将交付客机9 205架,价值约1.4万亿美元。

表4　2019—2038年我国商用飞机发动机需求价值量预算

机型	需求量(架)	单价(亿美元)	单价(亿元)	商用飞机需求价值量(亿元)	发动机价值量占比(%)	发动机需求价值量(亿元)
支线飞机	120	0.42	2.9	347.5	35.20%	122.39
单通道	5 960	1.14	7.93	47 260	24.50%	11 555.66
宽体	1 780	3.09	21.47	38 225	21.50%	8 233.81
货机	230	—	19.64	4 517.5	18.70%	846.13
总计	8 090	—	—	90 350	23.00%	20 757.99

2. 发动机

近几年,我国航空发动机行业产量快速增长,从2011年的1 069台增长到2018年的6 126台。2011年我国航空发动机市场需求规模为166.47亿元,2018年我国航空发动机市场需求规模为506.17亿元,市场需求规模不断扩大。通常发动机占民航客机总价值的比例为15%—30%,则未来二十年我国民用航空发动机市场规模将达到2 100亿—4 200亿美元,年均市场规模达到105亿—210亿美元。[①]

---

① 参见智研咨询《2020—2026年中国民用航空行业市场竞争状况及未来趋势预测报告》。

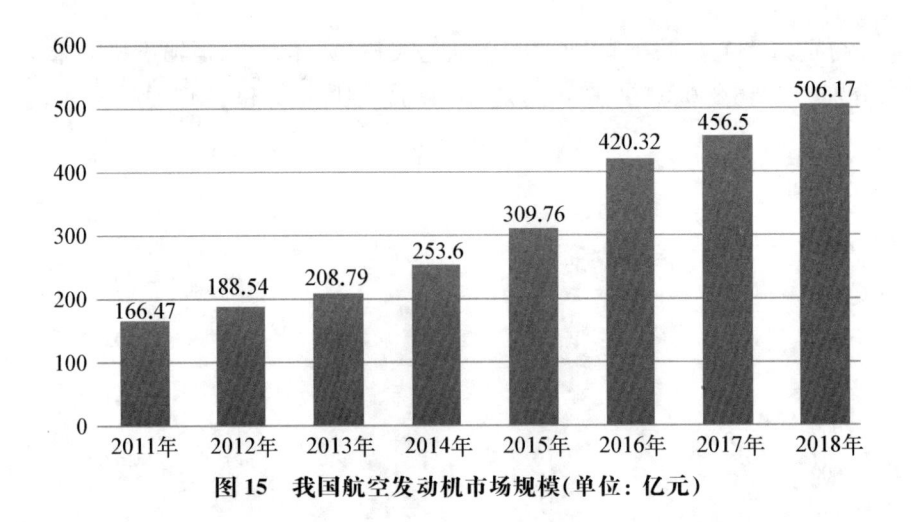

图 15　我国航空发动机市场规模（单位：亿元）

3. 机载设备

2018 年，我国航空机载设备与系统行业市场规模约为 681 亿元，同比增长 15.0％；2010—2018 年，我国航空机载设备与系统市场规模复合增长率达 17.0％。[①]

图 16　2010—2018 年中国航空机载设备市场规模

4. 零部件

一架飞机零部件数量达百万个，可以分为五大类：分机体，机载设备与内装饰品、发动机和其他。在整体航空航天零部件中其中机体占比约达 40％，内装饰品占比约 6％，其他占比 4％，发动机占比达 25％，机载设备占比 25％。在近几年国家大力支持背景下，航空零部件制造业产业得到快速发展，数据显示，2017 年国内民用飞机零部件工业产值约为 178 亿元，发动机零部件产值超

---

① 参见智研咨询《2020—2026 年中国民用航空行业市场竞争状况及未来趋势预测报告》。

53亿元,2018年民用飞机零部件总产值达196.9亿元,同比增长10%,航空发动机零部件工业产值为58亿元,同比增长8%。随着中国航空工业的发展,国内航空零部件制造企业设计、生产和设备工艺等竞争力将会不断加强,未来几年将会分享这场航空盛宴。预计到2022年,我国民用航空飞机零部件制造行业将实现近270亿元的规模。①

图17 中国民用飞机零部件产值规模(单位:亿元)

5. 维修行业

航空器维修包括发动机维修、机载设备维修在内的对航空器及其部件的检测、修理、排故、定期检验、翻修及改装等。根据维修对象的不同,航空器维修一般可分为航线维护、机体维修、发动机维修、机载设备维修等。截至2018年,我国航空维修规模达到750亿元,同比增长18.67%。② 近几年我国航空维修规模情况如下图所示:

图18 2010—2018年我国航空维修行业市场规模(单位:亿元)

---

① 详见 https://m.sohu.com/a/341725025_821386。
② 智研咨询《2020—2026年中国民用航空行业市场竞争状况及未来趋势预测报告》。

（二）技术驱动、产业集聚、市场主体培育

1. 技术驱动

民用发动机更重经济性和安全性，20世纪60年代以后，涡扇发动机逐渐取代涡喷发动机，现已成为民用大型干线客机和新型支线客机的主要动力。经过40年的发展，在性能、经济型、安全可靠性、噪声和污染排放等指标上，民用大涵道比涡扇发动机有了很大进步。现役的主流民用航空发动机主要有CFM56、PW6000、GE90、Trent800等，整个国际市场被少数几家公司垄断。

民用航空发动机是发动机市场的主体部分，其体量约是军用市场的4—5倍，市场空间巨大，总体上，我国民用发动机技术相对不成熟，我国企业竞争实力弱。我国国产大飞机C919使用的发动机是GE和法国公司的合资公司生产的产品。我国在民用大涵道比涡扇发动机方面，正在研制的推力在12—15吨级的大涵道比涡扇发动机CJ1000A，专门为C919量身定做。目前CJ1000A已完成验证机全部设计工作，正在开展零部件试制和试验工作。CJ-1000A涡扇发动机也和C919客机一样，供应商遍布全球，高压压气机段技术来自德国MTU、燃烧室来自意大利avio，就连生产LEAP-1C的美法合资CFM，也承担了一定的工作量。2017年12月25日，CJ-1000AX首台整机在上海完成装配。2018年5月，CJ-1000AX首台整机在上海点火成功，核心机转速最高达到6 600 rpm，我国民用航空发动机行业取得了重大突破。

一直以来，中国航空电子系统都是以军机为主，在民用方面投入的研究、市场力度都不足，没有很好地融入世界的产业链条（飞机机体制造和发动机都有转包生产），加之我国的民用飞机绝大部分都是进口（国内干线民机主要是以进口空客和波音的系列飞机为主，支线飞机也是主要依赖进口，ARJ和新舟系列还未形成气候，其中机载电子设备基本上都是以国外的公司研制和生产为主）。受历史遗留影响，尽管我国机载设备制造业体系趋于完善，但是航空机载设备行业仍然存在着产业分散、预研投入不足的发展痛点。

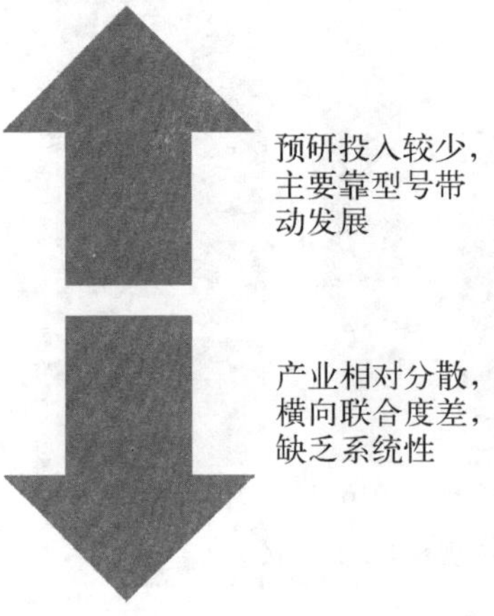

一方面，我国机载设备发展主要还是靠主机型号的发展推动。各配套厂根据主机厂的需求，针对具体型号进行产品的设计研发，预先投入和技术储备不足，相较国外相对独立的发展体系、机载设备供应商和主机厂双向支撑的发展模式，我国机载设备产业发展的自主性还存在一定的滞后。另一方面，机载设备包括航电和机电两个大类、数十个子类，涉及专业面广，产品种类多。当前我国机载设备配套任务主要由航空工业机电板块和航电板块下属研究所和

预研投入较少，主要靠型号带动发展

产业相对分散，横向联合度差，缺乏系统性

图19 我国航空机载设备行业发展痛点

厂家承担,产业较为分散,机电系统下属企业多达34家,航电板块下属单位多达18家。此外,各厂家纵向根据主机厂的需求设计和提供产品,独立完成协作任务,产品垂直度高,发展水平高低不一。

为解决航空机载设备行业发展痛点,一方面,需要加强机电系统和航电系统的整合,提升机载设备发展的专业性和自主性;另一方面,需要根据国家相关规划,加强机载设备行业研发水准。按照《中国制造2025》路线图,我国航空机载设备市场需要重点研发的产品包括:航电系统(包括综合处理与网络系统、综合导航系统、座舱显控系统、机载维护系统、通信系统),机电系统(包括液压系统、电力系统、环控系统、辅助动力系统、客舱设备、货运系统)。

自美国通过《2017年减税与就业法案》以来,美国持续推出了一系列针对我国核心产业发展的遏制政策,包括2018年针对中兴、2019年针对华为半导体产业的遏制。2020年美国政府启动了针对大飞机产业的遏制方案:美政府2月15日宣布拟封锁我国大飞机发动机,禁止GE与赛峰合资公司出口中国商飞。航空产业、半导体产业在我国均具备万亿元体量——2019年我国集成电路进口量高达2.11万亿元,2018—2037年我国民航飞机年采购量约为0.42万亿元(我国航空制造业集中度较高,目前仅中航工业集团、中国商飞集团、中航发集团参与,产业成型后产业链企业平均获益程度较高)。

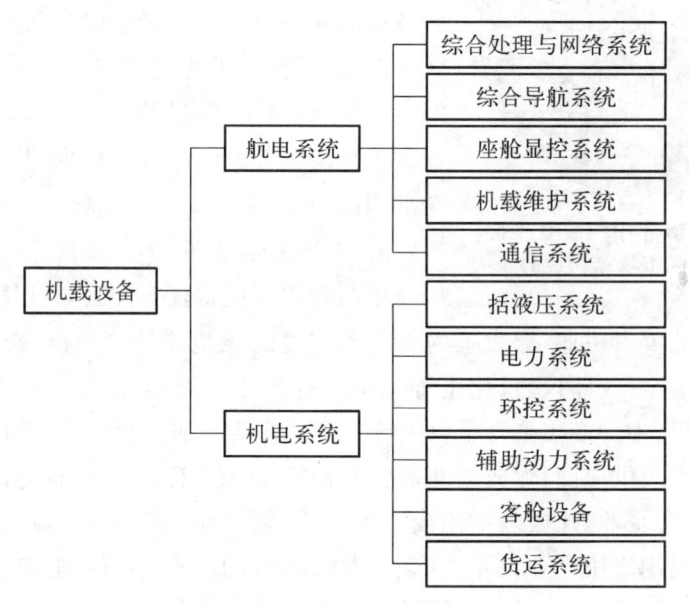

图20　航空机载设备行业发展重点

2. 产业集聚

我国航空产业园区可以覆盖通用航空产业全产业链,为通用航空产业的发展提供了极大支持。我国航空产业园区在政策推动下已经进入快速发展阶段,截至 2019 年底,我国航空产业园区共有 90 家(包括已经运营、正在建设和批复未建设)。以制造型园区为主流,主要集中在山东、江苏等地。

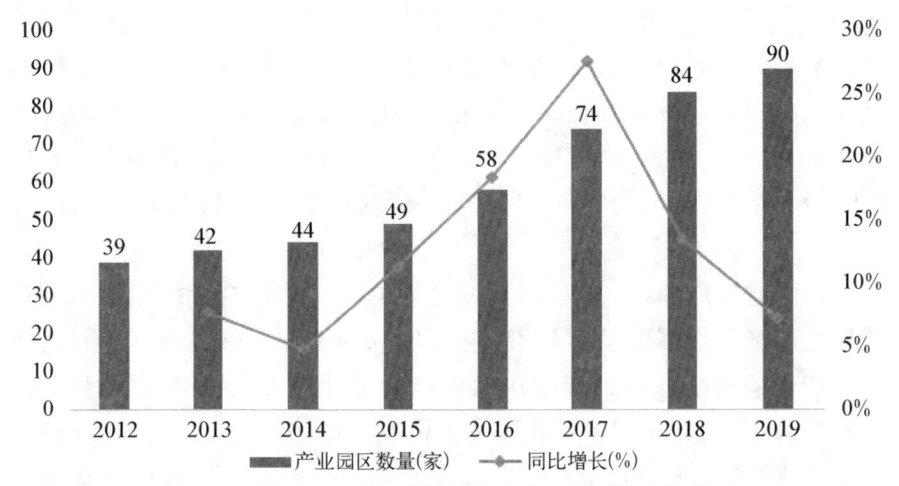

图 21　2012—2019 年中国航空产业园数量及增长情况

图 22　2018 年中国航空产业园区市场结构(%)

对现有的航空产业园区运营模式、规划方案进行分析,我国航空产业园区以航空制造业为主导的制造型园区占据主流,共计 44 个,占全部园区数量的 52.38%;其次是采取"核心基地+生产区+服务区"模式的综合型航空产业园区,共计 23 个,占全部园区数量的 27.38%;以航空服务业为主导的服务型园区数量最少,共计 17 家,占全部园区数量的 20.24%。

3. 市场主体培育

中国商用飞机责任有限公司利用研制 C919 大型客机的宝贵机遇,形成国内外一条完整的飞机制造产业链,覆盖机械、电子、材料、冶金、仪器仪表、化工等几乎所有工业门类,涉及数百个学科。凭借大飞机项目,中国商飞聚合了以中航工业、GE 为代表的全球 15 个国家和地区的 200 家一级供应商,促成国外系统供应商与中航工业、中电科等国内企业组建 16 家合资企业,建成以中国商飞为核心,联合中航工业,辐射全国,面向全球的我国民用飞机产业体系。C919 大型客机的生产、配套、组装涉及 200 多家企业、22 个省(区、市),数十万人参与其中,推动建立了 16 家航电、飞控、电源、燃油和起落架等机载系统合资企业。

经过十多年发展,目前上海民用航空产业已经初具规模,2018 年实现销售收入 247 亿元,年产值亿元以上企业达 16 家。在中国商飞公司、中国航发商发公司、航空工业集团等龙头企业引领下，上海已形成较为完整的民用航空产业链和产业布局，包括张江的研发设计、祝桥的总装配套、吴泾紫竹的航电、临港的发动机总装试车、青浦的航空维修等。截至2019年，ARJ21已累计交付22架，开通36条航线，累计运送旅客超60万人次，力争于2021年交付第100架飞机。CR929宽体客机展示样机已亮相，力争于2021年完成设计、开工制造第一架飞机。上海提出在2035年实现民用航空产业总产值达3000亿元的目标。按照这一目标，当前上海民用航空产业链布局的广度和深度仍有待提升。

欧美民用航空产业链重点企业在上海的布局具有以下特点：一是在上海布局的航空企业数量还不太多。123家企业中，仅有一半企业在中国经营业务，44家企业在上海有分公司，其中部分并不从事航空航天相关业务。二是相对优势产业链环节为服务环节，航空维修企业位居前列，在上海已经有多家企业经营，这主要与上海民用航空产业的繁荣有关，而与民用航空制造业关联度不太大。上海电子行业为产业发展重点，因此有多家航空公司电子企业落户上海，但相对比重仍偏低。三是相对劣势环节为研发制造及航空租赁环节，尤其是研发/设计、航空材料、部件生产。四是上海民用航空产业链企业分布零散，没有形成产业合力，从这44家企业的分布看，一半在浦东，其他分布在上海各个区。

表5 全球民用航空重点企业在中国和上海的产业链分布

产业链环节	全球企业数量（家）	中国分布企业数量（家）	上海分布企业数量（家）	上海分布企业名称
研发/工程设计	7	3	2	福陆、Belcan
综合/总装	13	7	4	庞巴迪、德事隆、波音、联合技术
发动机	4	2	3	赛峰、GE、霍尼韦尔*
航空材料	7	3	1	氰特
航空电子	28	16	9	安奈特、天弘、CSC、柯斯蒂赖特、伟创力、HCL、捷普、美高森美、罗克韦尔·柯斯林
部件	26	11	6	伊顿*、凯基恩*、洛德*、穆格、派克、势必锐
其他	2	2	2	3M*、PPG*
航空维修	8	6	4	新加坡科技宇航、港机工程、AAR、北京飞机维修公司
航空咨询	15	9	8	埃森哲、CADENAS、德勤、安永、毕马威、Orcal、普华永道、SAP
航空租赁	8	4	3	Aercap、SMBC、Aviation Capital

续表

产业链环节	全球企业数量(家)	中国分布企业数量(家)	上海分布企业数量(家)	上海分布企业名称
航空培训	2	1	—	
航空物流	1	1	1	联合包裹
安全/其他服务	2	1	1	塞科利达 AB
合　计	123	66	44	

注：* 表示已知中国总部在上海的公司。

（三）政策投入

航空装备是国家综合实力的体现，关系我国整体工业实力与国防安全。近年来，国家为推动航空装备的发展，出台了《民用航空工业中长期发展规划(2013—2020)》《"十三五"国家战略性新兴产业发展规划》等多项政策，在民用飞机产业化、航空发动机自主发展、航空材料和基础元器件自主制造、航空科研试验基础设施建设、通用航空制造与运营服务协同发展等领域取得了多项成果，通过促进产品发展和产品运营服务的方式，为我国航空装备发展夯实基础，完善和巩固航空装备产业体系。

表 6　近些年典型通用航空政策

时　间	政　策	主　要　内　容
2016 年 5 月	《关于促进通用航空业发展的指导意见》	到 2020 年建成 500 个以上通用机场
2016 年 11 月	《关于做好通用航空示范推广有关工作的通知》	推进通用航空基础设施建设；加快培育通用航空市场
2017 年 1 月	《直升机电力作业安全规程》	我国民航行业第一部直升机电力作业标准
2017 年 1 月	《2017 年通用航空专项资金预算方案》	中国民航局将对 136 家通用航空公司进行作业补贴和执照补贴
2017 年 2 月	《通用航空"十三五"发展规划》	到 2020 年建成 500 个通用机场、5 000 架通用飞机，飞行员 7 000 人，年飞行 200 万小时，重大飞行事故万时率小于 0.09
2017 年 5 月	《"十三五"交通领域科技创新专项规划》	发展重点包括新构型新能源通用航空技术、新概念新布局无人运输机及现有机型无人化技术
2017 年 6 月	《通用航空市场监管手册》	包括通用航空经营许可、通航特殊飞行活动任务两项涉企许可的审批及监管工作

续表

时间	政策	主要内容
2018年1月	《关于改进通用航空适航审定政策的通知》	通知指出,国内通用航空公司为其拥有或代管的航空器进行的设计小改,采用备案制管理,无需向局方申请设计批准
2018年8月	《关于促进通用机场有序发展的意见》	科学有序推进通用机场规划建设,促进通用航空业持续健康发展,推动通用航空"热起来、飞起来"

当前,中国航空装备已升级为战略发展方向,国家已将航空装备列入战略新兴产业重点方向,《中国制造2025》的发布,为我国航空装备产业的发展带来新的市场机遇。《〈中国制造2025〉重点领域技术路线图(2015版)》提出,在航空装备领域,加快大型飞机研制,适时启动宽体客机研制,鼓励国际合作研制重型直升机;推进干支线飞机、直升机、无人机和通用飞机产业化。突破高推重比、先进涡桨(轴)发动机及大涵道比涡扇发动机技术,建立发动机自主发展工业体系。开发先进机载设备及系统,形成自主完整的航空产业链。

表7 《中国制造2025》对航空装备产业的发展规划

领域	发展方向
航空器整机	加快大型飞机研制,适时启动宽体客机研制,鼓励国际合作研制重型直升机;推进干支线飞机、直升机、无人机和通用飞机产业化
航空发动机	突破高推重比、先进涡桨(轴)发动机及大涵道比涡扇发动机技术,建立发动机自主发展工业体系
机载设备	开发先进机载设备及系统,形成自主完整的航空产业链

表8 航空发动机行业法规及政策汇总一览

序号	颁布时间	颁布机构	政策法规/产业政策名称	相关内容
1	2016年5月	中共中央、国务院、中央军委	《关于经济建设和国防建设融合发展的意见》	健全信息发布机制和渠道,构建公平竞争的政策环境。推动军工技术向国民经济领域的转移转化,实现产业化发展
2	2016年12月	国务院	《"十三五"国家战略性新兴产业发展规划》	加快航空发动机自主发展,加强自主创新,推进民用航空产品产业化;推进民用飞机产业化;提高航空材料和基础元器件自主创造水平,掌握铝锂合金、复合材料等加工制造核心技术

续表

序号	颁布时间	颁布机构	政策法规/产业政策名称	相关内容
3	2019年3月	国务院	2019年政策工作报告	合理扩大有效投资,紧扣国家发展战略,加大通用航空投资力度
4	2019年10月	发改委	《产业结构调整指导目录(2019年本)》	鼓励类第十八项航空航天项下"1. 干线、支线、通用飞机及零部件开发制造 2. 航空发动机开发制造"

4月15日,中国民用航空局召开2020年第五次例行新闻发布会,因受新冠肺炎疫情影响,一季度,全行业累计亏损398.2亿元,其中,航空公司亏损336.2亿元。面对疫情的影响,我国航空装备或将迎来新的机遇与挑战。首先,"新基建"带来的信息化水平提升机遇。党中央、国务院高度重视新型基础设施建设,不断加快并完善5G、大数据中心、人工智能、工业互联网等领域的建设布局,新基建的推进将促进包括新一代信息技术在内的一系列领域的快速发展。航空装备领域各企业可紧抓人工智能、大数据中心和工业互联网等新基建领域的建设机遇,为领域内智能制造、数字孪生等新技术、新模式的应用构建更为完善的基础设施,快速提升自身的数字化水平。其次,我国企业与海外优质公司进行战略合作或将迎来新机遇。受疫情影响航空领域企业估值降低,经营压力增大。近期受疫情影响,波音、通用电气、空客、三菱重工等航空制造业领域龙头企业股价大幅下跌,一定程度上反映出市场对航空制造业企业估值的持续下降,和对其未来经营状况不确定性较高的预期。另外,未来航空装备市场低迷的预期也使得企业自身对未来经营状况持悲观态度,企业在融资或寻求战略合作等方面意愿或将进一步增强,为我国企业与海外优质公司进行战略合作带来了新的机遇。

除了机遇,我们也面临着一些挑战。一方面,企业转包业务或受较大影响。随着国外疫情的持续蔓延,受到航空巨头停工停产和需求下降的影响,转包业务需求量或将大幅下降,而我国航空装备领域的转包业务在航空装备产业中占据相当规模,大部分拥有一定技术实力的企业均参与了国际合作,拥有一定比例的转包业务。未来该领域企业的相关收入会受到影响,而以转包业务为主业的企业将面临更为严峻的挑战,建议相关领域企业从外向型业务向国内供应链转变。另一方面,市场竞争将更加激烈。国内航空装备市场将在全球率先恢复,各国为维系国内航空领域企业生存,或将放开部分限制产品的出口渠道,或将丰富我国航空装备产业的产品种类,国内航空装备企业也将迎来更为激烈的市场竞争环境。

三、2019 年上海产业国际竞争力指数评价

(一) 总体进出口现状分析

受中美贸易摩擦影响,上海民用航空在 2019 年上海民用航空装备进出口总额为 146.98 亿元,比 2018 年下降 15.42%。其中,2019 年出口为 139.25 亿元,下降 16.11%。2019 年进口为 7.73 亿元,2016 年以来进口持续下降,2019 年下降 0.68%。[①]

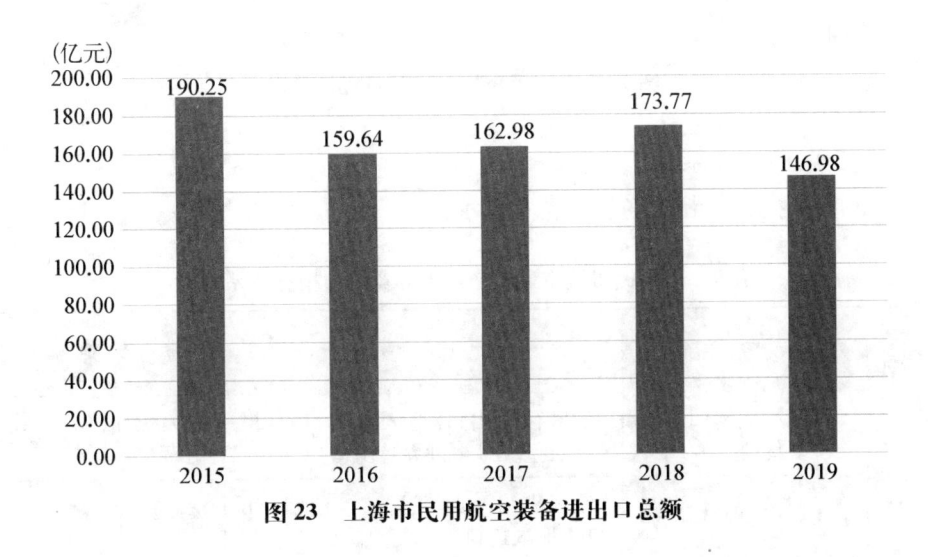

图 23　上海市民用航空装备进出口总额

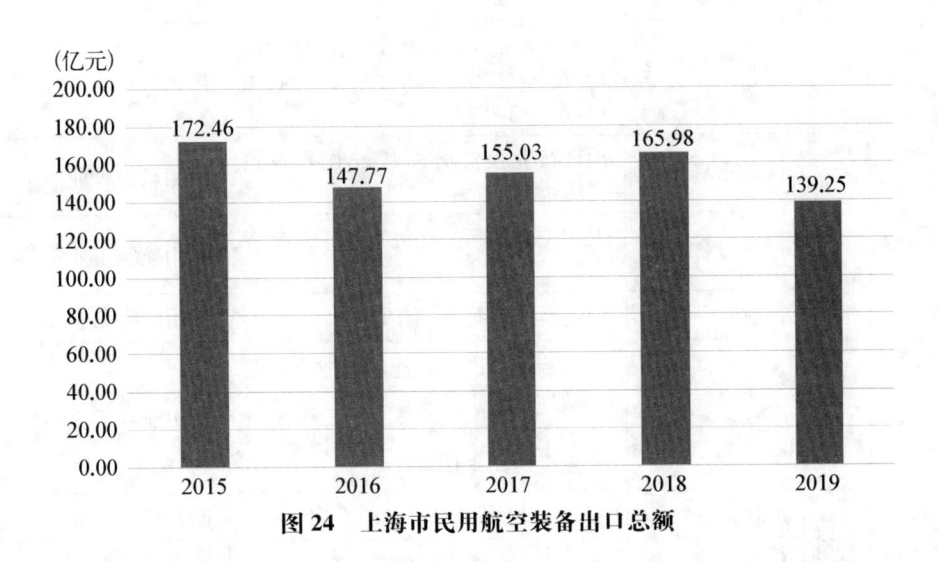

图 24　上海市民用航空装备出口总额

---

① 课题组根据海关数据整理。

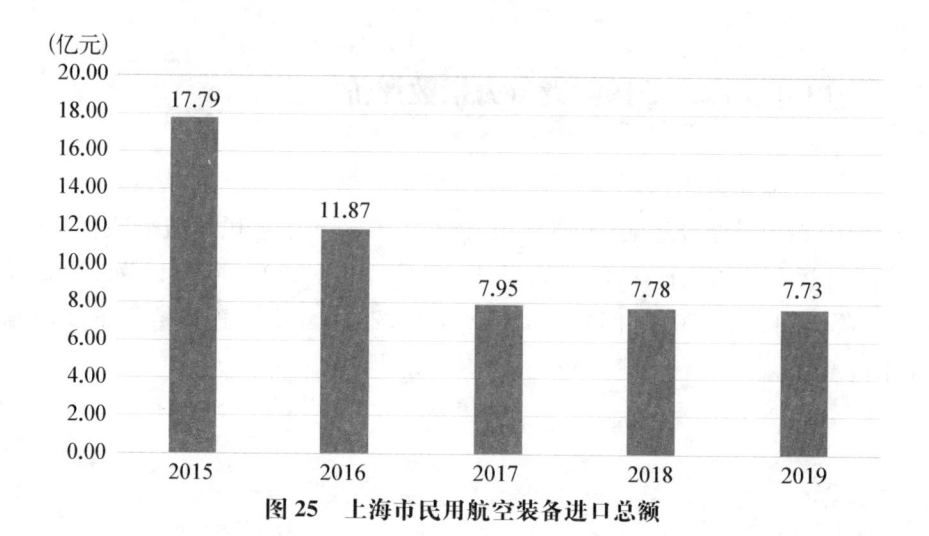

图 25　上海市民用航空装备进口总额

（二）指标体系

本报告采用的指标体系如表 9 所示：

表 9　上海民用航空装备产业国际竞争力指标体系构成

一级指标	二级指标	三级指标	测算方式	数据来源
产业国际表现		产业部门贸易优势	（地区行业出口/地区总出口）/（世界该行业出口/世界总出口）	海关统计、WTO 数据库
		行业贸易优势	（地区出口－地区进口）/（地区出口＋地区进口）	海关统计
		供应链强度	地区行业进出口贸易/地区生产总值	中经网
		核心环节贸易优势	核心产品的 RCA 指数（地区行业出口/地区总出口）/（世界该行业出口/世界总出口）	海关统计
行业增长驱动		区域市场效率	地区行业投资增长率/全国行业投资增长率	民用航空工业年鉴
		产业投资效率	地区总行业总产值地区/从业者人数	民用航空工业年鉴
		产业营利能力	行业地区利润率/全国平均	民用航空工业年鉴
		产业集聚能力	1. 高附加值产业以地区增加值占总增加值比重计算； 2. 规模为主的产业以地区产值占总产值比重计算。	民用航空工业年鉴
价值链提升		创新投入	区域行业研发投入/全国平均	地方统计年鉴
		创新生产	地区行业专利数/全国平均	地方统计年鉴
		政策引导	赋主观分	

在对具体指标的数据处理上,使用标准差标准化法(又称 Z-score 方法)对数据做规范化处理,采用变异系数法和主观赋权法相结合的方法确定权重并逐级加权平均得到航空工业产业国际竞争力综合指数。

(三)指数分析

1. 总体水平

本课题将从"行业增长驱动""产业国际表现""价值链提升"三个方面来诠释上海民用航空装备产业国际竞争力,并形成反映国际竞争力的 3 个二级指标,运用定量数据测算,形成 11 个三级指标。经研究发现,2019 年上海民用航空装备产业国际竞争力呈现以下特点:

一是年度综合优势平稳。上海市 2017 年为 102.77,2018 年为 105.84,2019 年为 108.81,三年中上海民用航空国际竞争力分值基本稳定,在十五个省市中,2017 位居第三位,2018 年位居第四位,2019 年位居第二位。三年来,天津保持第一位,广东保持前三名。

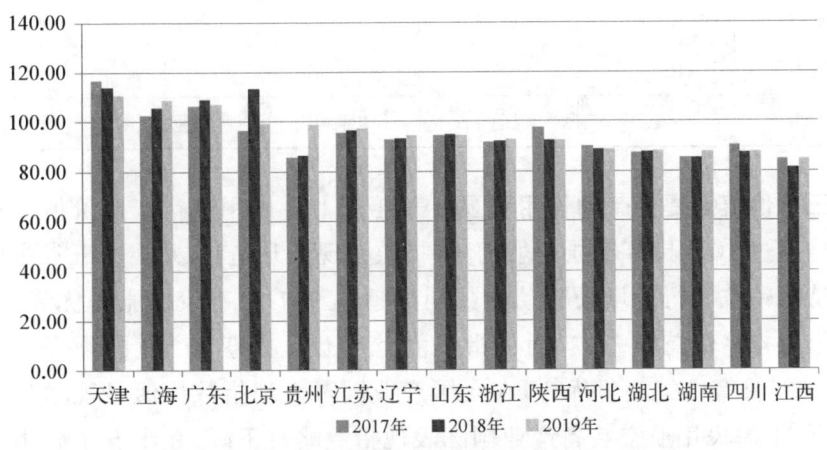

图 26　分省市民用航空装备产业国际竞争力

二是持续保持较强竞争优势。民用航空国际竞争力大于 150,表示具有极强竞争优势;介于 150—100 之间,表示具有较强竞争优势;介于 100—50 之间,表示具有中等竞争优势;小于 50,表示具有弱竞争优势。三年来,上海民用航空装备产业国际竞争力均超过 100,保持较强竞争优势,并保持增长态势。

表 10　分省市民用航空装备产业国际竞争力

2017 年		2018 年		2019 年	
地区	得分	地区	得分	地区	得分
天津	116.77	天津	114.18	天津	110.88
广东	106.28	北京	113.41	上海	108.81

续表

2017 年		2018 年		2019 年	
地区	得分	地区	得分	地区	得分
上海	102.77	广东	109.14	广东	107.15
陕西	97.52	上海	105.84	北京	99.14
北京	96.75	江苏	96.72	贵州	98.86
江苏	95.55	山东	94.99	江苏	97.33
山东	94.43	辽宁	93.34	辽宁	94.72
辽宁	93.06	陕西	92.67	山东	94.67
浙江	91.76	浙江	92.08	浙江	92.81
四川	90.60	河北	89.01	陕西	92.52
河北	90.21	湖北	87.85	河北	88.90
湖北	87.45	四川	87.44	湖北	88.26
贵州	85.81	贵州	86.34	湖南	87.95
湖南	85.63	湖南	85.38	四川	87.85
江西	84.76	江西	81.49	江西	84.96

三是价值链提升带动作用明显。三年来上海民用航空产业价值链提升指数均超过100,具有较强竞争优势,指数呈现上升趋势,并在十五省市中排名保持第一位。行业增长驱动指数同样超过100,具有较强竞争优势,在十五省市中排名保持第二位,而且指数值呈现上升趋势。产业国际表现指数低于100,具有中等竞争优势,在全国产业国际表现指数均值呈现增长态势情况下,上海民用航空装备产业国际表现指数略有下降,在十五个省市中排名靠后。

表 11 上海市民用航空二级指标分值比较

		产业国际表现	行业增长驱动	价值链提升
2017 年	上海市分值	87.93	103.42	131.79
	十五省市均值	95.57	90.85	96.50
2018 年	上海市分值	88.20	105.10	141.85
	十五省市均值	97.39	89.29	97.24
2019 年	上海市分值	87.40	111.66	148.76
	十五省市均值	97.83	88.97	97.99

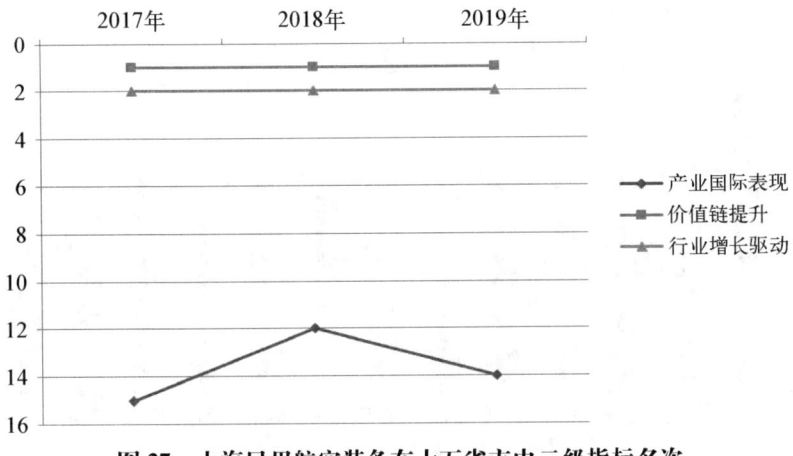

图 27　上海民用航空装备在十五省市中二级指标名次

表 12　2017—2019 年上海民用航空装备三级指标计算结果

二级指标	三级指标	2017	2018	2019
产业国际表现	产业部门贸易优势	88.49	86.82	85.62
	行业贸易优势	92.56	103.23	95.02
	供应链强度	90.42	83.89	85.90
	核心环节贸易优势	80.51	81.12	84.33
行业增长驱动	区域市场效率	152.82	151.49	170.00
	产业投资效率	71.17	74.91	71.92
	产业营利能力	97.51	94.34	102.52
	产业集聚能力	80.58	86.10	86.78
价值链提升	创新投入	126.91	155.01	170.00
	创新生产	94.35	94.07	99.08
	政策引导	170.00	170.00	170.00

2. 产业国际表现

如图 28 所示，相对其他省市，上海民用航空装备行业国际表现整体情况未发生明显变化，但是其他省份都有不同程度的涨幅，2019 年指数 100 以上的省市有 4 个，比 2018 年增加 2 个，分值在 90—100 之间的有 9 个，而上海民用航空装备分值均在 88 分左右，2019 年为 87.40，略低于 2018 年，连续三年低于全国平均值。究其原因：一是航空装备产业出口额在上海总出口额中占比不大，产业部门贸易优势不明显。二是航空装备进出口贸易中，净出口额呈逐年减少趋势，即出口额减少的同时进口额没有减少，行业贸易优势弱。

具体分析产业部门贸易优势、行业贸易优势、供应链强度和核心环节贸易

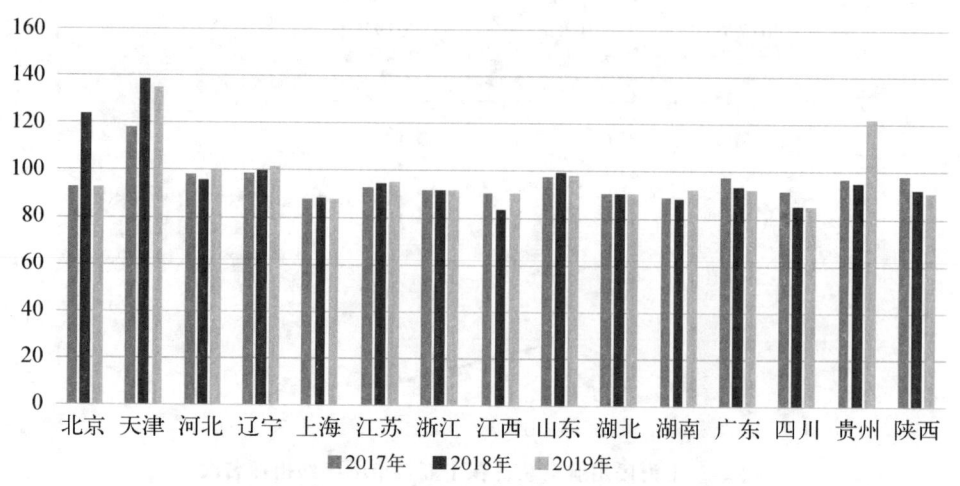

图 28　2017—2019 年分省市产业国际表现情况

优势,可以看出:

(1) 产业部门贸易优势不明显

2017—2019 年,上海航空装备产业部门贸易优势不明显,2018 年、2019 年十五省市排名均为第八位。根据指标体系释义,产业部门贸易优势用产品的 RCA 指数来表示,是指航空装备出口额在该地区所有产业出口总额中的占比。从出口数据看,2017 年至 2019 年上海航空装备出口额,在十五个省市中排名第三,仅次于广东、江苏,但是由于上海市总行业出口额基数大,产业部门贸易优势不明显,这说明航空装备产业并不是上海支柱出口产业。产业部门贸易优势连续三年排名第一的天津市,2019 年航空装备出口额为 46.1 亿美元,仅占上海航空装备出口额 167.3 亿美元的 27.6%,由于航空航天产业是天津的支柱产业,其出口额在天津总行业出口额中占比较大,产业部门贸易优势指数高。

(2) 行业贸易优势靠后

行业贸易优势用 TC 指数表示,即航空装备进出口贸易的差额占进出口贸易总额的比重,该指标反映航空装备净出口额与贸易总额的相对值。2017—2019 年,上海航空装备行业贸易优势在十五个省市排名靠后,TC 值先升后降。究其原因:一方面,上海民用航空装备产业更多是研发设计、总装制造、服务支援功能,目前还处于发展阶段,因而产业贸易优势还没有显现。另一方面,由于上海航空业的快速发展,进口需求大,进口额快速增长,2019 年进口额增长 30.7%,出口额反而下降 14.9%,净出口额的减少导致相对值 TC 则减小。

(3) 供应链强度优势明显

2017—2019 年,上海航空装备产业供应链强度均处于全国较高水平,2019 年在十五省市中排名第二,对外贸易依存度和开放程度较高。其原因为:一方面,民用航空装备行业全球化程度高,跨国采购、全球配置已成惯例,是航空装备研制的通行模式,也是企业迅速发展的捷径。另一方面,我国在该领域起步相对较晚,自主研发、国产供应能力不足,对关键零部件进出口贸易依存度较高。

(4) 核心环节贸易优势呈上升趋势

2017—2019 年,上海民用航空装备行业核心环节贸易优势呈波动上扬趋势,2017 年排名十五省市第八位,2018 年稍有下滑至第九位,2019 年上升至第六位。根据指标体系释义,核心环节贸易优势核心产品的 RCA 指数表示核心产品出口额在该地区所有产业出口总额中的占比,三年来,该指数分别为 80.51,81.12,84.33,说明核心产品的出口占比稳步上升。从进口数据来看,2019 年航空装备进口额增加的情况下,核心产品进口额有所下降,虽然下降幅度不大,但是呈逐年减少趋势,进口依存情况略有改善。

3. 行业增长驱动

2017—2019 年,上海民用航空装备行业增长驱动情况稳步上升,如图 29 所示,行业增长趋势指数 2017 年至 2019 年连续三年位列全国第二。分别考察产业集聚能力、产业营利能力、区域市场效率、行业生产效率,可以看出:

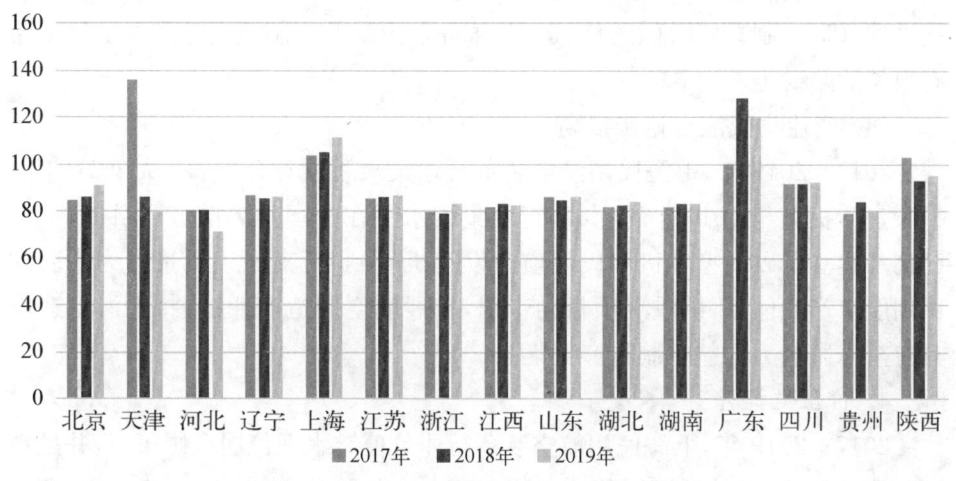

图 29　2017—2019 年分省市行业增长驱动情况

(1) 区域市场效率逆势上涨

2017—2019 年,上海民用航空装备行业区域市场效率连续三年处于全国第一水平。2018 年,上海民用航空装备行业投资较 2017 年增加 22.6%,2019 年在全国航空装备行业投资下降 28.2% 的情况下,上海民用航空装备行业投资降幅仅为 13.3%,市场带动效率提高。

(2) 生产效率较低

2017—2019 年,上海民用航空装备行业生产效率总体水平不高,2017 年在十五省市中排名第 12 位,2018 年有 5.3% 的涨幅,上升至第九位,2019 年出现回落,排名在十五省市靠后,居第 14 位。2017 年人均生产效率 72.84 万元,2019 年人均生产效率 77.79 万元,主营收入比 2018 年上升 18.53%。其原因是,航空装备行业是上海市重点发展领域,近几年来,上海航空装备行业从业人员逐年上升,产值上升幅度不大。

(3) 盈利能力有待提高

上海民用航空装备行业盈利能力在十五个省市中排名靠后,2017 年、2018 年均位居第 15 位,2019 年上升一位,排名第 14 位。究其原因,航空装备产业是个投资周期长、研发成本高的行业,上海航空企业无论复合材料结构件还是航电系统、机电系统都是为大飞机配套的研发和制造企业,上海正在打造航空制造产业链"2+X"空间布局,目前利润还是负数,可喜的是 2019 年的利润率比 2018 年提高 2.5%。

但同时,厂房、场地等高成本正在日益制约上海航空制造业发展,如何吸引更多优质的企业和项目落户上海成为一道难题,这就意味着构建完整的产业链面临着一定的挑战。空域资源紧张,限制了航空器在研发完成后的试飞,大大增加了研发成本,降低了上海对研发制造企业的吸引力。上海有飞机及核心零部件制造企业 15 家,飞机维修保障 10 家,飞机零部件 3 家,距离建设集设计、研发、制造、认证、维修、运营、服务在内的航空制造完整产业链体系还有很长的路要走。

(4) 产业集聚能力稳步提高

2017—2019 年,上海民用航空装备行业集聚程度逐年提高,从 2017 年的 0.81 逐步提高至 2019 年的 0.87,行业集聚水平在全国排名前五。目前,上海已初步建立了以大型客机和民用航空发动机研制、新支线飞机量产为代表的民用航空产业体系,以重点项目为牵引,拓展航空制造产业链,将上海打造成具有全球影响力的航空制造产业集群。

4. 价值链提升

2017—2019 年,上海民用航空装备行业价值链水平位居全国第一,并呈现逐年上升趋势。2017 年指数为 131.79,2018 年为 141.85,2019 年则上升至 148.76。

具体从研发投入、创新能力和营商环境来看:

(1) 研发投入全国领先

上海民用航空装备研发投入一直在十五个省市中遥遥领先,2017—2019 年,每年研发投入超过其他十四个省市的总和,2019 年上海民用航空装备研发投入首次超过一百亿元,达 110.27 亿元,比 2019 年增长 23.7%。

(2) 创新能力位居前列

2017—2019 年,上海民用航空装备行业专利数逐年上升,2019 年上海民

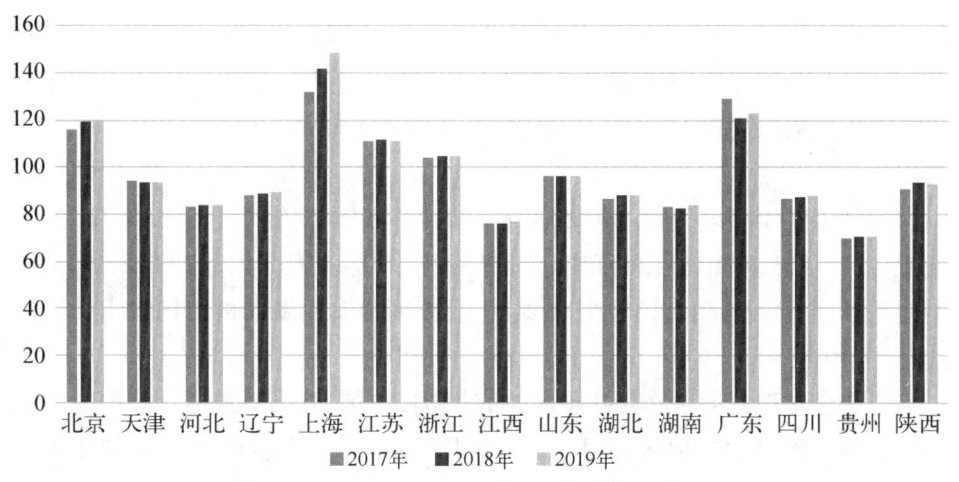

图30 2017—2019年分省市价值链提升情况

用航空装备研发专利数达458个,比2018年增加22个,增幅5%,涨幅相比2018年稍有回落,位次从前两年的第四位上升至第三位,仅次于广东和江苏。

(3)营商环境名列前茅

2017—2019年,上海营商环境均处于全国领先位置,这与上海积极推进营商环境改革密不可分。近年来,上海加速营商环境改革步伐,加大产业政策对本市航空制造产业链建设的支持力度,对于国家航空重大科技专项研制保障条件建设项目,给予配套支持;充分利用产业转型升级发展专项扶持资金,支持航空制造产业链企业的产业能级提升。充分利用国家首台重大技术装备保险补偿机制和上海市高端智能装备首台套政策,聚焦支持航空装备首台突破。充分运用工业强基、新材料首批次等专项政策,重点支持航空关键部件或系统、复合材料和核心工艺研发及应用。充分运用工业互联网等专项政策,支持航空制造远程运维、智能制造等新模式示范应用。

四、2020年上海产业国际竞争力趋势展望及提升建议

习近平总书记指出,我们要做一个强国,就一定要把装备制造业搞上去,把大飞机搞上去,起带动作用、标志性作用。中国是最大的飞机市场,过去有人说造不如买、买不如租,这个逻辑要倒过来,要花更多资金来研发、制造自己的大飞机,形成我们独立自主的能力。上海发展民用航空装备制造业,不仅要算经济账,更要提高政治站位,算战略发展账,将其作为上海服务国家发展的重要举措。

(一)趋势展望

1. 全球情况

一是全球航空装备行业市场规模处于稳定增长态势。 2018年,全球民航

机队飞机保有量为25 830架,全球航空装备行业市场规模已经超过3 000亿美元。2019年空客公司交付863架客机,波音交付了380架飞机,在经历了两起重大事故后,波音737MAX飞机遭遇全球禁飞潮,目前已造成约400架飞机的积压。

预计未来10年,全球将需要干线飞机1.2万架、支线飞机0.27万架、通用飞机1.83万架、直升机1.2万架,总价值约2万亿美元。预计到2038年保有量将增长至50 660架。预计未来20年全球民用航空发动机市场需求价值可达1.5万亿美元。

二是全球航空装备市场主要集中在美国、法国、英国等地区。美国是航空装备市场规模最大的地区,2018年,美国航空装备行业规模占全球的比重在49.2%左右;法国是仅次于美国的全球第二大民用飞机制造商,也是仅次于美国的第二大航空零部件、机载设备与系统的提供者,产业规模占全球的比重约8.3%;英国航空装备产业整体规模略低于法国,产业规模在全球市场中占比约5.9%左右。

三是主流航空发动机公司整体形成寡头格局。在民用航空发动机领域,仅有美国、英国、俄罗斯等较少发达国家全面形成了开发及产业化能力。GE航空、普惠(P&W)、罗罗RR以及赛峰(SAFRAN)四家公司占领了中大型民用宽体客机航空发动机市场。由上述几家大型发动机公司交叉经营的CFM国际发动机公司(GE与SAFRAN合营)、IAE(P&W与罗罗RR合资)等合资公司占据了单通道飞机及支线飞机等其他民用航空发动机的绝对份额。

四是全球航空装备制造业的核心技术正发生新的突破。面对如此广阔的市场需求,人类对航空领域的不断探索,全球各大航空制造商一再提升产能,加速生产,同时不断加快技术更新和突破进程。在技术和市场的作用下,航空制造业产业结构发生着巨大变化,技术架构和产业格局将延续之前的变革性发展态势。

2. 中国情况

一是市场规模巨大。2019年,中国民航行业规模稳居世界第二。截至2018年国内航空公司共计新引进飞机426架,至2018年底国内民航运输机队规模达到3 615架,较2017年底增加319架,同比增长9.68%。预计到2024年,中国将超过美国成为全球最大民用航空市场;未来20年,中国将需要约6 000架新客机与货机,价值9 450亿美元,占全球同期新飞机需求总量的18%,市场空间约6万亿美元。预计到2038年我国机队规模将达到10 344架,未来二十年,我国预计将交付客机9 205架,价值约1.4万亿美元。

二是航空发动机行业产量快速增长。从2011年的1 069台增长到2018年的6 126台。2011年我国航空发动机市场需求规模为166.47亿元,2018年我国航空发动机市场需求规模为506.17亿元,市场需求规模不断扩大。通常发动机占民航客机总价值的比例为15%—30%，则未来二十年我国民用航空发动机市场规模将达到2 100亿—4 200亿美元，年均市场规模达到105亿—210亿美元。

三是民用发动机技术相对不成熟，企业竞争实力弱。我国国产大飞机C919使用的发动机是GE和法国公司的合资公司生产的产品，CJ-1000AX首台整机在上海点火成功，民用航空发动机行业取得了突破，但与世界高水平相比差距明显。航空电子系统投入的研究、市场力度不足，没有很好地融入世界的产业链条，航空机载设备行业仍然存在产业分散、预研投入不足等发展痛点。

3. 中美贸易摩擦影响

一是民用航空装备领域历来是贸易摩擦的重灾区。在寡头垄断的市场之中，民用飞机产业一直是美欧贸易摩擦的焦点。20世纪70年代欧洲成立空客，双方抨击对方产业补贴政策就吵得不可开交。波音和空客为获取更高的市场占有率，双方及其背后政府在WTO规则框架下一直展开着博弈，至今未能达成实质性的和解。

二是未来民用航空装备领域将成为中美贸易摩擦的焦点。我国航空装备一直处于贸易逆差，暂时未成为中美贸易摩擦的焦点。而随着我国在航空产业领域的投入，在世界范围内的比重将不断上升。在当前中美贸易摩擦背景下，航空装备制造业作为中美贸易的重要领域，很有可能成为中美贸易摩擦下一步的波及领域。

4. 新冠疫情影响

新冠肺炎疫情全球蔓延的背景下，全球航空业基本处在"休克"状态，航空装备产业受到的直接和间接影响已经逐步显现，这既为我国带来机遇，也为我国带来挑战。

一是为国际合作带来机遇。人力不足和物流限制已经对生产效率产生了较大的影响，部分航空装备巨头企业采取了减产及裁员措施。未来航空装备市场低迷的预期使得企业自身对未来经营状况持悲观态度，企业在融资或寻求战略合作等方面的意愿或将进一步增强，为我国企业与海外优质公司进行战略合作带来了新的机遇。

二是维修需求上升。我国在民用航空维修领域占有一席之地，近期航空燃油价格出现了历史性的大幅下跌，直接导致航空运输业经营成本的下降，从中远期看或将导致对飞机更新需求的收窄，也将直接导致现役商用飞机退役速度的放缓，预计飞机维修和发动机维修需求或受此影响大幅提升。

三是产品订单下降。全球航空运输业遭到重创，运营航班数量下降约80%，各大航空运输公司均面临巨大的经营压力。目前多家航空运输或租赁公司取消订单，商用飞机和发动机的订单数量呈现下降趋势。更值得注意的是,若疫情未能在未来 2—3 个月内得到有效控制,预计订单量还将进一步下滑,航空运输业受到的损失或将需要 2—3 年的时间才能逐步恢复至疫情前的水平。

四是转包业务需求面临挑战。我国航空装备领域的转包业务在航空装备产业中占据相当规模,大部分拥有一定技术实力的企业均参与了国际合作,拥有一定比例的转包业务。受到航空巨头停工停产和需求下降的影响,转包业务需求量或将大幅下降,未来该领域企业的相关收入会受到影响,而以转包业务为主业的企业将面临更为严峻的挑战,建议相关领域企业从外向型业务向国内供应链转变。

(二) 对策建议

1. 坚持打造具有全球影响力的航空制造业集群为目标

上海一直是我国重要的民用航空制造基地,具有民用航空装备制造业发展良好的政策环境和经济环境。从民用航空产业发展"十二五"规划,到航空制造产业链建设三年行动计划,上海始终把民用航空制造业作为重点产业。作为中国重要的工业基地与智力、资本汇集地,上海工业体系完备,工业基础雄厚,具有雄厚的技术基础,曾经自主研制运 10,合作生产麦道 MD-82/83 和 MD-30 科技、转包生产空客 A320 和波音 B737 客机零部件。以中国商用飞机为核心,依托 615 所、633 所、118 厂,发挥新支线客机和 C919 大型客机主制造商的主导作用,集中了中航工业商用航空发动机公司、航空电子有限责任公司等一批关键配套企业,初步形成了民用飞机研发设计、航空电子、总装制造、试验测试、营销服务较完整的产业链条。上海拥有中国商用飞机有限责任公司、中航商用航空发动机有限责任公司等一批骨干企业。上海有四所高校院系开设了与航空产业相关专业,分别是复旦大学航空航天系、同济大学航空航天与力学学院、上海工程技术大学航空运输学院以及上海交通大学航空航天学院,有上海航空测控技术研究所、上海飞机设计研究院、中国航空研究院上海分院、中国航空无线电电子研究所和民用航空发动机测试验证中心等 5 家科研所。C919 客机首飞成功,ARJ21 新支线飞机投入航线运营,均为上海积累了重要技术。以 C919 为牵引,大飞机带动和集聚作用明显。此外,上海航空服务业企业达 218 户,航空服务业产业集群效应明显。长三角又为上海发展航空制造业提供了重要支撑。由于 C919 有着良好的市场前景,因此从立项以来,吸引了长三角地区众多城市的关注。在 C919 的研发过程中,镇江等城市借助已有的制造业优势,企业和中国商飞建立了广泛的协作。随着 C919 的正式首飞和交付,长三角内的配套企业有望形成完备的航空产业链,长三角航空产业带也将迎来黄金发展期。航空制造的产业链长,注定了不可能局限一地,必须走大合作的道路,要将上海航空制造业放在全国乃至世界的格局中考虑。

一是立足上海。加快建设大飞机产业体系,推动航空产业布局合理、区域配套、企业集聚,努力把大飞机打造成拳头产品,提升上海高端制造的能级水平。

二是联通全国。中国在航空产业的区域分工布局还不甚合理,不能够充分发挥各区域的分工与协调效应,在整体上限制了航空产业的国际竞争力。上海要通过航空关键性的突破,实行合理分工、优化发展的格局,不断推进和长三角乃至全国的合作,带动全国制造业发展升级,提升整个产业链水平,形成上下游企业产业协同和技术合作攻关。

三是融入全球产业链。上海航空器产业虽然参与了部分国际分工,但所在的位置依然是产业链的低端环节,主要还是依靠制造的低成本优势。融入全球产业链条,意味着市场机制将发挥更加强大的作用,可以促进各区域间加强分工与合作,因为只有这样才能提升上海国际竞争力,并在国际分工中占据有利位置。不断创新贸易模式,充分发挥航空全产业优势,按照国家走出去的战略布局,抓住国际航空产业产品和技术发展这条主线,发挥市场的主导作用,通过提供航空服务、金融投资、直接产品销售、投资建厂、建立境外研发中心、联合运营、租赁销售、兼并重组等模式,利用好国内外比较优势,挖掘国外市场和资源潜能,让上海航空国际化转化为国家竞争优势和国家影响力。

2. 在"两个大循环"战略中下好先手棋、打好组合拳

随着民用飞机产业竞争走向多元化,美欧就民用飞机产业采取保护主义措施,中国商用飞机有限公司作为中航工业控股的国有企业,当前政府产业政策、企业的投资收购行为都受到美欧政府密切监控。

一方面,要在国际经贸规则层面采取应对措施。从国际经贸规则层面来看,在民用飞机产业中,无论是美欧 WTO 规则下的产业补贴争端还是当下美国参与国有企业规则的制定,归根结底都是对政府援助行为进行规制。由于民用飞机产业的"政治性",政府援助在其发展中始终存在,只是援助形式上的差异。就补贴而言,我国以国有企业的方式开展民用飞机的生产研发类似于空客公司"启动援助"中的股权注入,对支持民用飞机产业发展的配套政策类似于美国州一级政府的税收优惠。当下国际经贸规则中国有企业章节都以竞争中立原则为指导,如 TPP 协定序言指出要为国有企业制定规则,以促进形成国有企业与私营企业公平竞争的环境。但就民用飞机产业来看,各国核心企业都属于 TPP 协定国有企业章节中的国有企业或指定垄断企业,很少涉及私营企业的竞争,同时民用飞机的研发生产需以一国综合国力为基础,有能力参与民用飞机制造的国家屈指可数,故民用飞机产业应当制定专门的双边或区域投资、贸易协定而不是以"一刀切"的方式规制产业竞争。我国应当积极推进围绕民用飞机产业贸易、投资协定的商讨和制定,充分利用我国民用飞机

市场需求作为谈判筹码,尽可能地维护我国涉及民用飞机的国有企业在政府援助、跨国投资并购、技术转让等方面的权益,为我国民用飞机产业发展创造良好的国际经贸规则环境。

另一方面,在国内产业政策层面采取应对措施。由于我国民用飞机产业仍处于起步阶段,吸收、借鉴国外先进技术经验是发展过程中的重要环节。而近期美国贸易代表办公室发布的"301调查"报告,列举了中航工业对美国航空产业链上公司的收购,并以中航工业也是中国人民解放军军用飞机的唯一国内供应商为由,将此类投资行为与美国国家安全联系起来。随后修订的《外国投资风险审查现代化法》就明确区分国有企业和民营企业,对涉及国有企业的审查十分严苛,一定程度上影响我国国有企业引进先进民用飞机制造技术。故上海应当积极鼓励更多民营企业参与到民用飞机产业链中。就民用飞机全球市场来看,虽然整机制造被波音和空客垄断,但围绕民用飞机制造的产业链却是全球化的。通过民营企业参与民用飞机产业中,可以优化我国航空制造产业链,以减少国有企业对国外公司的依赖。上海应当利用好国内市场资源,优化航空产业链上企业营商环境,吸引外资进入民用飞机产业链。

3. 围绕大飞机制造持续优化布局、提升产业链水平

航空强国首先是一个技术强国,航空是典型的高新技术产业,具有知识密集、技术密集的特点,没有独立自主的技术创新,就不可能培育出真正强大的产业体系。上海的航空制造业正处于快速发展的阶段,而且,航空制造业的技术进步将会对上海的科技进步起到引领作用。

一是大力支持自主创新。目前,上海航空产业自主创新能力不足,部分核心关键技术亟待突破。发动机、复合材料、航电系统是发展航空产业的三大关键技术,其中飞机发动机的研制成为制约航空事业发展的主要瓶颈,如果不能够加快攻关,差距有可能进一步拉大。CJ-1000A风扇系统采用英国罗罗式的空心钛合金宽弦风扇叶片,距离LEAP有明显差距,仅相当于国际第三代大发的风扇材料水平。上海必须自主开发攻破核心技术,增大研发成本,掌握独立知识产权,引导在沪央企、本地大型国企提升质量管理和适航意识,培育和提升其参与结构件制造、航电系统、航空发动机、设备工装等方面的能力,提升结构件和关键零部件本地化配套能力、机载系统本地化配套能力。

二是健全政策"绿色通道"。推动航空科技跨越发展,带动科技整体跃升。在重大、关键项目程序上,健全"绿色通道",确保项目准点实施;在税收优惠上,落实国家及本市已明确的支持大型客机发展的相关优惠政策;建立产业发展资金,聚焦民用航空制造业重大项目,积极支持国家批准实施项目和大型客机配套项目以及国内外民用航空企业在本市的集聚发展。明确各类创新主体功能定位,建立政产学研用一体的协同创新体系,构建航空技术创新联盟和产业创新联盟,围绕产业链打造创新链。加强航空技术二次开发,推动航空科技

成果转化应用，辐射带动国民经济发展。推动首台（套）支持政策和激励政策落实实施，让更多的企业得到实惠，鼓励企业加大研发投入。

三是加速人才体系建设。上海要打造具有全球影响力的航空制造业产业集群，人才建设和储备是重中之重，特别在无人机领域基本上处于空白，缺乏形成与航空工业现状以及未来发展相适应的适航技术知识储备，适航审定人员不足，人才缺口相当大，科研水平和人才储备远不能满足日趋活跃的民航适航管理需求。

加强航空业企业管理、研发、技术、行销、品管、专利等相关人才的引进、培养和使用。建立人才引进基金、创业扶持基金，对人才给予政府专项津贴，对一些特殊人才，应鼓励企业不惜重金以特殊的方法引进。加强技术工人的技能培育和素质提升，筹集技术工人培养专项资金，对相关企业的技术工人培训提供资金补贴。依托国内外高校、大型企业集团，加强高端装备制造业技术工人和经营管理人才的培养。完善人才激励机制，推动企业通过持股、技术入股、提高薪酬等方式，吸引优秀企业家、经营管理人才和技术骨干。

4. 建设上海航空制造四大发展平台，提高系统能力

上海的优势在于集成，在于平台建设，上海航空制造业起码构建四大平台。

一是建设航空领域共性技术研发平台。整合目前上海四所高校的航空产业院系和5家科研所，鼓励并支持企业创办研发机构，加强联动、突出重点，全面整合研发力量，超前部署战略性、基础性、前瞻性科学研究和技术攻关，大幅提升原始创新能力，重点突破芯片、航空发动机、工控系统等关键环节的"卡脖子"问题，打造上海科技创新高地。

二是建设整合上下游企业的工业互联网平台。在工业互联网系统架构、标准体系、示范测试等制高点竞争中，逐步形成一定的影响力和话语权；在人工智能领域，不仅要发挥智能装备等方面的基础优势，推动机器人的运用和企业的智能化系统集成，而且要在机器深度学习优化制造，人机融合协同制造等前沿领域率先确立发展优势。

三是建设综合配套应用技术人才平台。加强适航审定技术研究和适航验证基础建设，着力开展完善适航审定组织体系建设，强化适航资源的配置，加快培养适航审定人才，建设一流的适航审定人才队伍。推进机载系统共性与前瞻性技术的研究与发展，吸引国内外知名企业落户，构建机载系统研制与产业化发展平台，培育一批具有全球竞争力的关键配套企业，打造具有自主知识产权的机载系统供应链。

四是建设新一代产城融合发展平台。以上海现有航空产业园区为支撑，以制造业和服务业融合发展为导向，推动产业链关联企业向民用航空产业园区集聚，加快提高区域产业融合度，培育优势产业集群，构建协同优化、竞争力

强的产业生态。尝试以"全产业链"为路径导向,规划、引导企业集聚,以系统理念创新发展模式,推动园区产业集群化走向高端化、高质化、高新化。通过试点和示范效应,培育多个良性循环的产业群落,形成两业融合互动的发展环境。与之同时,加速航空制造产业军民融合的步伐,实现军工服务于民品与民品反哺军工的良性循环,提升该产业对区域经济的拉动效应,增加各区域间的产业分工和经济联系,促进各区域经济的共同发展。

5. 制定新一轮产业链三年行动方案,加大政策支持

上海乃至中国航空制造业发展优势依然在于性价比,短期内离不开政府的支持。《上海市航空制造产业链建设三年行动计划(2018—2020年)》为上海航空制造业勾画出清晰的路径,取得了很好效果。在此基础上,可以着重加快修订新一轮上海市航空制造产业链建设三年行动计划,并把航空服务、航空贸易统筹考虑,以提升上海航空制造业的整体竞争力。除上述建议外,在体制机制保障上:

一是拓宽融资渠道。突破民间资本进入航空制造领域的体制机制障碍,进一步明确政府投资范围,优化政府投资安排方式,规范政府投资管理,保持政府经费支持的持续稳定。进一步完善准入和退出机制,建立航空投资项目清单管理制度,鼓励引导民间资本和社会力量有序参与建立航空科研生产等活动。推动政府与社会资本合作,完善政府购买航空产品与服务机制。

二是加强财政支持。完善财税、人才、土地出让、知识产权保护等方面的政策措施,加快完善航空制造业产业发展的政策体系,为航空制造业集群的持续发展创造良好的政策环境。加大对航空制造业的税收减免力度,加强对产业核心部件、关键技术研发的财政补贴扶持,鼓励航空制造业企业增加研究开发的投入与力度;积极推进科技成果转化与技术创新平台建设,建章立制,规划好、建设好有良好回报预期的科技投入机制;可以通过土地出让、收费减免简化审批手续等方面制定一系列的优惠政策,吸引外来资金,强化对民用航空制造业投资的引导和支持。

三是加强法律保障。出台相关的法律法规,加快航空立法,保障航空产业的有序发展,建立商业航空市场准入退出机制、公平竞争机制、保险与赔偿机制、安全监管机制等,创造有序、良性竞争的市场环境。

执笔:
  赵文斌 新经济与产业国际竞争力研究中心特聘研究员,上海海关直属机关党委副书记、政治部副主任
  耿梅娟 上海交通大学博士、副教授
  张福明 上海交通大学博士

2019—2020年上海化工产业国际竞争力报告

一、2019年化工行业发展动态

(一) 全球行业景气周期进入尾声

2019年化工行业面临的外部环境愈加复杂。受贸易争端、地缘政治紧张因素影响，2019年全球经济增长延续疲软状态，全球工业景气回落。欧元区制造业PMI由年初50.5跌至年末46.3；美国制造业PMI由年初56.6跌至年末47.8。化工行业受此牵连，呈现出美强欧弱、新兴经济体承压的地区宏观差异；逆全球化事件频发也为经济形势带来重重不确定性。受此影响，全球化工行业装置开工率和行业利润率下滑。可以说，自2019年开始，全球化工行业景气周期进入了尾声。

国际环境引发国际原油市场动荡不断，使化工行业面临更加复杂的投资环境。2019年以来，以沙特、俄罗斯为首的"欧佩克＋"产油国实现超额减产，对2019年上半年油价上涨起到支撑作用。下半年，受地缘政治紧张局势影响，阿美公司石油设施遭遇"蓄意袭击"，引发国际能源市场价格大幅上涨。但从2019年全年来看，布伦特原油平均价格约64美元/桶，较2018年下降10%。进入2020年以来，受新冠疫情影响，出行和生产活动下降导致全球原油市场需求断崖式崩塌，国际原油期货结算价首次跌至负值。油价波动导致化工行业投资放缓，2019年，化学原料和化学制品制造固定资产投资同比仅增长4.2%。

(二) 逆全球化对化工供应链与消费市场影响显著

从化工产品供应情况来看，英国脱欧、中美贸易战等逆全球化事件频繁对化工品供应链形成冲击。据统计，英国有75%化学品自欧盟进口、60%化学和药品出口向欧盟，英国与欧盟紧密的化工品进出口贸易将在英国脱欧后陷入困境。中美两国三轮关税交锋后，共有200多亿化学品和塑料供应遭到关税冲击。全球主要经济体化工品供应链被扰乱，市场被切割。

从终端消费市场来看,财政政策、贸易摩擦使化工品所处不同终端消费市场表现各异。据联合国环境规划署报告,2019年建筑市场是化工品最大终端应用市场,其次为电子行业,此外还有家用、农业、纸质包装、汽车、医疗等。从短期来看,化工品市场会受到全球建筑业走强的支撑和汽车业整体下滑的牵绊;从长期来看,随着亚洲、非洲城市化进程不断推进,建筑业和电子行业的蓬勃发展,化工行业有望走出下行通道。

(三) 中国化工受行业国内外发展大环境影响明显

受国际化工行业发展大环境影响,2019年中国石油和化工行业实现利润总额6 683.7亿元,同比下降14.9%。其中,化学原料和化学制品制造业规模以上企业资产利润率为4.73%,同比下降2.14%;化学纤维制造业规模以上企业资产利润率为3.84%,同比下降1.23%。同时,受国际贸易紧张局势影响,化工行业进出口出现不同程度收缩。据中国海关统计,2019年我国化工产品进出口贸易总额为34 791 411万美元,同比下降6.2%;2019年我国化工产品贸易逆差为515 102万美元,同比下降62.3%。

从国内发展环境来看,资源约束力增加、环保和安全压力增加促使化工行业运行压力不断增大。我国作为世界第一化工大国,危险化学品生产经营单位达21万家,涉及2 800多个种类。从2019年的江苏响水天嘉宜化工有限公司"3·21"特别重大爆炸事故到2020年温岭大溪油罐车爆炸事故,种种化工安全事故暴露出的化工行业整体安全条件差、管理水平低、重大安全风险隐患集中等问题,以及在危险化学品生产、贮存、运输、使用、废弃处置等环节的系统性安全风险,都加速了国内对化工行业产业结构调整、空间布局优化的节奏。

二、国内化工行业发展趋势

(一) 行业集中度提高与安环规范化进程提速相辅相成

近年来,我国化工园区建设不断推进。截至2018年底,全国重点化工园区或以石油和化工为主导产业的工业园区共有676家。其中,国家级57家,省级351家,地市级268家。经过多年高速发展,化工园区成为石化行业发展的重要载体,化工园区规模和生产储存设备不断扩大,化工企业高度集中,化工园区安全事故时有发生。化工园区涉及化学品生产企业众多,生产、储存的危险化学品数量大、种类多,能量高度集聚。外加各地发展不平衡、化工园区规划建设不健全,安全风险难以得到有效控制。

2019年,以"3·21"响水特别重大爆炸事故为代表的化工事故再一次将化工园区安全生产问题暴露。究其原因,一是法律法规不健全,企业主体责任不清晰,违法成本太低,尤其是事前处罚力度不够。二是化工行业技术人员专业素质较低。一方面,企业缺专业技能人才。化工产业工人和专业管理人员的培养跟不上产业发展,学校培养与企业需求不匹配的现象较为突出。另一方面,行业落后工艺设备数量较多,高风险岗位和区域的操作人员数量众多。三是因为企业安全意识淡薄,缺乏安全人员及资金投入。化工行业整体利润率较高,重效益轻安全、抢工期抢产量等企业行为多见。企业长期忽视安全管理,有关安全管理制度的执行力度欠缺,出现管理制度形式化问题。

迫于我国化工行业安全生产形势,国家相继出台多项政策,以推动行业规范发展,如表1所示。化工行业安环监管力度加大导致行业准入门槛提升,安环投入成本提升、安环技术处理水平提高,促使行业集中度进一步提升。对于中小型化工企业来说,不符合标准者将被淘汰;过往牺牲环境实现盈利的企业将丧失竞争力,面临亏损;无技术和资金实力者将无法支撑企业生存。而对于中大型企业来说,将享受短期内因市场供给减少而涨价带来的利润,同时获取被淘汰者的市场份额,并且依靠技术、成本、资金实力扩大规模,实现多元发展。综合来看,行业安环规范,在长期将促使行业格局有序优化,大中型企业,特别是龙头企业强者恒强,有利于提升我国化工行业全球竞争力。

表1 2019年化工行业重要安全生产政策一览

发布时间	发布部门	文 件 名 称	文 件 意 义
2019年5月	交通运输部 生态环境部 工信部 应急部	《内河禁运危险化学品目录(2019版)》	禁止通过内河封闭水域运输剧毒化学品以及国家规定禁止通过内河运输的其他危险化学品。
2019年7月	公安部	《易制爆危险化学品治安管理办法》	规定了易制爆危险化学品生产、经营、储存、使用、运输和处置的治安管理,明确了监督检查人员责任和义务。
2019年8月	应急管理部	《化工园区安全风险排查治理导则(试行)》	弥补了我国化工园区安全风险排查治理指导文件的空白,推进化工园区安全发展高质量发展。
2019年8月	应急管理部	《危险化学品企业安全风险隐患排查治理导则》	指导和帮助危险化学品企业准确识别、科学管控安全风险并持续排查治理隐患。
2019年9月	住房城乡建设部	《石油化工可燃气体和有毒气体检测报警设计标准》	新版设计标准扩展了有毒气体范围,细化了可燃气体与有毒气体检测报警系统的要求。

(二) 精细化工是化工产业结构升级调整的重要领域

精细化工行业属于技术密集型、资金密集型行业,行业进入门槛较高。精细化学品具有难以替代性，其应用范围也不断向纵深扩展。近两年国际精细化学品的发展特点主要体现在三个方面。一是产品更新快、新产品不断推出。发展专用和高档化的产品，多品种和系列化是精细化工的重要标志。二是新技术含量高。精细化工是技术密集型与综合性强的行业，需要将不同学科、不同行业的先进技术综合交叉、开发新产品。三是精细化学品为高新技术服务。精细化学品为功能高分子材料、生物工程、电子信息、环保能源等服务，与这些高新技术息息相关，互相渗透。

目前，我国精细化工行业的生命周期尚处于成长阶段，并呈现出两种行业发展趋势：一是加强技术创新，调整和优化精细化工产业结构，重点开发高性能化、专用化、绿色化产品。二是联合兼并重组，增强核心竞争力。通过兼并、收购或重组，调整经营结构，淘汰没有竞争力的细分产品行业，同时发挥自己的专长和优势，重点发展有优势和战略意义较高的精细化学品。

但总体而言，我国精细化工尚未形成完整的行业发展体系，精细化工率较低，约为45％，与发达国家的精细化工率60％—70％存在差距。就此情况，中国化工学会精细化工专业委员会提出精细化工行业的升级路线：2017—2020年是精细化工2.0时代；2021—2025年将进入3.0时代，相应地2025年精细化工率要提高到55％；2025—2030年则将转入精细化工4.0时代，目标是成为精细化工强国。

（三）新技术应用促使化工行业智能化、高端化转型

化工行业与生物工业、环境工业、服务业、金融业融合已久，新的趋势是和互联网、信息产业进一步深层次融合，化工专业化电商、化工行业互联网、产业互联网正在逐渐推进和深入。化工企业在ERP、MES等各种系统集成实施应用，化工与互联网的融合也逐渐从在线化和数据化向智能化演变。

人工智能技术应用推动化工生产智能化。2019年国务院的政府工作报告中首次提出了"智能＋"。对于化工行业，智能化转型有两条路径。一是建立一体化的全流程模型，即对生产、科研、运行、管理等环节全面建模并实现不同业务流程的耦合运行，通过实时模拟、不断优化，增加模拟的约束条件，使模型无限逼近真实。二是脱离复杂的物理概念，用纯数据模型进行分析和预测，这需要智能化转型工作从"以流程为中心"转向"以数据为中心"。在数据的支持下，化学反应不再是纯粹的实验科学，人工智能系统会帮助设计和判断反应的可行性，扩展化学合成的范围，制造新的药物和材料。人工智能可以为化工行业提供更便宜、更安全的研发前景。智能化的化学合成研发，也触发了化工过程的连续化和现代化。化工过程的连续化具有缩短生产时间和提高制造工艺效率的优势，这些好处将转化为更低的生产成本。智能化生产过程还保证了更快捷、更灵活的监测和控制，有助于减少制造失败的可能性，从而降低生产

安全的风险，保证产品的质量。

5G 技术推动化工产品高端化、行业智能化发展。当前，社会正在向 5G 时代大踏步前进，5G 技术在节能环保、智能电网、导航通信、智能农业、智能制造、智慧城市等领域有着广泛的实际应用。在此背景下，为适配 5G 高频谱、传输速率快等特点，对基站核心零部件的原材料提出了更高的要求。国家新材料产业发展战略咨询委员会分析师在对全球市场进行综合分析与调研后，总结出其中最为关键的三种 5G 新材料：氮化镓、覆铜板和液晶聚合物。其中，无线主设备、传输设备和网络设备是对新器件需求最高的环节，因此也是关键材料更新最为密集的部分，如基站滤波器材料、功率放大器芯片材料、射频前端电路材料、天线用材料等。同时 5G 技术通过与物联网、人工智能、大数据等先进信息化技术融合，将大幅度提高工业物联网的建设速度和运营质量，为化工企业提供更高效、更可靠的技术手段，尤其是在安全管理领域，加快实现智能化、信息化、移动化安全管理。

三、上海化工行业发展竞争力分析

（一）指标体系的建立与数据处理方法

本报告采用的指标体系如表 2 所示：

表 2　上海化工行业国际竞争力指标体系构成

一级指标	二级指标	三级指标	测算方式	数据来源
产业国际表现		产业部门贸易优势	地区产业出口值/世界出口总值	海关统计、WTO 数据库
		行业贸易优势	（地区出口－地区进口）/（地区出口＋地区进口）	海关统计
		供应链强度	地区行业进出口贸易/地区生产总值	地方统计年鉴及海关统计
		核心环节贸易优势	核心产品的 RCA 指数或 TC 指数	海关统计
行业增长驱动		区域市场效率	地区行业投资增长率/全国行业投资增长率	地方统计年鉴
		产业投资效率	地区从业者人数/地区总行业总产值	地方统计年鉴
		产业营利能力	行业地区利润率/全国平均	地方统计年鉴
		产业集聚能力	1. 高附加值产业以地区增加值占总增加值比重计算；2. 规模为主的产业以地区产值占总产值比重计算。	地方统计年鉴

续表

一级指标	二级指标	三级指标	测算方式	数据来源
价值链提升	创新投入	区域行业研发投入/全国平均		地方统计年鉴
	创新生产	地区行业专利数/全国平均		国家知识产权局
	政策引导	赋主观分		万博新经济研究院

在对具体指标的数据处理上,使用标准差标准化法(又称 Z-score 方法)对数据做规范化处理,采用变异系数法和主观赋权法相结合的方法确定权重并逐级加权平均,得到化工产业国际竞争力综合指数。

(二)计算结果分析

1. 综合竞争力基本情况分析

(1)上海化工行业综合竞争力排名靠前

2017—2019 年,上海化工行业竞争力排名中上。2019 年,综合竞争力排名第 4,尽管与江苏、浙江、山东等化工大省存在差距,但相比河北、安徽等省市来说,竞争力优势仍然较为明显。

受产业国际表现影响,近两年,上海化工行业综合竞争力增长趋缓。究其原因,主要是国际贸易摩擦人为提高了化工行业国际贸易壁垒。一方面,中美贸易摩擦限制了化工品出口。在中美贸易第三轮关税加征中,美国对中国价值 2 000 亿美元的商品加征 25% 关税,较前两轮涉及更多的精细化工产品。另一方面,中美贸易摩擦对我国化工品供应链产生了重大影响。贸易摩擦的第三轮打压已经覆盖了化工产业链上下游全部环节,包括精细化工环节;多种化工中间产品的进口受阻,影响了化工行业的加工再出口。

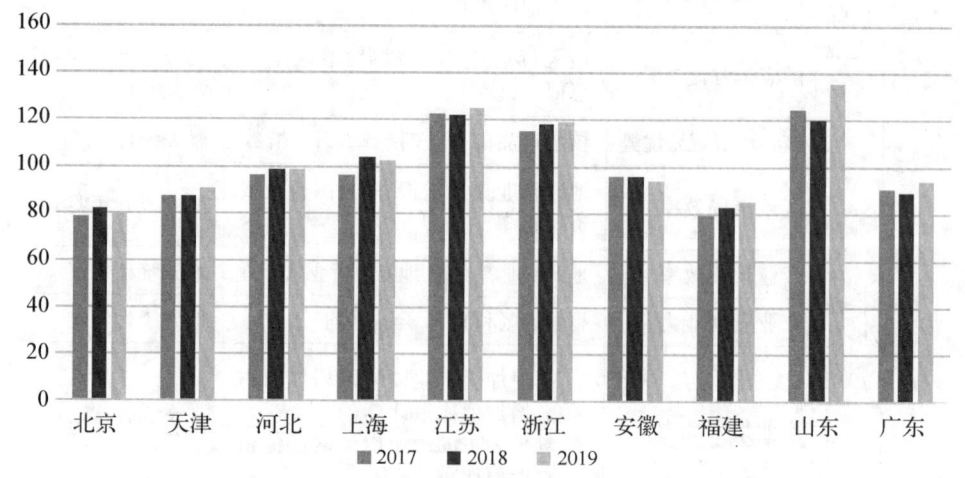

图 1 2017—2019 年分省市化工行业综合竞争力得分情况

(2) 中美贸易摩擦对化工行业成长形成了压力

首先,中美贸易摩擦直接影响了我国化工品的进出口。在 2019 年 5 月最新公布的关税加征清单中,涉及我国对美出口的化工品包括了重卡轮胎、轿车胎、草甘膦、麦草畏等除草剂、聚合 MDI、TDI、钛白粉、丁二烯、烧碱、丙烯酸和大部分丙烯酸酯、氢氟酸、醋酸、己二酸和己内酰胺等在内的多种化工品。

其次,中美贸易摩擦限制了化工终端应用产品出口,间接影响到化工行业运行。2019 年,上海多种化工终端产品产量出现明显下滑。其中,太阳能电池产量同比下降 29.1%;家用冰箱产量同比下降 26.6%;空调产量同比下降 19%;计算机产量同比下降 10.7%;汽车产量同比下降 7.7%。

(3) 中美贸易摩擦限制化工行业技术升级

技术限制是中美贸易摩擦的核心内容。此次贸易摩擦中,美国以限制"中国制造 2025"为名,主要针对我国高技术产品出口加征关税。目前,以 MATLAB 为代表的多款工业软件在化工、装备制造、电子信息、生物医药等生产性领域被限制使用,势必会给化工行业的技术升级和产品研发带来困难。

2. 三个二级指标分析

表 3　2017—2019 年上海化工产业二级指标计算结果

二级指标	三级指标	2017	2018	2019
产业国际表现	产业部门贸易优势	79.56	93.72	94.01
	行业贸易优势	75.11	81.23	80.03
	供应链强度	90.27	96.01	91.10
	核心环节贸易优势	131.24	140.38	144.04
行业增长驱动	区域市场效率	62.40	61.27	61.49
	产业投资效率	109.15	130.69	121.69
	产业营利能力	110.86	160.00	136.50
	产业集聚能力	91.96	96.86	97.76
价值链提升	创新投入	73.30	71.06	73.72
	创新生产	98.69	94.65	91.81
	政策引导	160.00	160.00	160.00

(1) 产业国际表现变动分析

如图 2 所示,相较 2018 年,上海 2019 年产业国际表现整体情况未发生明显变化,全国排名仍然保持第四。具体分析产业部门贸易优势、行业贸易优势、供应链强度和核心环节贸易优势,可以看出:

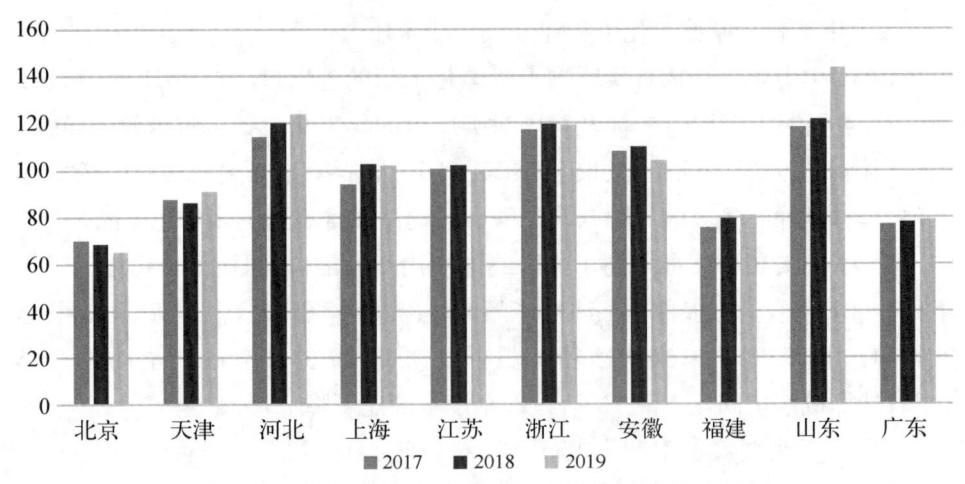

图 2　2017—2019 年各省市化工产业国际表现情况

① 产业部门贸易优势逐年凸显

2017—2019 年,上海化工行业国外市场占有率逐年提升,化工行业出口额从 2017 年的 70.93 亿美元提高至 2019 年的 136.06 亿美元,年复合增长率约为 24%;精细化工国外市场占有率仅次于浙江和江苏。究其原因,一是得益于上海在化工新材料领域加大了研发投入力度,产品国际竞争力得到有效提高;二是因为东南亚新兴市场国家已取代美国成为我国化工品的最大出口市场,中美贸易摩擦升级的直接影响被减弱。

以华谊新材料为例,尽管其长期以来处于国内领先地位,但近年来仍然在关键产品领域(如丙烯酸)升级了生产工艺,突破多项技术瓶颈,开发出了国际首创并拥有完全自主知识产权的丙烯酸绿色环保成套新工艺,使上海丙烯酸及酯生产技术走在了世界前列。

② 行业贸易优势基本保持持平

2017 年到 2019 年,上海化工行业 TC 指数有小幅波动,基本保持持平。近年来,东南亚等新兴市场国家经济快速增长,带来对国内化工产品需求的大幅增加,在较大程度上改变了上海化工行业产品出口市场份额。从细分产品领域来看,中美贸易摩擦对我国聚合 MDI、钛白粉、丙烯酸及盐、粘胶和农药等领域对美出口形成限制,但在这些领域,我国对东南亚新兴市场国家的整体出口额已超越美国。上海作为我国化工行业下游领域的探索者和先行者,在精细化工产品出口方面已经具备明显的竞争优势。

③ 供应链强度全国领先

2017—2019 年,上海化工行业供应链强度处于全国领先水平,进出口贸易依存度较高。这主要是因为上海作为我国化工行业转型升级的重点领头区域,近年来率先布局了精细化工、新材料领域。与发达国家比起来,由于上海在相关领域起步相对较晚、自主研发比重较小、国产供应能力不足,对核心产品进出口贸易的依存度较高。工信部对全国 30 多家大型企业 130 多种关键基础材料的调研结果显示,32% 的关键材料在中国仍为空白,52% 的关键材料依赖进口。例如,我国每年进口半导体芯片的费用就高达 2 000 亿美元。

④ 贸易升级水平有待提升

2017—2019 年,上海化工行业贸易升级水平稳中微降,2019 年较 2017 年降低了 4.7%。由于贸易升级水平反映的是地区贸易在全国的优势程度,上海化工行业积极淘汰落后产能、提升产业发展质量向高端化和精细化方向发展,在产业结构调整初期,贸易升级水平出现下降是正常现象,从长远发展来看,产业结构升级能够对上海化工行业竞争力的提高起到促进作用。

⑤ 核心产品进口替代情况有所改善

2017—2019 年,上海精细化工行业核心环节贸易优势逐年提高,与全国总体水平表现一致。根据指标体系释义,核心环节贸易优势产业链对外依存度模块的贸易竞争优势,用核心产品的 TC 指数来表示。TC 指数升高一方面是出口的相对增加,另一方面是进口的相对减少。从出口数据来看,上海化工行业出口额逐年提升,年增长率维持在 7% 左右;从进口数据来看,虽然上海化工行业进口额逐年增加,但增速逐年降低。2019 年上海进口额增速较 2018 年下降 84%,进口依存情况得到明显改善。主要是由两方面原因造成,一方面,中美贸易摩擦倒逼,迫使国内芯片材料、半导体材料等高端化工产品需求转向国内;另一方面,上海化工行业作为全国精细化工转型先行者,积极主动投身于高端化工产品的研发与生产。

以上海安集科技为例。化学机械抛光液和光刻胶去除剂,主要应用于集成电路制造和先进封装领域。作为国内稀缺的半导体材料供应商,其成功打破了国外厂商对集成电路领域化学机械抛光液的垄断,实现了进口替代,使我国在该领域拥有了自主供应能力。公司的光刻胶去除剂技术在国内属于领先地位,凭借该项技术的突破,该公司 2019 年实现营业收入 2.48 亿元,净利润 0.45 亿元。目前该公司主要客户包括中芯国际、台积电、长江存储、华润微电、华虹宏力等行内主要购买方。

(2) 行业增长驱动变动情况

2017—2019 年,上海化工行业驱动增长较为明显(图 3),行业增长趋势指数于 2019 年位列全国第五。分别考察产业集聚能力、产业营利能力、区域市场效率、行业生产效率,可以看出:

① 受宏观经济形势影响,增速有所回落

2017—2019 年上海化工行业产值增速逐年提高,在 2019 年达到峰值并首次突破 3 000 亿元,实现 3 041.28 亿元工业产值。但行业增速先增后降,在经历了 2018 年 17.55% 的高速增长后,于 2019 年产值增速回落至 3.53%。

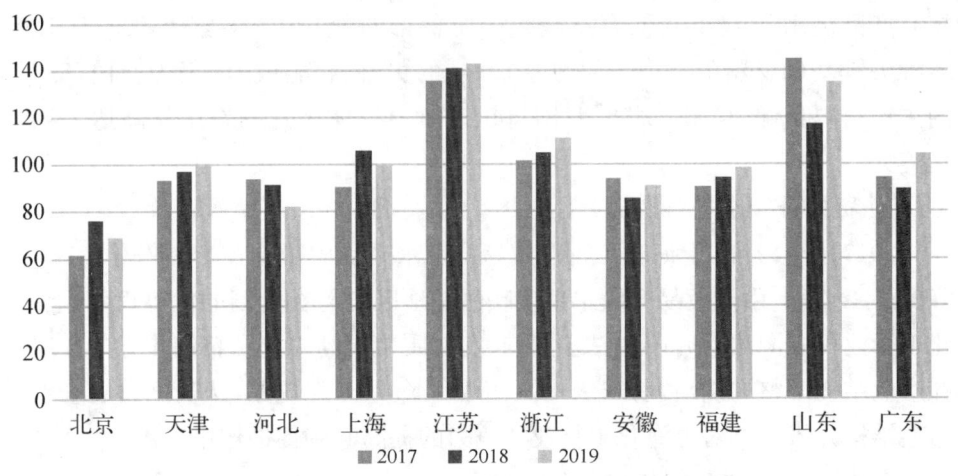

图3 2017—2019年各省市化工行业增长驱动情况

究其原因,化工行业增速回落与宏观经济形势密不可分。国际形势动荡和我国经济结构调整两层因素叠加,使得我国2019年经济增速放缓。化工行业作为国民经济是基础性行业,受宏观经济影响较大,导致增速受累。

② 行业集中度稳步提高

2017—2019年,上海化工行业集聚程度逐年提高,从2017年的0.69逐步提高至2019年的0.81。但上海化工行业集聚水平在全国并不突出。

一方面,受安环规范化进程推动,大批竞争力较弱的中小企业不堪营运成本提高,相继退出竞争市场,企业分化、强者恒强。另一方面,上海积极推进了化工园区建设,各有产业定位。通过对化工全产业链的合理分工,为化工企业提供了差别化的发展环境。其中,上海化学工业区重点发展石油和精细化工产业,金山分区重点发展化工物流、化工检维修和化工品交易,奉贤分区重点发展精细化工、化工机械设备和高分子材料等产业,金山第二工业区以绿色化工为重点发展领域。集中带来了行业的快速发展,2019年上海化学工业经济技术开发区工业产值较2018年增长了4.49%,主营业务收入较2018年上涨6.29%。

③ 行业盈利能力下降较为明显

2017—2019年,上海化工行业盈利能力先扬后抑。上海化工行业资产利润率由2017年的13.71%降至2019年的10.99%,跌幅将近20%。

究其原因,一是化工企业运营成本的提高。一方面,随着国内化工安环规范化进程推进,国家对化工企业的安全生产和节能环保提出更高的要求,导致化工企业在安全生产和节能减排领域资金投入增加;另一方面,以石油为代表的主要化工原材料价格剧烈波动,导致化工企业成本高企;再一方面,产业结构升级也加大了化工企业的科研投入。二是经济形势疲软导致传统化工行业需求端收缩，化工行业整体价格水平下降。

以上海石化为例，2017—2019 年其营业利润逐年降低。从营业成本来看，2018 年上海石化营业成本较 2017 年提高了 19.6%，2019 年较 2018 年营业成本有所回落。但企业研发费用逐年提高，由 2017 年的 3 726.1 万元大幅提高至 2019 年的 9 296.4 万元。

④ 市场效率逆势上升

2017—2019 年，上海化工行业区域市场效率回升。2019 年，上海化工行业投资增长率由负转正，较 2018 年增加 13.36%，带动市场效率提高。近年来，上海化工行业面临复杂的外界环境，上有宏观经济的波动与政策的冲击（如贸易摩擦、保护主义等），下有市场的激浪（如能源与化工品价格、汇率波动等），后有环保与可持续发展压力（如低碳经济、先进材料替代等），内有工程与技术的挑战（如重资产项目建设、高精尖产品研发等）。在复杂的环境与投资决策下，与其他化工产业大省相比，上海的化工产品仍能较为精准地匹配市场需求变化，实属不易。

⑤ 生产效率现小幅回落

经过多年的精益运营，2017 年上海化工行业生产效率达到峰值，人均年产值达到 2 784 379 元，但至 2019 年出现 8.2% 的回落。一方面，过去几年，为优化化工行业人员结构，上海多数化工企业进行了不同程度的减员，行业从业人员总数连年下降；另一方面，受宏观经济形势影响，上海化工行业产值在 2018 年达到峰值后出现回落。以中化国际为例，2019 年中化国际员工人数较 2018 年增加 38%，但营业收入出现 4% 的回落。

（3）价值链提升变动分析

2017—2019 年，上海化工行业价值链水平基本保持不变，具体从研发投入、研发成果和营商环境来看：

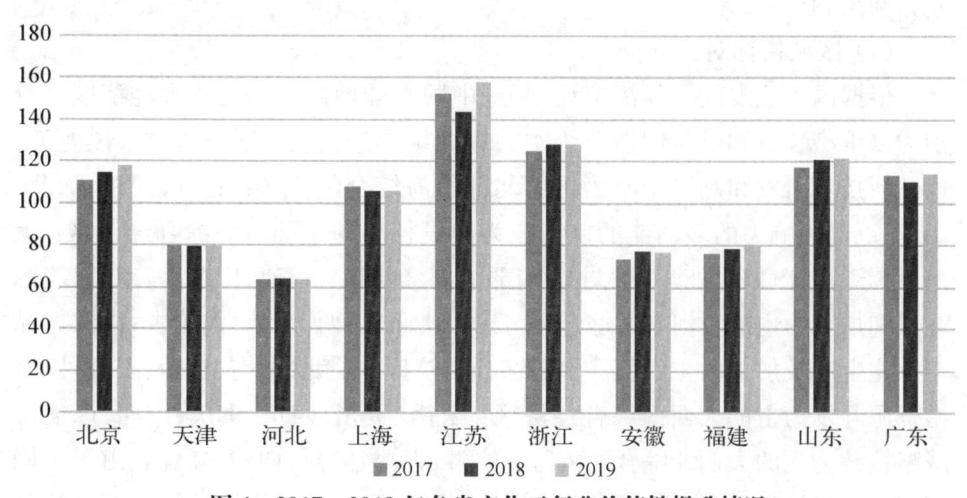

图 4　2017—2019 年各省市化工行业价值链提升情况

① 研发投入大幅上涨

2017—2019年,上海化工行业研发投入规模居于全国领先水平,2019年研发投入较2018年增长19.71%;但研发强度有小幅回落。根据指标体系释义,研发强度是行业研发支出与产值占比。上海化工行业产值增速较研发投入增速快,研发投入成效较为明显。以上海石化为例,近年来,上海石化研发领域不断加大投入。2019年研发投入较2018年增长249.49%。

② 创新能力处于领先地位

2017—2019年,尽管从大化工范畴来看,上海精细化工行业专利申请数量有所降低,但从上海精细化工龙头企业运营状况来看,精细化工新产品研发可圈可点。例如,近年上海石化推出了新型常温常压阳离子聚酯切片、阻燃聚酯、低熔点聚酯、复合纺专用聚酯、有光高收缩膜用聚酯(HSF型)、增黏聚酯切片、工程塑料用聚酯切片、膜用聚酯切片等高附加值新产品,形成了一批专利,保持了行业领先地位。但同时,上海高地价、高商务成本和高人才成本等问题,也在一定程度上影响了化工行业吸聚高端研发资源。

③ 营商环境名列前茅

2017—2019年,上海营商环境均处于全国领先位置。这与上海积极推进营商环境改革密不可分。从2018年到2020年,上海相继推出了优化营商环境改革的"1.0"到"3.0"版本方案,加速营商环境改革步伐。从具体成效来看,特斯拉上海超级工厂从奠基到预备生产仅用了10个月时间;美国著名连锁超市Costco在上海建设的中国大陆首家店铺,实现8个月内建成卖场的目标。"上海速度"折射出的是上海在改善营商环境方面取得的巨大成绩,吸引着国内外化工企业纷至沓来。对于高端上游化工企业,选址上海是重要的战略布局,有助于奠定企业在行业内全球战略上的经济地位;对于下游化工企业来讲,上海"名片"彰显企业实力,可以帮助企业获得更多资源,开拓新渠道。

(4) 区域指标对比分析

根据国务院发改委经济统计划分,中国大陆地区划分为八大经济区。分别为以重型装备和设备制造业为主的东北综合经济区:辽宁、吉林、黑龙江;以高新技术研发和制造中心为主的北部沿海综合经济区:北京、天津、河北、山东;以具影响力的多功能的制造业为建设核心的东部沿海综合经济区:上海、江苏、浙江;以对外联系为主的南部沿海经济区:福建、广东、海南;以能源开采和加工为主的黄河中游综合经济区:陕西、山西、河南、内蒙古;以农产品专业化生产及加工为主的长江中游综合经济区:湖北、湖南、江西、安徽;以旅游资源开发为主的大西南综合经济区:云南、贵州、四川、重庆、广西;以能源战略接替为主的大西北综合经济区:甘肃、青海、宁夏、西藏、新疆。由于不同区域之间经济发展程度差异较大,本文选择发展水平较为接近的北部沿海经济区、东部沿海经济区和南部沿海经济区作为上海化工行业国际竞争力的比对范围,结果如表4所示。

表4 2017—2019年各省市化工行业二级指标计算结果

二级指标	年份	上海	北京	天津	河北	江苏	浙江	安徽	福建	山东	广东
产业国际表现	2017	93.76	70.22	87.53	114.19	100.95	117.17	108.14	75.22	118.38	77.11
	2018	102.78	68.43	86.12	120.04	102.06	119.68	109.85	79.14	121.51	78.00
	2019	102.32	65.32	91.24	124.31	100.05	119.20	104.21	80.96	143.52	78.69
行业增长驱动	2017	90.60	61.48	93.53	93.76	135.87	101.73	94.05	90.30	144.92	94.29
	2018	105.86	76.17	97.48	91.36	141.13	104.85	85.72	94.58	117.12	89.32
	2019	99.67	69.02	99.65	82.27	143.24	111.23	91.10	98.52	135.36	104.61
价值链提升	2017	108.01	110.60	80.37	63.59	152.40	125.07	73.75	76.32	117.51	113.45
	2018	105.86	114.89	79.63	64.18	143.50	128.45	77.27	78.72	121.06	110.27
	2019	105.92	117.69	79.42	63.81	157.99	128.33	76.62	80.44	121.64	114.13

从区域来看,总体而言,东部沿海地区化工行业竞争力表现突出,尤其是在价值链提升方面,江苏和浙江两省领跑全国;在产业国际表现方面,浙江和上海处于全国上游水平;在行业增长驱动能力方面,上海限于投入增速因素,规模性增长不快。但在核心环节,上海化工行业的国际表现突出,处于全国领先位置;价值链亦在全国处于领先水平。

四、长三角地区化工行业竞争力分析

(一)化工产业发展概况

根据《长江三角洲城市群发展规划》,本报告研究的长三角城市群范围包括沪苏浙皖三省一市,共计26个地级市,行政区面积为21.17万平方公里。

作为我国最具活力、开放度最高、创新水平最高的区域之一,长三角地区也是我国化工行业的发展重地。凭借地理位置、交通、物流、港口等优势,长三角化工园区发展水平普遍高于内陆地区。目前,沪苏皖浙三省一市化工园区占全国化工园区总数的1/6以上。根据中国石油和化学工业联合会化工园区工作委员会评选,2019年中国前30大化工园区中,有14家化工园区位于长三角地区。其中,宁波石化经济技术开发区排名第2,南京江北新材料科技园紧随其后。长三角地区的化工园区年产值普遍在500亿元以上,以年产值1 000亿元以上的园区居多。无论从数量上还是质量上,长三角地区都是全国化工行业发展的标杆。

1. 上海化工产业国际竞争力平稳

综合来看,上海化工产业综合竞争力较为平稳,最为突出的优势是供应链强度优势与核心环节贸易优势,产业投资效率和行业盈利能力较强,营商环境表现优秀。从价值链提升来看,上海化工行业研发投入和产出还有待提高。

表5 长三角化工产业国际表现三级指标计算结果

产业国际表现	年份	上海	江苏	浙江	安徽
产业部门贸易优势	2017	79.56	99.88	111.27	112.22
	2018	93.72	100.66	116.34	114.60
	2019	94.01	97.97	116.92	110.61
行业贸易优势	2017	75.11	109.79	125.06	139.25
	2018	81.23	112.74	122.54	142.27
	2019	80.03	115.82	124.83	140.92
供应链强度	2017	90.27	74.02	76.41	60.20
	2018	96.01	73.86	78.83	60.56
	2019	91.10	71.15	77.05	60.00
核心环节贸易优势	2017	131.24	119.55	155.47	119.61
	2018	140.38	120.48	160.00	120.59
	2019	144.04	114.97	156.92	104.04

表6 长三角化工行业驱动力三级指标计算结果

行业驱动力	年份	上海	江苏	浙江	安徽
区域市场效率	2017	62.40	138.04	84.81	82.93
	2018	61.27	137.07	86.48	86.02
	2019	61.49	135.52	93.53	90.21
产业投资效率	2017	109.15	112.75	108.81	93.48
	2018	130.69	137.59	114.11	100.32
	2019	121.69	160.00	124.36	109.87
产业营利能力	2017	110.86	130.29	93.09	106.29
	2018	160.00	127.88	103.88	105.54
	2019	136.50	110.05	106.02	115.74
产业集聚能力	2017	91.96	156.40	119.86	98.23
	2018	96.86	157.31	117.59	60.00
	2019	97.76	160.00	122.90	60.00

表7 长三角化工产业价值链提升三级指标计算结果

价值链提升	年份	上海	江苏	浙江	安徽
创新投入	2017	73.30	159.80	113.42	69.85
	2018	71.06	128.24	118.30	72.00
	2019	73.72	160.00	111.47	74.03
创新生产	2017	98.69	143.09	116.10	81.87
	2018	94.65	151.50	120.92	90.22
	2019	91.81	160.00	128.28	85.95
政策引导	2017	160.00	153.40	148.79	69.77
	2018	160.00	153.40	148.79	69.77
	2019	160.00	153.40	148.79	69.77

2. 江苏化工行业研发能力突出

2017—2019年,江苏省化工行业研发投入和成果产出能力突出。从研发投入来看,其2019年研发经费支出为208.29亿元,较上年增长44.95%,涨幅在长三角地区排名首位。从专利成果来看,其2019年专利成果数为8 503件,较上年增长8.21%,增长率仅次于浙江省,但总量排名首位。一方面,这得益于江苏省近年来发布的行业政策,鼓励化工企业提高自主研发能力;另一方面,江苏省承接了一部分上海外流的化工企业,行业整体研发能力提升较快。

3. 浙江化工产业国际市场拓展显著

2017—2019年,浙江省化工国际表现较为突出,在产业部门贸易优势、行业贸易优势、核心环节三个方面处于长三角地区的领先地位。从出口情况来看,浙江省化工品出口额逐年提升,2017—2019年复合增长率8.19%。近年来,以宁波石化经济技术开发区为代表的一批浙江省化工园区迅猛发展,通过政府引导、市场主导、企业主体,高校、科研院所、行业协会以及专业机构等共同参与,为化工企业创新发展提供全链条服务的创新服务综合体,在绿色石化、磁性材料和机械零部件等领域取得了显著成绩。

4. 安徽化工竞争力综合水平有待提高

2017—2019年,安徽省化工行业综合竞争力水平基本位于排名末位。一方面,安徽化工行业研发能力有待提高。从2019年数据可以看出,安徽省化工行业研发投入与上海得分接近,但研发产出得分与上海差距较大,这与其行业高端人才短缺、研发能力有限有关。另一方面,安徽省化工行业规模以上企业和高技术型企业综合产值较低,集聚能力也有待提高。

（二）长三角化工产业一体化发展

近年来长三角一体化已经取得了积极进展：地区差距持续缩小，经济联系更加活跃，区域产业分工合作水平进一步提升，市场整合度不断提高，科技创新能力显著增强，基础设施及基本公共服务水平明显改善。在长三角一体化大背景下，长三角制造业一体化发展提上日程。长三角制造业高质量一体化发展的核心是要充分发挥区域内重点城市的优势和特色，兼顾经济效益与社会效益，在国家急需、体现国家竞争力特别是容易被人"卡脖子"的产业领域率先谋划、着力攻坚，推动中国制造向全球价值链高端跃升。

作为全国重要的化工产业集聚地，长三角地区化工产业基础雄厚、行业竞争力强，重点化工产品产能均居全国前列。长三角化工行业应借助长三角制造业一体化发展契机，打破利益藩篱，突破行政壁垒，融合区域市场，实现跨区域一体化发展。在此基础上，长三角区域内化工企业抱团发展，将获得更多的资源和助力。为了加快实现建成具有国际竞争力的世界级品牌名园和全球最严环保标准的绿色化工产业集群的目标，2019年长三角地区16家重点化工园区聚焦安全应急、生态环保、科技创新、智慧园区等领域，成立长三角化工园区一体化发展联盟。将长三角化工产业的高质量、可持续发展作为联盟的合作目标，合力打造安全、绿色、创新的世界级石化产业集群。

五、2020年上海化工行业发展机遇与挑战

（一）危、机并存

1. 化工行业整体或将萎缩式发展

全球经济在2019年呈现出广泛的严重恶化，生产总值增速下滑2.3%。受宏观经济形势影响，上海化工行业呈现下行趋势。从行业产值来看，2019年上海化工总产值2 954.45亿元，较上年减少2.85%，出现近年来的首次负增长。在持续的贸易争端和政策不确定性因素影响下，2020年上海化工行业将面临严峻的下行压力。目前，多家国际化工巨头企业已宣布收缩发展计划：德国巴斯夫集团宣布以31.7亿欧元将旗下的建筑化学品业务出售给美国私募公司孤星基金，并考虑在全球范围内裁员6 000人；英国庄信万丰计划在2023财年结束前削减成本2亿英镑，并计划在全球裁员约2 500人。对标国际局势，上海化工企业也或将萎缩式发展。

2. 被迫适应产业链重构

新冠疫情对上海化工企业供应链形成冲击，行业的发展雪上加霜。从化工产业链来看，上海中游化工企业主要对中间产品生产加工，严重依赖物流。在全球化工产品贸易及运输受阻情况下，中游企业受此影响较大；下游企业受前端供应和后端需求影响，也受到较大冲击。新冠疫情客观上加快了逆全球化进程，越

来越多的上海跨国化工企业在考虑经济效率的同时,将更多地以追求产业安全、自主可控作为化工产业链布局的重要标准。面对全球化工产业链重塑,如何抢占市场成为上海化工企业面临的新挑战。由于生产能力与生产环境限制,化工企业在所有制造行业中的根植性最强,化工行业产业链重构的难度要大于其他制造行业,这也为上海化工产业的供应链调整提供了缓冲的余地。

3. 可能迎来倒逼式创新高峰

随着发达国家在化工新材料领域不断加强核心技术的保护、收紧外商投资、加强并购审查,上海化工企业通过并购途径来获得先进技术的路径也将越来越窄。伴随发达国家对我国化工高端产品的打压已从原材料获取到覆盖生产的各个环节,化工所需的基础学科理论支撑、尖端科技人才、先进制造技术都将面临更为严峻的短缺,核心产品的进口替代任重道远。以半导体行业为例,半导体上游材料供应商以日美企业为主导,国产化率极低。其中光掩膜版及光刻胶 g 线、i 线国产化率约为 20%,8 英寸硅晶圆、特种气体、CMP 抛光材料、8 英寸及以上湿电子化学品国产化率为 10%。在半导体相关设备领域,我国半导体设备的全球市场份额为 2%,半导体设备的自给率低于 10%,设备用关键零部件的全球市场份额接近于 0。美国刻蚀设备龙头 Lam Research(泛林半导体)等公司要求我国从事军民融合或为军品供应集成电路的企业不得使用美国清单厂商半导体设备代工生产军用集成电路,在此形势下,上海新阳(硅片及封装材料)、新傲科技(硅片)、华谊微电子(湿电子化学品)、中芯国际(掩膜版)、飞凯材料(光刻胶及芯片粘结材料)、新安纳电子科技(CMP 抛光材料)、上海微电子(光刻机)等一批上海本土半导体相关供应商将迎来新的发展机遇。

4. 催生新的行业融合发展模式

危与机总是相辅相成,新冠疫情对于化工行业的影响并不单一。在本次疫情期间,以互联网和数据通信为基础的电子商务、在线教育和咨询,特别是医疗卫生、健康保健等,受到疫情的直接刺激获得跨越式的发展。疫情也极大改变了未来人们的生活和消费方式,促使医疗卫生、AI 和大数据、机器人、线上办公产业、通信行业、无人化服务、智慧城市等新兴产业快速发展,这些产业都不同程度地需要全新电子化工品、工程塑料、磁性材料、特种胶、涂层等材料,这为上海化工新材料领域高端化发展带来机遇。同时,为应对疫情带来的经济低迷,我国政府加速投资新型基础设施建设,对化工能源、化工新材料、高性能工程材料、电子化学品、橡胶制品等形成巨大的拉动力量,也使得这些领域可能成为上海化工行业新的增长点。

(二)上海突破口

1. 持续不断加大技术创新投入

随着上海化工产业不断向产业链高端攀升,高端产品技术越来越难以引进。要突破核心技术受控局面的关键,根本上还是要提升技术创新能力,支持企业创新技术的培育。首先是加大对企业技术创新的财政补贴。对于关键领域化工生产企业,根据企业实际研发投入及研发成效,按比例追加研发投入;在风险可控情况下,提供贷款支持。其次是加大创新人才培养及引进,设定化工行业标准化的人才评估体系;对于在化工领域科研开发、技术进步、科技成果产业化等技术创新活动中作出突出贡献、创造显著经济效益或社会效益的研发团队,给予比例性的物质奖励。

2. 关注特殊时期民企发展困难

由于化工行业属于重资本产业,企业的生存门槛很高。在全球经济形势走弱、新冠疫情影响持续的情况下,民营化工企业相比国有与外资化工企业面临更为艰难的生存环境。面对疫情冲击,一方面要引导民营化工企业的运营方向调整,发掘业务转型机会,为企业拓宽发展思路,提升核心竞争力。另一方面,要为民营化工企业搭建更多的信息交流平台,加强上下游企业战略合作,降低企业转型风险。再一方面,要通过财政手段为生产经营受疫情影响严重,但核心技术发展前景良好的民营化工企业设立专项扶持资金,帮助企业度过困难期。

3. 集中突破重点技术

为应对全球产业链向区域化、次区域化方向转变以及国外技术封锁,上海首先应集中力量突破重点技术,提高高端化工产品竞争力。重点突破:(1)在电子化学品领域,加快新一代动力锂电池配套的高性能电子化学品的规模化生产;继续对 OLED 发光材料加大研发投入,保持国际领先地位。在半导体材料领域,抓住消费电子、物联网、5G 基站及交通网络需求机遇,将功率半导体所需碳化硅、氮化镓等材料作为突破口。(2)在工程塑料领域,优化 CHDM 生产技术、扩大戊二胺及 1,3-丙二醇等生物基材料的关键配套原料,消除关键配套原料供应瓶颈;提升聚甲醛、PBT、PMMA 等已有的产品质量,提高国际竞争力。同时借助上海产业链优势,加强对汽车改性塑料研发。(3)在高端聚烯烃领域,通过催化剂和关键配套材料的突破降低生产成本,提升超高分子量聚乙烯、聚丁烯-1等国内产能开工率;同时加大对 POE 弹性体、EVOH、COC/COP 等工业化生产的研发投入,打破国际垄断。(4)针对功能性膜材料,关注环保领域水处理用高通量纳滤膜、高性能反渗透膜以及污水治理和海水淡化用特种膜;重点发展特种分离膜、光学膜,提高膜材料的服役性能。(5)在高性能纤维领域,以应用促发展。借助上海汽车、轨道交通、航空航天产业优势,重点发展高强和高模碳纤维、对位芳纶、聚苯硫醚纤维、聚酰亚胺纤维等高端材料。在突破重点领域技术难关的基础上,根据不同终端产品划分,集中力量打造一批具有行业号召力和资源整合力的世界级品牌企业。围绕终端产品企业,构建本土化的化工材料供应链,各企业抱团发展,共同参与国际竞争。

六、上海化工国际竞争力提升路径

（一）化工园区规范化建设，推进产业集聚度提升

坚持上海化工园区建设的高起点规划和高水平运作。一是针对化工行业内外运行环境进行深度调研，做好顶层设计，修订准入标准。二是实施龙头项目招商、产业链招商、以商招商策略，重视重大产业项目的引入，落实应急响应中心、检测实验室、维修基地等载体工程建设。三是针对重点发展的产业，在项目招商、产业扶持、人才招引、产业服务、资金来源等方面，给予更加灵活、力度更大的激励措施。四是分类设置专项扶持资金，搭建开放性公共服务平台，促进科技创新和成果转化。五是优化政府服务政策，完善园区政务服务体系。

（二）主动淘汰落后产能，积极布局化工核心领域

继2018年7月《上海市化工行业淘汰落后产能工作方案》推出后，上海加强了化工行业落后产能淘汰步伐，重点整治、关停了长江流域一公里范围内的化工企业，以及饮用水源保护区内环保、安全等风险突出的化工企业。

坚持化工企业减量、分类分步实施、产业能级提升、历史文化传承的原则，一是充分发挥市场的决定性作用，继续依法依规加快推动环保、安全、质量、技术等达不到标准的化工行业产能退出，以及落后化工企业的搬迁改造、兼并重组、流程再造。二是针对产业链薄弱环节集聚优质资源，加快产业链迭代升级，做到"从大到强、从强到优、从优到精"。三是做好园区产业链的强链、补链、延链工作，在优化强化产业链的基础上，积极推进新材料领域的研发与生产，重点瞄准精细化工、化工新材料，聚焦高性能树脂、新能源电池材料、石墨烯等化工前沿领域，推进光刻胶、硅材料、碳纤维、石墨烯等研发与制造。四是对接国家"西部大开发"和"一带一路"区域，加快拓展生产基地，重点围绕新能源、新材料和环保领域，加快战略性产品的开发。

（三）化工生产向"智慧化"转变

在安环规范化进程推动和全球信息技术推动下，上海化工产业正逐步向智慧化生产过渡。自2017年智慧园区建设全面启动以来，上海化工园区出台了《关于加快推进智慧园区建设实施意见》《上海化工区智慧园区建设总体规划纲要（2016—2030）》以及《智慧园区建设十三五行动计划》等重要文件，明确了上海化工"需求牵引、问题牵引、应用导向、目标导向"的智慧发展思路。

未来，一是应在大数据决策中心和六大应用体系建设的基础上，加强化工行业大数据的发掘利用，提升产品质量、安全管理水平，降低物耗能耗和生产运营成本，提升竞争力。二是以智慧生产、智慧管理、智慧服务三大应用领域

建设为突破口,不断升级改造,完备基础设施,强化数据整合,丰富互动形态,建立智能制造示范点,打造智能制造示范化工厂。三是发挥企业主体作用,鼓励企业积极参与智慧园区建设,推动建设化工智慧园区产业联盟,打造上海化工智慧生产平台。四是利用工业物联与工业互联,在巡检、监控、应急指挥、移动作业、无线数采、人员定位等方面实现效率提高,保障安全生产。

(四)加强国际合作,提升化工产业国际竞争力

尽管全球贸易摩擦日渐加深,逆全球化趋势日趋明显,上海仍应重视化工行业的国际合作。一是支持坚持多边主义的产业发展思路,充分发挥上海"一带一路"桥头堡作用,搭建跨区域的化工行业交流平台;二是遵循行业发展规律,自觉维护公平自由贸易环境,全力维护国际贸易规则,为化工行业国际竞争力提升创造良好的外部环境;三是积极开展化工行业国际竞争力合作研究,把握行业发展动向,紧跟国际步伐,避免掉队;四是推动行业人才的国际交流和行业知识的国际传播,积极融入全球化工产业创新生态。

七、政策建议

(一)用好进博会、"一带一路"平台,积极拓展国际合作领域

化工行业是我国"一带一路"倡议中重点向外推进发展的产业。上海作为"一带一路"桥头堡,应充分发挥"一带一路"的战略作用,积极开展国际合作。近年来,上海化工企业积极"走出去",到"一带一路"沿线国家开展并购、投资、销售等广泛合作,取得了明显成效。但同时,也存在国际产能合作扶持政策的针对性和操作性有待增强,以及国际新形势下地缘政治、文化差异和政策环境风险变动较大等问题;此外,还承受着全球产业链重构条件下来自中东、印度等"一带一路"沿线国家同质化发展的竞争压力。这需要上海与沿线合作企业在人员培训、人才引进和输出、技术合作、推动化工安全和安保等方面开展深入合作;掌握"一带一路"沿线目的国家贸易、投资政策变动情况;加强"走出去"化工企业员工的外语、法律、国别人文培训。同时,借助进博会平台,与参与国开展化工领域合作项目;积极引进发达国家化工行业先进技术。加大与合作伙伴在高端化工新材料领域签署战略性合作协议的力度,加强在特种应用化工领域的合作。

(二)做深精细化工,加强化工-材料行业衔接

化工新材料是推动我国化工产业高质量发展、由大向强跨越的关键生产领域,也是化工行业转型升级的重要方向。上海作为我国化工转型升级的先行区,应继续将化工新材料与精细化工作为石化行业发展的两大重点。

首先,上海应集中力量加快化工新材料领域国产空白品种的产业化进程。一方面,借助上海金融中心地位,为化工新材行业汇集更多研发资金;另一方面,在保障安全生产的前提下,简化化工新材料行业厂商新建生产装置的审批流程,加快投产进程。其次,突破上游关键配套原料的供应瓶颈。一方面,构建上游原料供应与下游加工需求的高效沟通机制,避免出现原料供应不足或供给过剩等情况的发生;另一方面,与上游原料供应商签订长期合作协议,保证原材料供应稳定。最后,延伸发展下游高端制品并加快化工新材料在新应用领域的推广。重点攻破集成电路、新能源汽车、高铁、新型显示等领域新材料。对于能够填补国内空白的化工新材料产品给予一定价格补贴,帮助其迅速打开市场空间。

(三) 集中突破"卡脖子"环节,提高产品国际竞争力

技术"卡脖子"和产品"卡脖子"已成为发达国家限制中国工业转型升级的主要做法。当前,在我国130多种关键基础化工材料中,有32%的品种仍为国内空白,52%的品种完全依赖进口。作为我国高端化工行业发展的先行者,上海应集中力量突破"卡脖子"环节,提高化工产品国际竞争力。

从产业链看,"卡脖子"主要体现在完全自主设计一套新的化工高端产品的工艺流程十分困难。目前,即便是国内化工巨头,其使用的很多工艺包都是由国外购买,在他人工艺包的基础上进行分析、改良,制造流程创新的空间受限。突破"卡脖子"环节,应围绕"新化学、新化工、新产业"的发展战略,从全新的科学思想出发,从全新的角度来研究新物质生成,调控化学反应新途径,推动化学化工学科融合与发展,促进化工基础理论及相关工艺设备创新升级。一是实施全阵线突破战略。例如,化工原料精纯度与储料容器精纯度的匹配问题。二是推动上海本地科学、技术基础设施对化工行业"卡脖子"环节突破的支持。例如,利用上海同步辐射光源的国家大科学基础设施优势,在实验室利用一般光源实现对反应过程中化学键断裂—生成过程的跟踪观测,在化学反应过程的认识和调控方面取得重大突破。

(四) 把握原油期货上市窗口期,打好金融-制造融合牌

尽管目前全球已形成了成熟的欧美原油期货市场,但对于新兴崛起的亚太地区石化市场,欧美定价难以客观全面反映其供需关系。特别是自2017年一季度以来,中国原油进口突破了一亿吨大关,超过美国成为全球最大的原油进口国。这迫使我国建立起自己的原油交易市场,并且取得国际定价话语权。自2018年开始,原油期货国内上市正在加紧推行中。

对于上海而言,应充分利用其国际金融中心建设能力,把握原油期货上市窗口期,加快推进上海成为全球石油贸易和定价的中心之一,形成反映中国以

及亚太地区石油市场供求关系的基准价格体系,以及亚太地区原油贸易的基准价格,继而成为继 WTI 原油、布伦特原油之后的全球第三大原油期货中心。上海原油期货市场的建立将有助于优化石油资源的市场配置,服务区域和全国实体经济。对于大企业(特别是大炼化企业)而言,原油期货上市将有利于其直接在国内期货品种上进行套保,不仅能够较好地平滑企业成本利润曲线,也可以有效地防止国内化工品期货经常背离原油运行。

执笔:

  林　兰　上海社会科学院城市与人口发展研究所研究员
  王嘉炜　上海社会科学院城市与人口发展研究所硕士研究生

服务支撑领域

2019—2020年上海会展业国际竞争力报告

会展业作为新时代我国进一步扩大对外开放的重要平台,在拓展贸易规模、培育贸易新业态、推动关联产业发展等方面具有很强的溢出带动效应。由于受到全球经济增长疲软、新冠疫情等因素的影响,2020年全球会展业所受冲击较为严重,大数据和数字技术等使得全球会展业数字化趋势明显。中国目前依然是全球第三大会展国,正处于快速恢复期。尽管上海会展业国际竞争力仍然有很多需要进一步提升的地方,但上海以进博会为契机,相关配套服务设施不断得到完善,目前已进入高质量发展阶段。未来上海需要充分发挥市场在资源配置中的决定性作用,以线上线下相结合模式,引进国际新思想、新技术、新产品,创新会展业营商环境,充分发挥会展业的溢出带动效应。这些对于上海建设"五大中心"、打响"四大品牌"、落实"四大功能"等都具有重要价值。

一、2019—2020年全球会展业的最新发展趋势

2019—2020年,全球贸易保护主义、单边主义持续冲击现有国际经贸体系,世界经济持续低迷。2020年,新冠疫情在全球蔓延,各国纷纷在进出口、人员流动等方面出现限制性措施,全球会展业大幅度缩水。结合国际会展业协会UFI的最新版《全球展览业晴雨表》等,全球会展业具有如下发展特征及趋势:

一是新冠疫情对全球会展业影响比较严重,将可能持续维持3%的低速增长。 2020年新冠疫情相继在中国、欧洲、美国、印度等地爆发,世界移动大会、IMEX、ITB旅游贸易展、日内瓦车展等国际大型会展活动都被迫取消,根据UFI最新发布的《全球晴雨表》,到2020年6月,新冠疫情对会展业的影响占比为27%,居于各项指标之首。UFI还预计2020年会展业全年收入仅为2019年的39%。此外,根据《全球展览市场:2020—2025年展望与预测》,全球会展业市场的营业利润增长率长期维持在一个较低的水平,从2019年到2025年,全球会展业市场仅保持平均3%的年复合增长率。

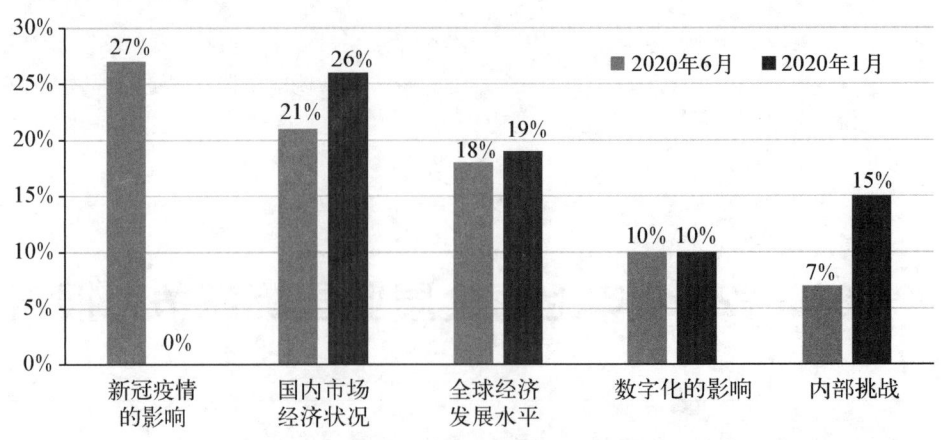

图 1　2020年全球会展业面临的主要问题及占比①

二是欧美地区仍然是全球会展规模最大的区域,而亚太地区是全球会展增速最快的地区。美国是全球最大的展览市场,其次是以德国为代表的整个欧洲地区。此外,亚太地区是全球经济最活跃的地区,也是会展业增长最快的地区,其中中国是亚太地区最大的展览目的地,但因受本次新冠疫情的影响,以中国为代表的亚太地区所受影响最为严重。

三是B2B和B2C是会展业目前的主要模式,而B2B和B2C相融合发展是未来趋势。B2B模式本身在企业之间具有强大的市场营销功能,加上个性化、定制化需求及与新技术相关的新媒体的出现,极大地推动了B2B模式成为国际会展中增长最快的模式,其中北美地区是全球最大的B2B展览市场。此外,随着人均收入及消费者信心水平的提升,以消费品、技术产品、玩具、服装和智能产品等为主要内容的B2C模式为整个会展业带来巨大的市场流量,通过门票或入场费等形式增加会展业收入水平。未来,B2B和B2C混合模式将是会展业的主要发展方向。

四是新技术带来全球会展业数字化趋势,服务展正成为会展业行业的新亮点。新兴技术尤其是大数据等快速发展,使得展览摊位能够根据用户需求来制作产品,并通过大数据分析来对消费者进行靶向营销。现在很多展会使用移动设备来给消费品零售商与客户之间展览互动提供便利,其中包括使用移动工具来接收付款、检查库存以及执行其他购买等。此外,新技术使得服务成为全球会展业增长最快的部分,现场演示、现场直播以及视听服务等带给消费者全新的感受,加上多样化和灵活的产品和解决方案,服务展正在成为会展业新的"增长极"。

二、2019—2020年中国会展业最新发展特点

2019年以来,我国会展业坚持以供给侧改革为主线,在办展专业化、国际

---

① 资料来源:UFI《全球展览业晴雨表》。

化、品牌化、信息化等方面的水平迅速提升。面对新冠疫情的影响,我国会展主管部门、会展协会等迅速出台相关扶持政策和应对条例,随着国内疫情迅速得到有效控制,目前我国会展业已经得到一定程度的恢复和发展。根据中国国际贸易促进委员会发布的《中国展览经济发展报告 2019》以及中国会展协会的调研报告等内容,2019—2020 年中国会展业具有如下现状及特征:

一是国内会展业具备一定的规模基础,为疫情后行业复苏发展奠定基础。我国会展业结构均衡水平不断提升,整个会展结构根据 2019 年展会数量依次为:轻工业展览、重工业展览、服务业展览、农业展览和专项展览,占比分别为 38%、25%、22%、5% 和 3%。其次,我国会展业向规模化、集中化方向转变趋势明显,其中 2019 年 5 万平方米以上的大型规模展览合计占所有规模展览的 57.6%。[①] 再次,就是我国会展业区域发展格局已经形成,目前上海、北京和广州继续领跑全国展览业发展,深圳、青岛、郑州等城市会展业优势也逐渐显现。

二是新冠疫情使得国内会展业处于暂停状态,目前正在逐步复苏。始发于 2019 年春节期间的新冠疫情,使得全国会展业发展处于暂停状态。随着 2020 年 5 月湖南汽车展览会以及全国两会的召开,表明全国会展业的复展形势正式开始,且复展速度远快于全球其他国家。与此同时,基于会展业的酒店、旅游等行业也将得到快速恢复。根据中国会展协会的调研报告,新冠疫情对我国会展业影响主要表现在以下几个方面(见图 2),首先是营业收入大幅度减少,主要是由于各地相继出台措施,2020 年初的很多会展被取消或延迟。其次是企业运营成本增加,主要是由监测检疫等带来的。再次是订单预期减少,主要是来自国外的订单大规模减少。

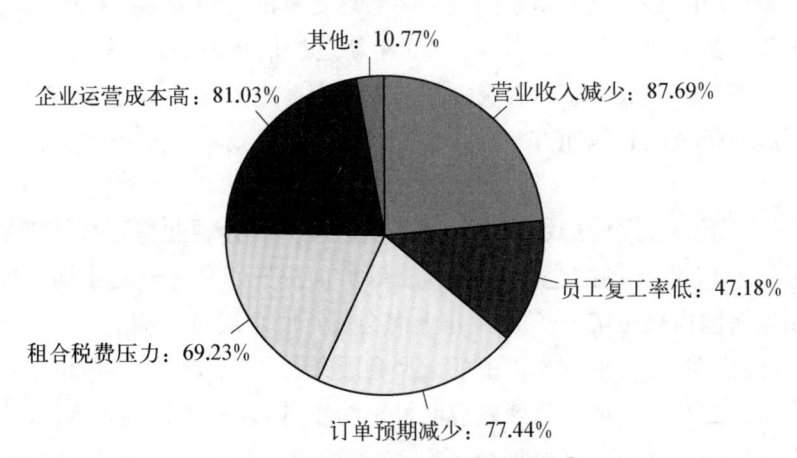

图 2 疫情对我国会展业的影响[②]

---

① 中国国际贸易促进委员会:《中国展览经济发展报告》,2019 年。
② 资料来自中国会展业协会的问卷调查结果,参与此次调查的单位注册地在北京的较多,有 53 家,占总数的 27.18%;其次是上海市 36 家,江苏省 22 家,广东省 19 家,山东省 11 家,浙江省 9 家,河南省 7 家,安徽省 7 家,福建省 7 家,湖北省 5 家,四川省 5 家,陕西省 3 家,辽宁省 2 家,云南省 2 家,天津市、河北省、湖南省、甘肃省、青海省、宁夏回族自治区、香港特别行政区等各 1 家,几乎涵盖全国大部分省市自治区,另有 14 个省级行政区还未参与调查。

三是会展业营商环境持续优化，各地相继出台疫情防控政策。随着"放管服"改革的不断推进，我国商业展进一步得到放开，而党政机关办展逐渐压缩。2019年国务院发布的《关于取消和下放一批行政许可事项的决定》，明确提出对于取消审批的四种涉外经济技术展览会，需要建立备案制度，及时掌握办会情况并实施监管，目前商务部仅保留两种境内举办涉外经济技术展览会办展项目审批。与此同时，中国贸促会启用了新版展览审批管理系统，全国280多家组展单位均可通过网络完成项目申请、跟踪进程、复核等全程工作，并且能够实时查询贸促会审批展览项目的公示信息，极大地简化了办展程序，提升了项目申报的便利性。2020年新冠疫情爆发后，全国各个省市除新疆、西藏等地外几乎都出台了相应的应对政策（见附件）。

四是线上或者线上线下融合办展成为未来我国会展业的主要发展趋势。在疫情防控常态化背景下，为了解决信息流、人员流受阻等问题，线上办展新模式得到了快速发展，主要是通过开发线上展会公共平台，比如建设云展会等新基建，来把"展会搬到网上"。2020年6月，第127届广交会通过线上办展，在为期10天的展期内，近2.6万家境内外参展企业通过图文、视频、3D等形式上传海量展品、新产品、智能产品等。7月，浙江省义乌也先后试水线上画框展、线上美博会，在线贸易成效显著，对线下会展具有很强的补充作用。

三、2019—2020年上海会展业发展现状及国际竞争力分析

自2019年以来，上海紧紧围绕国际会展之都的建设要求，在场馆建设、制度完善等方面成果显著。尤其是2020年新冠疫情爆发后，上海先后出台《上海会展业新型冠状病毒感染肺炎疫情防控指南》《上海市会展业条例》等，使得上海复展快于全国其他地方。

（一）上海会展业能级较高，促使新冠疫情后会展业得到快速恢复

近年来，上海在场馆建设、办会质量等方面提升明显。**一是上海年度会展总面积位居国内城市第一**。2019年上海会展年度总展览面积达1 941万平方米，举办规模在10万平方米以上的大型会展共有45个，在国内城市中持续排名第一位。**二是上海展会品牌效应明显**。2019年在《进出口经理人》发布的世界百强商展中，上海有12个展会入选，举办面积达277万平方米，入榜展会数量和规模在全球主要会展城市中名列第一位。**三是上海会展国际化程度较高**。2019年上海拥有国际展览业协会UFI认证的展览项目27个，是全球获得UFI认证最多的城市。此外，上海还举办了310个国际展，展览面积为1 502万平方米，占全市展览面积的77%。**四是上海组展企业实力雄厚**。目前上海市活跃的各类组展企业近200家，按组展规模1万平方米以上统计，其中

国有、外资主办企业办展规模各占40%左右,民营单位办展规模占20%。[①]

(二) 上海会展业营商环境改善明显,是新冠疫情后复展的重要制度保障

新冠疫情发生后,上海先后出台《上海会展业新型冠状病毒感染肺炎疫情防控指南》《上海市会展业条例》等政策法规,从市场监管、便利化等方面切实改善上海会展业的发展环境。其中《上海市会展业条例》(后文简称"条例")是我国首部会展管理规则,对全国会展业发展具有很强的引领作用。**首先,《条例》明确了市区两级政府职责**,强化协调功能,确定市商务委在推进会展业中的牵头职能,并规定了公安、市场监管等部门的具体职责。**其次,《条例》将促进会展业发展的经费纳入本级市、区财政预算**,同时推动各级社会资本通过设立会展业投资基金等方式来为会展提供资金支持,并对国内外各类会展业总部给予相应的优惠。**再次,《条例》明确建立会展活动的"一网通办"和信息备案制度**,企业可以通过"一网通办"办理与举办会展活动相关的许可、备案等行政事务,来提升办会的便利化水平。**此外,《条例》还将为进博会量身定制的便利化措施推广至所有本市展会活动**。

(三) 连续两届进博会成功举办,溢出带动效应明显

连续两届进博会对上海城市的品牌建设、贸易升级、开放创新、消费升级等方面的溢出带动效应逐渐显现,对上海提升会展业全球竞争力方面具有重要作用。**一是提升上海城市品牌效应初步显现**。进博会是跻身全球前十大商业展会,更是一个向全世界营销上海这座城市的盛会,对于提升上海的软实力、树立上海城市品牌至关重要。**二是投资促进效应逐步增强**。2019年进博会期间首次召开的"上海城市推介大会",达成合作意向项目149个,总金额约为56亿美元,开通"上海外商投资促进服务平台",组建"招商服务大使"队伍。此外,2019年行业领头企业如普洛斯、医科大等12家知名企业与上海自贸区陆家嘴管理局签署合作协议,其中阿斯利康宣布将现有的上海研发平台升级为全球研发中心,并成立AI创新中心。**三是贸易升级效果显著**。上海依托进博会形成的常年展示交易服务平台初具规模,其中虹桥进口商品保税展示交易中心投入运营,虹桥商务区保税物流中心正式封关运作。其次,上海还先后认定49家"6+365天"交易服务平台,截至2019年底,累计引入近800家参展商,进口商品约752亿元。此外,进博会期间还明确了外高桥保税区加快形成百亿级以上商品销售品类的具体举措,扩大了市级跨境电商示范区规模,并支持洋码头、小红书等搭建优质商品电商销售平台,等等。**四是**

[①] 上海市会展行业协会:《上海会展业发展报告2019》,上海科学技术文献出版社2019年版。

开放创新作用凸显。上海依托进博会探索保税展示交易常态化模式，2019年10月，虹桥商务区保税物流中心（B型）和绿地全球商品贸易港保税展示展销场所挂牌，平台叠加了保税展示、保税交易、信息发布、价格形成等功能。此外，还推出"进口产品CCC免办自我承诺便捷通道"，将延长ATA单证有效期、允许展品在展后结转特殊监管区域等政策适用范围扩大至其他展会。推动国际贸易"单一窗口"与"一网通办"深入融合，提高企业单点登录便利性。**五是国际消费城市建设提速**。黄浦、静安、浦东和徐汇等加快建设"全球新品首发地示范区"，围绕"进博会展品进商圈、进商街、进商场"，推广一批快闪店、主题延展、商品市集、国别商品周等场外活动。还鼓励百联集团、东浩兰生、光明集团等进博会采购商联盟企业加强国际合作，获取国际高端消费品买断经营权和总经销、总代理权。此外，还推动陆家嘴、浦东机场、吴淞口国际邮轮免税店等开业，百联青浦奥特莱斯、大丸百货等7家企业率先试点离境退税的"即买即退"模式。

（四）2019年上海会展业的国际竞争力评价

1. 上海会展业国际竞争力评价指标体系

本报告以产业国际竞争力评价指标为基础，构建了上海会展业国际竞争力的评价指标体系，如表1所示，指标体系中有行业驱动增长、产业国际表现和价值链提升三个二级指标，以及包括产业规模、国内市场占有率等的九个三级指标。指标数据主要来源于《中国展览数据统计报告（2017—2019）》、各城市国民经济和社会发展统计公报、全国星级饭店统计公报等。文章重点分析了上海与其他城市在会展业中竞争力水平，通过对相关城市的指标进行对比，最后对图表进行分析得出结论。

表1　会展业国际竞争力评价指标体系

	二级指标	三级指标
会展业国际竞争力评价指标体系	行业驱动增长	产业规模
		国内市场占有率
		展览效率
	产业国际表现	国际展览影响力
		出展影响力
	价值链提升	产业成长支撑力
		人才支撑力
		相关产业支撑力
		核心产品市场占有率

2. 三级指标的计算

(1) 行业增长驱动

$$产业规模 = 场馆面积占国内展馆总面积的比重 \times 权重 + 展馆数量占国内总展馆数的比重 \times 权重 + 单个展馆室内可供展览面积10万平方米以上场馆数量占国内总展馆数的比重 \times 权重$$

$$国内市场占有率 = 总展览面积占国内总展出面积的比重 \times 权重 + 展览数量占国内总展览数量的比重 \times 权重$$

$$展览效率 = 总展览面积 \div 展馆总面积$$

(2) 产业国际表现

$$国际展览竞争力 = UFI会员数量 \times 权重 + 境外办展数量占比 \times 权重 + 境外办展面积占比 \times 权重$$

$$展览影响力 = 展会获得UFI认证项目数量占国内获得UFI认证项目的比重$$

(3) 价值链提升

$$产业成长支撑力 = 人均GDP \times 权重 + 经济增长速度 \times 权重 + 第三产业占比 \times 权重$$

$$人才支撑力 = 大学本科会展专业开设数量占全国会展专业数量的比重 \times 权重 + 专科会展专业开设数量占全国会展专业数量的比重 \times 权重 + 会展相关专业开设数量占全国相关专业数量的比重 \times 权重$$

$$相关产业支撑力 = 星级酒店数量占比 \times 权重 + 航班起降数占比 \times 权重$$

$$核心产品市场占有率 = Top100[1]展会数量占比 \times 权重 + Top100展会总面积占比 \times 权重 + Top3[2]数量占比 \times 权重 + Top3展会总面积占比 \times 权重$$

本报告共选取了10个城市来进行上海会展业的竞争力对比分析。每一个指标的权重都是由APH层次分析法获得,并且每一个初始指标选取的是该城市的指标占十个城市之和的百分比,再通过减去均值除以标准差的方式对数据进行标准化处理,为了画图的便捷,再统一加上2.5使之成为正数。

---

[1] Top100指的是将所有展览按照面积排序,总展览面积排名前100的展览。
[2] Top3指的是将所有收集到的展览项目,划分为120个类别,并对各单类别展览分布进行排序,就有了各行业细分Top3信息,反映了我国各个细分行业专业展览的发展情况。

3. 上海会展业国际竞争力评估结果

为了分析上海会展业的国际竞争力,本报告选择了北京、广州、深圳、重庆、成都、郑州、南京和武汉这9个城市进行对比分析。这些城市的选择主要依据《中国展览统计数据报告(2011—2019)》中各项统计指标的综合排名,再综合考虑政策、场馆、市场等因素。

(1) 国际竞争力综合指数

2019 年,上海会展业的国际竞争力出现小幅回落,如图 3 所示,2017 年、2018 年、2019 年的国际竞争力综合指数分别为160.02、163.72、161.48,2019 年的国际竞争力综合指数相比去年回落了 1.37%。同时,也可以看出上海会展业在国际竞争力表现上继续处于领跑地位,2017 年、2018 年、2019 年,上海会展业的国际竞争力综合指数都高居首位,并且领先的幅度有不断扩大的趋势。从国际竞争力评价的二级指标来看,行业驱动增长和产业国际表现对上海会展业国际竞争力指数提升做出了明显的贡献。

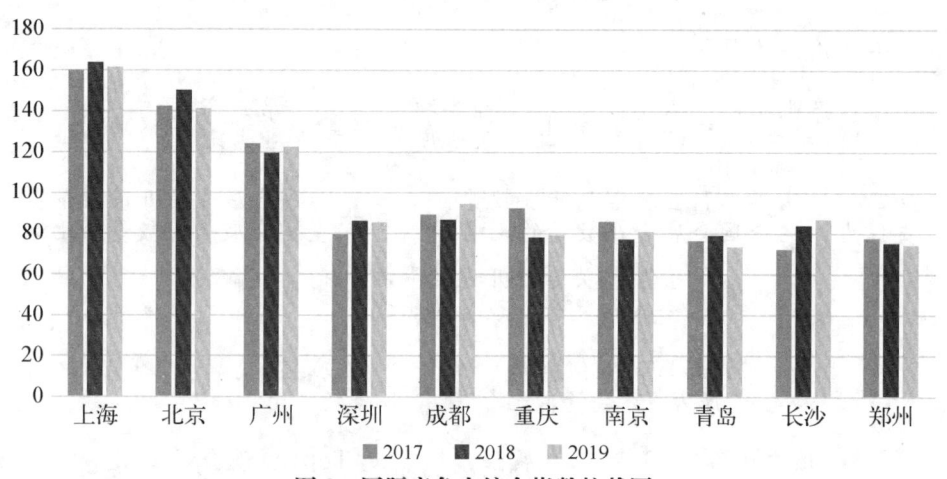

图 3　国际竞争力综合指数柱状图

总体来看,上海在会展业国际竞争力表现上增长强势,比较优势不断扩大。近年来,上海市持续推进国际会展之都建设,不断优化公共服务,为会展业的发展提供良好的营商环境,积极推动会展业创新转型,提升会展机构的运营能力,打造出具有国际领先水平的品牌展会和品牌展馆。

(2) 行业增长驱动指数

行业增长驱动主要由产业规模、国内市场占有率、展览效率三个指标构成。产业规模指数主要体现会展场馆的展能,随着展会大型化、规模化的发展趋势愈发明显,在考虑展馆数量和总面积的基础上,又新增了体现展馆规模的因素;国内市场占有率指数反应了城市办展的数量和面积;展览效率体现了展馆的利用率。

由图4可以看出,上海会展业的行业增长驱动指数较2018年有了小幅回落,减幅为－4.39%。同时,上海会展业的行业增长驱动能力处于绝对的领先地位,2019年会展行业增长驱动指数排名前三名的分别是上海、广州和北京,其测算的指数分别为175.20、108.96、121.81,上海领先第二名广州30.47%。2019年,除了上海和北京的行业增长驱动力有回落外,其他城市基本与去年持平或者增加,主要是由于这些城市2019年经济增长较为强劲,而北京和上海因经济开放度较高,受外部经济疲弱影响较为明显,因而对会展行业的冲击较为明显。

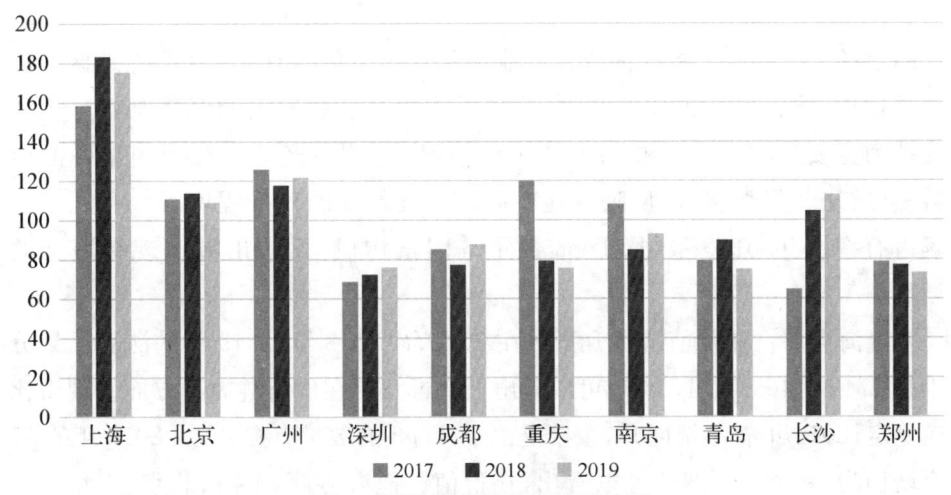

图4 行业增长驱动指数柱状图

(3) 产业国际表现指数

会展业的产业国际表现指数由国际展览竞争力、出展影响力两个指标构成,国际展览竞争力主要体现在UFI会员数量以及境外办展情况,出展影响力则体现在中国展会在国际上的认可度,也即中国展会获得UFI认证项目的数量。

在会展产业国际表现方面,上海并没有类似产业驱动增长那种绝对的领先优势。2019年,上海、北京、广州的产业国际表现指数分别是137.30、181.66、112.97,北京居于第一位,上海第二,广州第三。上海在产业国际表现上落后于北京的主要原因是在境外办展上落后于北京。2019年,北京在境外独立办理展会39个,总展览面积为22.93万平方米,而上海在境外独立办理展会的数量仅为4个,总展览面积只有1.81万平方米,远远落后于北京。

(4) 价值链提升指数

价值链提升指数由产业成长支撑力、人才支撑力、相关产业支撑力、核心

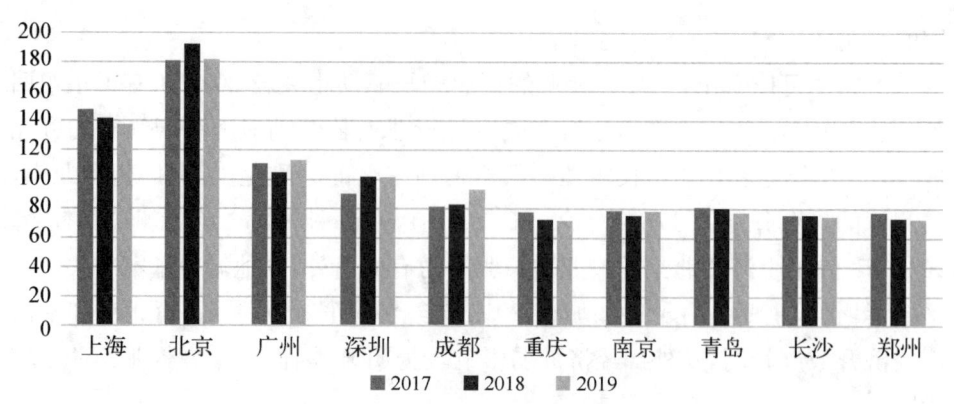

图 5　产业国际表现指数柱状图

产品市场占有率四个指标构成。产业成长支撑力包含有人均GDP、地区经济增长速度、第三产业占比等因素,反映了支撑会展业发展的经济基础。人才支撑力主要反映会展行业的人才供给情况。① 相关产业支撑力由星际酒店数量、航班起降数组成,反映其他产业对会展行业的支持程度。核心产品市场占有率由Top100数量、Top3数量等因素构成,反映出城市现有展会的质量。

上海会展行业价值链提升指数在2017年、2018年、2019年的测算结果分别是174.53、169.74、173.81,可以看出上海近几年在价值链提升方面表现得比较稳定,2019年有小幅回升,主要是由于Top3的数量有提升,从2018年的77个增加为79个。从图6可以看出,在价值链提升方面,上海、北京、广州居于三强,明显高于其他城市。

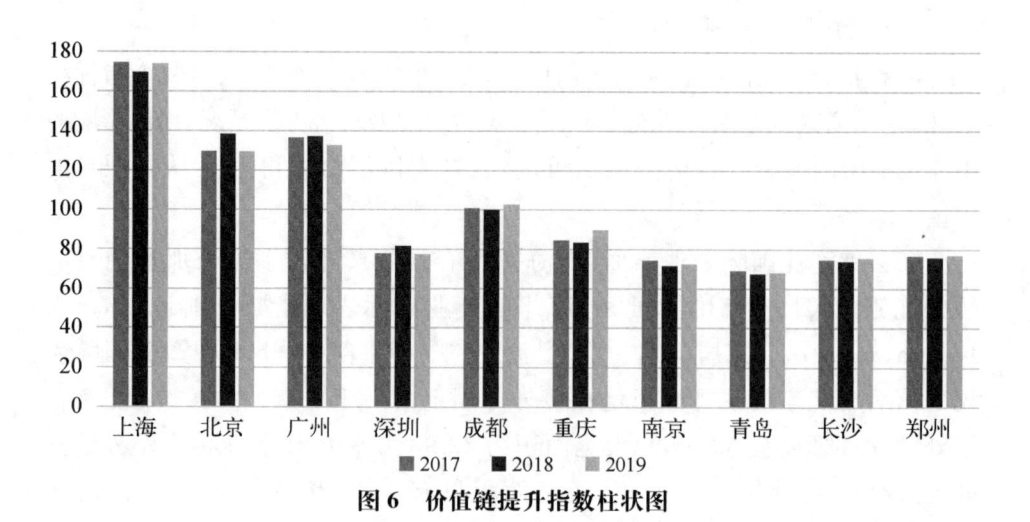

图 6　价值链提升指数柱状图

---

① 由于缺少2017年会展相关专业在校学生数量的信息,因此采用地区会展以及相关专业的开设数量作为替代。

四、全球主要会展城市提升会展业国际竞争力的经验借鉴

会展业包括展览和会议。目前国际会展业较为发达的城市,有伦敦、芝加哥、新加坡等综合性全球城市,有汉诺威等工业城市,也有拉斯维加斯这样的旅游城市,甚至有专业高端会议小镇如达沃斯,其中德国在国际展览上占据绝对优势,而美国在国际会议上最为领先。根据国际展览联盟(UFI)排名,在全球100大商业展览中以慕尼黑、汉诺威、法兰克福为代表的德国城市占据51席。而根据国际大会及会议协会(ICCA)统计,美国举办的国际会议数量连续20年位居全球首位。根据分析,全球知名会展城市在提升会展业国际竞争力方面具有以下特征:

(一)线上线下融合,增强配套服务来促进国际会展业复展

新冠疫情在全球爆发后,国际顶级展会如 KINTEX 等都纷纷采取措施,具体如下:除了常规的测温、消毒、保证展馆空气流通、控制人数等措施外,大部分展会现场都安装了视频电话会议系统,为无法到会的买家提供远程咨询服务。其次,尽管 VR 等技术带来了全新的线上体验,但是无法替代现场参观带来的视觉、触觉等感官,未来一定是线上线下融合发展模式。再次,本次新冠疫情凸显了保险公司在会展业中的作用,未来需要将 Covid-19 列入传染病保险可选范畴。

(二)引领世界潮流,注重城市品牌影响力和国际影响力建设

国际顶级展会如汉诺威工博会、拉斯维加斯国际消费电子展等都十分注重展示代表最新趋势的新理念、新技术,来引领全球产业发展的新方向。如创始于1947年的汉诺威工博会已历经71年,成为全球规模最大的工业展和观察产业最新潮流的窗口,每一届德国总理都亲自参加,并为评选出的最具科技革新意义展品颁发有"工业界奥斯卡"之称的"赫尔墨斯技术革新奖"。2011年汉诺威工博会上首次提出"工业 4.0"的概念,引领了全球新产业革命浪潮,近几届汉诺威工博会主题从"以人为核心的人机协作"到"人工智能的自主决断"再到"物联网与机器人",始终紧扣时代脉搏,反映未来科技与产业的发展趋势。拉斯维加斯国际消费电子展(CES)同样也是全球各大创新企业发布最新产品的窗口,2018年 CES 围绕 AI 技术、深度学习芯片、自动驾驶等前沿热点,通过展示五花八门的黑科技、新产品,展示未来的科技发展趋势。

(三)通过会展与城市功能相结合,注重城市核心竞争力的提升

从知名展会城市看,均把展会举办与城市功能演进紧密结合,适应经济发

展阶段转变的要求,有力发挥会展对城市转型升级的带动作用。拉斯维加斯早期是世界著名赌城,但随着其单一博彩产业的发展模式逐渐陷入低迷,20世纪90年代以来以会展、旅游为先导大力带动城市功能更新,一大批会议展览设施和娱乐休闲综合体加快建设,成功实现从博彩为主的发展模式向会展、旅游、娱乐一体化的发展模式转型。其次,新加坡已成为亚洲首屈一指的会展之都。会展业在促进新加坡城市功能转型、打造国际贸易、金融中心过程中发挥了独特的重要作用。新加坡每年举办的展览和会议等大型活动近4 000个,通过举办各类高层次展会,进一步吸引了国际高端资源集聚,促进了离岸贸易、转口贸易等新兴贸易业态的兴起,还吸引了许多跨国公司和金融机构在新加坡设立总部,对新加坡从一个新兴经济体崛起为领先的发达国家功不可没。

(四) 从会展配套服务入手,不断改善会展业的营商环境

注重构建高效透明的制度体系,是国际会展先进城市的共同特点。新加坡大力简化商事登记手续,无论是本土还是国外公司,举办会展活动均不需向政府部门申报审批,并通过建立以 TradeNet 为核心的国际贸易"单一窗口",来提高贸易便利化水平。德国通过《公司法》《公共安全法》《知识产权法》和《商标保护法》等多部法律对会展业发展进行规范,营造公正透明的法律体系,还建立了以"多元调解+商业仲裁+司法速裁"为核心的多元化纠纷解决机制,提高了会展纠纷解决效率,提升了营商环境便利度。汉诺威以国际会展中心建设为契机,加快完善市政配套体系,建设了多条专用火车和电车线路以及高速公路和停车场。每个会展场馆都配套有一家以上的高级酒店,设置多台电子自助咨询设备和人工咨询台,提供多语种翻译服务,配有货运管理机构和现代化物流中心。

五、后疫情时代,上海会展业未来发展的政策建议

新冠疫情防控已经常态化,未来上海会展业发展,需要在精准服务、精心管理上下大功夫,将上海会展业发展与建设"五个中心"、打响"四大品牌"、落实"四大功能"紧密联动。这就需要充分发挥市场在资源配置中的决定性作用,以线上线下相结合模式,形成会展主体多元化格局,完善会展配套服务,加快上海会展业的转型升级,引进更多全球高端要素和优质资源,打造联动长三角、服务全国、辐射亚太的商品集散地,进一步推动上海国际贸易中心和国际消费城市建设,强化招商引资和科技创新合作,带动大虹桥地区腾飞和长三角一体化发展,推动上海高水平开放高质量发展迈上新台阶。

(一) 在办展模式上,线上线下融合发展,进一步完善会展生态链

首先需要认清线上展无法完全替代线下展这个事实,会展过程包括了

从市场调研、经过策划、招商、招展、设计、布展、运营的全过程，需要物流、人力资源、金融保险、商业、交通、广告、媒体等行业的支持，因此需要以线下展为主体，以线上展为补充。**一是整合资源建设平台**。建议在其现有平台上专设线上展馆板块，构建数字化平台，同时为线上办展提供信息咨询、信用认证、展会物流、金融支付、通关便利、数字化仓储等全流程配套服务。**二是双线互动扩大流量**。建议统筹线上线下渠道，打造网络展会集群，需要适当调整线下展会档期，双线互动，做大采购商群体，实现展会贸易无缝对接，为上海会展市场持续引入优质客商资源。**三是支持商户上线接单**。建议建立激励机制，引导更多组展商线上办展，鼓励企业在线开展产品展示、新品发布、直播促销、视频洽谈等贸易沟通活动，线上抢商线下招商，助力企业多联系客户、多接订单。

（二）在办展内容上，引进国际最新技术、最新思想、最新产品，发挥行业引领作用

针对目前上海会展业国际行业引领不足的短板，建议：**一是加快新兴品牌和时尚潮牌导入速度**。鼓励本土商业企业以展会为平台加强与国际商业企业合作，获取国际高端消费品买断经营权和总经销、总代理权，扩大上海在国际新兴品牌、小众品牌、时尚潮牌导入中的话语权和国内经营渠道优势。**二是加快推进全球新品首发地建设**。借鉴巴黎将时尚新品引入巴黎时装周等活动的做法，鼓励有国际影响力的高端知名品牌、设计师品牌、高级定制品牌等在进博会等展会上首发新品，鼓励在上海地标性建筑或人气商场设立"新品首发地"，开设新品发布平台和首店、旗舰店。**三是依托进博会等论坛构建高层次的交往对话平台**。借达沃斯论坛经验，打造全球精英"朋友圈"，并与国际前沿行业组织和专业机构联合发布新兴行业标准，提升论坛的全球影响力。

（三）在办展服务上，加大政策扶持力度，优化展览业营商环境

尤其是线上办展快速发展后，带来很多新的办展成本，中小企业很难承担，就是需要政府搭建平台，加大政府扶持力度。**一是注重线上知识产权保护**，需要政府出台相关政策帮助组展商解决数据资源保护问题，维护其合理合法的数据权益。与此同时，引入专业技术团队，有利于整合资源提高效率，克服网速、容量、接口等局限，避免重复建设。**二是进一步优化观展对象选择，简化专业观众参会流程**，鼓励更多中小企业进场观展，充分对接全球产业最新理念和技术，放大会展业创新引领效应。**三是完善进口贸易便利化措施**，推动实施检验检疫分类监管，推广进口商品入境检验检疫信用监管等便利化措施，引进保质期较短的境外生鲜食品和农产品。**四是推动**

消费品标准与国际接轨。消费品展是 B2C 模式展会的主要内容,而目前我国消费品领域国家标准与国际标准的一致性程度约 78%,一些标准与国际尚不接轨。建议建立政府主导标准与市场自主标准协同的消费品标准体系,实行消费品标准比对与报告制度,加快进口消费品标准与国际标准对接。

(四)在溢出带动效应上,需要积极主动发挥展会的平台效应,吸纳一批先进企业主体落户上海

主要是针对需求量大、企业积极性高的"好项目",将参展企业从参展商转变为贸易商,从贸易商转变为投资商,实现本土生产、本土销售。**一是加大一流贸易企业吸引力度**。对于参展反馈良好的企业积极对接,争取其在沪设立贸易分支机构、销售中心,构建面向中国市场的营销平台。**二是加大跨国公司总部吸引力度**。抓住世界 500 强和龙头企业云集进博会、工博会等机遇,推动跨国公司贸易型总部集聚,并鼓励其在沪设立资金管理、研发、结算平台,打造亚太区供应链管理中心、资金结算和研发中心。**三是加大细分行业优秀企业引资力度**。针对"隐形冠军"企业和成长爆发性强、技术和模式先进的独角兽企业,积极开展精准招商,鼓励其在上海发展壮大。**四是加大创新型企业引资力度**。聚焦高新技术参展企业,主动加强投资合作,通过并购等方式引进海外创新资源,提升国际化创新能力。

主要参考文献:

[1] 李锋、陆丽萍:《进一步放大进博会溢出带动效应》,《科学发展》2019 年第 8 期,第 28—36 页。

[2] 中国国际贸易促进委员会:《中国展览经济发展报告(2019)》,中国展览业信息系列发布(内部资料)。

[3] 中国展览馆协会:"2020 年中国展览馆协会会员单位受新型冠状肺炎影响调查报告",http://www.caec.org.cn/home/view-b229dd34220c4070b991c2c74fec0919-45b9b525a57745a9995b55cdc1cd3c2c.html。

[4] 张敏:"线上办展模式创新的'义乌实践'",http://www.cces2006.org/index.php/home/index/detail/id/13969。

[5] 王南南:《疫情对会展业的影响及应对策略》,《现代商贸工业》2020 年第 29 期,第 10—12 页。

[6] 魏志宇、李中闯:《浅谈新冠疫情后地方会展产业的恢复与发展——以吉林省长春市为例》,《中国商论》2020 年第 17 期,第 22—25 页。

[7] 林润栋:《打造会展+工业生态圈 开启广佛会展全面协同新时代》,《佛山日报》2020 年 8 月 24 日。

附件

新冠疫情期间全国主要省市发布的防疫措施

地　方	相　关　政　策　型　文　件
中　央	国家卫生健康委员会《关于印发近期防控新型冠状病毒感染的肺炎工作方案的通知》
北京市	《关于取消或延期举办大型公众聚集性活动的通告》
北京市	北京市文化和旅游局1月23日《即日起北京市取消包括庙会在内的大型活动》
陕西省	西安市商务局《关于全市暂停举办会展活动的通知》
上海市	上海市商务委文件《关于本市会展行业做好新型冠状病毒感染的肺炎疫情防控工作的通知》
江苏省	江苏省商务厅《关于疫情防控应急期间严控各类境内外商务活动的紧急通知》
江苏省	南京市会展办《关于暂停举办各类会展活动的通知》
江苏省	南京市人民政府发布《完善新型冠状病毒感染的肺炎疫情一级响应措施的通告》
江苏省	苏州市《关于减少和取消大型公众聚集性活动的通告》
江苏省	关于疫情防控应急期间严控各类境内外商务活动的紧急通知
江苏省	南京市新型冠状病毒感染的肺炎防控指挥部通告（第1号）
江苏省	苏州关于加强和规范疫情期间社区防控工作"十个必须"的通告（苏州市疫情防控第7号通告）
广东省	广东省商务厅《关于暂停大型经贸活动的紧急通知》
广东省	广州市商务局《关于暂停全市大型展览活动的通知》
广东省	广东省湖州市商务局《关于要求暂停举办一切大型外经贸活动和聚集促销活动的通知》
福建省	厦门市新型冠状病毒感染的肺炎疫情防控工作指挥部第4号通告
湖北省	湖北省人民政府《关于加强新型冠状病毒感染的肺炎防控工作的通告》
湖北省	武汉市文化和旅游局《关于加强新型冠状病毒感染的肺炎防控、严格控制相关旅游活动的通知》
湖北省	湖北省人民政府《武汉市新型冠状病毒感染的肺炎疫情防控指挥部通告》（第1号）
河南省	《河南省民政厅关于做好新型冠状病毒感染的肺炎疫情防控工作的紧急通知》
河南省	郑州市会展业促进中心《关于暂停举办大型会展活动的通知》
河南省	河南省新型冠状病毒感染的肺疫情防控指挥部《关于暂停举办大型公众聚集性活动的通知》

续表

地　方	相关政策型文件
重庆市	重庆市商务委《关于打好疫情防控总体战,暂停大型商业促销和展会活动的通告》
浙江省	杭州市人民政府《关于实施"防控疫情人人有责"十项措施的通告》
	宁波市服务业发展局关于全市暂停举办会展活动的紧急通知
	浙江省温州市文化广电旅游局《关于全力做好新型冠状病毒感染的肺炎疫情防控工作暂停旅游企业经营活动的紧急通知》
河北省	河北省商务厅《关于暂停举办各类展览展示活动的函》
四川省	四川省应对新型冠状病毒感染肺炎疫情应急指挥部公告(第2号)
	四川省应对新型冠状病毒感染肺炎疫情应急指挥部公告(第1号)
	成都市新型冠状病毒感染的肺炎疫情防控指挥部发布《关于切实做好突发公共卫生事件Ⅰ级响应工作的通知》
云南省	《云南省公安厅关于取消2020年春节期间各类大型活动的公告》
	昆明市商务局《关于暂停举办会展活动的通知》
山东省	《关于做好新型冠状病毒感染的肺炎疫情防控工作的紧急通知》
	青岛市贸促会《关于应对新型冠状病毒感染的肺炎疫情的紧急通知》
甘肃省	甘肃省商务厅《认真做好省内会展行业疫情防控调研督导工作》
安徽省	合肥市人民政府《合肥市新型冠状病毒感染的肺炎疫情防控指挥部通告》(第1号)
宁夏回族自治区	《宁夏回族自治区应对新型冠状病毒感染的肺炎疫情工作指挥部公告》
内蒙古自治区	内蒙古自治区新型冠状病毒感染肺炎防控工作指挥部《关于做好机关企事业单位节后返程上岗人员疫情防控工作的紧急通知》

执笔:
　　张鹏飞　上海社会科学院世界经济研究所助理研究员
　　李锦明　上海社会科学院世界经济研究所硕士研究生

2019—2020年上海航运服务业国际竞争力报告

一、2019年上海航运服务业国际竞争力发展的全球环境状况

2019年国际航运市场总体稳定,集运市场平稳,原油市场探底回升。2019年以来,受全球制造业下滑以及贸易保护主义升温影响,全球贸易发展走势持续疲软。国际货币基金组织报告显示,上半年,全球贸易同比仅增长1%,为自2012年以来增长最低的6个月。在需求减少的同时,受全球政治贸易环境恶化影响,经济增速再次下滑。

国际货币基金组织发布的《世界经济展望》对全球各经济体的经济增速作了全面下调。具体来看,2019年全球经济增长率预计为3.0%,较7月份预测值减少0.2个百分点。发达经济体中,美国经济增长率为2.4%,较7月份预测值减少0.2个百分点,欧元区、英国和日本经济增长率分别为1.2%、1.2%和0.9%,较7月份预测值分别减少0.1%、0.1%和持平;受投资减少、贸易壁垒以及区域政治经济因素影响,新兴市场及发展中国家总体经济增速预计为3.9%,较7月份预测值减少0.2个百分点。

(一)干散货运输:需求增速放缓,运力加快增长

2019年,受中美贸易摩擦、地缘政治紧张等影响,全球贸易增速放缓,经济增速降至2010年以来的最低,世界干散货运输需求增幅继续放缓,但运力增速上调,高于运量增速,市场总体供过于求,波罗的海干散货运价指数BDI年平均值在连续两年上涨后,恢复到2018年的水平。在澳洲台风、巴西淡水河谷尾矿溃坝、IMO限硫令、国际煤价下跌、非洲猪瘟、中美贸易摩擦等因素影响下,国际干散货运输市场呈前低后高走势。2019年,铁矿石贸易需求下降,全球主要干散货和小宗散货海运量为52.9亿吨,同比增长1.1%。主要统计港口中,受中国对澳大利亚煤炭进口量大幅下跌影响,海因波特港口煤炭吞吐量

增速大幅下滑,同比下降10.2个百分点,陷入负增长区间。受澳大利亚飓风天气以及黑德兰港口大规模计划性检修影响,黑德兰港全年铁矿石吞吐量增速延续去年低增长态势。受荷兰和德国太阳能、风能、天然气发电量增加,煤炭在其发电厂中所占比例大幅降低影响,鹿特丹港煤炭吞吐量增速同比大幅下降14.8%。受此影响,鹿特丹港2019年完成干散货吞吐量7 449万吨,同比下降4.0%,并未改变上年度颓势。受巴西淡水河谷尾矿坝决堤事故影响,铁矿石产量受到冲击,此外受非洲猪瘟影响,中国生猪存栏量大幅下降,导致中国大豆需求明显下降,使得2019年中国从巴西进口大豆量5 767万吨,同比下降12.8%。在此背景下,巴西港口干散货吞吐量同比下降5.1%至68 022万吨。

2019年,波罗的海干散货运价指数(BDI)平均值为1 352.8点,基本与2018年持平,但波动更加剧烈。最低值595点,仅为2018年最低值的一半多;最高值2 518点,为2011年以来的最高。

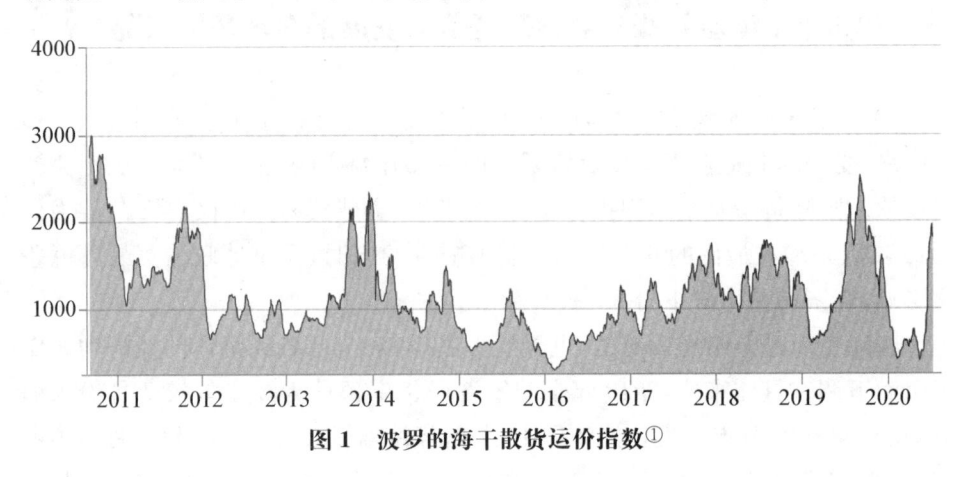

图1　波罗的海干散货运价指数[①]

(二) 原油市场: 需求增长叠加外部因素影响,市场探底回升

2019年,世界原油海运需求继续增长,运力扩张加速,运价上涨。我国全年海运进口原油量约4.52亿吨,同比增长9.7%。受国内部分炼油厂新增产能逐步释放、限硫令临近实施、中东地缘政治风险提升等多重因素影响,四季度原油轮即期运输市场出现年底翘尾行情。2019年,中东至中国航线运价平均值为12.47美元/吨,同比上涨38.9%,油轮等价期租租金(TCE)为37 544美元/天,同比增长100.6%。

2019年上半年,国际油价先扬后抑,波动幅度较大,下半年总体呈区间震荡走势,原油海运贸易量同比下降0.7%,全球原油运输需求整体有所放缓。主要港口中,受中国国内炼油厂需求维持高位、原油加工量上升影响,中国原油进口需求有所扩大,中国原油进口量增长强劲。加之原油配额下放较为充

---

① 数据来源:克拉克松。

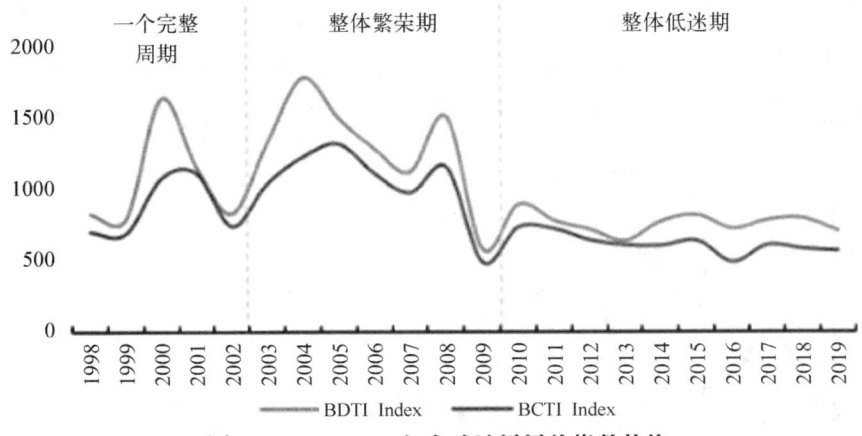

图 2　1998—2019 年全球油运运价指数趋势

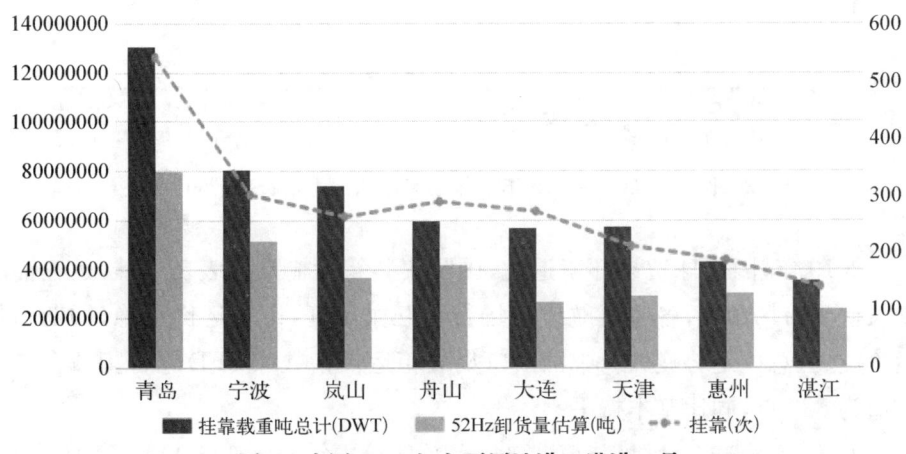

图 3　中国 2019 年主要原油进口港进口量

足,及新投产的炼化一体化装置全面运行,中国港口全年完成原油进口量 5.1 亿吨,同比增长 9.0%。外贸原油进港量增长推动港口吞吐量普涨,其中大连港和宁波舟山港分别大涨 32.4% 和 13.6%。

在 IMO 2020 限硫令政策生效预期下,低硫油需求强劲,作为全球最大的海上加油枢纽,全年新加坡港船用低硫油销售量达到 547.9 万吨,远超 2018 年的 33.2 万吨,而原油吞吐量出现小幅下跌,同比下降 0.9%。受全球燃料油贸易减少影响,鹿特丹港液体散货吞吐量同比下降 0.3% 至 2.1 亿吨,其中原油吞吐量增长 1.3%,LNG 吞吐量得益于大西洋天然气产量增加而有所上升;安特卫普港口全年完成液体散货吞吐量 7 206 万吨,同比下降 4.9%。

(三) 集装箱市场: 全球经贸发展势头受阻,市场运价总体疲软

受贸易疲软影响,全球集运市场需求波动。2019 年全球集运量增速约为 2.2%,较年初预测减少 1.9 个百分点。其中,远东—欧洲西行航线运输需求预计为

1 680 万 TEU，上升 3.9%，较年初预测值增加 1.1 个百分点；泛太平洋东行航线运输需求预计为 1 890 万 TEU，下降 1.7%，较年初预测值减少 3.9 个百分点；亚洲区域内运输需求量预计为 6 030 万 TEU，上升 3.4%，较年初预测值减少 1.8 个百分点。

图 4　2000—2020 年全球集装箱船运力增长率(%)

2019 年，因全球贸易环境退化，国际集装箱运输市场表现不佳，运输需求增长低于市场预期，各主要航线市场行情旺季不旺，市场运价平稳，即期市场运价震荡，总体走势疲软。中国出口集装箱运价指数(CCFI)综合指数全年平均值为 823 点，同比基本持平。

2019 年，全球 20 大集装箱港口排名整体较去年相比变化不大，除个别港口名次出现小幅度波动外，其余港口排名基本趋于稳定。受全球经贸环境恶化影响，全球 20 大港口集装箱吞吐量增速普遍放缓，香港、迪拜、大连、长滩等港口增速下跌明显。香港港和长滩港主要受中美贸易战影响，香港还受持续大规模抗议示威活动的影响，港口生产不佳。青岛(8.8%)、天津(8.1%)、巴生(10.3%)、汉堡(6.1%)增速表现良好。青岛港受益于山东省港口整合利好，集装箱吞吐量增速表现强劲；广州港得益于外贸航线增加，国际大型船舶到港明显增多，外贸集装箱源增多，推动集装箱吞吐量大幅增长；而汉堡港得益于汉萨同盟城市与美国、加拿大、墨西哥连接起来的新班轮服务而成为枢纽，集装箱运输量增加，加之欧盟与新加坡的贸易协定，汉堡港海上贸易量进一步增长。

表 1　2019 年全球集装箱港口排名　　（单位：千标准箱）

排名	港口	国家	千标准箱
1	上海港	中国	42 010
2	新加坡港	新加坡	36 599

续表

排名	港口	国家	千标准箱
3	宁波舟山港	中国	26 351
4	深圳港	中国	25 740
5	广州港	中国	21 922
6	釜山港	韩国	21 663
7	香港港	中国	19 596
8	青岛港	中国	19 315
9	天津港	中国	15 972
10	杰贝阿里港	阿拉伯联合酋长国	14 954
11	鹿特丹港	荷兰	14 513
12	巴生港	马来西亚	12 316
13	安特卫普港	比利时	11 100
14	厦门港	中国	10 702
15	高雄港	中国	10 446
16	大连港	中国	9 770
17	洛杉矶港	美国	9 459
18	丹戎帕拉帕斯港	马来西亚	8 961
19	汉堡港	德国	8 730
20	长滩港	美国	8 091

二、2019年上海航运服务业发展面临的国内沿海市场环境

2019年国内沿海航运市场总体平稳。面对全球经贸环境总体疲软和中美贸易摩擦持续发酵的不利影响，中国通过优化贸易结构，提升贸易质量等措施积极应对，努力将外部环境不利影响降到最低。海关统计数据显示，2019年前11月中国外贸进出口总值约为41 426.9亿美元，同比下降2.2%。其中，出口22 601.4亿美元，下降0.3%；进口18 825.4亿美元，下降4.5%。

2019年，全球贸易环境整体恶化和经济增长放缓对国际贸易产生较大影响，中美贸易摩擦持续，对部分出口商品造成更大影响。海关统计数据显示，前11月机电产品出口贸易额1.3万亿美元，同比下降0.8%，增速较2018年同期减少13.6个百分点，占出口总额比重为58.4%，较2018年同期减少0.1个百分点，其余主要出口商品贸易额则同比互有涨跌。其中，服装、家具和箱包产品分别下降4.7%、0.2%和0.1%；纺织产品、鞋类、塑料制品、玩具和灯具类

商品实现增长,增速分别为 0.1%、0.9%、10.5%、25.0%和 8.6%。

2019 年,国际经贸形势变化以及全球产业链重构对集运市场产生较大影响,中国出口集运市场行情震荡,部分次干航线短期内运价表现强势,但整体行情相对疲软。具体走势看:市场在春节前运输旺季冲高,此后即快速回落。而在部分货主加速出货带动下,欧美主干航线即期市场运价在节后淡季期间及时止跌企稳,表现略好于 2018 年同期。但因市场货量总体增速不及预期,以及班轮公司船舶大型化策略持续施行,市场基本面面临较大压力,主干航线即期市场运价承压,在二三季度内窄幅震荡。进入四季度,随着运输需求增强,以及班轮公司主动的运力封存和国际海事组织 2020 限硫令导致部分经营船舶轮替改造,运力被动减少,市场基本面才出现明显好转,即期市场运价迎来一波上升行情。进入 12 月,随着班轮公司开始征收新低硫附加费,市场运价再次攀高。

(一)干散货运输市场: 市场供需矛盾持续,新增运力消化缓慢

2019 年,全球经济增速放缓,不稳定不确定因素增多,国内经济下行压力较大,对大宗散货运输需求增速下降,煤炭沿海运输需求回落。2019 年,全国北方港口煤炭下水量为 7.54 亿吨,同比下降 0.2%。截至 2019 年底,全国共拥有沿海省际万吨以上干散货船 1 752 艘、6 248 万载重吨,吨位同比基本不变。

全年,中国沿海散货运价指数呈"W"型波动走势。运价指数最低、最高值分别出现在春节前夕的 932.48 点和年末的 1 235.32 点,上、下半年各有一次持续时间较长的波动上涨行情,但波动区间较上一年度整体收窄。上半年主要是受海砂货源支撑,运输需求特别是大型船舶运力需求旺盛,造成运力阶段性供应紧张,运价上涨;下半年主要是受外贸市场行情持续转好带动,部分兼营

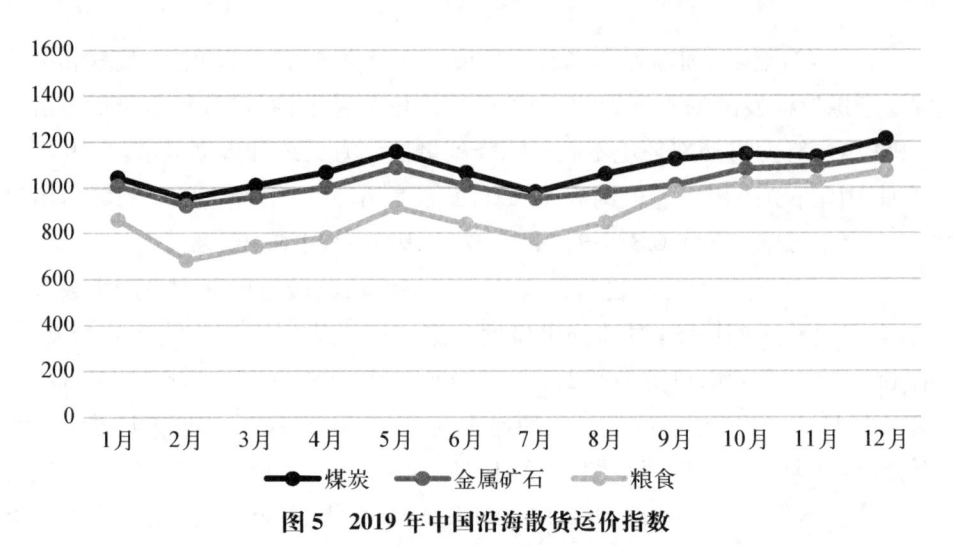

图 5 2019 年中国沿海散货运价指数

国际航线的船舶运力转投国际航运市场,一定程度上缓解了国内运力过剩的情况。总的来看,沿海散货运输市场船舶运力总体上处于过剩态势,市场行情明显趋弱。中国沿海散货运价指数全年平均值为 1 059.98 点,同比下跌7.8%,煤炭、矿石和粮食运价指数同比分别下跌 9.7%、11.5% 和 13.6%。

(二) 液货危险品运输市场: 运力供给相对富余,细分市场各有不同

2019 年,海洋原油终端产量下降,海洋原油水运量约为 3 300 万吨,为五年来最低;内贸中转油市场受地方炼油厂配额放开政策拉动,运输量有所上升;全年沿海省际原油运输量完成 7 300 万吨,同比上升 3.6%。随着国内大型民营炼油厂陆续投产,炼化产能大幅增加,成品油市场贸易活跃,船舶运力需求大型化趋势明显,出现了阶段性运力供不应求的情况,形成了以 5 000—20 000 吨级油轮为主的沿海成品油运输市场,全年沿海省际成品油下水量约 7 200 万吨,同比增幅超过 20%。截至 2019 年底,全国共拥有沿海省际运输油船 1 249 艘、1 028 万载重吨,吨位同比基本不变。2019 年,国内沿海原油运输行情总体稳定,沿海原油运价指数平均值为 1 557.48 点,同比上涨 0.9%;成品油运价指数平均值为 1 434.18 点,同比上涨 12.6%,涨幅较大。

散装液体化学品船运输需求基本稳定,船舶运力供给略有富余,运价保持平稳。由于我国化工品生产和消费仍处于稳健增长期,沿海省际化学品运输需求持续增长,全年完成沿海省际化学品运输量 3 200 万吨,同比增长 19.4%。截至 2019 年底,沿海省际化学品船(含油品、化学品两用船)281 艘、112 万载重吨,吨位同比基本不变。沿海省际化学品船运价整体有所上涨,部分航线运价略有下跌。

液化气船运输需求稳定增长,供需关系总体平衡,丙烯、丁二烯等化工气体运输船运力略微偏紧。全年完成沿海液化气运量 356 万吨,同比增长 10.2%。截至 2019 年底,沿海省际液化气船共 73 艘、25 万载重吨,吨位同比基本不变。全年沿海省际液化气船运输价格水平继续回升。

(三) 集装箱运输市场: 运力大量投放,运价有所上升

2019 年,沿海港口内贸集装箱运量同比增长 4.5%,增速有所放缓。截至 2019 年底,国内沿海省际运输 700 TEU 以上集装箱船共计 290 艘、77 万 TEU,箱位数同比增长 7.7%。

煤炭等货物"散改集"仍是推动沿海集装箱运量增长的重要因素,但前两年大量新增运力使得市场仍面临着化解过剩运力的压力,运输市场集中度有所上升,船舶大型化趋势仍在持续。全年的内贸集装箱运价指数总体呈"V"型走势,春节后总体下行,到 8 月初触底反弹,全年沿海集装箱运价指数平均值为 1 221.1 点,同比上涨 8.4%。

（四）旅客运输市场：水路客运增速平稳

2019年，渤海湾省际客滚运输船分别完成水路旅客和车辆运输量600万人次、145万台次，同比增长2.9%和7.4%；琼州海峡省际客滚运输船分别完成水路旅客和车辆运输量1 498万人次、337万台次，同比下降1.8%、增长1.5%。截至2019年底，渤海湾省际客滚船舶运力23艘、32 340客位、3 442车位，琼州海峡省际客滚船舶运力58艘、51 024客位、2 781车位。沿海省际客船运力供需基本平衡，平时供给略有富余，春运或恶劣天气时期略显不足。

三、2019年上海航运服务业国际竞争力指数分析

（一）上海航运服务业发展现状

总体看，尽管受到了中美贸易摩擦的不良影响，上海航运业的行业发展势头依然呈现良好发展态势，是上海经济增长的重要支撑点。2019年，上海港的集装箱年吞吐量突破4 300万TEU，相比2017年、2018年持续保持增长，增长率为3.1%，连续十年位列世界第一，持续刷新世界港口纪录，上海航运服务业在更高的发展轨道上运行。

2019年，上海两大机场全年航班起降784 831架次，同比增长1.72%（其中，浦东机场511 889架次，虹桥机场272 942架次）；完成旅客吞吐量12 177.41万人次，同比增长3.52%（其中，浦东机场7 609.75万人次，虹桥机场4 567.66万人次）；完成货邮吞吐量405.26万吨，实现逆势企稳。

2019年"新华—波罗的海国际航运中心发展指数"在上海发布，新加坡、香港、伦敦位列全球国际航运中心三甲，上海继续位列第四。新华·波罗的海国际航运中心发展指数从港口条件、航运服务和综合环境三个维度，全面反映国际航运中心城市的综合发展水平。2019年，全球航运中心城市综合实力前10位包括新加坡、香港、伦敦、上海、迪拜、鹿特丹、汉堡、纽约-新泽西等。上海凭借快速发展的现代航运集疏运体系和航运服务体系，以及区域航运协同发展效应，保持第四位的前列态势。根据2018年发布的《上海国际航运中心建设三年行动计划（2018—2020）》，到2020年，上海将基本建成航运资源高度集聚、航运服务功能健全、航运市场环境优良、现代物流服务高效，具有全球航运资源配置能力的国际航运中心。

（二）上海航运服务业国际竞争力评估

2019年"新华-波罗的海国际航运中心发展指数"表明，上海已成为全球性的国际航运中心，货物和集装箱吞吐量连续多年世界第一，现代航运服务体系逐步形成，部分高端航运服务业已经形成一定规模，总体看，上海国际航运服务业具备较强的国际竞争力。

1. 上海航运服务业国际竞争力评价指标体系

以产业国际竞争力评价指标为基础,构建了航运服务业的国际竞争力评价指标体系,具体如表1所示,指标体系中有行业驱动增长、供应链水平、产业价值链提升三个二级指标,由20个具体指标构成。指标数据主要来源相关省市统计年鉴、港口企业年度报告、地区海关统计、部分企业公开发行股票招股说明书等。

表2 航运服务业国际竞争力评价指标体系

二级指标	三级指标	指标说明	数据来源
行业驱动增长	集装箱吞吐量增长率	本年集装箱吞吐量增长额与上年的比率	统计年鉴
	货物吞吐量增长率	本年货物吞吐量增长额与上年的比率	统计年鉴
	外贸货物吞吐量增长率	本年外贸货物吞吐量增长额与上年的比率	统计年鉴
	港口净利润增长率	本年航运港口企业净利润与上年的比率	年度报告
	行业盈利能力	航运港口企业净利润/净资产	年度报告
	生产效率	航运港口企业营业收入/从业人员数量	年度报告
供应链水平	集装箱吞吐量	航运港口年度集装箱吞吐量	统计年鉴
	货物吞吐量	航运港口年度货物吞吐量	统计年鉴
	外贸货物吞吐量	航运港口年度外贸货物吞吐量	统计年鉴
	贸易升级水平	外贸货物吞吐量/货物吞吐量	统计年鉴
	万吨级泊位数	航运港口万吨级泊位数	统计年鉴
	邮轮靠泊次数	邮轮母港年度靠泊次数	统计年鉴
	关区进出口总额	关区进出口总额	统计年鉴
	特殊监管区数量	特殊监管区数量	海关统计
产业价值链提升	腹地经济GDP	腹地城市年度GDP之和	统计年鉴
	核心城市GDP	核心合成年度GDP	统计年鉴
	特殊关税制度宽松度	特殊关税制度宽松度	海关统计
	交通物流资产投资	交通运输与仓储年度固定资产投资额	统计年鉴
	货物周转量	年度货物周转量	统计年鉴
	中远洋货物周转量	年度中远洋货物周转量	统计年鉴

2. 上海航运服务业国际竞争力评估结果分析

总体上，近三年上海航运服务业国际竞争力均保持较高发展水平。如图6所示，2017、2018、2019年的国际竞争力指数分别为145、141、138，近两年的竞争力指数略有逐年下降的趋势。但相较于国内其他城市而言，近三年的上海航运服务业国际竞争力仍然是遥遥领先，排名一直占据榜首。

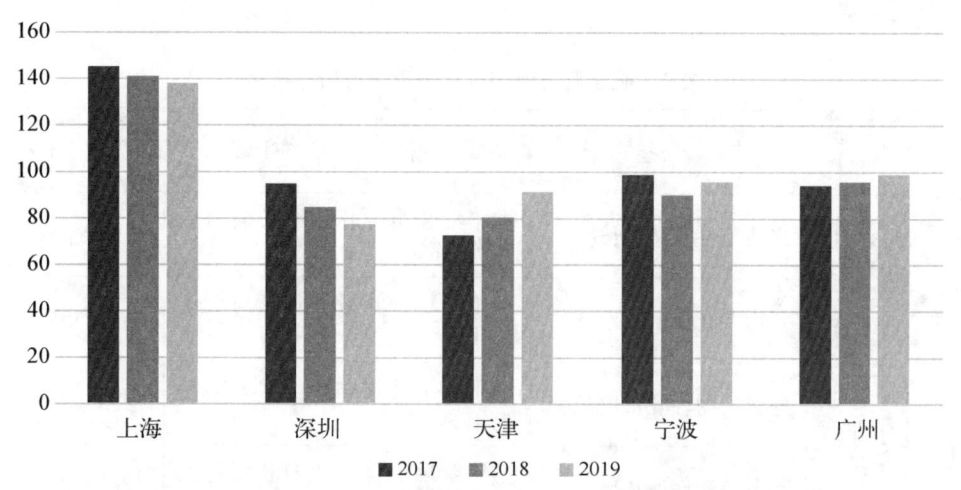

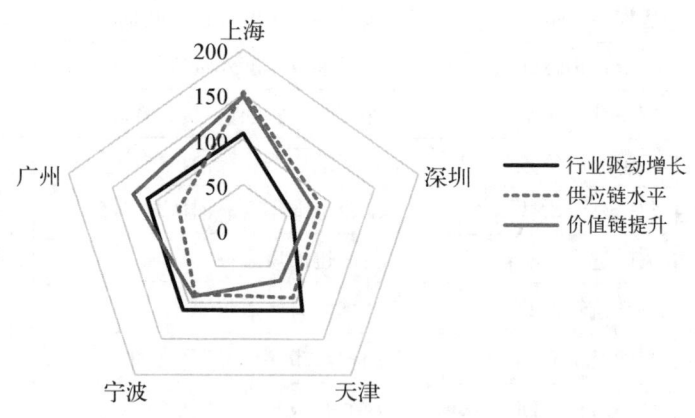

图6　2017—2019年主要城市航运服务业国际竞争力指数

从指数构成结构看，2019年上海航运服务业竞争力中的价值链提升、供应链水平两个指标的表现处于领先地位，其中供应链水平指标处于绝对领先优势的地位，如图7所示。

图7　2019年主要城市航运服务业国际竞争力指数

2019年，上海航运服务业行业增长驱动总体上看不及其他口岸城市，落后于天津、宁波、广州。行业增长驱动指标未能和价值链提升、供应链水平两个指标一样具备绝对优势，反而和其他口岸城市相比略显逊色。分析其原因，归纳以下几点：（1）上海航运服务业处于先发位置，行业基数大，行业增长驱动难度较大，其他城市基数相对较小，增长快速；(2) 上海航运服务业正在结构性调整，这在一定程度上影响了行业增长驱动。(3) 2019 年较为严重的中美贸易摩擦成为阻碍上海航运服务业增长驱动的重要不利因素。

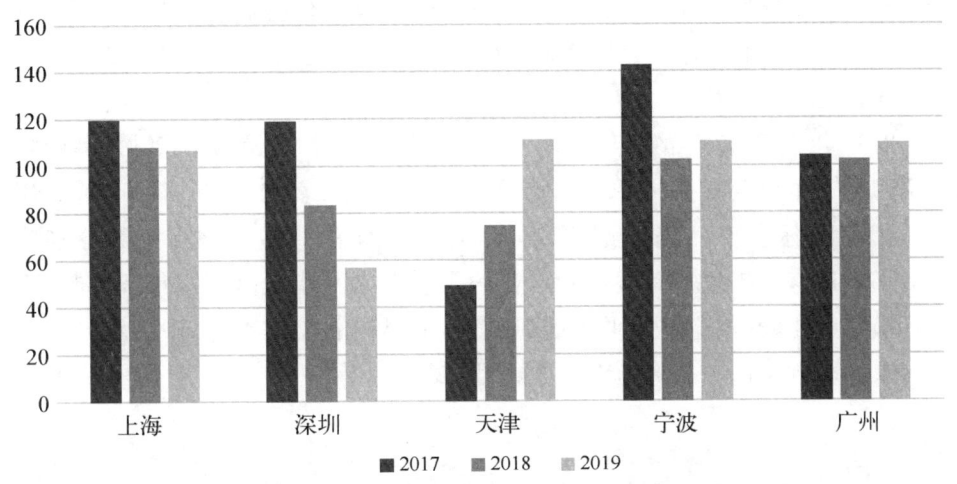

图 8　2017—2019 年主要城市航运服务业行业增长驱动指数

行业增长驱动指数的各项分指标比较结果如图 9 所示，2017 年至 2019 年上海集装箱吞吐量增长率持续下降，且降幅明显，具体数值表现依次为 8.3%、4.3%、3.1%。其中一方面的原因是由于上海港吞吐量绝对值指标本身规模巨大，持续保持增长难度较大，另一方面，增长率降低的重要原因是中美贸易摩擦对国际航运产业所带来的巨大冲击。

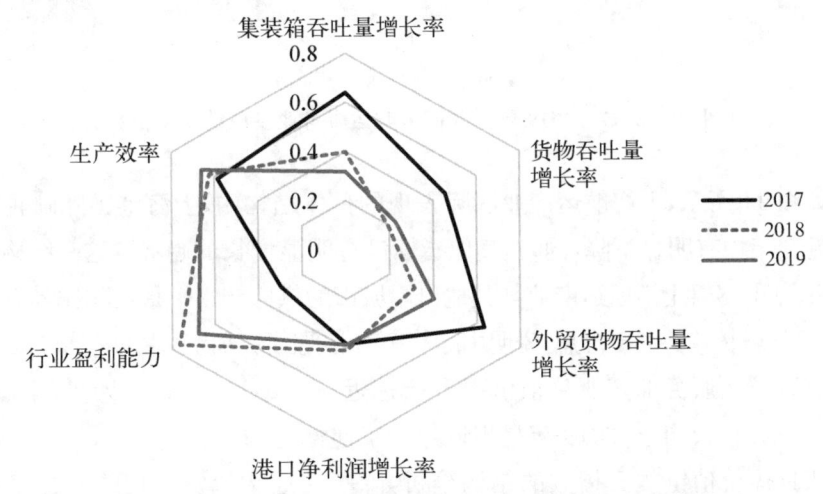

图 9　2017—2019 年上海市航运服务业行业增长驱动指数

此外，上海港的生产效率指标 2017 年至 2019 年同比呈现持续增长趋势，这种增长原因之一是港口行业技术革新带来的增长效应和工艺流程改进带来的效率提升。上海洋山港四期深水码头作为全球规模最大的自动化码头已经投入试生产，其最大的特点是实现了码头集装箱装卸、水平运输、堆场装卸环节的全过程智能化的操作。

行业增长驱动指数构成中的其他指标，如行业盈利能力、外贸货物吞吐量增长率、港口净利润增长率等指标在2019年均没有明显的增长。总体看，2017年至2019年上海航运服务业的行业增长驱动能力与其他口岸城市相比没有非常明显的优势。

2017年至2019年的三年里，上海航运服务业的供应链水平指数对其国际竞争力是一个重要支撑，如图10所示，相比较天津、宁波、广州、深圳，近三年上海产业国际表现一直领先，2017年至2019年的供应链水平指数分别为168、163、153，三年里上海航运服务业的供应链水平指数呈现逐年下降趋势。尽管横向上比较，供应链水平仍遥遥领先，但纵向看略有下降，中美贸易摩擦所带来的影响是这一下降趋势的重要因素之一。

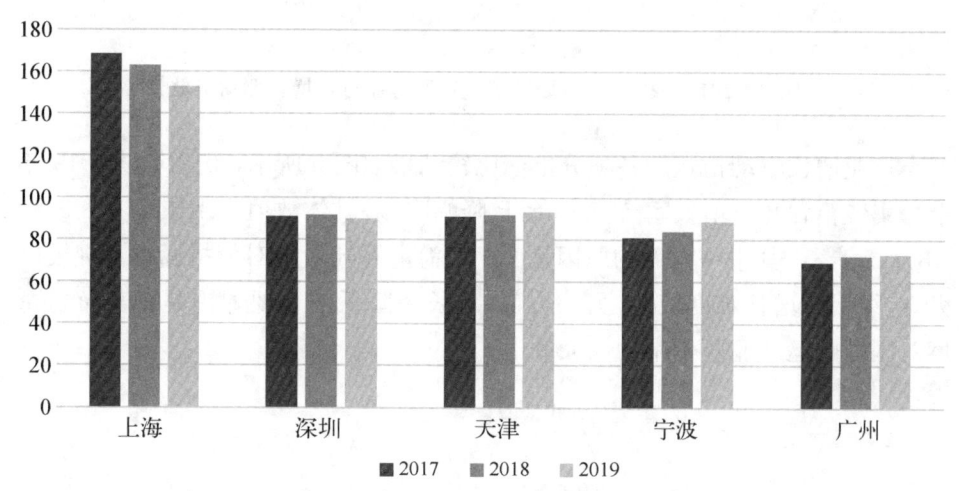

图10 2017—2019年主要城市航运服务业供应链水平指数

如图11所示，上海航运产业国际表现的具体结构中，上海港国际邮轮靠泊次数近三年均有明显下降，同时，其他指标没有明显增长的趋势。这一结构的趋势分析说明，尽管上海航运产业与其他口岸城市的供应链水平指数相比具有明显优势，但其增长趋势并不理想，说明国际航运产业受国际贸易争端的冲击较大。

上海航运服务业产业价值链提升指标近三年远高于深圳、天津、宁波，如图12所示，2017年至2019年呈现逐年稳步递增趋势。

从具体价值链提升指数的结构分析，除了交通物流资产投资指标略有下降，其余分指标均呈现稳步向上的态势，各指标影响程度较为平衡，如图13所示。上海航运服务业的价值链提升指标受区域经济发展、腹地经济等影响巨大。长三角地区经济一体化对上海的国际航运业发展带来利好影响，上海国际航运业的发展应该深度融入长三角经济一体化的进程之中。

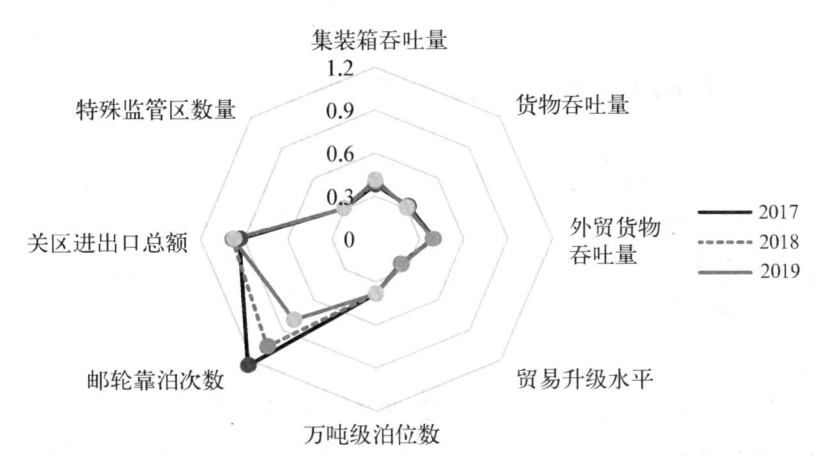

图 11　上海航运服务业供应链水平指数结构分析

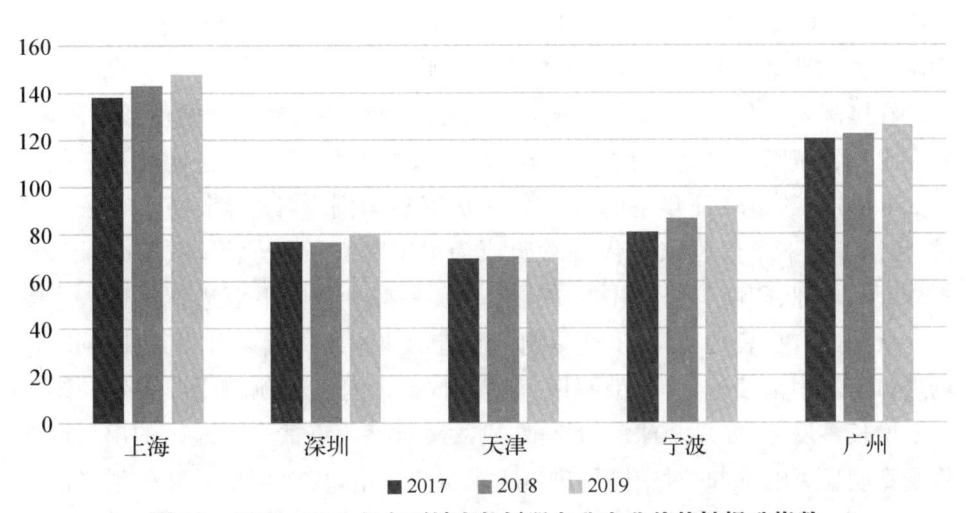

图 12　2017—2019 年主要城市航运服务业产业价值链提升指数

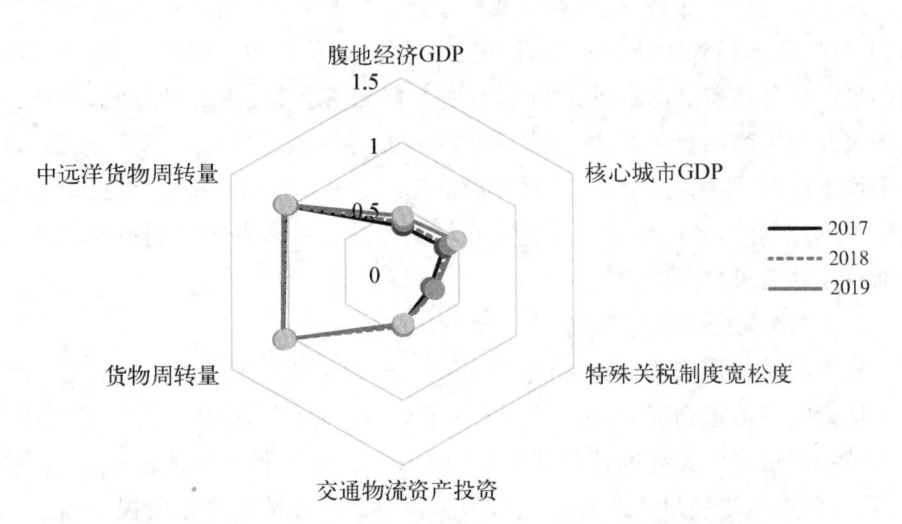

图 13　2017—2019 年上海航运服务业价值链提升指数结构分析

四、2020年上海航运产业发展的影响因素分析

(一) 全球疫情蔓延对上海航运业发展的影响

当前新冠疫情在中国得到有效抑制的同时,却在全球其他200多个国家陆续蔓延并呈现不断扩大的严重态势。而目前中国疫情防控逐渐由"内生型"向境外"输入型"转变。

1. 全球疫情扩散降低进口规模

通过"封锁"城市、延缓复工等举措,疫情在中国的扩散和蔓延,2月份开始逐渐得到缓解和控制,工厂陆续复工、商贸合作也逐渐开展,国际运输市场正逐步恢复;但进入3月份以来,国际疫情感染确诊人数不断增多,单日新增病例接近7 500人,约为中国400倍,呈现出"爆发式"的增长态势。在此背景下,中国经贸和港口产业发展趋势不得不重新评估。

在国际贸易领域,受疫情影响,1—2月中国对外贸易呈现两位数下跌,尤其在出口领域因延迟复工等原因,出口贸易大幅下跌17.2%,进出境船舶仅为54 256艘次,数量较往年下降20.2%。从贸易国别看,欧美市场影响较为严重,疫情环境下东盟国家已代替欧盟成为中国最大贸易伙伴,欧盟、美国、日本、韩国、非洲、印度等经济体在中国出口贸易减少影响下双边贸易额大幅萎缩。从中国自身表现看,在疫情影响下制造产业和出口贸易首当其冲,同时市场进口需求小幅回落,仅与俄罗斯、澳大利亚、东南亚等地的能源类贸易维持小幅增长。反之,如果全球疫情扩散,则欧美日韩等疫情严重地区的出口市场将受到明显影响,同时对中国的进口需求也将回落,仅医用产品和生活必需品或将继续维持一定需求水平。

从主要贸易商品看,疫情期间我国主要维持粮食、原油、煤炭等物资进口,而相应矿石、木材等工业原材料,机床、半导体、塑料等生产资料,以及成品油、液晶显示板等消费品需求的进口都呈现大幅回落态势;在出口方面,粮食、化肥等农业相关产品显著减少,服装、鞋类、玩具、家电、手机、家具等产成品出口量平均下跌20%左右,钢材、铝材等商品出口也大幅下滑。由此可见,在全球疫情得到控制前,各国粮食贸易会存在较大需求,同样,各国因制造业停产,对生活日用品需求将急剧增长。

2. "中国制造供全球"趋势或愈加明显

从中国受疫情影响期间的国内制造业、消费市场和贸易发展态势看,全球受疫情影响下各国物资短缺问题会日发严峻,粮食、防疫物资、生活日用品等基本消费需求将更大程度依赖进口,而中国作为全球制造基地在工业生产恢复后,有望进一步通过生产贸易支持国际社会挺过疫情的艰难阶段。当前,中国进出口货物贸易额在全球市场份额已从1999年的3.1%跃升至2019年的

11.9%，在全球疫情影响下中国制造的优势将更为明显。

以各地区市场影响分析，南欧、北欧以及中部法国等地区相继爆发疫情，加之各国间防疫政策和措施短期内难以有效统一，预计未来疫情影响较大，因此2020年欧洲消费市场可能受到较大冲击，将更加依赖中国等其他地区提供粮食、电器、服装等商品，随着产业的恢复，今后中国对欧洲市场的出口或将进一步提升。伊朗所在中东等地区为主要油品出口国，在疫情不进一步蔓延至印度等其他周边国家的情况下，预计中国依然能保持对中东及南亚地区的基建投资和建设力度，目前因疫情导致经济增速下滑背景下，沙特等OPEC产油国为促进经济已采取"价格战"的方式进行国际竞争，相信具有成本优势的中国商品在中东将更为热销。

同时，韩国、日本等同为亚洲地区国家，原本与中国的贸易就较为频繁，疫情后两国对消费物资的进口需求在短期内会有所提升，但中国从其进口消费品的需求或将有所回落。

3. 全球疫情下港口业或将迎来恢复性增长

2020年2月是疫情对中国经济发展影响最大的月份，大量制造厂停工待产，港口库存不断积压，国际贸易需求大幅回落，据中国港口协会统计，2020年2月，上海、宁波舟山、天津、厦门、深圳等全国八大集装箱枢纽港箱量同比下降19.8%，鉴于2月份中国制造业500强企业复工率虽然提升至97.08%，但实际产能利用率仅60%，可见疫情对制造业和国际贸易需求的影响。

随着3月后中国大部分制造、贸易、物流企业全面复工，实际产能利用率快速提升，除部分因疫情导致纠纷外，2月份未完成的订单纷纷赶工生产。虽然，全球疫情或将导致全球供应链体系发生混乱，尤其欧美及日韩国家本土物流系统瘫痪或低效运转，但与本地厂商停产导致物资匮乏相比，各国政府在解决港口集疏运与物流运输上的难度要远远低于疫情下让本土制造企业与物流企业同时复工生产。同时，中国制造企业更有机会替代境外欧美当地供应链，包括替代当地上游制造商为生产企业提供原材料，使中国产成品和半成品的出口实现"双增长"，借此实现中国港口产业的恢复性增长。

4. 疫情对邮轮市场产生重大影响

邮轮因载客量大、空间相对封闭、航行时间长、疫情防控难度大等特点，成为新冠肺炎疫情影响下的重灾区。随着全球疫情蔓延，邮轮停航范围从我国及部分东南亚国家扩大到欧美等地区和国家。疫情对消费者心理影响不断扩大，短期内消费意愿进入低谷，部分邮轮公司已处于停摆状态。随着疫情对我国乃至全球经济的深度影响，加之居民收入预期下降、暑期及休假时间大幅缩短等不利因素，今年我国邮轮市场发展举步维艰。

自疫情暴发以来，1月25日至今，各大邮轮公司纷纷取消了1月底至3月份始发和访问我国的邮轮航次。根据《邮轮志》显示，1月份合计取消9艘母港邮轮的15个航次,合计旅客吞吐量约8万人次;2月份共取消10艘母港邮轮和3艘访问港邮轮67个航次,合计约35万人次。3月份航次全部取消,预计影响25万人次。一季度邮轮市场规模因停航已合计影响68万人次规模,较去年同期下降74%。

截至3月20日,丽星、歌诗达等邮轮公司基本取消了4月份我国航次。亚洲其他航线也大量取消,诺唯真邮轮取消了2020年第三季度之前亚洲的所有邮轮航程安排。公主邮轮取消了"蓝宝石公主号"邮轮6月至9月全部27个上海母港航次,预计减少上海港15万人次的旅客吞吐量。皇家加勒比也将"海洋光谱号"邮轮调至澳大利亚继续航行,何时回到中国母港待定。

另一方面,疫情的不确定性重创邮轮市场信心。

一是疫情持续发展将对市场产生巨大的不确定性影响。随着疫情在韩国、日本、意大利、美国乃至全球的暴发,疫情持续时间和范围等不确定性显著增加,对全球邮轮市场产生了巨大影响。从3月份起,包括日本、欧洲等国家纷纷禁止外国人入境,各大邮轮公司纷纷宣布美国航线停航30天,造成196艘邮轮(约全球一半运力)暂停运。邮轮出入境航线特点以及运力、船员、服务人员的全球流动性,加剧了我国邮轮市场恢复的不确定性。

二是消费者信心受到影响,潜在消费意愿短期内难以恢复。我国邮轮发展时间短,加之"钻石公主号"等邮轮的巨大消极影响,短期内我国消费者对邮轮安全性认知降到低谷。邮轮旅游属于非刚性需求,相较航空、酒店等行业,邮轮市场恢复时间会更晚,且受经济放缓造成收入下降、暑假和休假时间缩短及出入境政策等因素影响,难以产生补偿性反弹需求。即使邮轮公司对医护人员实施免费乘坐邮轮政策,以及国家可能出台的鼓励消费政策会产生部分新增需求,整体消费意愿仍需一段时间恢复。

三是我国邮轮消费模式仍不够完善,疫情结束与航次复航仍有一定时间差,市场难以快速恢复增长。相比欧美国家一年甚至更长时间的船票销售期,我国邮轮船票销售期短,基本上提前半年销售,这不利于邮轮公司快速恢复航次,其所受疫情打击更为突出。

(二)逆全球化对上海航运产业市场需求带来消极影响

1. 逆全球化影响海运需求,港口吞吐量或将持续走低

自2016年英国脱欧之路开启、2017年美国特朗普上台,全球范围内的贸易保护主义和本地主义的声音就越来越大,据全球贸易预警机构(GTA)统计,2018年与2019年,全球贸易保护主义措施数量飙升,均超过1 000项,给全球经贸体系造成了巨大冲击,世界经济持续低位运行,而全球贸易量增长同样接连受挫。由于各国间贸易往来的减少,对海运的需求,尤其是对跨洲际长距离的海运需求也开始逐步收缩,进而导致港口货量下降,全球港口整体迈入低速

增长通道,2015年至2019年间,全球港口货物吞吐规模年均仅增长约2.9%。

而随着新冠疫情的大爆发,逆全球化趋势似乎已不可避免。疫情所突显的全球化风险,让世界各国纷纷开始更加重视本地供应商,美日两国于今年4月先后表示要为企业回国提供资助。可见,疫情过后,"本国优先"政策还将继续增多,而在这种情形下,国际贸易量将不断收缩,促使长距离的海运进一步缩减,从而给枢纽港口带来更大的生产压力。由于海运运距的缩短,未来支线运输将变得更加频繁,未来港口尤其是沿海枢纽港原先大进大出的生产形势将有所改变,短途运输带来的小批量货物或将成为港口货流结构的主要部分,港口吞吐量规模或将继续走低,悲观情况下甚至进入负增长区间。

2. 全球产业链收缩,集装箱货物将增多

当前,持续升级的疫情给全球产业链造成了前所未有的冲击,也让众多跨国公司开始衡量生产效率与稳定性两者对企业未来发展的重要程度,而与日俱增的本土保护主义政策更是不断动摇跨国企业的全球化战略,在此背景下,未来产业供应链或将不断简化,并逐步向集群化、本土化发展。与此同时,全球供应链将变得更为紧凑,供应链上的货物将逐渐向两端趋近,初级产品加工向原材料产地聚集,面向消费的产成品生产则向消费地聚集,中间段的半产成品和产成品将增多,且平均附加值有所提高,而具有安全、快捷、稳定的集装箱运输无疑将是最适合运输此类货物的海运方式,故可以预见,未来港口主要货种将不断向集装箱倾斜,集装箱货物也将由此成为越来越多港口的核心货种。

3. 企业产销模式改变,传统港口服务将面临挑战

在逆全球化的过程中,未来以"全球采购、集中生产、全球分销"为主要特征的传统产销模式将不断向"近岸采购、就近生产、就地销售"的新模式转变,且企业的生产将主要以客户需求为导向。而新的产销模式将提高对运输服务的要求,一方面由于产成品更加靠近消费市场,零售直销模式增多,为快速响应市场客户要求,货主对货物运输的时效要求将越来越高,对运输的及时性、敏捷性、安全性要求将进一步增强,港口作为运输价值链中的一个重要环节,无疑也将面临同样的考验,保证港口的高效、稳定运营至关重要。此外,由于不同货物具备不同的个性化特点,这就要求运输服务变得更为柔性化,传统单一的、标准式的港口装卸服务将面临较大挑战,港口需加快向柔性化、定制化经营模式的转变,同时不断延伸服务功能,以满足多样化的服务需求。

五、提升上海航运服务业发展的对策建议

(一)借力"新基建"助推沿海航运市场恢复

目前,国内疫情基本得到了控制,受宏观经济的刺激以及国家政策的扶持,钢铁下游企业复产、复工积极,随之钢材消费也迎来了火爆的季节。部分

钢厂有补库存需求,短期将提振沿海二程矿运输市场。

由于国际疫情形势愈发严峻,加上国内进口煤通关趋严,外煤需求走弱,澳洲煤和印尼煤离岸价与去年同期相比均出现明显降幅,国内外煤炭价差收窄,贸易商开始买进国内煤炭。随着下游复工复产提速,叠加"新基建"的扎实落地将给煤炭需求带来一定增量,沿海煤炭市场需求将逐步回升。

按照市场预估,"新基建"在未来五年的投资额将接近"30万亿元"。由于轨道交通在"新基建"投资建设中占比较大,所以拉动钢材消费会非常明显。另外,"新基建"对炼焦煤、动力煤等需求也有着拉动作用。短期来看,"新基建"稳步推进,叠加"老基建"复产加速,可以有助于沿海运输市场走出至暗时刻。

(二)对标国际传统自由港,进一步提升港口开放度

上海国际航运中心地处"一带一路"和环太平洋贸易圈接合部,直接辐射我国东部地区及长江经济带,既是长江黄金水道的龙头港,也是海陆双向开放的引领者。《长江三角洲城市群发展规划》提出,着力打造上海国际综合交通枢纽,可见上海国际航运中心兼具全球航运核心和区域国际门户的双重角色。值得关注的是,上海国际航运中心汇集8条国际主要航线、通达3条欧亚大陆桥,在海陆联运时代将有望成为东北亚地区连接欧洲的转运中枢。

因此,提升上海港的港口开放度水平至关重要。港口开放度是衡量港口城市国际航运竞争力的重要因素,上海自由港的建设可以对标新加坡和中国香港,通过制度创新最大程度提升港口开放度。自由港和自贸区的监管实质都是"一线放开,二线管住",但自由港比自贸区相比,"一线放开"得更加彻底,自由度更大,更能够有效促进上海国际航运业的深度开放。

(三)进一步优化港口营商环境[①]

良好的港口口岸营商环境是国际航运服务产业国际竞争力的重要外部支撑。只有进一步提升上海港口岸服务营商环境,才能有效促进国际航运服务产业国际竞争力的提升。具体而言,有如下几点:

1. 港口作业要不断创新、提升效率

创新港口作业和管理模式,提高生产效率;全面推广设备交接单、提货单等单证的电子化、无纸化应用;切实推进码头装卸、理货、堆场、闸口等环节的智能化和标准化应用。

2. 全面提升港口服务能级

加快建设口岸业务受理中心、电子放箱系统,实现在线预约、电子支付、电

[①] 中国港口协会:《2019我国港口企业营商环境报告》,2019年6月。

子网签、单证流转等"一站式"服务,提升客户体验;鼓励全行业制定、发布和实行服务承诺。

3. 创新监管方式,提升通关效率

推进"多关如一关",统一整合电子口岸;完善和落实提前申报政策,加大船边放行比例,缩短放行提离时间。

4. 协同推进口岸物流作业信息化

加快推进信息电子化流转,实施电子放行,完善进出口口岸申报系统,加快推进口岸物流信息平台建设,打通各环节信息壁垒,实现信息互联互通。

执笔:
  徐 旭 上海电机学院副教授
  罗 军 上海海关学院副教授

特 别 篇

2019—2020年上海智能制造产业国际竞争力报告

前言

　　智能制造[①](Smart Manufacturing Industry)是第四次工业革命的代表,也是中国制造业未来的发展方向,是中国占领制造技术制高点的重点领域。党的十九大报告中指出,要加快建设制造强国,加快发展先进制造业,推动互联网、大数据、人工智能和实体经济深度融合,促进我国产业迈向全球价值链中高端,培育若干世界级先进制造业集群。

　　自德国政府在2013年的汉诺威工业博览会上正式提出"工业4.0"战略以来,智能制造作为未来经济发展的主要方向已经得到广泛认同,多个国家正以工业化与信息化的充分融合为基础,以智能化技术的研发与应用为手段,积极推进传统制造行业的转型与快速提升。世界主要发达国家先后提出了先进制造业战略以提升本国工业核心竞争力,如美国制定了"先进制造伙伴计划"和"先进制造业国家战略计划",德国实施了以智能制造为主体的"工业4.0"战略,日本提出了先进制造国际合作研究项目,加快发展协同式机器人、无人化工厂,中国也于2015年明确提出《中国战略2025》的发展目标,力求在新一轮工业革命中占领先机。

　　2020年突如其来的新冠肺炎疫情虽然一度使得各国经济"停摆",但同时也按下了"智能制造"加速键。无人工厂、智能生产、智慧物流等新业态、新模式在疫情期间发挥了独特作用,并将成为疫后各国重振经济的"风口"。在全球化和逆全球化思想的交锋中,全球经济的不确定性将进一步增大,智能制造也将面临

---

① 所谓工业4.0(Industry4.0)是基于工业发展的不同阶段作出的划分。按照目前的共识,工业1.0是蒸汽机时代,工业2.0是电气化时代,工业3.0是信息化时代,工业4.0则是利用信息化技术促进产业变革的时代,也就是智能化时代。资料来源:http://politics.people.com.cn/n/2014/1014/c70731-25826975.html。

重大变化。从技术角度看,随着信息技术指数级增长、数字化网络化进步、集成式智能化创新趋势迅速推进,机器之间、生产系统和操作系统之间、供应商和分销商之间的网络互联将进一步打通,智能制造生产过程中全球合作将加强,其中尤以数据和工具的可用性为新的竞争力[①];从企业供应链角度看,疫后跨国企业出现了从原来"高效供应链""柔性供应链"向构建"安全供应链""韧性供应链"转型的新趋势,从而导致某种程度的经济去全球化,表现为水平分工的国际化和垂直整合的一体化相互结合的产业链将会发生重大调整(Paul Krugman、Edwin A. Winckler、黄奇帆、陈文玲等);从全球经贸环境看,疫情对国际秩序的重构还会伴随经济领域向政治社会领域传递,大国竞争、贸易纠纷、极端思潮、规则重构等失序因素会明显增多。特别对于中国而言,美国政坛试图在国际规则上对中国封锁等因素,也会影响中国产业在全球价值链中的地位(赵燕菁等)。

在国内外经济深度调整重建大势下,中国如何进一步统筹内外资源,通过国内消费这一拉动经济增长的基本动力,依靠科技创新加快产业链供应链调整、架构,主动布局全球产业链,既是挑战,更是机会。一方面,全球经济贸易深度低迷与我国超大经济体的巨大内需,使中国经济更具韧性。另一方面,疫情的剧烈扰动使全球产业链供应链断裂失序同时,也倒逼产业链供应链重新架构布局以求微观企业生存和宏观产业体系恢复,这将为中国主动布局新一轮全球产业链提供"窗口期"。

我国制造业正处于机械化向自动化转变的关键时期,上海是全国进出口最重要的枢纽口岸,也是全球产业链供应链的重要节点城市,在智能制造等重点领域中起着联通长三角、贯通全球市场的重要配置作用,担负着长三角及国内诸多重点产业全球供应链的关键零配件和核心环节供给任务。如何立足中国国情,面向未来发展,着力突破数字化、网络化、智能化核心技术,抓住新一代信息通信技术及其他新兴技术领域契机,更好发挥上海在机器人、数控机床、工业互联网、工业软件等智能制造重点领域的全球资源配置功能、科技创新策源功能、高端产业引领功能和开放枢纽门户功能,提升产业国际竞争力,是当前上海发展智能制造的历史使命。

一、2019年全球智能制造产业发展

(一)全球智能制造市场

智能制造产业链涵盖智能装备(机器人、数控机床、其他自动化装备)、工业互联网(机器视觉、传感器、RFID、工业以太网)、工业软件(ERP/MES/DCS

[①] 最早出版《智能制造系统》一书并创办《智能制造杂志》的美国学者库夏克在最新的研究中对智能制造的未来特征进行了预测,指出智能制造是关于自主、进化、模拟和优化制造的过程,它将取决于数据和工具的可用性,而制造企业的智能水平将取决于其在网络空间中的反映程度(Kusiak, 2018)。

等)、3D打印以及将上述环节有机结合的自动化系统集成及生产线集成等。全球范围看,美国、德国和日本走在全球智能制造前列,其余国家也在积极布局智能制造发展。国际市场研究机构 Markets and Markets 最新发布的研究报告显示,2020年全球智能制造市场规模将达到 2 147 亿美元,预计到 2025年,将增至 3 848 亿美元,其间年复合增长率约为 12.4%。[①]

1. 机器人

近年来,全球机器人产业在基础技术、市场规模、企业智能化转型方面持续提升。2018年全球机器人市场规模达到 285.0 亿美元,2013—2018年平均增长率约为 15.1%。2019年,中美贸易摩擦持续发酵,资本投资一直在下降,但由于低出生率和老龄化,劳动力短缺,机器人产业致力于将人从繁重的劳动、简单的重复劳动中解放出来,全球机器人市场规模持续增长,达 294.0 亿美元,增长率为 3.2%。其中,全球工业机器人市场规模为 159.0 亿美元,占比为 54.1%,全球服务机器人市场规模为 135.0 亿美元,占整体机器人市场规模的 45.9%,所占比例不断提高。[②]

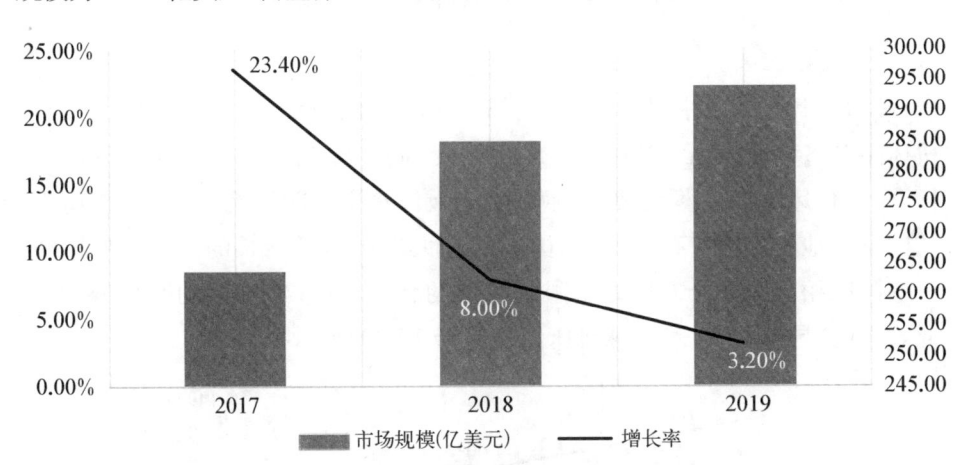

图 1 2017—2019 年全球机器人市场规模

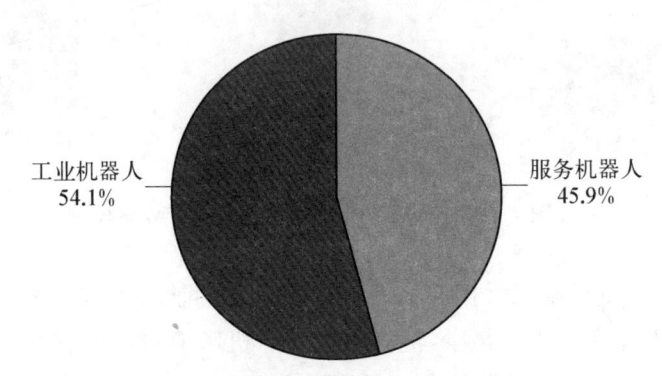

图 2 2019 年全球机器人市场结构

[①] 详见"到2025年全球智能制造市场规模年复合增 12.4%",中国包装,要会动闻。
[②] 国际机器人联盟(IFR)根据服务机器人应用场景的不同,将服务机器人分为专业领域服务机器人和个人/家庭服务机器人。

从全球地区发展来看,亚太地区是机器人最活跃的市场,占全球份额为60.2%,其次是欧洲地区和北美地区,分别占比19.9%和17.4%。

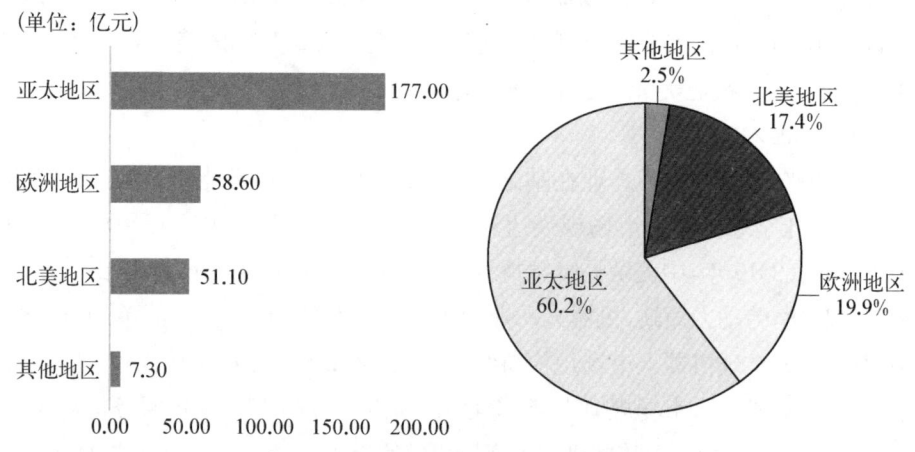

图3　2019年全球机器人区域市场结构

2. 数控机床

2019年,全球数控机床产业规模达1 492.0亿美元,增长率为3.9%。全球机床生产842亿美元,下降了129亿美元,同比降低13.3%。和全球消费一样,全球机床生产下落到2010年以来的最低水平。2019年在15个机床生产的国家和地区当中只有巴西、法国和加拿大生产是正增长的。新冠疫情使得一些国家相当一部分人口处于限制流动的状态,导致经济活动明显减少。由此,估计会导致2020年全球机床消费下降15%或更多。

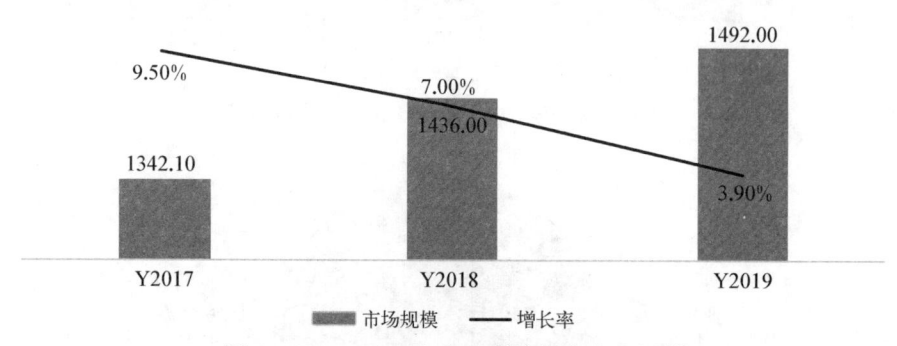

图4　2017—2019年全球数控机床产业规模

美国作为世界第二大机床消费国,机床消费前15个国家和地区有12个出现下降,其中美国下降最少,使美国在全球机床消费市场所占的份额明显增加。2019年美国消费了世界11.9%的机床产品(约97亿美元),与2018年相比下降了1.6%,这是自2001年以来美国所占全球机床消费份额最高的一年。2001年正是美国制造业大规模离岸外包的开始,美联储人为地设立了低利率,以帮助美国从互联网泡沫中恢复过来。

3. 工业互联网

工业互联网是通过新一代信息通信技术建设连接工业全要素，全产业链的网络，以实现海量工业数据的实时采集、自由流转、精准分析，从而支撑业务的科学决策，制造资源的高效配置，推动制造业融合发展。工业互联网对我国制造业数字化转型升级、实现制造业高质量发展以及提升国际竞争力具有战略意义。网络、平台及安全构成了工业互联网三大体系，其中网络是基础，平台是核心，安全是保障。受限于数字化发展水平，各行业工业互联网平台的应用程度各不相同。数字化水平越高的行业，工业互联网平台的应用程度越高。整体来看，在国内外的应用案例中，机械与能源行业的工业互联网平台应用程度最高，累计占比高达58%。

美国、欧洲、亚太地区是工业互联网发展的重点区域。其中美国集团优势显著，GE、微软、罗克韦尔、亚马逊等巨头积极布局，加之各类初创企业着力前沿创新，有望助力美国保持行业主导地位。西门子、博世、ABB、SAP等欧洲工业巨头凭借自身在制造业的基础优势亦进展迅速。2018年全球工业互联网市场规模为8 059.1亿美元，较2017年增长5.51%。2019年全球工业互联网市场规模约为8 465.57亿美元。

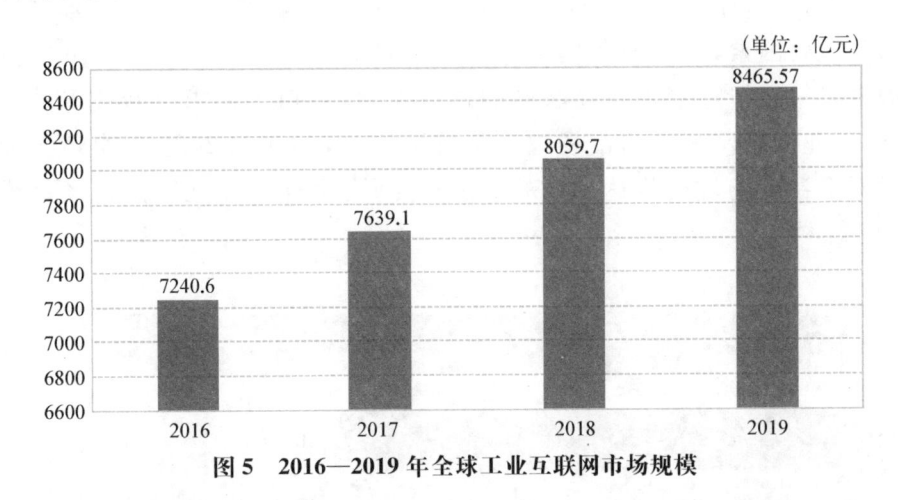

图5 2016—2019年全球工业互联网市场规模

图6 2018年全球工业互联网平台应用行业分布

目前工业互联网平台主要应用于设备管理、生产过程管控、企业运营管理、资源配置协同、产品研发设计及制造与工艺管理等领域。开发难度越低、优化价值越高的应用领域在工业现场的应用热度越高。

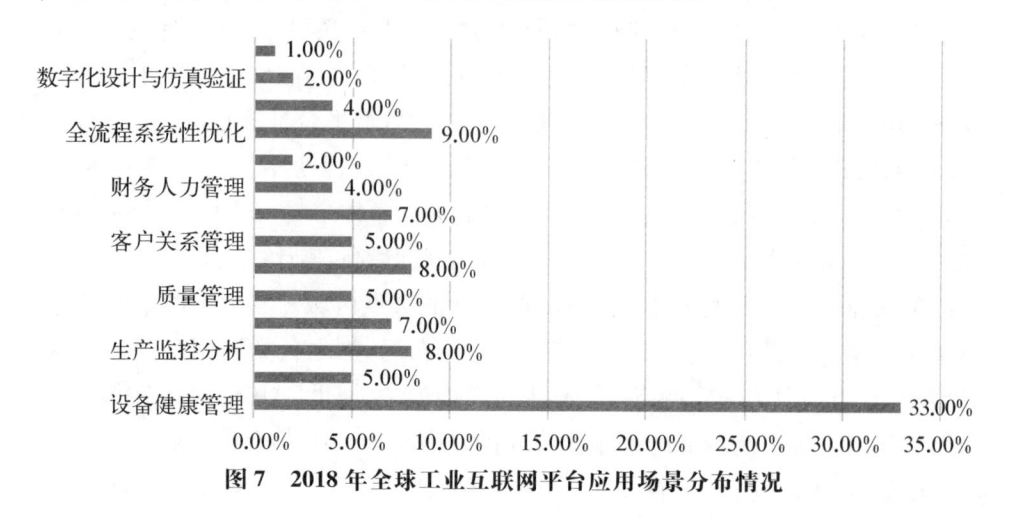

应用领域	占比
数字化设计与仿真验证	1.00%
	2.00%
全流程系统性优化	4.00%
	9.00%
财务人力管理	2.00%
	4.00%
	7.00%
客户关系管理	5.00%
	8.00%
质量管理	5.00%
	7.00%
生产监控分析	8.00%
	5.00%
设备健康管理	33.00%

图 7　2018 年全球工业互联网平台应用场景分布情况

在工业互联网发展初期,工业数字化水平是影响工业互联网市场规模结构的重要因素,工业设备的数字化水平低是影响平台市场规模低的主要因素之一。但随着工业互联网的迅速发展,在市场需求及新技术的推动下,工业互联网平台的市场规模会持续增长,预测到 2023 年全球工业互联网平台市场规模将达到 138.2 亿美元,占全球工业互联网市场规模的 15%。

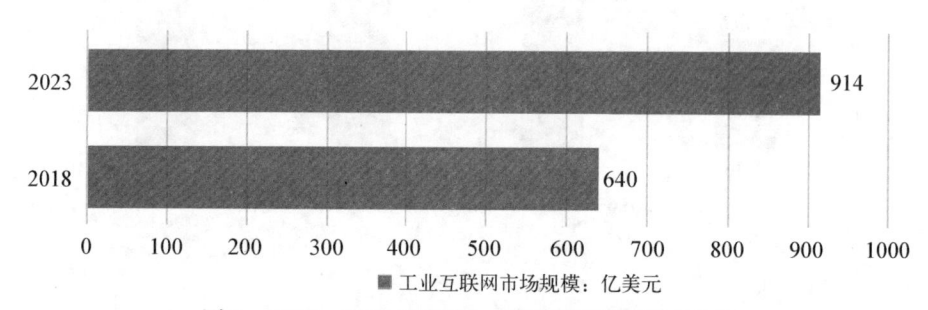

年份	工业互联网市场规模:亿美元
2023	914
2018	640

图 8　2018—2023 年全球工业互联网市场规模走势

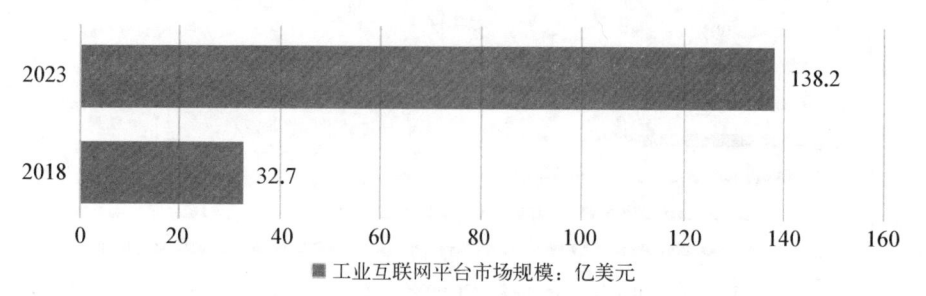

年份	工业互联网平台市场规模:亿美元
2023	138.2
2018	32.7

图 9　2018—2023 年全球工业互联网平台市场规模走势

4. 工业软件

工业软件是指在工业领域里应用的软件,包括系统、应用、中间件、嵌入式等。一般来讲工业软件被划分为编程语言、系统软件、应用软件和介于这两者之间的中间件。其中系统软件为计算机使用提供最基本的功能,但是并不针对某一特定应用领域。而应用软件则恰好相反,不同的应用软件根据用户和所服务的领域提供不同的功能。根据中商产业研究院所发布的《2020—2025年中国工业软件行业市场前景及投资机会研究报告》的数据显示:2018年全球工业软件产品市场规模达到3 893亿美元,较2017年增长5.19%。经初步统计,2019年全球工业软件产品收入已突破4 000亿美元大关,到2020年全球工业软件行业市场规模将达4 332亿美元。

图10 2012—2020年全球工业软件行业市场规模及预测情况

5. 3D打印

3D打印制造技术有可能从各个方面彻底影响全球制造业,其革命之处在于它能在世界各地生产个性化的定制产品,今后,制造一个产品并不难,难的是谁能够设计出来,这种设计变成一种个性化互动式的,变成创新与市场联动。自2013年3D打印技术高速发展以来,国内外3D打印机公司如雨后春笋般在市场上崭露头角。近两年,发展速度虽有所放缓,但依然属于稳中求好的态势。根据前瞻产业研究院的数据统计显示,2022年全球3D打印机市场规模将突破220亿美元,中国3D打印机市场规模将突破61.9亿美元,目前消费级3D打印机占据9成市场份额。美国是3D打印行业的主要竞争领域,拥有40%以上的市场份额,其次是日本、德国,中国位列第四,但中国却是创客较多的国家,尤其在提倡STEAM教育以来,无论是创客、科普公益活动还是科技类的课程,在市场上以不同形式纷纷呈现,3D打印作为新兴的科技产业自然成为人们关注的焦点,因此,中国拥有巨大的市场潜力。

目前投资于3D打印技术研发的企业包含了空中巴士、阿迪达斯、福特、丰田等知名企业。2018年全球有能力自主"研发与生产"3D打印机的企业有177家,产业内的系统性玩家开始增加,意味着打印机的相关研发、制造技术趋于成熟。根据市场研究机构IDC预计,2019年全球3D打印的市场规模达到138亿美元,比2018年扩大21.2%。

图11 2013—2019年全球3D打印市场规模、增长速度及预测

从细分领域来看,3D打印机和3D打印材料的销售成为最大的收入来源。在2019年全球138亿美元的3D打印市场规模中,有53亿美元来自打印机销售,42亿美元来自打印材料销售,38亿美元来自打印服务,占比分别为38.13%、30.22%和27.34%。

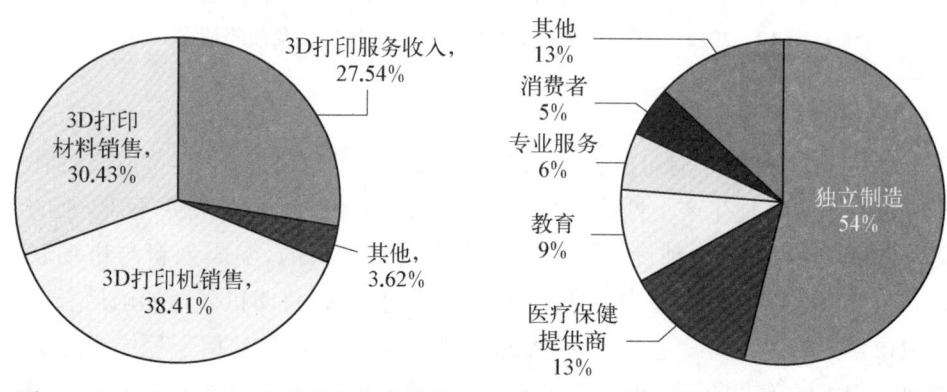

图12 2019年全球3D打印市场细分结构　　图13 2019年全球3D打印市场应用结构

3D打印产业的蓬勃发展,主要源于产业的定制化能力高,可应用的场景相当多样,目前在各产业与场景的深度融合状况也都较为乐观。从应用领域来看,3D打印的最大市场将是独立制造,占比达到53.8%;其次是医疗保健,占比约为13.1%;教育领域、专业服务领域以及消费者服务领域占比分别为8.6%、6.5%和4.7%。

以地域计,美国仍是全球最大市场,2019年市场规模预计为50亿美元。美国是 3D 打印产业的起源地,在全球 3D 打印市场中持续领先。同时,美国的研发脚步从未停止,2019 年 11 月中旬,美国社区和经济发展部向匹兹堡大学和卡宾德综合公司拨款 57 000 美元,以研究使用碳化钨粉末进行 3D 打印的有效方法。此外,西欧和中国紧随其后,2019 年 3D 打印市场规模预计分别为 36 亿美元和 20 亿美元。

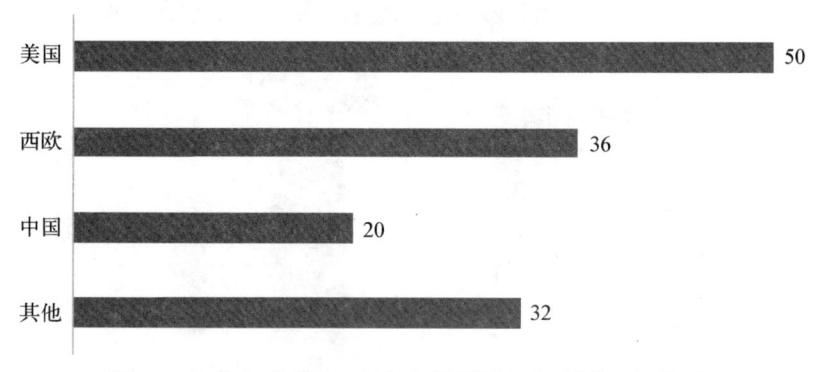

图 14　2019 年全球 3D 打印市场区域分布(单位:亿美元)

（二）全球智能制造生产

1. 全球供应链变化

（1）工业机器人

工业机器人是智能制造业最具代表性的装备。截至 2018 年底,全球约有 240 万台工业机器人投入运行,较 2017 年增长 15%。其中,全球安装的机器人约占 26%。2020 年 2 月 19 日,国际机器人联合会(IFR)在德国法兰克福发布 2020 年机器人技术主要发展趋势。2020 年到 2022 年,预计全球工厂将新增近 200 万台工业机器人,亚洲销售和库存均居首位,欧洲紧随其后。

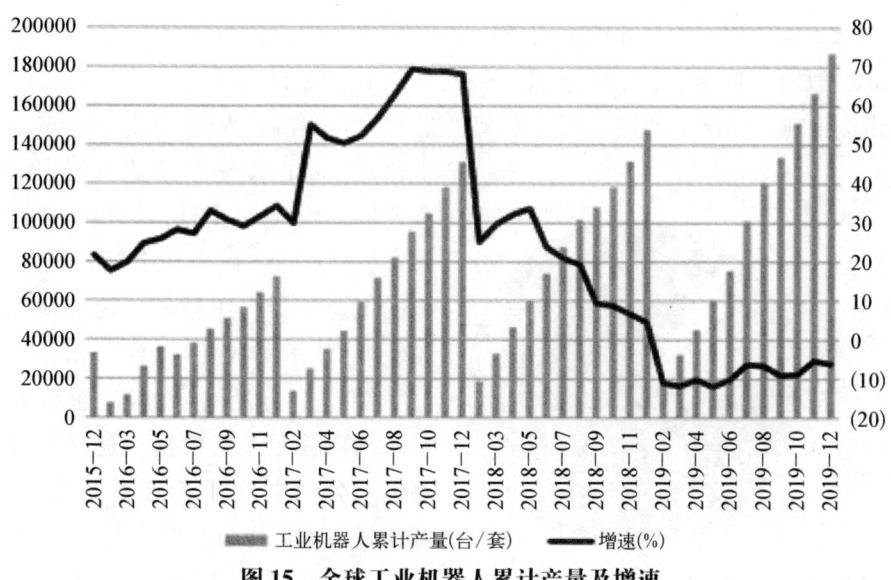

图 15　全球工业机器人累计产量及增速

工业机器人的核心零部件包括减速器、伺服和控制器。其中,技术门槛最高的是减速机,其次是伺服电机和驱动,再次是控制器。减速器、伺服和控制柜成本分别占机器人成本的30%—50%、20%—30%、10%—20%。

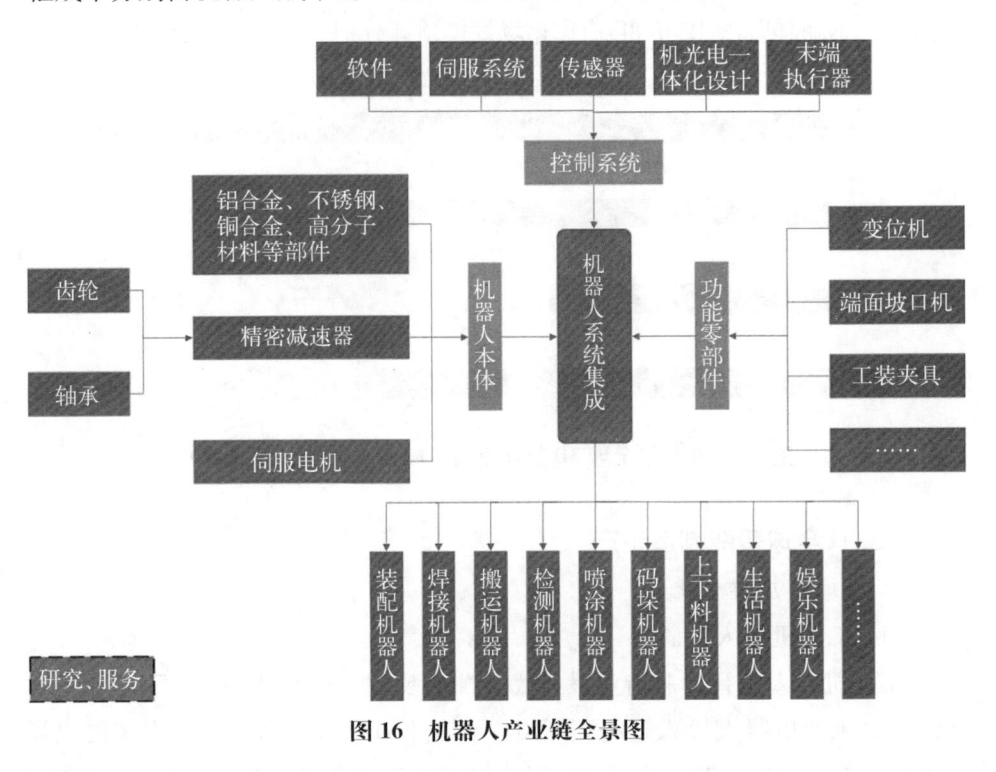

图16 机器人产业链全景图

工业机器人用精密减速器可以分为五类,RV减速器和谐波减速器是工业机器人最主流的精密减速器。世界75%的精密减速器市场被日本的哈默纳科和纳博特斯克(帝人)占领。RV减速器适用于重载机器人,纳博特斯克(帝人)生产RV减速器,约占60%的份额,全球机器人销量最大的四大机器人品牌ABB、发那科、库卡、安川都是它的客户。排名第二的日本住友占据全球约30%的市场份额。谐波减速器适用于小型机器人或大型机器人的末端几个轴,哈默纳科几乎垄断了整个工业机器人谐波减速器领域,目前全球市场占有率高达80%。相比日本巨头几十年的积淀,中国的工业机器人用精密减速器研究开始较晚,技术不成熟,形成了精密减速器不能自给自足的局面,严重依赖进口。国内涉足RV精密减速器的公司有上市公司秦川机床、上海机电、巨轮股份,新三板公司有唯一标的恒华股份,非上市公司有南通振康、恒丰泰、武

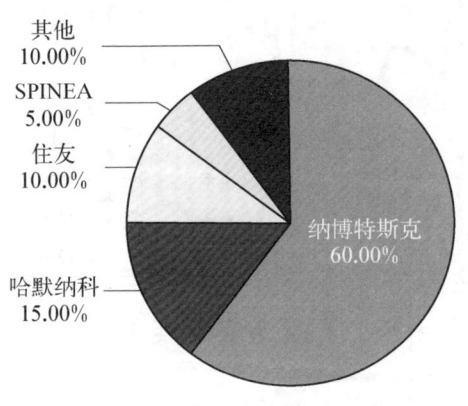

图17 中国工业机器人减速器市场格局

汉精华、上海精华、山东帅克等，涉足谐波减速器的有非上市公司苏州绿的谐波传动科技有限公司、北京中技美克谐波传动有限公司等。

伺服中主要的三大零部件为：马达、驱动器、编码器。目前国内高端市场主要被国外名企占据，主要来自日本和欧美，未来国产替代空间大。目前国外品牌占据了中国交流伺服市场近80%的市场份额，主要来自日本和欧美。其中，日系产品以约50%的市场份额居首，其著名品牌包括松下、三菱电机、安川、三洋、富士等，其产品特点是技术和性能水平比较符合中国用户的需求，以良好的性价比和较高的可靠性获得了稳定且持续的客户源，在中小型OEM市场上尤其具有垄断优势。未来五年，我国伺服系统行业受益于产业升级的影响，将保持较快增长，国产替代空间还很大。国内较大的伺服品牌市场包括上市公司埃斯顿、汇川技术、华中数控、广州数控、和利时、新时达，新三板公司北超伺服。其中，汇川技术提供的机器人解决方案中伺服电机和数控系统基本实现自给，新时达、埃斯顿部分型号机器人开始使用自行研制的控制器和伺服系统，北超伺服能够为客户提供电机与驱动器一体化产品。

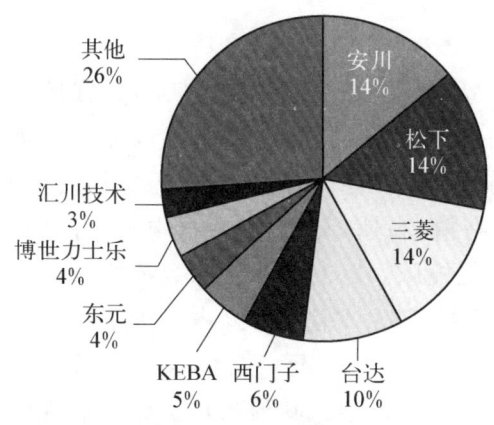

图18 中国工业机器人伺服系统市场格局 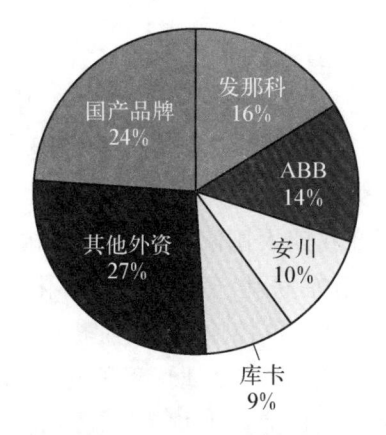　　图19 中国工业机器人控制系统市场格

国内企业机器人控制器产品已经较为成熟，是机器人产品中与国外产品差距最小的关键零部件，国内控制器与国外产品存在的差距主要在控制算法和二次开发平台的易用性方面。相对于减速器，机器人控制器市场集中度略低，ABB、发那科、库卡、安川四大家合计占据约60%市场份额。

日本号称"机器人王国"，在工业机器人的生产、出口和使用方面都居世界榜首，日本工业机器人的装备量约占世界工业机器人装备量的60%。从日本工业机器人数据来看，2019Q1—Q4总出货台数分别为43 089台（同比−24.15%）、42 541台（同比−25.10%）、46 161台（同比−10.60%）、43 911台（同比−12.10%）。其中，2019Q1—Q4对中国的销售额分别为360.22亿日元（同比−34.25%）、476.60亿日元（同比−26.00%）、542.99亿日元（同比−2.18%）、464.22亿日元（同比−9.69%），单季度来看降幅收窄明显。

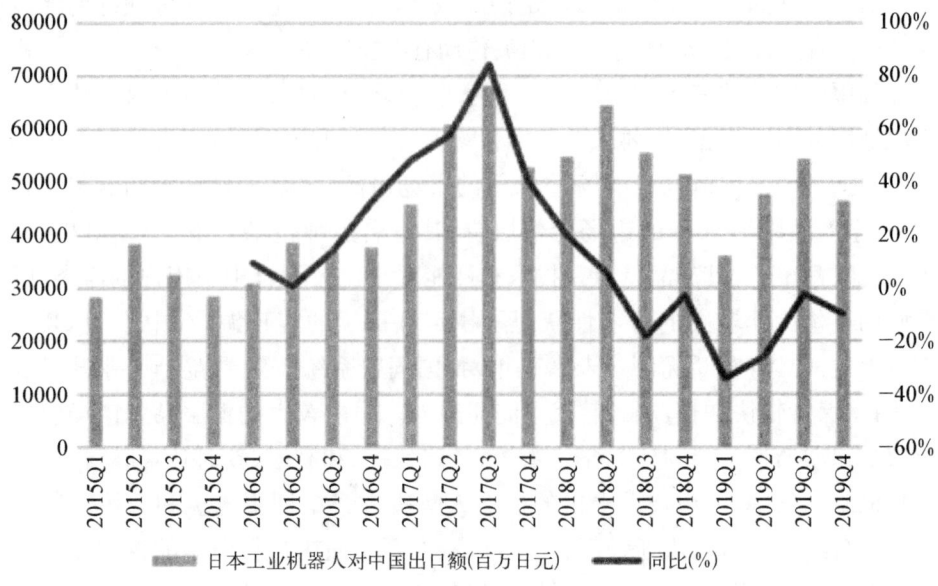

图 20　日本工业机器人对中国出口额及增速

（2）数控机床生产

美国、德国、日本三国是当前世界数控机床生产、使用实力最强的国家,是世界数控机床技术发展、开拓的先驱。当前,世界四大国际机床展上数控机床技术方面的创新,主要来自美国、德国、日本;美、德、日等国的厂商在四大国际机床展上竞相展出高精、高速、复合化、直线电机、并联机床、五轴联动、智能化、网络化、环保化机床。2019 年,全球数控机床产业结构中,数控金属切削机床产业规模 783.3 亿美元,占比最高,达到 52.5%;数控金属成形机床产业规模 420.7 亿美元,占比 28.2%;数控特种加工机床产业规模 265.6 亿美元,占比 17.8%;其他数控机床产业规模 22.4 亿美元,占比 1.5%。

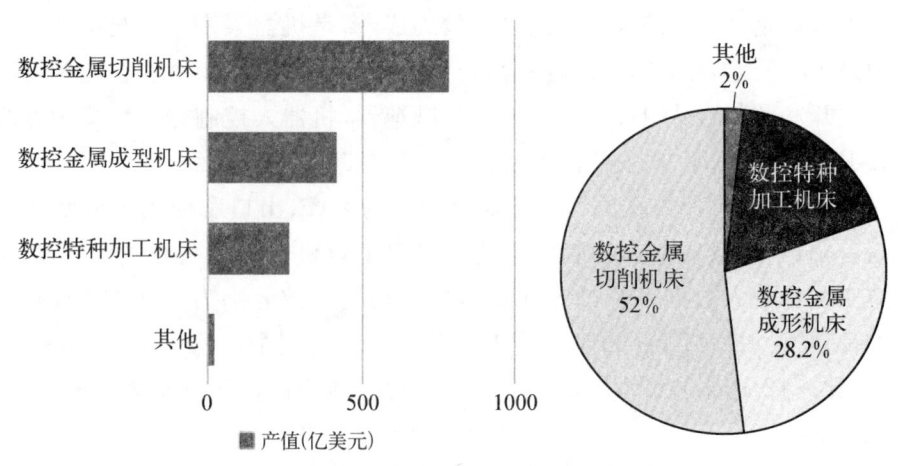

图 21　2019 年全球数控机床产业规模结构

全球数控机床产业主要集中在亚洲、欧盟、美洲三大区域,其中,中国、日本和德国是机床的主要生产国家。2019年,日本数控机床产业规模占全球比重约32.1%,是全球第一大数控机床生产国。中国数控机床产业规模略低于日本,占全球比重约31.5%。德国整体产业规模占全球比重约17.2%。

中国目前生产的工业机器人主要满足国内市场需求,国际上的工业机器人核心部件供应商中,安川、发那科、哈默纳科和纳博特斯克是日本企业,ABB是瑞士企业,库卡是德国企业。中美贸易摩擦暂时不会对正在蓬勃发展的中国工业机器人供应链产生很大影响。

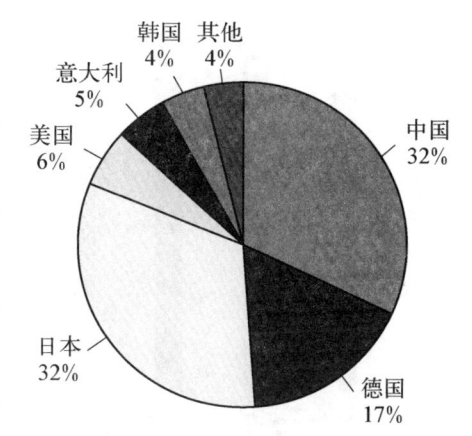

图22 2019年全球数控机床产业区域结构

在国际市场上,中、高档数控系统主要由日本发那科、德国西门子公司为代表的少数企业所垄断,其中发那科占一半左右。2010年起,我国成了世界机床消费第一大国,消费了全球高端数控机床将近一半。而中国高端数控机床的核心零部件大部分依赖进口,国产中高档数控系统自给率不到20%,其中,高档数控系统自给率不到5%,其中从日本进口最多,约占1/3。同样,我国高等数控机床生产对美国依存度比较低。

综上所述,目前中美贸易摩擦暂时未对我国智能制造供应链造成多大影响。但必须看到,西方国家一直对高科技产品出口采取严格管控措施,随着中美贸易摩擦加深,美国很有可能使用其影响力,限制日本等国对我国出口。我国必须高度重视其中风险,防止核心零部件断供,一方面,要努力实现供应商多元化;另一方面,要加快技术研发,提高自给率。

2. 产业集聚和扩散

智能制造跨国企业主要集中在美国、德国和日本工业化发达国家,且产业集中度高。以智能控制系统为例,全球前50家企业排行榜中74%为美德日企业,入榜企业最多的是美国和德国,各有13家,其次是日本有11家,其后相对居多的国家是英国和瑞士,其中,排名前10位企业中有半数是美国企业,其企业竞争力可见一斑;在50家企业收入总额中,44%为前5家企业据有,第1位企业的收入是第10位的4倍、第50位的51倍,50位企业的收入中位是第14位企业,可见行业巨头企业垄断之势。

在智能制造企业数量方面,苏州以高达6 653个智能制造企业数量位居全球第一,悉尼与墨尔本以6 544个和6 500个企业数量分列其后,上海以5 131个位居第九。

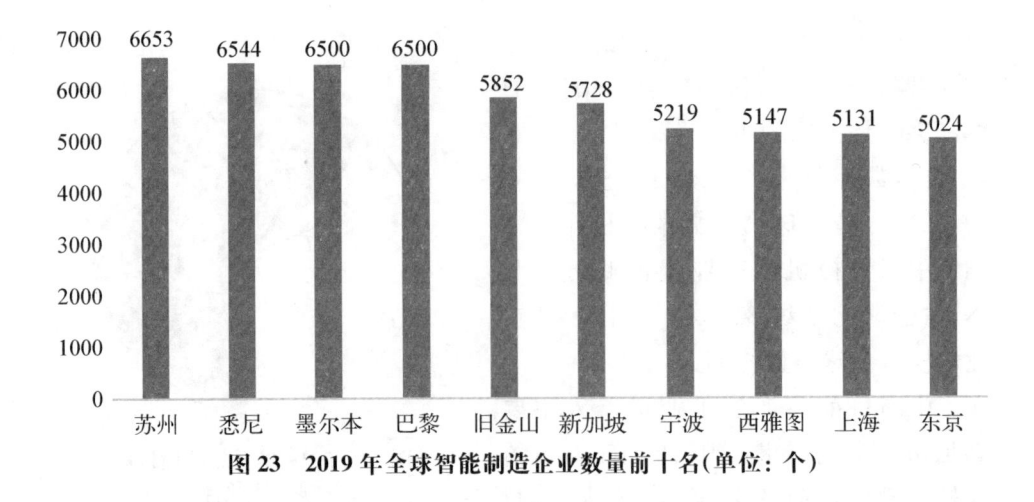

图 23 2019 年全球智能制造企业数量前十名(单位：个)

苏州	6653
悉尼	6544
墨尔本	6500
巴黎	6500
旧金山	5852
新加坡	5728
宁波	5219
西雅图	5147
上海	5131
东京	5024

工业机器人是智能制造业最具代表性的装备。日本、美国、德国和韩国是工业机器人强国。日本号称"机器人王国"，在工业机器人的生产、出口和使用方面都居世界榜首；日本工业机器人的装备量约占世界工业机器人装备量的 60%。

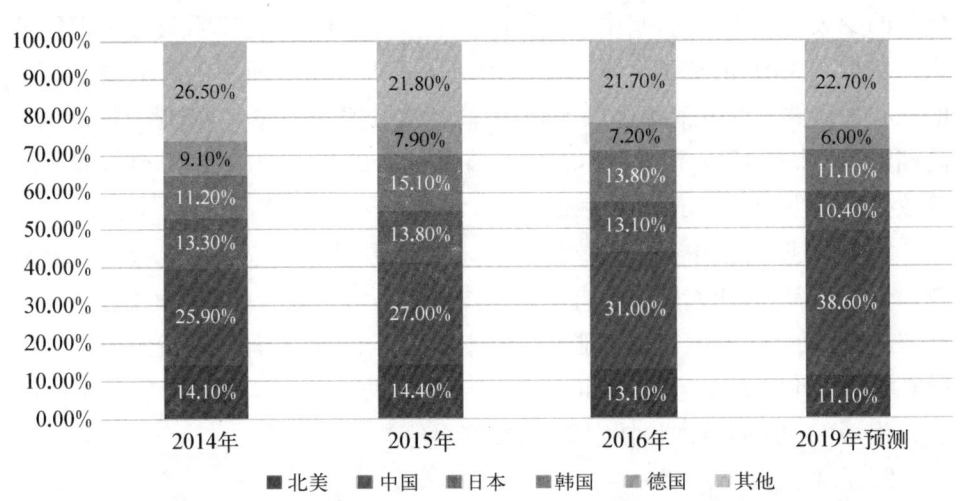

图 24 2014—2019 年全球工业机器人区域分布(按年安装量)变化情况及预测(单位：%)

区域	2014年	2015年	2016年	2019年预测
北美	14.10%	14.40%	13.10%	11.10%
中国	25.90%	27.00%	31.00%	38.60%
日本	13.30%	13.80%	13.10%	10.40%
韩国	11.20%	15.10%	13.80%	11.10%
德国	9.10%	7.90%	7.20%	6.00%
其他	26.50%	21.80%	21.70%	22.70%

高端数控机床产业竞争激烈，日本山崎马扎克、德国通快以及德日合资的 DMG MORI 稳居行业龙头地位。

表 1 2019 年全球重点数控机床制造商

排 名	企 业 名 称	国家和地区	规模(亿美元)
1	山崎马扎克	日本	52.8
2	通快	德国	42.4
3	DMG MORI	德国	38.2

续表

排 名	企 业 名 称	国家和地区	规模（亿美元）
4	马格	美国	32.6
5	天田	日本	31.1
6	大隈	日本	19.4
7	牧野	日本	18.8
8	格劳博集团	德国	16.8
9	哈斯	美国	14.8
10	埃马克	德国	8.7

从全球来看，由于发达国家工业软件起步早、技术积累雄厚且专业化程度高，基本垄断了技术复杂的高端工业软件领域，并形成了西门子、SAP、甲骨文等一批国际大型软件企业，主导了工业软件市场，我国工业软件市场份额仅占到全球约 6% 的比重。在外国市场，工业软件行业已形成巨头垄断的局面，如研发设计类软件领域由达索、西门子、欧特克等巨头占据着技术和市场优势；在生产控制软件领域，西门子保持行业龙头地位；信息管理类软件领域 SAP、Oracle 占据主导地位。

表 2 工业巨头开发/支持的工业软件

软件名称	开发/支持公司	软件名称	开发/支持公司
CADAM	美国洛克希德公司	CATIA	法国达索公司
CALMA	美国通用电气公司	SURF	德国大众汽车公司
CV	美国波音公司	PDGS	美国福特汽车公司
I-DEAS	美国 NASA	EUCLID	法国雷诺公司
UG	美国麦道公司	ANSYS	西屋电气太空核子实验室

目前全球 3D 打印机领域新老企业并存，竞争激烈。EOS、SLM solution、3D Systems 等老牌 3D 打印巨头，在早期引领了产业的发展，凭借专利优势拥有十几年甚至二十多年的技术积累，已经拥有较高的市场份额和客户认知度。而 Desktop Metal、Digital Alloys 等初创公司，多数成立于 2000 年甚至 2010 年以后，一方面系列专利到期后降低了进入壁垒，另一方面这些公司通过改进工艺技术、创新业务模式和提升成本控制，具备一定的后发优势。例如 Desktop Metal 分别开发了桌面级系统和工业级系统，以满足不同领域客户的需求。Digital Alloys 开发了 Joule Printing 技术，使用金属线代替金属粉末作为原材料来解决打印速度、质量和成本问题，在 2018 年获得了 1 290 万美元的

B轮融资。此外,中国的铂力特和先维三临缓缓崛起,挤进全球头部行列。其中,铂力特在2019年7月22日正式登陆中国A股市场,在上交所科创板挂牌上市,成为"科创板3D打印第一股"。而先维三临则持续开拓市场,成为具有全球影响力的3D数字化和3D打印技术企业。

表3 全球主要3D打印厂商

公 司 名 称	国家	主 要 技 术	2018年收入	2018年出货量(台)
EOS	德国	粉末床选区融化	/	460(含非金属设备)
SLM Solutions	德国	粉末床选区融化	0.84亿欧元	102
GE增材(收购瑞典Arcam与德国Concept Laser)	美国	粉末床选区融化	/	240
3D Systems(收购法国Phenix Systems)	美国	粉末床选区融化	6.88亿美元	2 368（含非金属设备）
雷尼绍	英国	粉末床选区融化	6.12亿英镑	68
铂力特	中国	粉末床选区融化	2.91亿元人民币	35
先维三临	中国	粉末床选区融化	4.01亿元人民币	29(金属3D打印设备)

3. 新技术、新应用下的价值链提升

智能制造市场正发生着四大变化:一是由批量化向定制化转化;二是由专业化向多品种转变;三是更新换代周期短;四是生产大众化的产品向高端化的产品转变。智能装备关键技术主要有:一是数字产生与数据样机建模分析技术;二是多技术路线与工作方案优化决策机制;三是复杂工况多任务支持与协同技术;四是多机械系统阶级化交互与控制技术;五是大数据驱动故障诊断,深度学习技术;六是工艺工装协同推送自动装箱系统;七是产品知识图谱与知识网络构建技术;八是机电云一体化,云平台实时服务。

工业机器人是工业4.0中使用的数字化和网络化生产的核心组成部分,简便、协作和数字化是推广机器人应用的关键因素。其发展趋势:一是机器人编程和安装变得越来越容易。数字传感器与智能软件的结合使得直接示教法,即所谓的"示教编程"得以实现。二是人机协作。具备与人类协同工作的能力的现代机器人系统能够适应快速变化的环境。机器人制造商不断扩大人机协作应用范围。目前最为普遍的协作场景是人机共享工作区。机器人和工人一起工作,按顺序依次完成各自任务。三是数字化。由VDMA和开放平台通信基金会(OPC)联合工作组开发的所谓的"OPC机器人配套规范"定义了工业机器人的标准化通用接口,并使工业机器人能够连接到工业物联网。机器人的数字化连接性,例如与云技术的连接,也是开发新业务模式的重要因素。

数控机床方面主要体现为以下几方面技术特征:一是高速、高效,不但可大幅度提高加工效率、降低加工成本,而且还可提高零件的表面加工质量和精度。二是高精度,从精密加工发展到超精密加工,是世界各工业强国致力发展的方向。三是高可靠性,随着数控机床网络化应用的发展,数控机床的高可靠性已经成为数控系统制造商和数控机床制造商追求的目标。四是复合化,将不同的加工功能整合在同一台机床上。五是多轴化,5轴联动控制的加工中心和数控铣床已经成为当前的一个开发热点。六是智能化,在加工过程中模拟人类专家的智能活动。七是网络化,机床通过所配装的数控系统与外部的其他控制系统或上位计算机进行网络连接和网络控制。八是柔性化,由传统的万能机床向机床功能专用化和产品多样化发展。九是绿色化,采用准干切削。

工业软件是大量的工业知识的积累,是制造业从材料、工艺、机械、控制、应用等多个层级的协同问题的集中体现,而任何一个工艺都必须经过大量的工业现场测试验证过程、经过收敛形成最经济的道路,这包括很多方面:制程工艺的知识、控制工艺、测试验证方法体系、工具系统。工业软件市场在国内一直处于关键却尴尬的地位,在设计、加工和分析领域,工业软件被欧美厂商100%垄断,国产工业软件几乎全军覆没。比如EDA,芯片设计生产"必备神器"EDA就是一个重要的工业软件,目前全球市场接近90%的份额都集中在Synopsys、Cadence、Mentor、Ansys四家公司上,国内EDA"三剑客"华大九天、广立微、芯禾科技虽然有所突破,但整体市场还是被国际巨头占领。

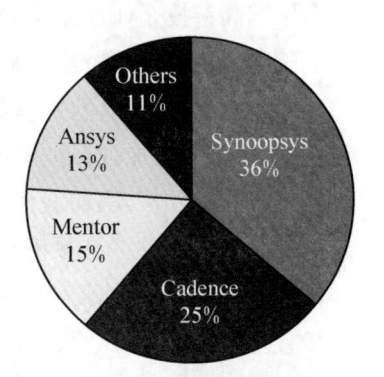

图25 全球EDA市场企业竞争格局

尽管3D打印有诸多优势,但仍无法避免快速发展所带来的弊端——材料问题、打印速度问题以及专业化的人员配备。材料是制约3D打印市场拓展的首要问题,研发高速及更广泛的打印材料是3D打印机厂商重要的发展方向,与此同时,专业的知识和人员也是市场不断扩张的重要配备资源。整体而言,3D打印技术的发展前景仍是值得期待的。未来的发展趋势主要会聚焦在三大方面:开拓单机在多种材料的自由使用、提升3D打印机的打印速度,以及降低3D打印机的售价。

(三)行业和经贸规则变化

近年来,经济全球化出现了波折,保护主义、内顾倾向在抬头,国际经贸规则面临挑战,新的产业链、价值链、供应链日益在形成,全球生产网络和分工体

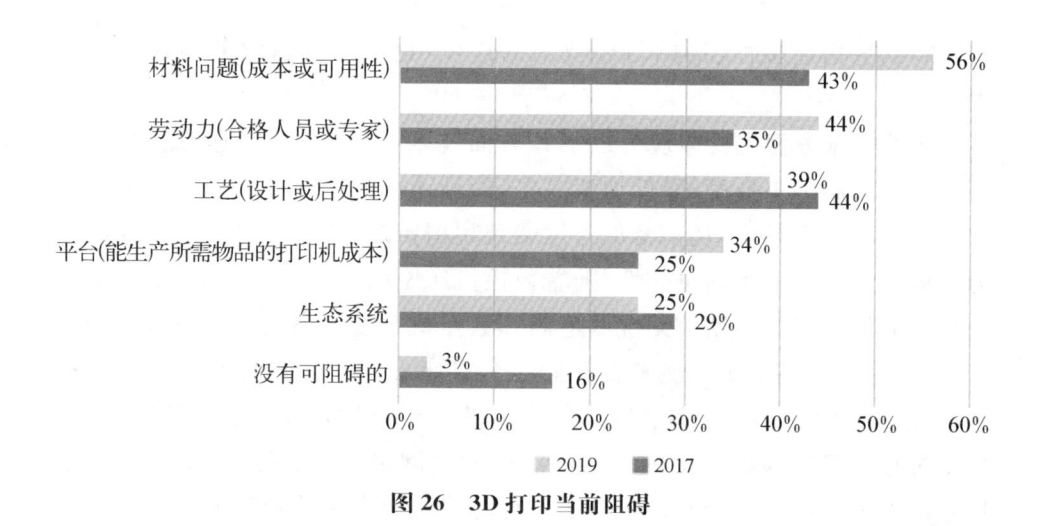

材料问题(成本或可用性)	43% / 56%
劳动力(合格人员或专家)	35% / 44%
工艺(设计或后处理)	39% / 44%
平台(能生产所需物品的打印机成本)	34% / 25%
生态系统	25% / 29%
没有可阻碍的	3% / 16%

图 26 3D 打印当前阻碍

系加速重构,本地化、区域化和分散化加速。在各方力量的博弈下,"全球化"正在寻找新的方向,从过去由发达经济体主导,强调规则先行,转变到现在新兴经济体开始深度参与,更多强调互利共赢和发展导向。

自 2017 年底《美国国家安全战略》将中国定义为战略竞争对手后,美国就开始对中国高科技企业连续实施限制性措施。作为全球两大经济体,中美达成的第一阶段协议对中国贸易格局乃至全球供应链产生影响。目前,美国不断提及第一阶段协议执行问题,并以此为由对中国进一步施压。随着疫情肆虐、大选临近,特朗普政府在加强保护国内产业以及供应链的同时,从资本、技术、人才等层面实施"精准打击",阻碍我国装备制造业向产业链高端转型升级。其包括:一是对中低端产业以贸易救济手段削弱中国成本优势;二是对中高端产业以 337 知识产权调查、232 国家安全调查、行政禁令和《国防授权法》限制中国产品准入;三是对高精尖产业,在资金、技术、人才方面实施"全政府策略",联合盟国强化投资审查围堵中资,通过出口管制防止高端技术流入,以"黑名单"切断中国企业的全球供应链,国际上搞联盟加大中国"断供"风险;四是对关键产业,则以"国家安全"为由,切断产业链,导致中国制造业企业,尤其是高科技企业承压。

美国在实现科技"脱钩"上是精心选择的,只针对美国有利或者对中国造成伤害更大的领域,主要集中在两个领域:一个是以"国家安全"为由切断中国高科技产业供应链的环节;二是对中国产能过剩而美国又有可替代性进口国的商品,通过提高关税以及非关税壁垒的方式限制进入美国市场。以电信行业为例,美国不仅以禁令、《国防授权法》对中国通信监控设备封闭美国市场,还将运行多年的"电信小组"合法化,对电信行业实施严格的投资审查,实现中美电信服务脱钩。此外,在"全政府策略"下,2019 年初美国司法部对我国华为提起诉讼,美国商务部于 2019 年 5 月将其纳入实体清单,2020 年初的司法部新诉讼升级为全面起诉。步步围堵的目的是限制中国 5G 实力,保持美国的技术领导力。美国司法部长 William Barr 在"中国倡议"会议上做主题演讲时表示,5G 演变成下一代互联网、工业互联网以及依赖于基础设施的下一代工业系统的中枢神经系统,中国企业占据了 40% 的市场份额,美国所做的一切是为了压制非西方体系科技产业的崛起。

(四) 行业全球大纪事

1月,总部位于加州硅谷的人工智能公司 Crowd Analytix 宣布完成 4 000 万美元战略融资,投资方为富士电子控股的子公司 Macnica。Crowd Analytix 成立于 2012 年 4 月,通过两个主要的 AI 平台为全球公司提供可扩展的人工智能解决方案。据悉,Crowd Analytix 曾于 2012 年 5 月和 2016 年 12 月分别获得 100 万美元和 200 万美元融资,目前总融资额达 4 300 万美元。

2月,人工智能公司 Databricks 宣布获得 2.5 亿美元新一轮融资。据悉,本轮融资由风投公司 Andreessen Horowitz 领投,微软、Coatue Management 和 New Enterprise Associates 等参投。Databricks 公司是由加州大学伯克利分校负责开发流行的开源 Apache Spark 数据处理框架的团队创建的,该公司致力于为客户处理"无聊的人工智能"需求。

2月27日,地平线机器人公司宣布完成金额达 6 亿美元的 B 轮融资,是 2019 年度国内融资额最大的机器人公司。

4月,医疗人工智能创业公司 Sig Tuple 宣布完成了 1 600 万美元 C 轮融资。本轮融资由 TrustedInsight 领投,Accel、ChirataeVentures 和 PiVentures 跟投。2018 年 6 月,Sig Tuple 在 B 轮融资中筹集了 1 900 万美元,之后注册了两家子公司,即 Mirable Health 和 Truelyser Biosystems。本轮融资资金将用于进一步发展这两家子公司。

4月,医疗科技公司 Path AI 完成 6 000 万美元 B 轮融资。据悉,本次融资由 General Atlantic 领投,General Catalyst 跟投。融资资金将用于推进该公司人工智能疾病诊断技术发展,以提高疾病诊断精确度,优化患者诊疗体验。

6月,总部位于巴黎的 Meero 表示,它已经为其人工智能驱动的摄影平台筹集了 2.3 亿美元的风险投资,使该公司的估值超过了 10 亿美元。该公司去年筹集了 4 500 万美元的资金,使其总融资额达到 3 亿美元。Meero 成立于 2016 年,致力于通过使用人工智能为电子商务或旅游等行业处理大量图像,重塑专业摄影市场。

8月,总部位于英国的人工智能健康服务商 Babylon Health 公司在的 C 轮融资中筹集了 5.5 亿美元。本轮融资由 Saudi Arabia's Public Investment Fund 领投,Kinnevik AB、Vostok New Venture 和 Munich ReVentures 跟投。本轮融资后,Babylon Health 将把业务范围扩大至美国和亚洲,并进一步研发针对严重慢性病的 AI 诊断平台。

8月,埃斯顿宣布,以1.960 7亿欧元收购德国百年焊接巨头国际弧焊领域第一大机器人品牌企业CLOOS 100%股权。

9月,ABB全球最大最先进的机器人超级工厂在上海正式破土动工,总投资额达1.5亿美元,这是继发那科、美的库卡之后的第三家国际巨头兴建"机器人超级工厂"。

9月,波士顿动力在YouYube上发布了38秒的人形机器人Atlas跑酷视频。

10月,美国商务部宣布,20家中国政府机构和8家科技公司被列入"实体清单",其中包括旷视科技、海康威视等。

10月,日本软银集团宣布成立"2号愿景基金"(Vision Fund),基金规模1 080亿美元,主要扶持机器人行业的一些初创企业,将持续加速AI革命。

11月,人工智能开发软件提供商Dot Data获得了来自高盛集团等的2 300万美元A轮融资。这家初创公司提供了一个开发平台,该平台使用机器学习来减少构建AI模型的工作量。Dot Data Enterprise可以将不同来源的信息协调到一个一致的数据集中,使用它来训练神经网络,然后打包神经网络以进行部署。

12月,法国格勒诺布尔医疗设备公司Diabeloop宣布获得B轮融资3 100万欧元,打破了欧洲人工智能医疗融资纪录。本轮融资由Cemag Invest领投,French Odyssee Ventures、AGIRàdom以及印度投资公司ADAG跟投。Diabeloop致力于通过人工智能技术,向糖尿病患者提供自动化和个性化的治疗服务。

二、2019年上海智能制造产业国际竞争力发展的内部环境

(一) 国内市场需求变化

智能制造系统解决方案供应商在智能制造的推进过程中起到至关重要的作用。智能制造工程实施四年以来,顶层规划、试点示范、标准体系建设有效推进,全社会发展智能制造的氛围逐步形成。2017年,智能制造系统解决方案市场规模达1 280亿元,同比增长20.8%;2018年约1 560亿元,同比增长21.9%;预计至2020年末,规模将超过2 000亿元,达到2 380亿元。

1. 中国机器人

2019年,中国机器人市场规模持续增长,达588.7亿元,增长率为9.8%,预计到2022年,市场规模将达到991.9亿元,2020—2022三年复合增长率为19.0%。从机器人产业发展趋势看,随着人们对智能生活需求的提升,机器人技术的发展可谓一日千里。各种相关预测也认为,中国在不久后将成为全球最大的机器人应用市场,预计在2030年产业规模将达到260亿美元,至少占到全球1/3。

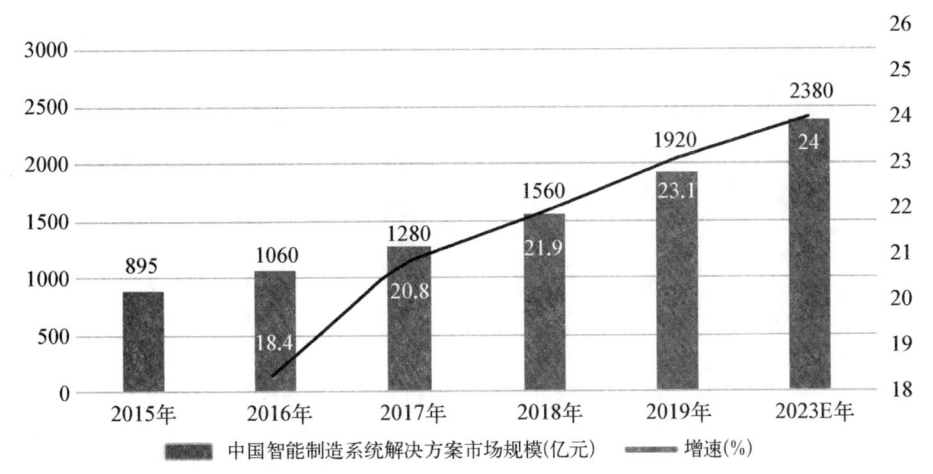

图 27 2015—2023 年中国智能制造市场规模及增长预测

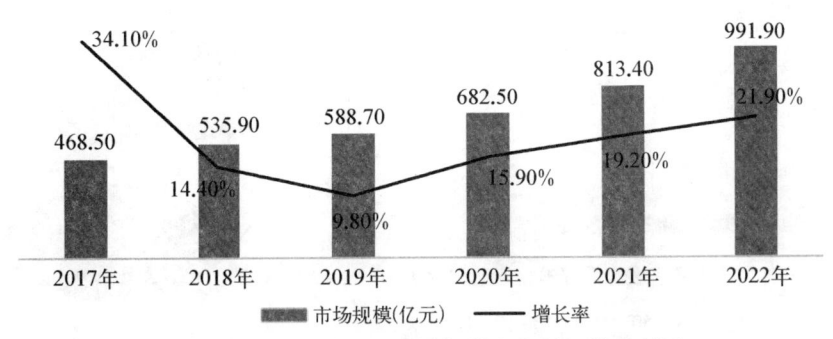

图 28 2017—2019 年中国机器人市场规模及预测

2019 年,中国服务机器人市场规模为 206.5 亿元,占整体机器人市场规模的 35.1%,所占比例进一步提高,工业机器人市场规模为 382.2 亿元,占比为 64.9%。

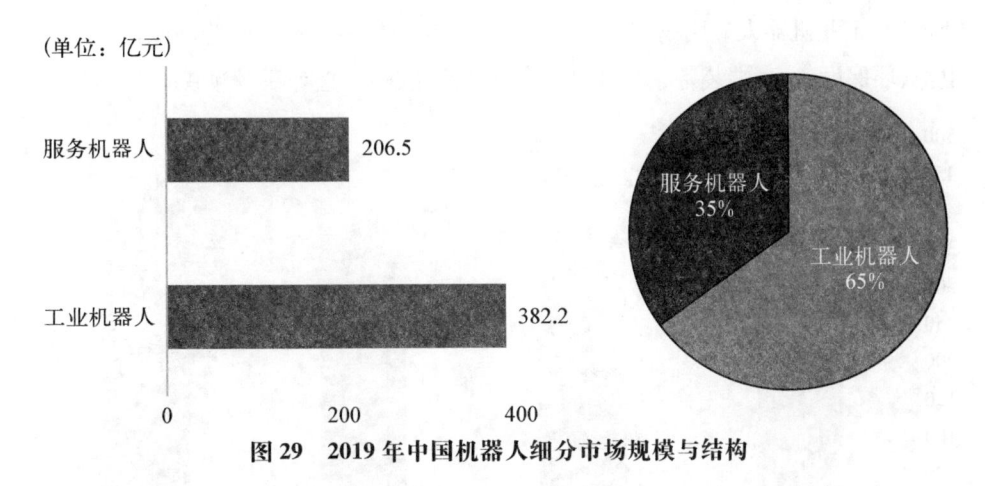

图 29 2019 年中国机器人细分市场规模与结构

2019 年,汽车及零部件在中国工业机器人市场的行业应用占比为 35.8%;电子电气占比为 28.7%;金属加工占比 8.2%;食品医药占比 3.1%;仓储物流占比 2.9%;塑料加工占比 2.8%;其他领域占比 18.5%。

图 30 2017—2022 年中国工业机器人市场规模及预测

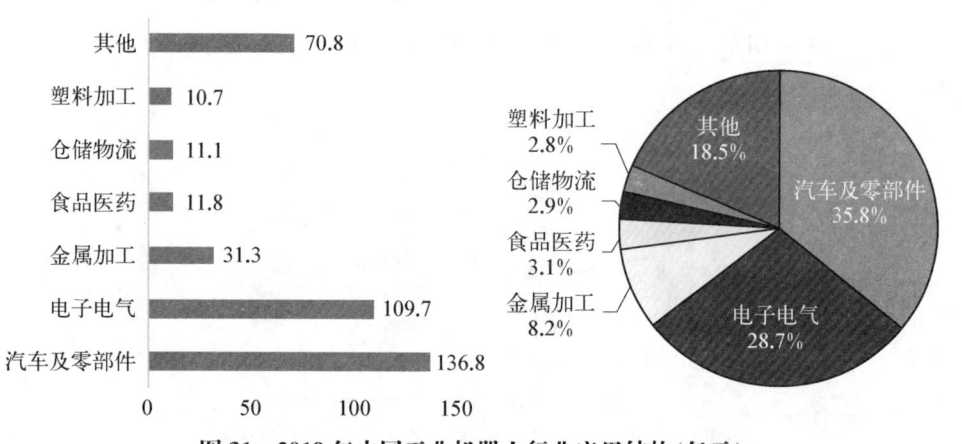

图 31 2019 年中国工业机器人行业应用结构(亿元)

未来三年,工业机器人行业应用结构的总体格局基本保持不变。到 2022 年,汽车及零部件、电子电气仍然占据最大比重,随着制造业转型升级进程的不断加速,工业机器人应用场景将由汽车、电子、食品包装等传统制造领域,向新能源电池、环保设备、高端装备、生活用品、仓储物流、线路巡查等新兴领域加快延伸。

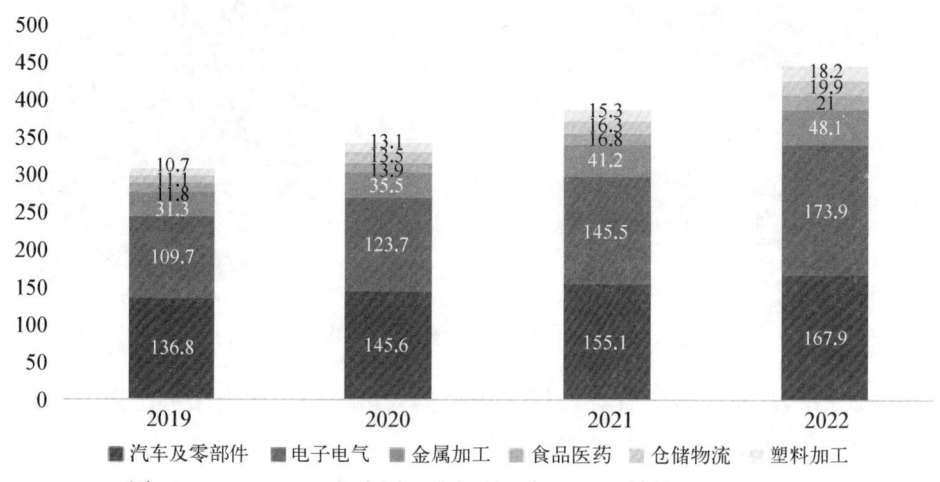

图 32 2019—2022 年中国工业机器人行业应用结构及预测(亿元)

我国服务机器人销售额呈逐年增长趋势,专利申请数量全球第一。综合销售额的增长和技术水平的突破两方面来看,我国服务机器人发展势头强劲。2016 年我国服务机器人销售额上升至 16.6 亿美元,占全球的服务机器人销售额 22.13%。2018 年我国服务机器人市场规模达到 18.4 亿美元。2019 年,服务机器人市场需求不断扩大,市场规模呈现上升趋势,达到 206.5 亿元,市场保持高速增长,预计到 2022 年,服务机器人市场规模将达到 439.6 亿元。

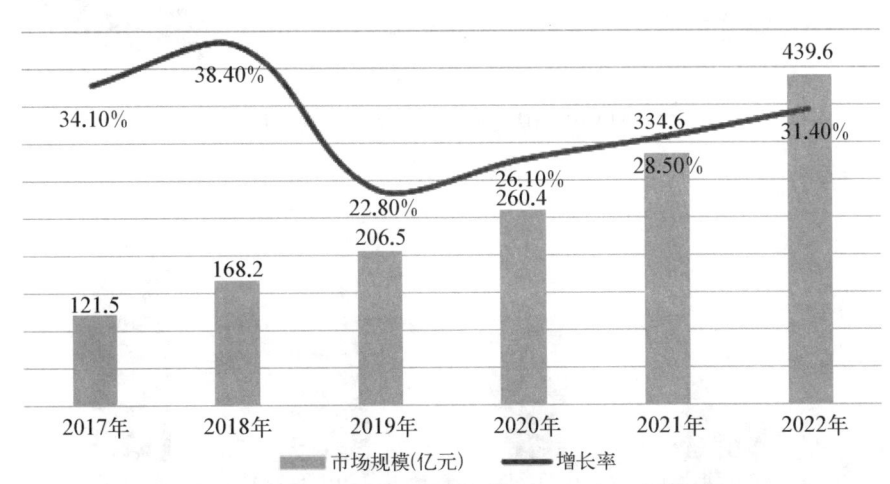

图 33　2017—2022 年中国服务机器人市场规模及预测

未来三年,中国服务机器人市场将保持较快增长,市场规模及占比也将不断增加,2022 年,中国服务机器人市场份额预计达到 44.3%。

图 34　2019—2022 年中国机器人市场结构及预测(亿元)

2019 年,家用机器人在中国服务机器人市场的占比为 35.6%,特种机器人占比为 25.4%,医疗机器人占比 21.0%,公共服务机器人占比 18.0%。

未来三年,家用机器人仍将占据最大比重,随着人口老龄化程度的不断加深和医疗康复市场需求的不断扩大,医疗机器人将得到快速发展,市场占比也将不断提高,到 2022 年,医疗机器人市场占比将达到 25.6%。

图 35　2019 年中国服务机器人细分市场结构(亿元)

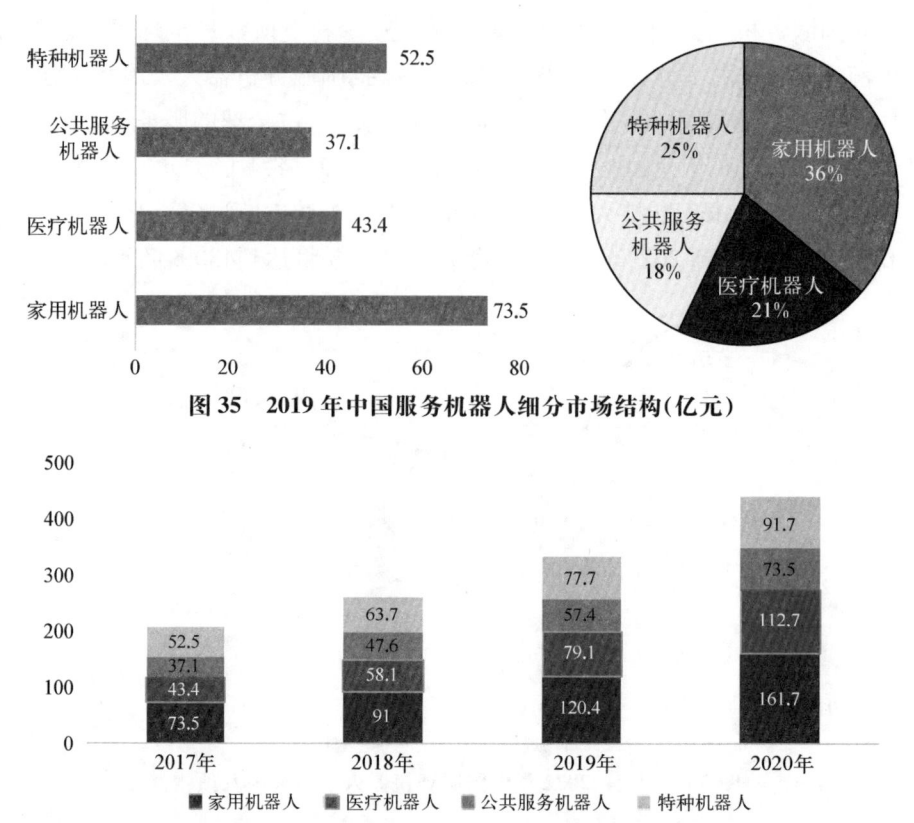

图 36　2019—2022 年中国服务机器人细分市场结构及预测(亿元)

2. 中国数控机床

在国家政策的支持以及国内企业不断追求创新的背景下,中国数控机床行业发展迅速,行业规模不断扩大,在国际市场中的地位逐渐提升。2015—2018 年,我国数控机床行业逐渐增大,成为世界第一大机床生产国。2019 年,中国数控机床产业规模达 3 270.0 亿元,在全球机床生产中的份额占 23.1%,这是中国自 2008 年以来在全球机床生产中所占份额最低的一年。预计到 2022 年,产业规模将达到 4 024.3 亿元,保持 8.2% 的快速增长。

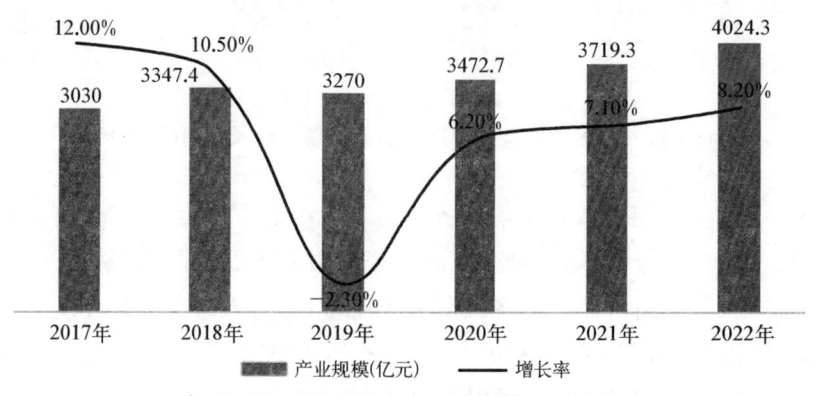

图 37　2017—2022 年中国数控机床产业规模

2019年，中国数控机床产业结构中数控金属切削机床产业规模1 739.6亿元，占比最高，达到53.2%；数控金属成形机床产业规模932.0亿元，占比28.5%；数控特种加工机床产业规模549.4亿元，占比16.8%；其他数控机床产业规模49.0亿元，占比1.5%。

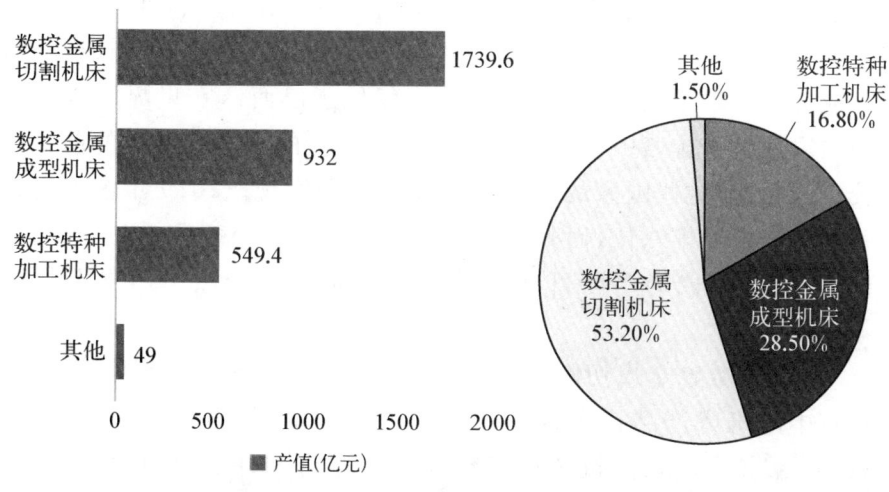

图38　2019年中国数控机床细分产业规模与结构

预计2020—2022年，数控金属切削机床依旧占据最大份额，且占比小幅下降趋于稳定，到2022年产业规模为2 132.9亿元，占比达到53.0%。数控金属成形机床产业规模略有扩大，到2022年产业规模为1 146.9亿元，占比为28.5%。数控特种加工机床未来三年占比仍在较低水平，到2022年产业规模为684.1亿元，占比17.0%。

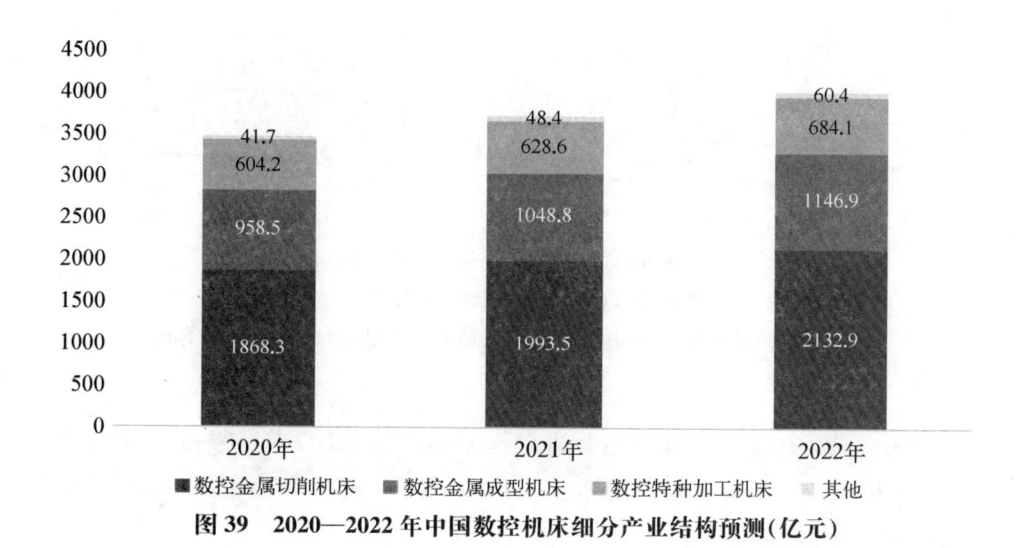

图39　2020—2022年中国数控机床细分产业结构预测（亿元）

2019年中国机床消费占全球机床市场的27.2%,这是自2008年以来中国机床消费在全球机床消费中占比首次低于30%。此外,2020年中国在全球机床消费中的占比可能进一步下降,产业可能向着受疫情冲击不太严重的东南亚国家转移,或者向墨西哥转移,墨西哥一直宣称要在全球制造业中展现出更多的存在感。2019年墨西哥机床消费25亿美元,这是该国连续8年机床消费超过20亿美元中排位第三的高点,其2019年机床消费比2018年增加了9.1%。在全球前15个机床消费国家和地区中,墨西哥成为第二个增长幅度最大的国家(仅低于巴西),在世界增长速度最快的国家和地区排名中位列第五位。值得关注的是增长最快的前三位都是较小的国家,这些国家的高增长率比较容易实现。2019年墨西哥机床消费维持在世界第八位,而其机床消费在全球所占份额由2.4%提高到了3.1%。2019年成为墨西哥在全球机床消费所占份额中历史上最高的一年。

2019年,数控金属切削机床和数控金属成形机床进口额均有所降低,且随着中国机床产品技术水平逐渐获得国际认可,出口额均有所增加。2019年,数控金属切削机床进口额同比下降约30.6%,出口额同比增加9.0%。数控金属成形机床进口额同比下降约2.5%,出口额同比增加约16.4%。

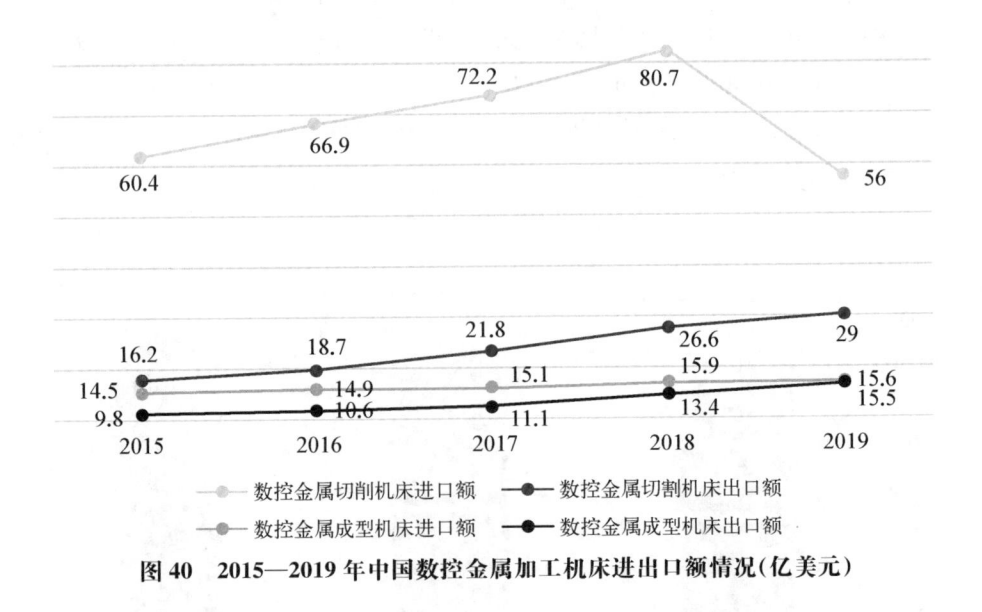

图40 2015—2019年中国数控金属加工机床进出口额情况(亿美元)

2019年,中国数控机床主要进口国是日本和德国,进口额占比分别达到29.5%和29.2%。中国数控机床主要出口国家是越南和印度,出口额占比分别是10.8%和8.8%。

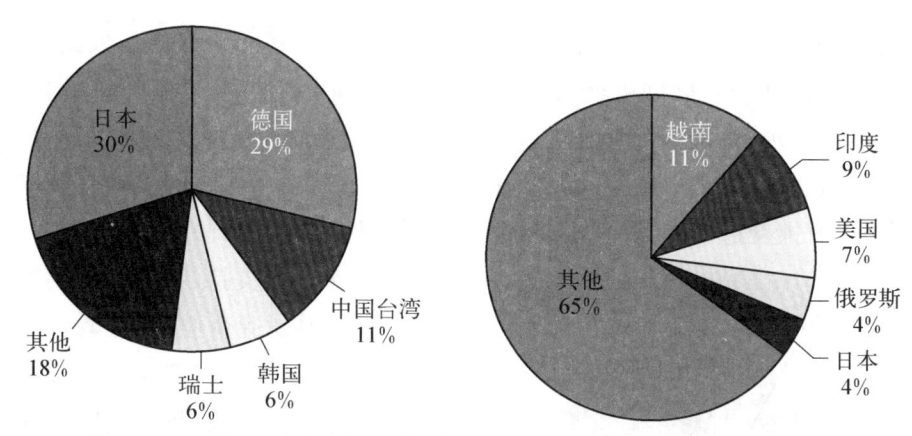

图 41　2019 年中国数控机床进口额（左）和出口额（右）TOP5 国家和地区

数控机床还是装备制造业的基础设备，数控机床的下游行业主要为汽车产业、电力工业、航天航空、电子信息等行业，由于制造工艺有所差别，下游行业对于数控机床的需求类型也有所差别。2018 年，数控机床行业下游行业消费占比中，汽车行业比重最大占比约为 40％，航空航天位居第二，占比约 17％，二者约占我国下游行业总消费的 50％左右。

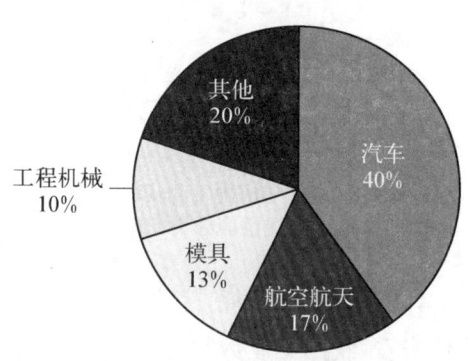

图 42　2018 年数控机床行业下游行业消费占比情况（按销售收入）

3. 中国工业互联网

目前，随着互联网、物联网、大数据以及人工智能为代表的新一代信息技术的快速发展，与传统产业的加速融合，全球新一轮的科技革命和产业革命正蓬勃兴起，工业 4.0 时代即将带来，新的生产方式、组织方式和商业模式的不断

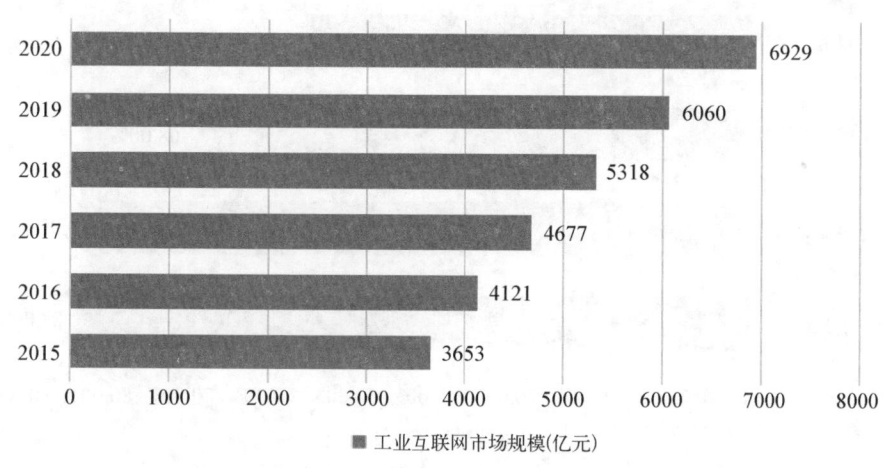

年份	工业互联网市场规模（亿元）
2015	3653
2016	4121
2017	4677
2018	5318
2019	6060
2020	6929

图 43　2015—2020 年中国工业互联网市场规模走势预测

涌现,工业互联网应运而生,推动着全球工业体系的智能化变革。数据显示,2018年中国工业互联网市场规模达到5 318亿元,预计到2020年,中国工业互联网市场规模将近7 000亿元。中国是全球制造业和产业发展的大国,随着产业政策逐渐落点,市场空间将有望加速。中国的工业互联网企业在赋能智慧城市、智能交通、政府管理的前景巨大,市场规模有望达到万亿元。

在国家政策大力支持,各省政府高额补贴的刺激下,国内制造企业、工业软件服务商、工业设备提供商及ICT四类企业多路径布局工业互联网平台。近两年我国工业互联网平台数量实现了快速发展。

数据是工业互联网平台的核心资产,是平台价值创造的主要来源。数据分析深度是影响工业互联网平台应用价值高低的主要因素。如前文所述,国内外设备健康管理类应用场景占比高,主要原因是该应用场景的数据分析深度较高,降低了企业的运维成本,减少了能源消耗,为企业创造了直接的优化价值,提升了企业的收益。总体来看,我国工业数字化水平较低,工业互联网平台数据采集能力弱,数字化模型少,平台间数据不流通等问题严重制约了工业数据的分析深度。前文涉及的主流工业协议也有四十余种,而我国80%的工业互联网平台不足20种,数字化模型与国外工业互联网平台的上百种也有较大差距。我国工业互联网平台需不断提升设备接入能力,丰富数字化模型,以实现海量数据的汇聚与深度分析,才能为企业降本增效,实现其应用价值。

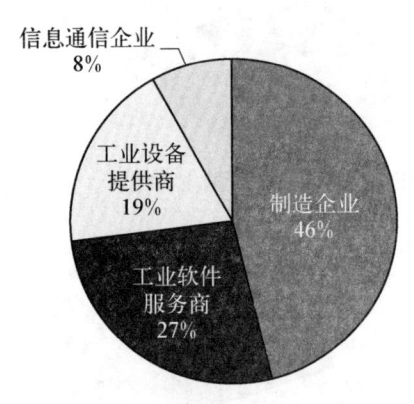

图44 2018年国内工业互联网平台提供商分类

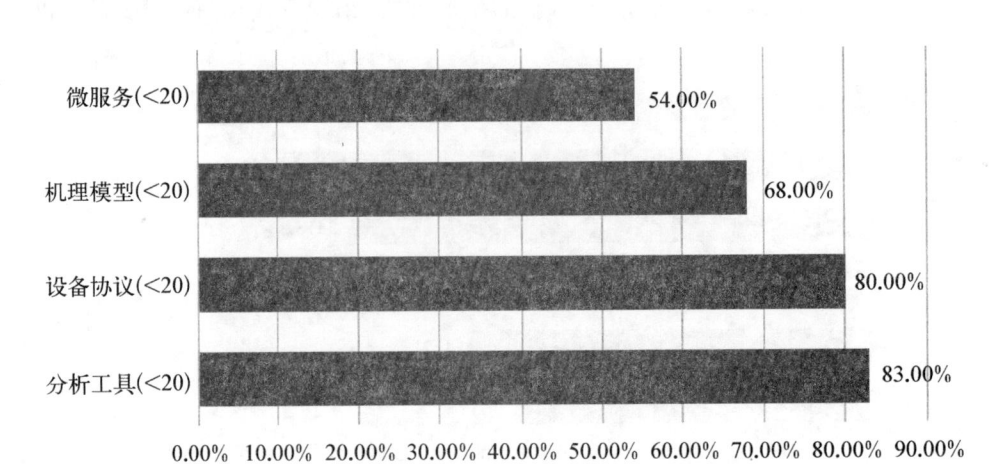

图45 2018年国内工业互联网平台的基础能力

根据工业互联网产业联盟数据,目前我国参与工业互联网产业的企业数量约为1 012家,从业务类型上可以分为产品和技术提供企业、规划设计和咨询服务企业、系统集成商、行业用户以及协会等其他部门。部分企业业务存在交叉,但从产业市场结构上看,我国工业互联网企业主要偏向于边缘层,提供产品和技术企业占比为51.57%,达到一半以上,但真正应用工业互联网平台的企业数量较少,占比不足10%。如何提升PaaS层资源整合能力以及综合应用能力是我国工业互联网发展所面临的重要问题。

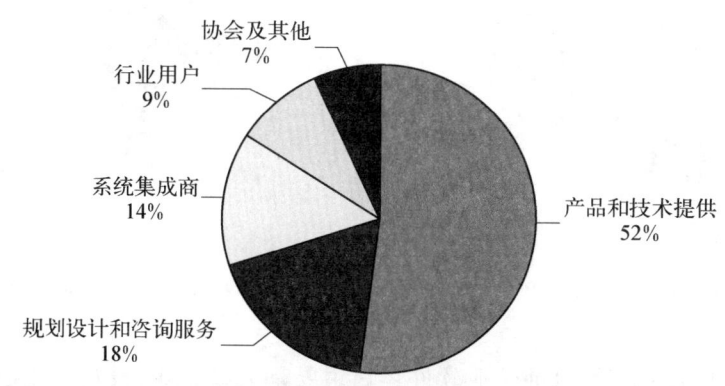

图46 2018年中国工业互联网产业市场结构(单位:%)

4. 中国工业软件

工业软件的定义是指专用于或主要用于工业领域,以提高工业企业研发、制造、管理水平和工业装备性能的软件。工业软件不包括通用的系统软件和应用软件,如计算机操作系统、通用数据库系统、办公软件等。中国经济的整体发展以及两化融合的深入贯彻和落实,给中国的工业软件带来了巨大的发展机遇。在国家科技重大专项以及相关产业政策的支持下,中国工业软件从无到有,目前已基本形成完整的国产工业软件产品体系,为国产工业软件的发展提供了强有力的保障。数据显示,在宏观经济与产业转型的双重影响下,工业软件的发展速度进入调整期。

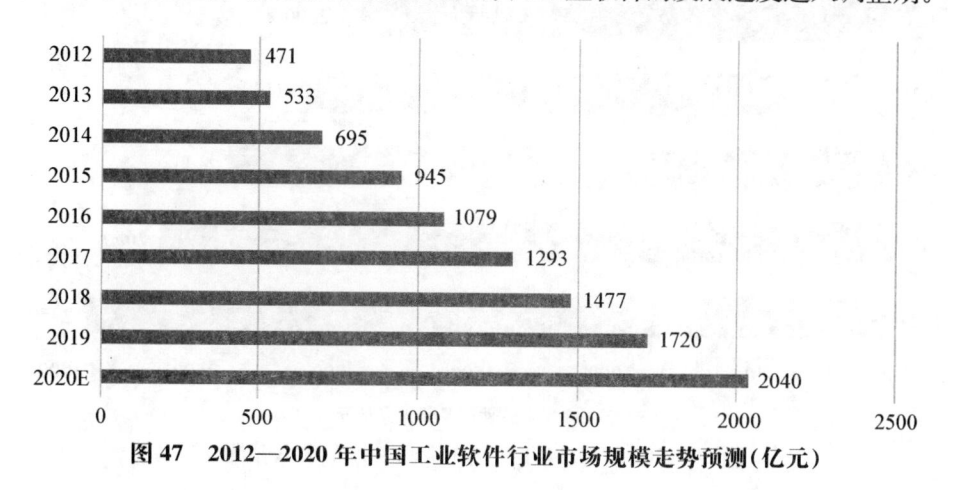

年份	市场规模(亿元)
2012	471
2013	533
2014	695
2015	945
2016	1079
2017	1293
2018	1477
2019	1720
2020E	2040

图47 2012—2020年中国工业软件行业市场规模走势预测(亿元)

我国工业软件通常包括生产管理软件、研发设计软件、生产控制软件、协同集成软件及工业装备嵌入式软件。受益于嵌入式系统在智能化转型中得以最大规模应用，我国嵌入式软件在工业软件领域中占比最高。

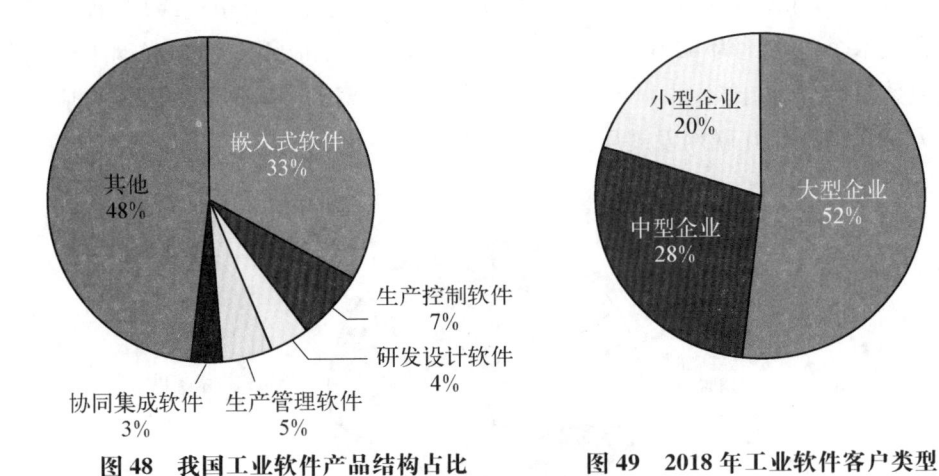

图48　我国工业软件产品结构占比

图49　2018年工业软件客户类型

从客户结构来看，目前工业软件客户主要是大型企业，投资占比占据一半市场份额。中型企业和小型企业投资占比分别为28.3%和19.6%，中小型企业需求仍需进一步挖掘。

从市场前景与发展趋势来看，随着我国产业转型升级进入攻坚期，数字转型已成为企业共识。智能制造领域的政策红利逐步释放，将进一步推动工业软件快速发展。云服务的加速普及给工业软件和应用注入新活力，预测未来几年时间内，我国工业软件企业将逐步壮大，工业软件产品收入将保持10%—15%的增长速度，到2024年，我国工业软件产品收入将达到2 950亿元。

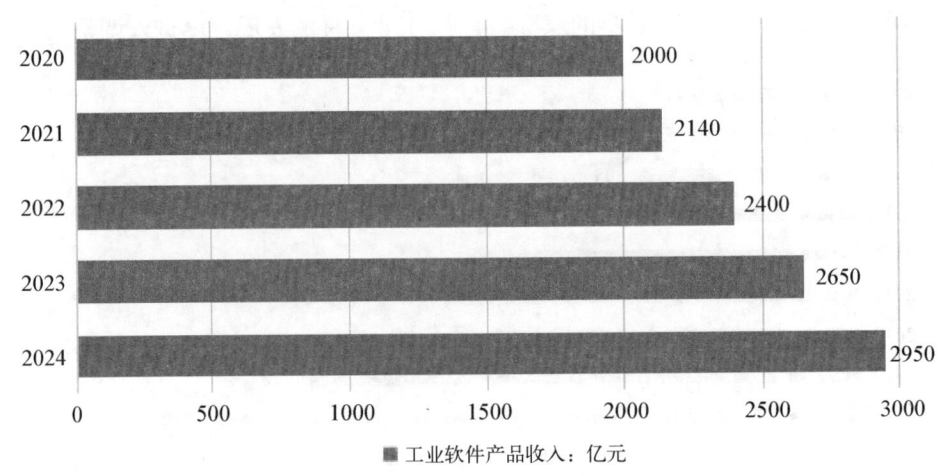

图50　2020—2024年我国工业软件产品收入预测

（二）技术驱动、产业集聚、市场主体培育

1. 技术驱动

随着工业机器人产业和数控机床行业告别高增长阶段，智能制造进入高速发展阶段。尽管 2020 年受疫情影响产业增速有所回落，但在国家政策的支持下，智能制造领域的发展前景依然被业界看好，呈现九大新趋势。

一是需求导向、痛点聚焦将指引工业人工智能从理想走入现实。一方面，人工智能技术在制造业的应用重点在于工业智能产品或具体工业痛点的解决方案。另一方面，相较于"锦上添花"的工业智能产品，"雪中送炭"的技术更容易被制造业企业接受。比如，基于机器视觉的表面质量检测技术帮助提升产品质量，基于知识图谱的智能 CAD 来提高生产效率，基于人工智能的能源分配来降低生产成本。

二是工业大数据将成为智能制造和工业互联网发展的核心。在工业大数据发展过程中，安全性将成为企业智能化升级决策的重要依据。例如，工业核心数据、关键技术专利等数字化资产对企业的价值正在加速提升；降低数据安全隐患、提升系统安全和数据安全成为企业数字化改造升级中愈加重要的参考指标；增加厂区生产安全、过程安全迫在眉睫。

三是基于大数据的工业智能将带来更多服务型应用场景。如正在快速形成的基于工业数据的故障诊断及预测性维护就是典型的服务型应用场景。这种服务场景通过对生产线的监测和历史数据进行处理并存储后，进行基于人工智能的预测性分析，对企业给出维护建议并对生产进行实时预警。

四是设备状态智能管理系统将成为远程运维的新模式。设备状态智能管理系统将成为远程运维的新模式，将形成以数据为核心，从智能采集、智能分析、智能诊断、智能排产、自动委托、推送方案、远程支持到智能检验，再进入新一轮智能采集的闭环运行模式。

五是工业区块链将服务于数据安全及分布式智能生产网络。一方面，工业区块链技术可以为工厂提供不同安全等级的区块链加密服务，对工厂间的重要数据进行无中介传递，保障各重要生产数据的加密安全；另一方面，随着工业区块链技术应用，将形成分布式智能生产网络，以终端客户需求为主导，促进工业的服务化转型。通过集成化与智能化生产，提高企业效率。通过标准化与网络化生产，降低企业生产成本

六是协作机器人将成为工业机器人的主流发展方向。2019 年的上海工博会上，丹麦的 UR 公司、日本发那科、川崎、德国库卡等国际领先机器人企业在现场首发最新协作机器人产品；国产企业如新松、埃夫特、节卡、珞石、邀博等也发布了自己的协作机器人。2019 年，在世界机器人大会、上海工博会及世界智能制造大会上，协作机器人受到国内外厂商大力追捧，未来前景可期

七是基于算法的工业智能平台将成为应用场景的重要基石。不同工业行

业有各自独特的行业门槛,每个工业场景在不同行业、不同企业中的需求差异较大。人工智能与制造业深度融合的路径就是将信息技术与工业场景应用端结合。将核心工艺模型化、算法化、代码化的工业智能算法平台面向工业场景,可以为底层应用提供便捷的开发服务。

八是云边协同将成为工业智能应用产品重要技术路线。一方面,未来将丰富的云端业务能力延伸到边缘节点,实现传感器、设备、应用集成、图像处理的协同;另一方面,行业将在云端与边缘共同发力,云边结合打造行业的工业大脑。算法升级将由云端完成。

九是工艺装备的智能化将成为制造业转型发展的突破口。未来核心工艺装备与人工智能融合,实现工艺装备的智能化,将成为制造业转型发展的突破口。

上海不断深化5G、人工智能及工业互联网等技术与制造业的融合发展,通过鼓励生物医药、集成电路、高端装备等行业积极开放应用场景,推动龙头企业率先与运营商、人工智能集成商及工业互联网平台机构合作,实施落地一批5G、人工智能及工业互联网等新技术赋能的智能工厂。截至目前,上海已初步建成14个国家级智能工厂、80个市级智能工厂,推动规模以上企业实施智能化转型500余家,企业平均生产效率提升50%以上,最高提高3.8倍以上,运营成本平均降低30%左右,最高降低79.4%。

"上海智能制造研发与转化功能型平台"国际智库功能凸显。上海科创中心重点布局的上海智能制造研发与转化功能型平台,积极开展国际项目合作,加强智能制造系统解决方案中面临的瓶颈共性技术的国内外协同研发,形成共性技术应用产品和系统。2019年3月,以功能型平台为载体的"上海交通大学弗劳恩霍夫协会智能制造项目中心"正式签约,成为中国第1个、全球第10个弗劳恩霍夫协会海外项目中心。并且,上海积极推进与"英国国家智能制造未来计量联盟"的合作,由英国工程院院士蒋向前爵士领衔的"中英智能测量与质量工程中心"已启动建设。

"上海市第二批智能制造系统解决方案供应商推荐目录"正式发布。2019年6月,上海市第二批12家智能制造系统解决方案供应商正式授牌,上海持续推进智能制造系统集成商发展,支持集成商加快全球化布局,通过技术、资本强强联合等方式发展成为行业内的龙头企业,支持集成商联合装备制造商、软件开发商,推进智能制造装备、核心软件、工业互联网的集成应用,进一步提升上海智能制造系统集成与服务能力。

2. 产业集聚

目前国内主要机器人产业集聚区域,已结合各自资源禀赋,在经济发展水平、工业基础、市场成熟度与人才环境等关键因素影响下,形成错位发展的典型特征。2019年,华东、中南、华北地区是中国机器人发展较好的区域市场,市场份额分别达到31.8%、26.9%和15.8%。随着机器人的应用场景不断扩大与渗透,东北、西南、西北地区机器人市场规模呈现增长趋势,市场份额将进一步提升。长三角地区在我国机器人产业发展中基础相对最为雄厚,珠三角、京津冀地区机器人产业逐步发展壮大,东北地区虽具有一定的机器人产业先发优势,但近年来产业整体表现较为有限,中部和西部地区机器人产业发展基础较为薄弱,但已表现出相当的后发潜力。

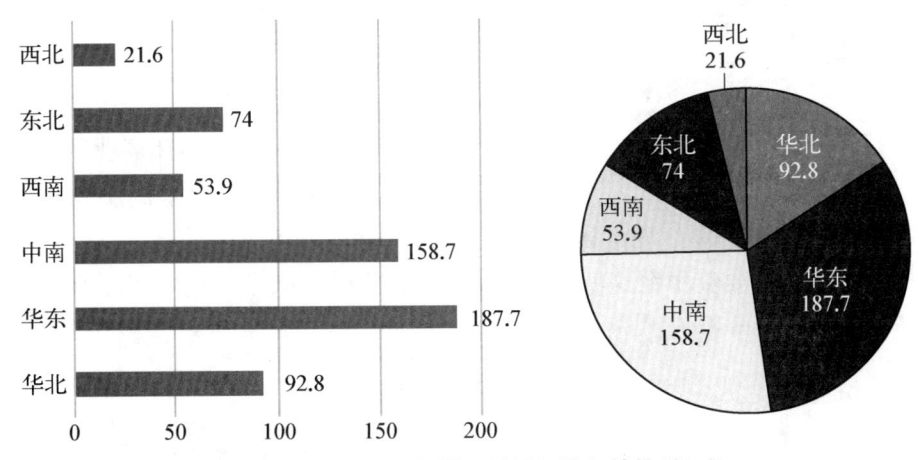

图51 2019年中国机器人区域规模与结构(亿元)

2019年4月,先进制造业大会暨长三角制造业高质量发展高峰论坛在上海召开,会上,长三角智能制造协同创新发展联盟正式成立。联盟将助力智能制造在长三角地区的协同发展,实现长三角引领全国智能制造创新中心建设的优先布局,打造全国智能制造技术创新平台和标准制定高地,打造全国智能制造应用系统集成解决方案的策源地。未来三年,区域市场结构的总体格局基本保持不变。到2022年,华东、中南、华北仍然占据最大比重,这些区域企业的技术水平和服务能力将会进一步提升,高价值工业机器人和服务机器人市场也主要集中在这些区域。

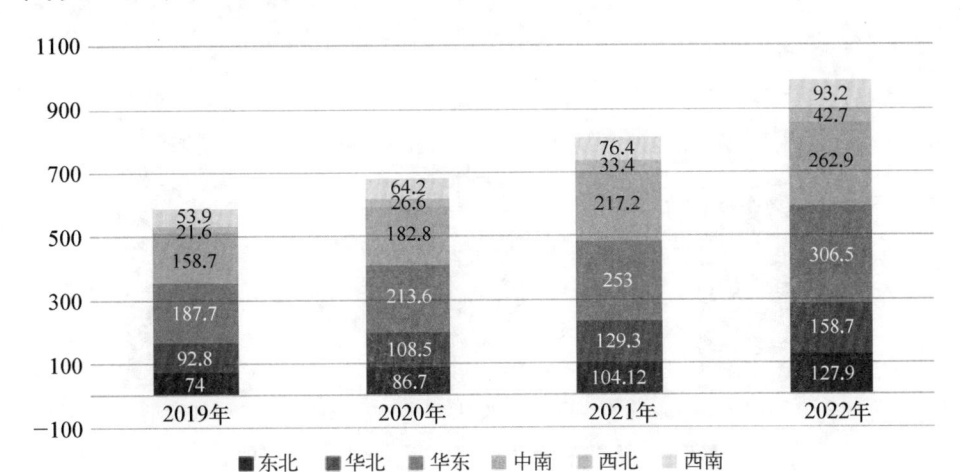

图52 2019—2022年中国机器人产业区域结构及预测(亿元)

2019年,华东地区为中国数控机床企业主要聚集区域,占据全国62.8%,约为1 805.0亿元。中南、东北、华北等地区也有优秀企业集聚,分别占据13.5%、10.8%和7.7%的企业资源,中南地区产业规模约为624.6亿元,东北地区约为389.2亿元。

未来三年,数控机床产业区域结构的总体格局基本保持不变。到2022年,华东、中南和东北地区仍然占据最大比重,数控机床关键零部件以及整机制造业也主要集中在这些区域,这些区域数控机床企业的技术水平和服务能力将会进一步提升。

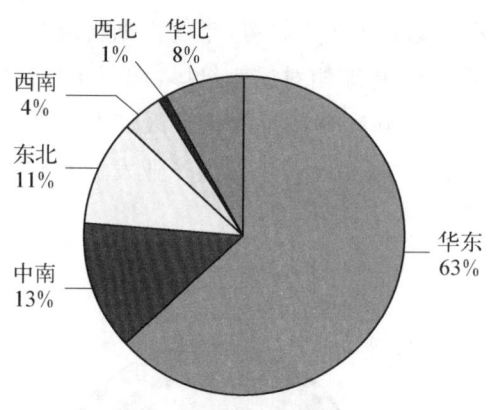

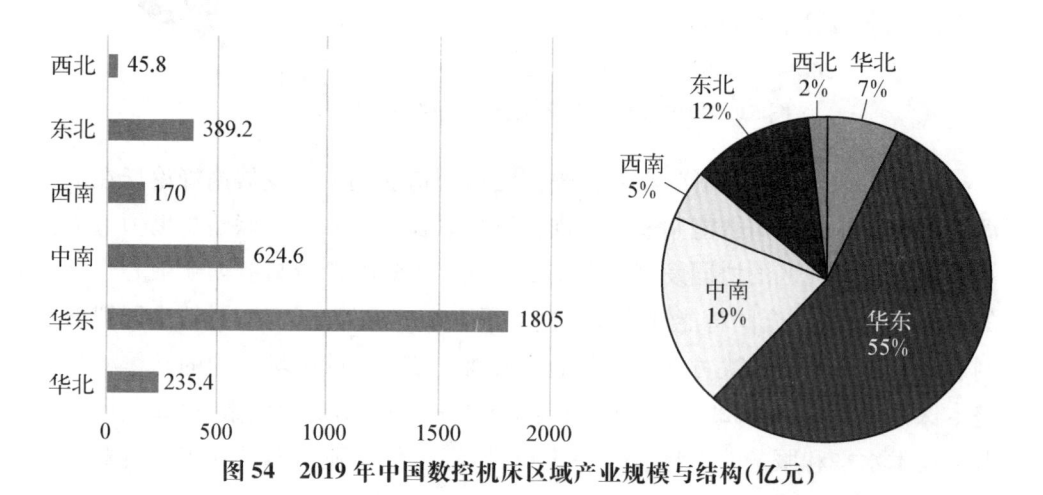

图53 2019年中国数控机床企业资源分布

图54 2019年中国数控机床区域产业规模与结构(亿元)

图55 2019年中国数控机床区域结构及预测(亿元)

从 2018 年我国数控机床销售收入的分布来看，辽宁、江苏、陕西、浙江、广东位于前列，分别占我国前十位省份的数控机床销售收入的 26%、21%、14%、9%、7%。中国数控机床行业 CR3 为 61%，CR5 为 77%，CR10 为 95%，我国数控机床行业集中度较高。

上海市人工智能规划主要分布在 8 个区域、11 个行业、其中。长宁区主要发展智能识别和智能零售；徐汇区主要发展智能医疗、智能新品设计和智能安防；闵行区主要发展智能识别和智能医疗；松江区主要发展智能制造和类脑智能；宝山区主要发展智能硬件；杨浦区主要发展智能教育和智能识别；普陀区主要发展智能安防和智能硬件；浦东新区主要发展智能芯片设计、智能语音识别和智能制造。未来，上海市将围绕国际一流城市的定位，加速人工智能在金融、交通、医疗、安防的领域的全面应用，形成国际化的人工智能大都市。

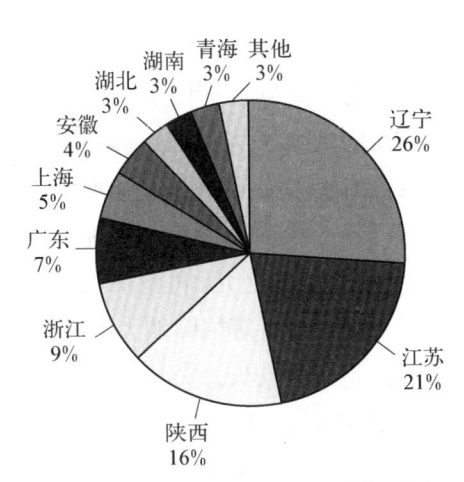

图 56 2018 年中国数控机床行业区域分布情况（按销售收入）（单位：%）

扶持机器人产业方面，上海现有 64 家机器人企业，其中工业机器人 22 家、系统集成为 16 家、服务机器人为 13 家、机器人零部件为 13 家。从上海市机器人规划图可以看出，上海机器人产业已经形成了以"3+X"的空进布局。"3"是指嘉定区、宝山区的上海机器人工业园以及浦东新区。"+X"是指多个产业园共同发展。

上海积极布局新能源智能汽车产业，从 2019 年上海市新能源智能汽车规划图可以看出，以嘉定区为核心，浦东新区的金桥经济技术开发区和临港地区为主，松江经济技术开发区、莘庄工业园、西虹桥商务区和新能源汽车零部件产业园为辅的空间布局。未来，在多重利好的推动下，上海市智能制造发展将更快更强，成为中国智能制造应用新高地、核心技术策源地和系统解决方案输出地，推动长三角智能制造协同发展。

3. 市场主体培育

2019 年上海智能制造产业规模超过 900 亿元，其中机器人及系统集成突破 400 亿元，"卡脖子"的智能仪器仪表及传感器逆市上扬，产值为 103.28 亿元，同比上升 2.2%；智能制造关键装备及核心部件首台（套）突破 40 余项，累计承担国家智能制造综合标准化与新模式应用 37 项。智能制造系统集成产业发展迅速，上海已成为国内最大的智能制造系统解决方案输出地；工业机器人产业规模居全国第一，国内外巨头集聚；数控机床产业向高端化、智能化、专业化发展，形成了研发、制造、服务等较为完备的体系；智能传感器产业攻克了一批关键核心技术,自主创新能力逐步增强。

上海智能制造平均生产效率提升50%以上,最高提高3.8倍以上,运营成本平均降低30%左右,最高降低79.4%。目前,上海已成为国内最大的智能制造系统解决方案供应商输出地之一,培育了科大智能、德梅柯等一批具有行业影响力的系统解决方案供应商。2018年,上海重点集成商(11家)总产值,1—12月为242.95亿元,同比增长7.7%;上海工业机器人产业规模位居全国第一,ABB、发那科等国际四大工业机器人巨头集聚上海,新松、新时达等本地机器人企业加速成长。2018年,上海重点工业机器人企业(8家),工业机器人(包括集成)总产值,1—12月为219.18亿元,同比增长8.3%。

2019年6月,上海电气集团正式收购昂华(上海)自动化工程股份有限公司,加速落实集团智能制造领域的战略规划,提升电气自动化集团智能制造能级,助力上海电气集团智能制造产业发展壮大。复星集团全资收购FFT,并落户上海,实现了中国企业在"走出去"的基础上进一步"引进来",有助于加快关键核心技术自主创新,上海FFT总部力争三年内全球智能制造总收入突破百亿元,为打响"上海制造"品牌、推动智能制造全球化贡献力量。10月,电气集团中央研究院与上海慧程成立合资公司,聚焦全自动低温冷冻存储设备等高技术壁垒的细分领域智能装备,强化生物医药新兴领域智能制造集成能力,进一步提升上海电气在智能制造装备领域的核心竞争力。

(三)政策投入

近年来,国家不断出台法律法规和政策支持高端装备制造行业健康、良性发展,智能制造装备制造业作为高端装备制造业的重点领域得到了国家政策的鼓励与支持。目前行业主要产业政策如下:

表4 2011—2019年中国智能制造行业政策汇总一览

颁布时间	颁布部门	政策名称	相关内容
2011年12月	国务院	《工业转型升级规划》	在重大智能制造装备方面,加快发展焊接、搬运、装配等工业机器人,以及安防、深海作业、救援、医疗等专用机器人;在国务院发展信息化相关支撑技术及产品中,提出发展制造执行系统(ES)等工业软件,加快重点领域推广应用。
2012年3月	科技部	《智能制造科技发展"十二五"专项规划》	指出要突破智能制造基础技术与部件、攻克一批智能化装备、研发制造过程自动化生产线;在研发智能化技术与装备方面,提出研发工业机器人及自动化柔性生产线、攻克飞机柔性装配生产线等成套技术及关键装备;将智能化技术、装备研究与开发确立为重点任务之一。

续表

颁布时间	颁布部门	政策名称	相 关 内 容
2012年5月	工业和信息化部	《高端装备制造业"十二五"发展规划》	加强对共性智能技术、算法、软件架构、软件平台、软件系统、嵌入式系统、大型复杂装备系统仿真软件的研发,为实现制造装备和制造过程的智能化提供技术支撑;开展基于机器人的自动化成形与加工装备生产线。
2012年7月	国务院	《国务院关于印发"十二五"国家战略性新兴产业发展规划的通知》	突破新型传感器与智能仪器仪表、自动控制系统、工业机器人等感知、控带装置及其伺服、执行、传动零部件等核心关键技术,提高成套系统集成能力,推进制造、使用过程的自动化、智能化和绿色化;提出了智能制造装备工程列为二十项重大工程之一。
2015年5月	国务院	《中国制造2025》	提出紧密围绕重点制造领域关键环节,开展新一代信息技术与制造装备融合的集成创新和工程应用。依托优势企业,紧扣关键工序智能化、关键岗位机器人替代、生产过程智能优化控制、供应链优化,建设重点领域智能工厂/数字化车间。
2016年3月	全国人大	《国民经济和社会发展第十三个五年规划纲要》	实施高端装备创新发展工程,明显提升自主设计水平和系统集成能力。实施智能制造工程,加快发展智能制造关键技术装备,强化智能制造标准、工业电子设备、核心支撑软件等基础。培育推广新型智能制造模式,推动生产方式向柔性、智能、精细化转变。
2016年12月	工业和信息化部、财政部	《智能制造发展规划（2016—2020年）》	创新产学研用合作模式,研发高档数控机床与工业机器人、增材制造装备、智能传感与控制装备、智能检测与装配装备、智能物流与仓储装备五类关键技术装备。
2017年1月	工业和信息化部	《信息产业发展指南》	提出工业互联网是发展智能制造的关键基础设施,主要任务包括充分利用已有创新资源,在工业互联网领域布局建设若干创新中心,开展关键共性技术研发。
2017年4月	科技部	《"十三五"先进制造技术领域科技创新专项规划》	强化带造核心基础件和智能制造关键基础技术,在增材制造、激光制造、智能机器人、智能成套装备、新型电子制造装备等领域掌握一批具有自主知识产权的核心关键技术与装备产品实现制造业由大变强的跨越。
2017年11月	国务院	《关于深化"互联网+"先进制造业发展工业互联网指导意见》	提出加快建设和发展工业互联网,推动互联网、大数据、人工智能和实体经济深度融合,发展先进制造业,支持传统产业优化升级。
2018年3月	国务院	《2018年国务院政府工作报告》	提出实施"中国制造2025",推进工业强基、智能制造、绿色制造等重大工程,推动先进制造业加快发展。

续表

颁布时间	颁布部门	政策名称	相关内容
2018年6月	工业和信息化部	《工业互联网发展行动计划(2018—2020年)》《工业互联网专项工作组2018年工作计划》	提升大型企业工业互联网创新和应用水平,实施底层网络化、智能化改造,支持构建工厂内外的工业互联网平台和工业APP,打造互联工厂和全通明数字车间,形成智能化生产、网络化协同个性化定选和服务化延伸等应用模式。
2018年7月	工业和信息化部、国家标准化管理委员会	《国家智能制造标准体系建设指南(2018年版)》	针对智能制造标准跨行业、跨领域、跨专业的特点,立足国内需求,兼顾国际体系,建立涵盖基础共性、关键技术和行业应用等三类标准的国家智能制造标准体系。
2018年10月	工业和信息化部国家标准化管理委员会	关于印发国家智能制造标准体系建设指南(2018版)的通知	到2019年,累计制修订30项以上智能制造标准,全面覆盖基础共性标准和关键技术标准,逐步建立起较为完善的智能制造标准体系。建设智能制造标准试验验证平台,提升公共服务能力,提高标准应用水平和国际化水平。
2018年11月	工业和信息化部	《新一代人工智能产业创新重点任务揭榜工作方案》	征集并遴选一批掌握关键核心技术、具备较强创靳能力的单位集中攻关,重点突破一批技术先进、性能优秀、应用效果好的人工智能标志性产品、平台和服务,为产业界创新发展树立标杆和方向,培育人工智能产业创发展的主力军。
2020年4月	国家标准化管理委员会、中央网信办等五部门联合印发	《国家新一代人工智能标准体系建设指南》	智能制造领域。规范工业制造中信息感知、自主控制、系统协同、个性化定制、检测维护和过程优化等方面技术要求。

2019年3月,以功能型平台为载体的"上海交通大学弗劳恩霍夫协会智能制造项目中心"正式签约,成为中国第1个、全球第10个弗劳恩霍夫协会海外项目中心。并且积极推进与"英国国家智能制造未来计量联盟"的合作,由英国工程院院士蒋向前爵士领衔的"中英智能测量与质量工程中心"已启动建设。

2019年6月24日,2019年上海市智能制造推进大会成功召开,发布了《上海市智能制造行动计划(2019—2021年)》,上海市第二批12家智能制造系统解决方案供应商正式授牌,上海持续推进智能制造系统集成商发展,支持集成商加快全球化布局,通过技术、资本强强联合等方式发展成为行业内的龙头企业;支持集成商联合装备制造商、软件开发商,推进智能制造装备、核心软件、工业互联网的集成应用,进一步提升上海智能制造系统集成与服务能力。

2019年7月,《上海市智能制造行动计划(2019—2021)》正式发布,实施"产业创新突破、重点行业应用、平台载体提升、区域协同发展、新兴技术赋能、跨界融合创新"六大行动,到2021年,将上海打造成为全国智能制造应用高地、核心技术策源地和系统解决方案输出地,推动长三角智能制造协同发展。上海市产业总体布局为"一心、一环、两带、多区"。"一心"——都市高端服务核心区,涵盖黄浦、静安、徐汇、长宁、普陀、虹口、杨浦等区,重点发展以金融服务、现代商贸、文化创意为代表的高端服务业。"两带"——嘉青松闵、沿江临海高端产业集群发展带。嘉青松闵即嘉定、青浦、松江、闵行;沿江临海包括崇明、宝山、浦东、奉贤、金山。两带重点打造以战略性新兴产业、先进制造业为代表的高端产业集群。"一环"——中外环融合性数字产业发展环,即中外环附近地区,重点发展以人工智能、大数据、工业互联网为代表的融合性数字产业。"多区"——产业重点区域,即打造一批特色产业集聚区。其中,四大重点区域包括融合性数字产业园、战略性新兴产业园、现代服务业园区以及现代农业园区。

2020年4月8日,市政府办公厅印发了《上海市促进在线新经济发展行动方案(2020—2022年)》,明确了4个"100+"行动目标,聚焦12大发展重点。其中,在无人工厂领域,建设100家以上无人工厂、无人生产线、无人车间,聚焦发展柔性制造、云制造、共享制造等新制造模式。

(四) 营商环境

上海智能制造已形成"价值链"相对高端、"产业链"较为完整、"创新链"协同较强、"资源链"相对集聚的综合优势。

从发展起点看,上海的智能制造天然面对极端制造、复杂制造、高端制造等应用的挑战,也因此具备了先发优势。上海坚持贯彻落实国家战略,在航空航天、船舶海工、能源/高端装备、汽车、电子信息等代表国家实力的制造领域,致力于成为"中国制造"的名片。在这些极大、极小制造,极复杂、极先进的制造领域,智能制造就不能仅仅是简单地人工替代,还要有自感知、自学习、自决策、自执行、自适应功能,协作技术攻关和突破。

从对标国际看,上海高度国际化的产业环境,使得上海的智能制造面向激烈的国际竞争,并迎头赶上。以智能制造的标志性设备工业机器人为例,上海已形成涵盖核心零部件、本体制造、系统集成以及行业应用的完整产业链。

从发展环境看,上海一直把智能制造系统解决方案供应商作为创造应用的核心关键,加快形成自发应用的成熟市场环境。上海的集成商们除了掌握必要的系统集成核心技术之外,还依据自身优势,创新和开拓了各类智能制造相关产品;同时积极尝试新技术创新,很多已融合生物特征识别、复杂环境识别和新型人机交互等AI技术。

政府所做的工作就是提高供给体系质量,以机制创新推模式创新,以产业政策优化产业生态。上海支持智能制造应用新机制,支持融资租赁,由系统解决方案供应商联合融资租赁公司,为企业提供系统解决方案、项目融资、工程建设等一揽子服务;支持效益分享,系统解决方案供应商联合银行等金融企业提供智能制造应用的技术和资金,用户企业以应用收益支付系统解决方案供应商的资金投入及其合理利润;支持生产能力共享,在数控机床、服装生产装备、增材制造装备等领域,支持搭建生产能力共享平台,以租赁方式向用户企业提供生产设备,帮助中小用户企业加快应用,实现设备产能和生产订单的供需对接。支持产融结合,促进符合条件的智能制造企业通过多层次资本市场开展直接融资、并购交易。支持应用与产业联动,鼓励智能化成套装备(生产线)首台(套)突破及应用,支持联合开展智能制造行业应用标准制定和试验验证。

上海建立了以示范带动应用、以应用带动集成、以集成带动装备的发展路径。实施十百千工程,通过树立先进典型,以点带面引导重点领域开展智能制造应用。在汽车、能源装备、航空航天、船舶海工、电子信息等重点领域遴选了一批示范性智能车间/工厂。率先培育智能制造系统解决方案供应商。上海工业自动化仪表研究院有限公司等企业入选工信部第一批智能制造系统解决方案供应商目录。率先突破智能制造核心关键装备。核心装备技术水平达到国际首台,实现打破垄断、进口替代的装备占比超过30%。率先推出智能制造综合金融服务方案。推动商业银行制定500亿元智能制造企业金融服务方案,支持智能制造产业融资。率先搭建智能制造研发与转化功能型平台。对标德国弗劳恩霍夫应用研究促进协会等国际先进机构运作方式,开展智能制造关键共性技术和装备研发、标准建设以及技术成果转化,力争建设成为具有国际影响力的智能制造协同创新平台。

上海将继续全力打造智能制造创新生态圈。依托全球科创中心建设,加大高端智能装备首台套等专项政策实施力度,鼓励装备制造商通过技术突破,研制智能制造装备;加快实施工业强基工程,重点突破智能制造关键零部件瓶颈;大力推进工业互联网创新专项,支持智能制造功能型云平台建设,不断完善研发、生产、管理、服务等生态环境,全面推动智能制造产业链升级。基于上海的高校和科研院所智力资源,厚植人才优势。比如建立人才培养长效机制,支持龙头企业与高校及科研院所合作建立人才实训基地;实施高端人才战略,在智能制造领域引进一批掌握核心技术、拥有发明成果的高端人才。

三、2019年上海智能制造产业国际竞争力指数评价

（一）进出口现状分析

1. 进出口总体情况

2019年上海智能制造产业进出口总额达729.84亿美元,比2018年增长6.53%。

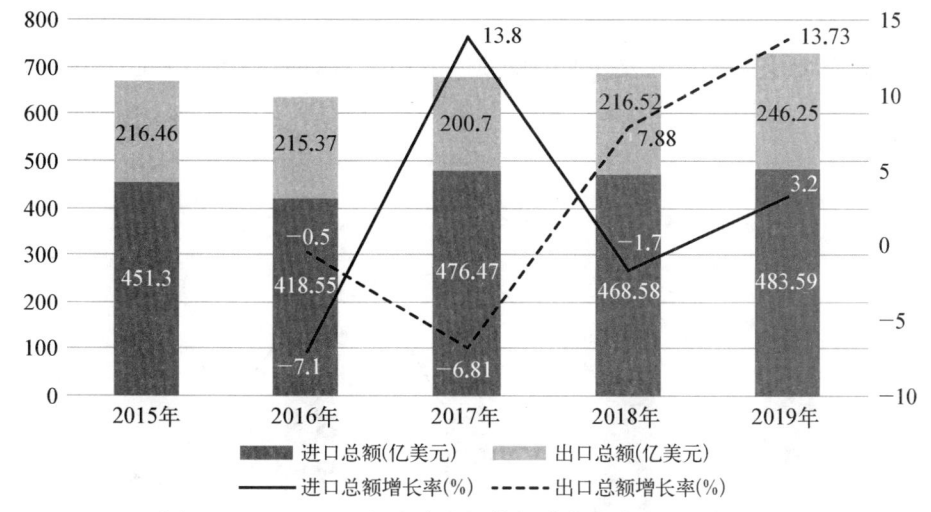

图 57 2015—2019 年上海市智能制造装备进出口数据汇总

其中,2019 年出口为 246.25 亿美元,2017 年以来出口保持正增长,2019 年比 2018 年增长 13.73%。

2019 年进口为 483.59 亿美元,比 2018 年增长 3.20%。2015 年至 2019 年上海智能制造装备对外贸易逆差,2019 年逆差 237.74 亿美元。

2. 工业机器人

2019 年上海工业机器人进出口总额达 12.3 亿美元,同比下降 12.70%。其中 2019 年出口额为 2.4 亿美元,比 2018 年同比下降 9.01%。

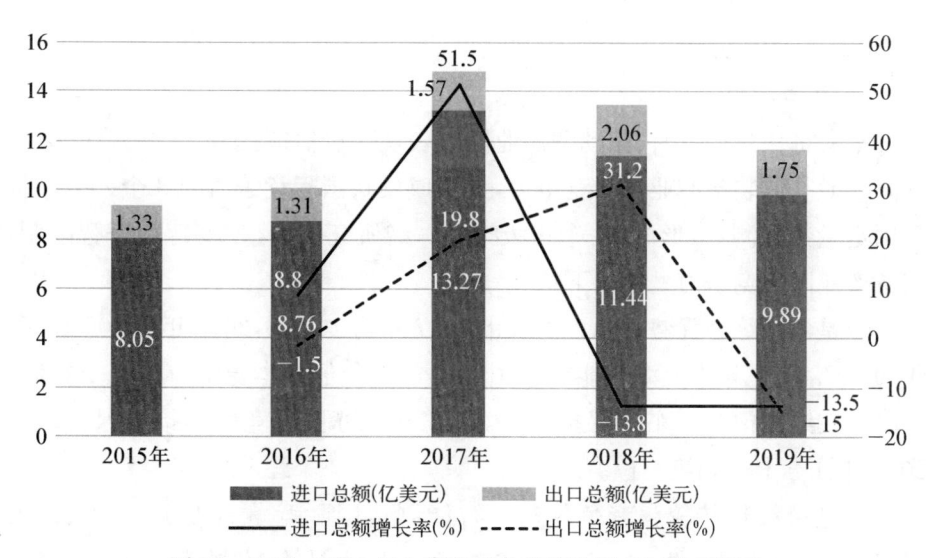

图 58 2015—2019 年上海市工业机器人进出口数据汇总

2019 年进口 9.9 亿美元,同比下降 13.57%。2015 年以来,保持对外贸易逆差,2019 年逆差 7.5 亿美元。

3. 数控机床

2019年上海数控机床进出口总额达1.75亿元,同比下降14.6%。

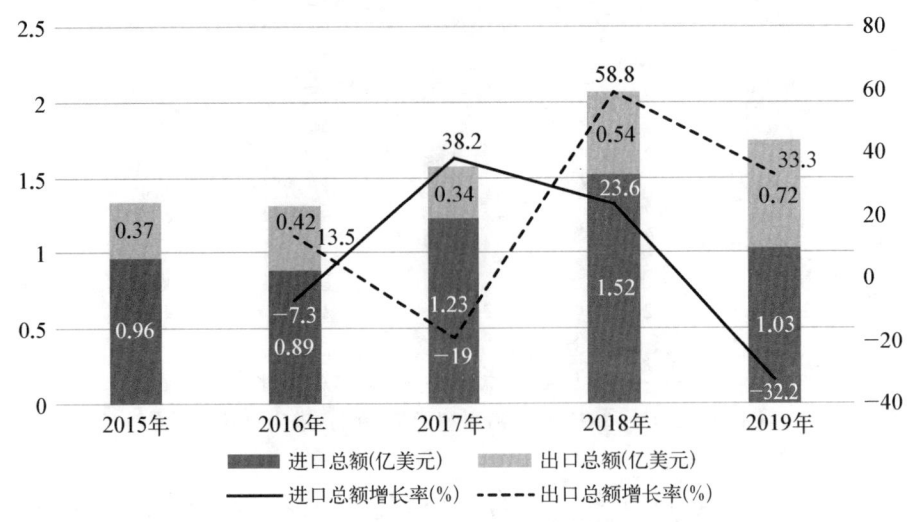

图59　2015—2019年上海市数控机床进出口数据汇总

其中,2019年出口0.72亿美元,比2018年同比增长34.74%。

2019年上海市数控机床进口额为1.03亿美元,比2018年同比下降32.02%。2015年以来,一直处于对外贸易逆差,2019年逆差0.31亿美元。

(二) 指数分析

1. 总体水平

本文将从"行业增长驱动""产业国际表现""价值链提升"三个方面来诠释上海智能制造装备产业国际竞争力,并形成反映国际竞争力的3个二级指标,运用定量数据测算,形成11个三级指标。经研究发现,2019年上海智能制造装备产业国际竞争力呈现以下特点:

一是年度综合优势平稳。上海市2017年为107.46,2018年为106.1,2019年为107.42,三年中上海智能制造国际竞争力分值基本稳定,在23个省区市中稳定在第二位。广东省保持第一,广东和江苏国际竞争力指数保持增长,2019年江苏上升到第三位。

二是持续保持较强竞争优势。智能制造国际竞争力大于150,表示具有极强竞争优势;介于150—100之间,表示具有较强竞争优势;介于100—50之间,表示具有中等竞争优势;小于50,表示具有弱竞争优势。三年来,上海智能制造装备产业国际竞争力平均值超过100,保持较强竞争优势。

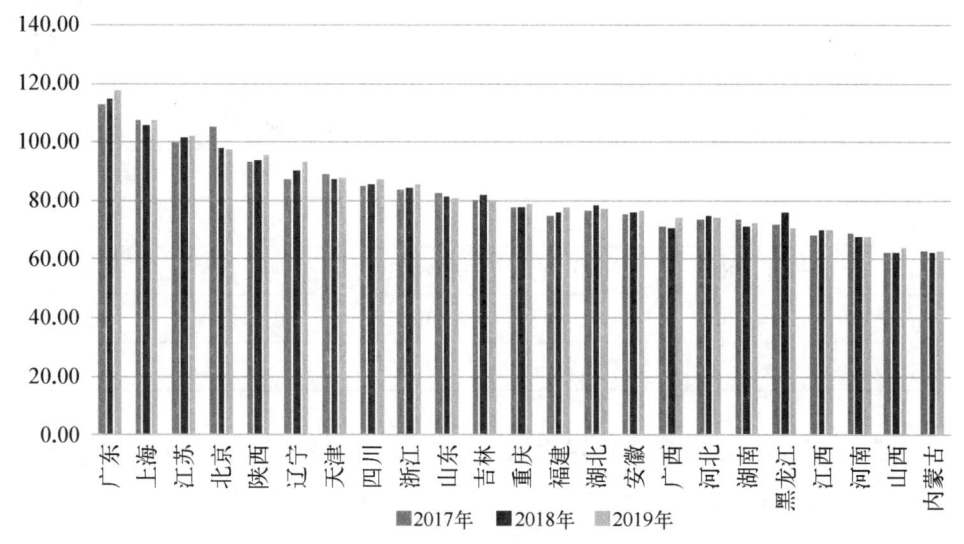

图 60　23 个省区市智能制造装备国际竞争力

表 5　23 个省区市智能制造装备国际竞争力

2017 年		2018 年		2019 年	
地　区	得分	地　区	得分	地　区	得分
广　东	113.01	广　东	114.96	广　东	117.69
上　海	107.46	上　海	106.10	上　海	107.42
北　京	105.45	江　苏	101.93	江　苏	102.42
江　苏	100.03	北　京	98.33	北　京	97.59
陕　西	93.36	陕　西	93.66	陕　西	95.73
天　津	88.99	辽　宁	90.61	辽　宁	93.53
辽　宁	87.40	天　津	87.15	天　津	87.96
四　川	84.76	四　川	85.34	四　川	87.54
浙　江	83.94	浙　江	84.66	浙　江	85.55
山　东	82.83	吉　林	81.82	山　东	80.97
吉　林	80.33	山　东	81.69	吉　林	80.23
重　庆	78.13	湖　北	78.22	重　庆	79.30
湖　北	76.38	重　庆	77.85	福　建	77.72
安　徽	75.36	福　建	76.09	湖　北	77.00
福　建	74.80	安　徽	75.81	安　徽	76.58
河　北	73.94	黑龙江	75.78	广　西	74.55
湖　南	73.90	河　北	74.99	河　北	74.03
黑龙江	71.91	湖　南	71.27	湖　南	72.63

续表

2017年		2018年		2019年	
地区	得分	地区	得分	地区	得分
广　西	71.45	广　西	70.65	黑龙江	70.53
河　南	69.07	江　西	70.01	江　西	70.06
江　西	68.05	河　南	67.66	河　南	67.62
内蒙古	63.08	山　西	62.65	山　西	64.19
山　西	62.08	内蒙古	62.24	内蒙古	63.23

三是产业国际表现带动作用明显。三年来上海智能制造产业国际表现指数均超过100，具有较强竞争优势，在23个省区市中排名保持第一位。

表6　上海市智能制造二级指标分值比较

		产业国际表现	行业增长驱动	价值链提升
2017年	上海市分值	122.38	79.42	105.67
	23个省区市均值	83.05	78.15	83.70
2018年	上海市分值	117.85	80.90	107.78
	23个省区市均值	83.01	78.65	83.92
2019年	上海市分值	119.64	82.60	107.80
	23个省区市均值	83.67	79.36	84.45

三年来上海智能制造产业价值链提升指数均超过100，具有较强竞争优势，在23个省区市中排名保持第四位。行业增长驱动指数值呈现上升趋势，排名在23个省区市中也呈现上升趋势，2019年位居第五位。

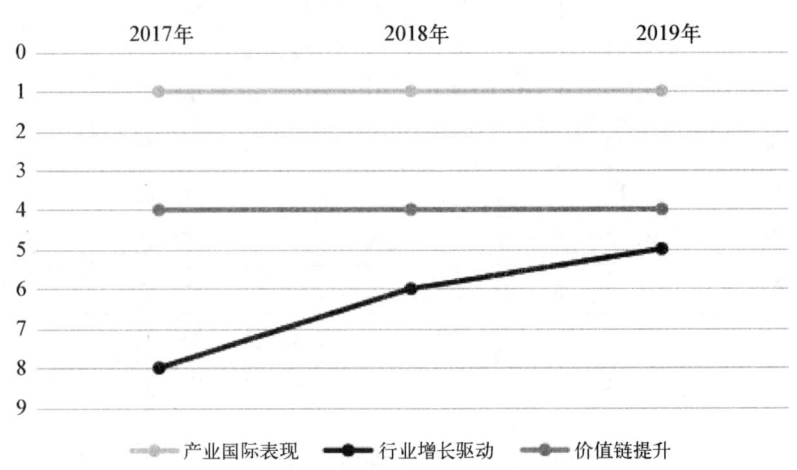

图61　上海智能制造装备在23个省区市中二级指标名次

2. 产业国际表现

智能制造产业国际表现包括产业部门贸易优势指数、行业贸易优势指数、供应链强度指数和核心环节贸易优势指数四个方面。三年来，产业部门贸易优势指数表现出中等竞争优势，行业贸易优势指数呈现上升趋势，2019年上升为具有较强竞争优势。

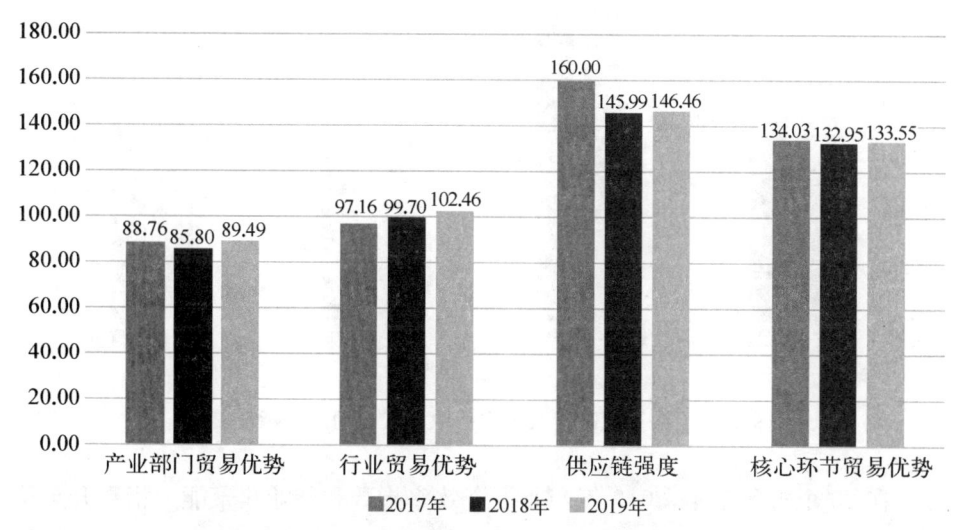

图62　上海智能制造装备产业国际表现四个指数表现

2019年，供应链强度指数和核心环节贸易优势指数具有较强竞争优势，其中供应链强度指数在23个省区市中排名保持第一位，2019年核心环节贸易优势指数升至23个省区市第二位。

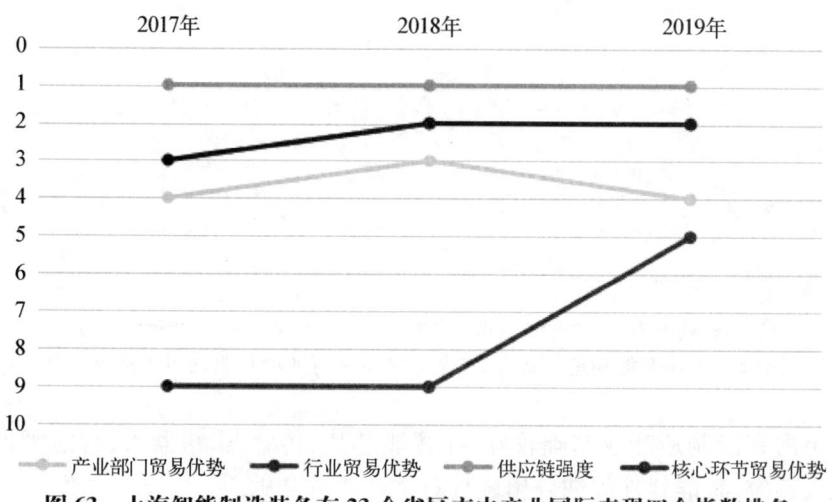

图63　上海智能制造装备在23个省区市中产业国际表现四个指数排名

3. 行业增长驱动

行业增长驱动包括区域市场效率指数、产业投资效率指数、产业营利能力指数、产业集聚能力指数四个方面。三年来,上海行业增长驱动产业投资效率指数表现为较强竞争优势,产业集聚能力指数、区域市场效率指数和产业营利能力指数表现为中等竞争优势。

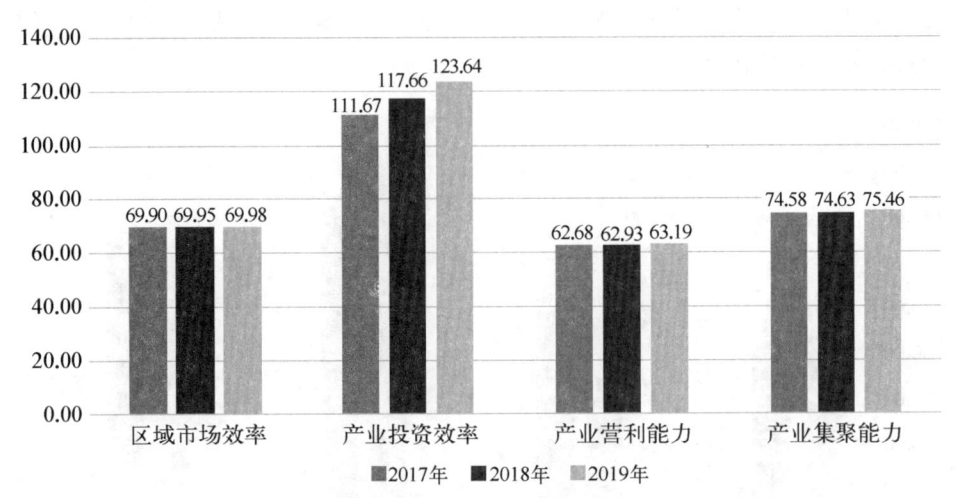

图 64　上海智能制造装备中行业增长驱动四个指数表现

在 23 个省区市中,2019 年产业投资效率指数和产业集聚能力指数升至第三位,2018 年区域市场效率指数降至第六位,产业营利能力指数位居倒数第三位。

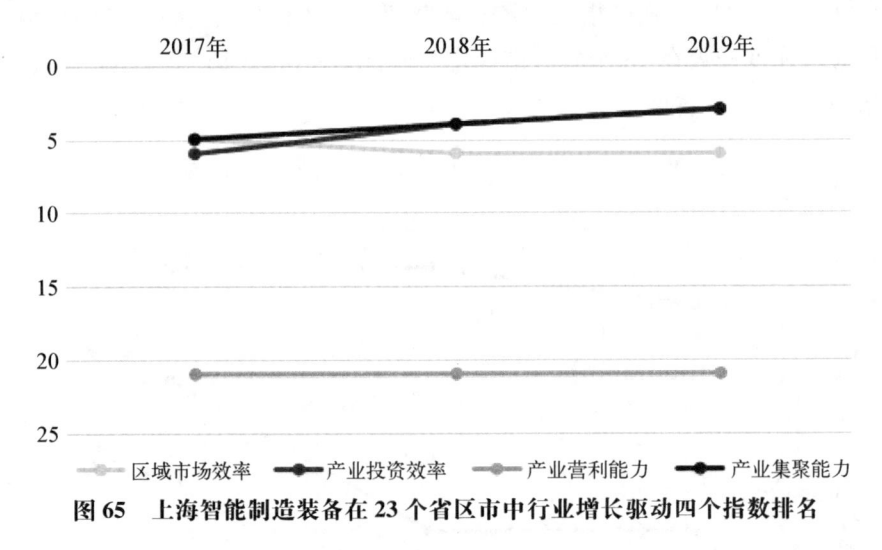

图 65　上海智能制造装备在 23 个省区市中行业增长驱动四个指数排名

上海智能制造产业基础较好,在智能芯片、传感器、机器人、智能硬件、智能无人系统、智能软件等细分领域具有全产业链基础。[①]

---

① 邹俊、张亚军:《上海人工智能产业发展的成效、短板与对策》,《科学发展》2020 年第 8 期,第 33—39 页。

表 7 总部在上海的智能制造代表性企业[①]

行 业 领 域	企 业 名 称
计算机视觉	依图、深兰、图麟、阅面、合合、扩博、云拿、黑芝麻、敏识
智能芯片	澜起、富瀚、熠知、复旦微电子、新微、安路、西井、晶晨半导体、矽典微电子、肇观、深迪、酷芯
智能传感器	禾赛、慧石
智能机器人	智臻、科大智能、思岚、邦邦、弗徕威、未来伙伴
智能制造	智能云科、思岭、明匠
上海 8 大智能制造特色产业园区	上海 7 家创新载体和机构平台
临港南桥智行生态谷（智能网联产业）	中以（上海）创新园临港集团 AIPARK 智慧园区展示中心
中以（上海）创新园（国际技术转移转化）	东方美谷·未来空间国际投资促进中心（德国）
金桥 5G 产业生态园（5G+未来车产业集群）	上海机器人产业园应用示范区
嘉定汽车新能港	闵行开发区智能制造展示服务中心
嘉定氢能港	汽车新能港增材制造创新园
闵行开发区智能制造产业基地	嘉定氢能港创新中心
机器人产业园	上海 5G 加智慧工厂
外高桥智能制造服务产业园	

4. 价值链提升

价值链提升包括创新投入指数、创新生产指数和政策引导指数三个方面，政策引导指数表现为极强竞争指数，创新生产指数和创新投入指数表现为中等竞争优势，创新生产指数呈上升趋势。

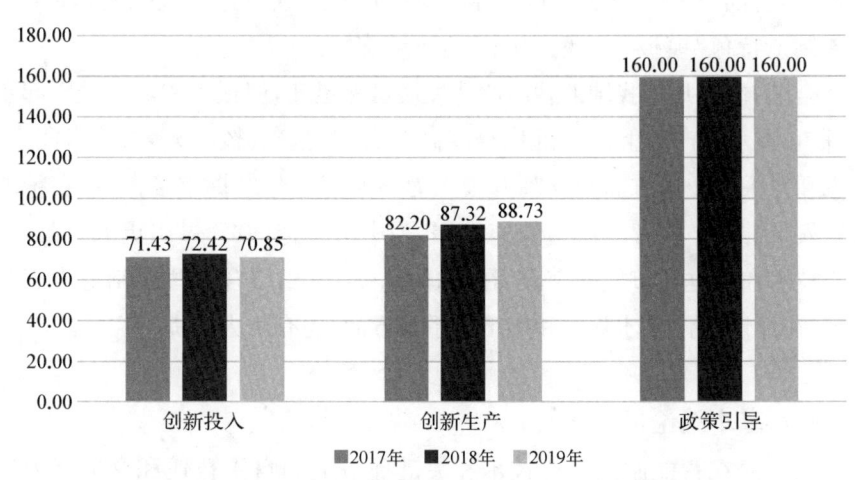

图 66 上海智能制造装备中价值链提升三个指数表现

（创新投入：2017年 71.43，2018年 72.42，2019年 70.85；创新生产：2017年 82.20，2018年 87.32，2019年 88.73；政策引导：2017年 160.00，2018年 160.00，2019年 160.00）

---

① 根据上海市政府网站公开信息整理。

在 23 个省区市中,上海政策引导指数保持第一位,创新生产指数 2018 年升至第三位,创新投入指数 2019 年降至第九位。

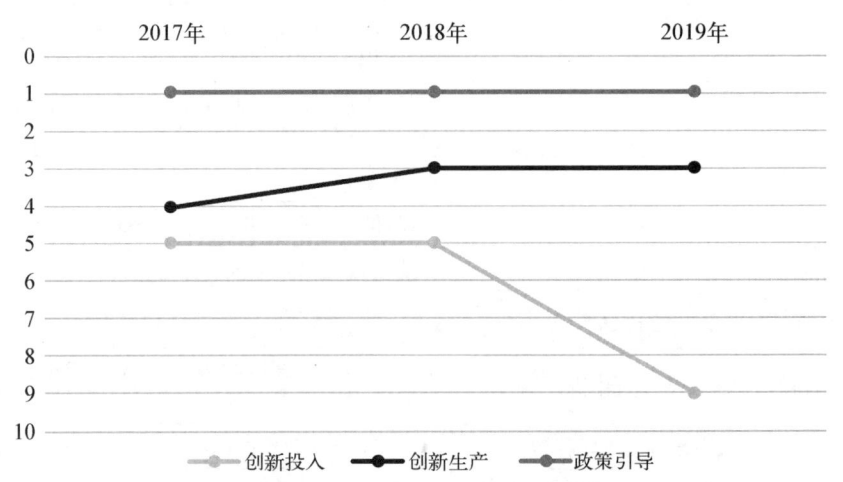

图 67 上海智能制造装备在 23 个省区市中价值链提升三个指数排名

四、2020 年上海智能制造产业国际竞争力趋势展望及提升建议

从 2019 年上海智能产业国际竞争力指数表现中可以发现,上海工业制造基础较好,生产性服务业水平较高,为上海智能制造奠定了较为扎实的基础。经过"十三五"的培育,上海在智能制造行业产业龙头、创新头部企业上已聚集了一批有潜力的企业,但同时,真正以内生动力实施智能制造、不断升级成熟度,实现质量更优、效率更高、成本更低的"灯塔""标杆"企业还不够多;从区域看,长三角全面、深入、务实实施智能制造,促进区域、行业板块整体转型升级的智能制造特色"模板"、特色"方案"也不够多。

从全国看,近几年我国的智能制造发展虽然迅速,但很多领域还处于起步阶段,在核心技术和产品上对国外依存度高,在产业基础、核心人才、技术能力、平台支撑和龙头企业诸方面都面临升级压力。如何充分发挥市场机制,在精准的政策投入中推动中国智能制造快速发展,为中国制造 2025 做出更大贡献,上海在核心技术和关键环节上的突破,在搭建产、研、融相结合的智能制造生态圈上的创新,在加快优化人才队伍和用工体系等方面,还有巨大的提升空间。

(一)基本结论

一是上海在智能制造核心技术和关键环节上的自主替代和突破能力还需加强。从 2019 年上海智能制造产业国际竞争指数评价看出,目前核心智能部件与整机发展不同步是我国在智能制造中的最大短板,也是上海亟待突破的重点。核心技术方面，一方面主要集中在测控装备、传感器、数控系统等领域，这些技术装备研发周期比较长，需要较大的技术积累和研发投入，但同时在我国的市场份额较低，市场主体自主研发的积极性不高；另一方面一些大型的机械核心部件也需要进口，比如一些压力大的液压系统等，从国外进口远远比研发要省时省力，导致我国对国外的依赖度较大。

二是上海在智能制造产业生态培育和优化中还需进一步形成合力。"新一轮科技革命和高质量发展对产业升级提出了由结构标准转向效率标准、由技术升级转向系统升级、由产业思维转向体系思维的新要求。"[①]如何形成创新、产业、集聚、协同发展的现代制造体系，需要在上下游产业上贯通、企业协同发展中联通、政策相互支撑中畅通。上海前期围绕智能制造产业发展制定了一系列的支持性政策，但这些政策在改变我们的产业组织结构，特别是依赖大企业为主导的产业推进模式上还存在优化空间，如对工业软件设计等的生产性服务业知识产权制度建设，培育中小企业在智能制造产业链上的协同发展能力；发挥上海"一带一路"桥头堡作用，发挥上海内外资协同优势共同开拓新兴市场等。

三是上海要加快推进智能制造重点领域人才队伍和用工体系建设。上海在突破智能制造核心技术和关键环节中，人才需求和供给之间的矛盾日益突出，包括高端研究人才的全球化视野、储备不足，科技成果深度转化中各类专业化人才的不足，各行业转化成果的应用型集成设计、系统方案人才不足，智能制造新型生产服务一线的技术性人才不足。而国际经验表明，智能制造与人才队伍建设，特别是劳动力结构升级密切相关。美国、欧洲和日本在智能制造的推进过程中，积极平衡智能制造发展与劳动者权益，作为未来工业模式和业态的颠覆与重构，上海还需制定出更为细致的人才培养政策措施，优化人才供给体系。

四是上海在完善全球智能制造行业治理方案中应有更多参与。2020年9月，对外经济贸易大学全球价值链研究院发布《后疫情时代的全球供应链革命——迈向智能、韧性的转型之路》研究报告，指出优化全球供应链建设需要坚持全球化的发展方向，坚持多边、开放的全球贸易治理体系，完善全球投资治理体系。当前，我国智能制造产业整体技术的创新能力与国外差距较大，在产业政策鼓励下，部分领域存在产能过剩的潜在隐患。

（二）提升建议

虽然中国已成为世界制造业大国，但离制造强国还存在一定的距离，自主创新能力弱，关键核心技术与高端装备对外依存度高，尤其是目前劳动力成本等外部因素影响下，一些传统制造业开始往国外转移，"中国制造2025"战略的

---

① 《智能制造如何补齐人才缺口》，《光明日报》2019年12月26日。

推出,正是基于新一代信息技术与制造业深度融合、全球制造业格局面临调整、我国经济运行环境复杂的背景,充分认识到制造业在国民经济中的支柱作用,是我国提升综合国力、保障国家安全、建设世界强国的必由之路。

我国制造业一直离不开对外开放和吸引外资,"中国制造 2025"战略目标也要在深化改革开放下进行。中国市场正在成为疫后全球智能制造企业的发展助推器,这不仅得益于中国稳定的市场、开放的营商环境,也得益于中国在前期改革开放中不断提升的制造业价值链水平。上海要继续发挥好改革开放双向优势,在吸引各国新技术及经验,保持对高端产业引进与对外产业转移双向开放中进一步优化、提升和做强智能制造。

1. 优化调整中国智能制造全球产业链布局

对于美国针对我国装备制造业产业链的"精准打击",一是对于传统中低端优势产业,发挥溢出效应、海外设厂,加快出口转内销,积极应对贸易救济调查;二是对于中高端技术资本优势产业,加快产业升级,发挥中国优势,开辟多元化市场;三是对于高精尖产业,加强供应链安全评估,加快补短板,支持基础研究;四是对关键产业实现产业链重构。面对全球经贸摩擦常态化,应重视并重建国家以及企业内部的信息体系,搭建装备制造业关键技术数据库、建立风险评估预警体系、建设企业合规体系。

2. 打造全球智能制造供应链研发联盟

围绕全价值链优化加快协同创新。智能制造下的企业发展,需要从目前的"小制造"拓展至包括研产协同的"大制造",进行全价值链优化,同时加速新技术应用落地,并练好内功打通供应链和产业链的"堵点",为此,需要围绕全产业链发展,形成包括大企业牵引、中小企业参与、科研院所支持、高校协同攻关的智能制造供应链联盟。同时还要加强与国外一些科研院所的合作交流,通过这种交流,可以熟知他们目前的进展情况。国家还可以根据新兴产业来设立一些工程技术研发中心,加快智能制造设备的研制,还可以鼓励海外的一些机构来华设立研发机构和产业化基地。

3. 发挥新消费与智能制造的深度融合作用

据相关统计,2020 年 1 到 8 月份,全国实物商品线上零售额占社会消费零售总额的比重为 24.6%,而去年同期是 19.4%,增加了 5.2 个百分点。而进出口方向,今年上半年,我国货物贸易出口总值是 7.71 万亿元,同比下降 3%,而跨境电商今年上半年的出口增速是 28.7%。一方面,制造业企业通过拓展线上销售渠道,积累了大量一手的用户需求数据,通过对这些数据的深度学习,可越来越接近产能匹配、按需生产的精度和智能化管理库存、物流和供应链的效度,降低成本提高效率。另一方面,电商平台在直面消费者中更便于把握市场新动向,主动对接制造业,提升产品品质,快速满足消费者个性化需求,提高附加值。从而提高整个产业生态的总体效率。

4. 提升中国企业跨国经营能力和国际竞争力

中国制造 2025 特别提出，要支持发展一批跨国公司，来促进这些大规模企业整合和利用全球的高端要素。利用上海总部经济集中优势，更好地服务大型企业整合和利用全球资源，特别是科技资源。同时深化产业国际合作，加快企业走出去。结合中国"一带一路"的国家倡议，发挥沿边开放优势，在有条件的国家和地区建设一批境外制造业合作园区。

5. 强化人才队伍建设，培育和引进创新型人才

一是加强创新型人才的队伍建设。依托国家相关人才工程、计划，通过建立创新型人才基地，重点培养紧缺型专业人才、创新型科技人才和经济管理人才等。二是加强海外高层次人才的引进。加速数字化、智能化、网络化制造装备产业人才的国际化进程，采取持股、技术入股、提高薪酬等更加灵活的政策措施，为数字化、智能化、网络化制造装备产业的长远发展造就雄厚的后备力量。三是优化人才培养机制。鼓励企业创新人才的培养模式，激励高校和科研院所与企业联合培养智能制造装备重点领域的专业型人才、创新型人才和复合型人才。

6. 需要进一步推广示范应用步伐

特别是在无人生产线、无人车间的标准建设、示范应用和推广方面实现突破，加速推进在高端装备、汽车及零部件、民用航空、生物医药、电子信息、钢铁化工等行业智能化转型过程中的引领示范作用。将加快试点示范，放大"无人工厂"的标杆引领效应。一是在化工及新材料等上海重点产业全力打造 10 家世界一流智能制造标杆工厂，通过标杆示范，带动智能生产线、智能装备等应用，减少企业生产对人员的依赖。二是全力打造 10 家世界一流智能制造系统集成商。促进"无人工厂"复制，支持智能制造系统集成商发展。以集成商为抓手，总结提炼无人生产模式，在同行业间复制推广。三是培育形成 10 个以上人机协同综合解决方案"隐形冠军"。"无人工厂"人机协同才是智能制造的理想场景。提高制造流程的人机协同性来压缩生产成本，推动数字孪生、5G、人工智能、区块链等新技术在制造业的应用，形成"人机电软一体化"为基础的高度自动化批量生产。四是建立智能制造装备产业划分标准、分类目录等完善的统计体系，制定统计工作实施方案和统计管理办法，并积极参与全球智能制造标准制定。

执笔：

汤蕴懿　上海社会科学院研究员

赵文斌　新经济与产业国际竞争力研究中心特聘研究员，上海海关直属
　　　　机关党委副书记、政治部副主任

蒋程虹　上海社会科学院应用经济研究所博士研究生

致　谢

　　本书受上海市商务委员会中国(上海)自由贸易试验区产业国际竞争力分析项目资助。在本项目的研究过程中,得到了上海市商务委员会申卫华副主任、孙嘉荣二级巡视员和颜海燕副处长的大力支持和帮助指导,在此表示感谢。希望本书能起到服务企业提升、服务上海发展、服务国家战略的作用。

编著者
2020 年 10 月

图书在版编目(CIP)数据

上海重点产业国际竞争力发展蓝皮书.2019—2020 / 汤蕴懿等编著.— 上海：上海社会科学院出版社，2021
 ISBN 978-7-5520-3411-0

Ⅰ.①上… Ⅱ.①汤… Ⅲ.①产业发展－国际竞争力－研究报告－上海－2019-2020 Ⅳ.①F127.51

中国版本图书馆 CIP 数据核字(2021)第 000805 号

上海重点产业国际竞争力发展蓝皮书(2019—2020)

编　　著：汤蕴懿 等
责任编辑：袁钰超
封面设计：夏艺堂
出版发行：上海社会科学院出版社
　　　　　上海顺昌路 622 号　邮编 200025
　　　　　电话总机 021-63315947　销售热线 021-53063735
　　　　　http://www.sassp.cn　E-mail：sassp@sassp.cn
排　　版：南京展望文化发展有限公司
印　　刷：上海龙腾印务有限公司
开　　本：787 毫米×1092 毫米　1/16
印　　张：22
插　　页：1
字　　数：415 千字
版　　次：2021 年 1 月第 1 版　2021 年 1 月第 1 次印刷

ISBN 978-7-5520-3411-0/F·648　　　定价：128.00 元

版权所有　翻印必究